全国高等教育自学考试指定教材
学前教育专业(独立本科段)

学前教育史

Xueqian Jiaoyushi

(含:学前教育史自学考试大纲)
(2014年版)

全国高等教育自学考试指导委员会　组编
主　编　何晓夏
副主编　王　晨

高等教育出版社·北京

图书在版编目(CIP)数据

学前教育史/何晓夏主编;全国高等教育自学考试指导委员会组编. --北京:高等教育出版社,2014.11 (2022.1重印)

ISBN 978-7-04-041203-1

Ⅰ.①学… Ⅱ.①何… ②全… Ⅲ.①学前教育-教育史-世界-高等学校-教材 Ⅳ.①G619.1

中国版本图书馆CIP数据核字(2014)第232420号

策划编辑 雷旭波　责任编辑 邓 玥　版式设计 范晓红　插图绘制 尹文军
责任校对 刘春萍　责任印制 田 甜

出版发行 高等教育出版社
社　　址 北京市西城区德外大街4号
邮政编码 100120
印　　刷 北京市鑫霸印务有限公司
开　　本 787mm×1092mm 1/16
印　　张 15.5
字　　数 370千字
咨询电话 400-810-0598
网　　址 http://www.hep.edu.cn
　　　　 http://www.hep.com.cn
版　　次 2014年11月第1版
印　　次 2022年1月第13次印刷
定　　价 29.00元

本书如有缺页、倒页、脱页等质量问题,请到所购图书销售部门联系调换

物 料 号 41203-00

组编前言

21世纪是一个变幻莫测的世纪，是一个催人奋进的时代。科学技术飞速发展，知识更替日新月异。希望、困惑、机遇、挑战，随时都有可能出现在每一个社会成员的生活之中。抓住机遇，寻求发展，迎接挑战，适应变化的制胜法宝就是学习——依靠自己学习、终身学习。

作为我国高等教育组成部分的自学考试，其职责就是在高等教育这个水平上倡导自学、鼓励自学、帮助自学、推动自学，为每一个自学者铺就成才之路。组织编写供读者学习的教材就是履行这个职责的重要环节。毫无疑问，这种教材应当适合自学，应当有利于学习者了解、掌握新知识和新信息，有利于学习者增强创新意识、培养实践能力、形成自学能力，也有利于学习者学以致用、解决实际工作中所遇到的问题。具有如此特点的书，我们虽然沿用了"教材"这个概念，但它与那种仅供教师讲、学生听，教师不讲、学生不懂，以"教"为中心的教科书相比，在内容安排、编写体例、行文风格等方面已经大不相同了。希望读者对此有所了解，以便从一开始就树立起依靠自己学习的坚定信念，不断探索适合自己的学习方法，充分利用已有的知识基础和实际工作经验，最大限度地发挥自己的潜能，达到学习的目标。

欢迎读者提出意见和建议。

祝每一位读者自学成功。

全国高等教育自学考试指导委员会

2012年10月

目 录

学前教育史自学考试大纲

学前教育史

全国高等教育自学考试

学前教育专业(独立本科段)

学前教育史自学考试大纲

全国高等教育自学考试指导委员会　制定

出 版 前 言

为了适应社会主义现代化建设事业的需要，鼓励自学成才，我国在20世纪80年代初建立了高等教育自学考试制度。高等教育自学考试是个人自学、社会助学和国家考试相结合的一种高等教育形式。应考者通过规定的专业考试课程并经思想品德鉴定达到毕业要求的，可获得毕业证书；国家承认学历并按照规定享有与普通高等学校毕业生同等的有关待遇。经过30多年的发展，高等教育自学考试为国家培养了大批专业人才。

课程自学考试大纲是国家规范自学者学习范围、要求和考试标准的文件。它是按照专业考试计划的要求，具体指导个人自学、社会助学、国家考试、编写教材、编写自学辅导书的依据。

随着经济和社会的快速发展，新的法律法规不断出台，科技成果不断涌现，原大纲中有些内容过时、知识陈旧。为更新教育观念，深化教学内容方式、考试制度、质量评价制度改革，使自学考试更好地提高人才培养的质量，各专业委员会按照专业考试计划的要求，对原课程自学考试大纲组织了修订或重编。

修订后的大纲，在层次上，专科参照一般普通高校专科或高职院校的水平，本科参照一般普通高校本科水平；在内容上，力图反映学科的发展变化，增补了自然科学和社会科学近年来研究的成果，对明显陈旧的内容进行了删减。

全国考委教育类专业委员会组织制定了《学前教育史自学考试大纲》，经教育部批准，现颁发施行。各地教育部门、考试机构应认真贯彻执行。

全国高等教育自学考试指导委员会

2014年7月

课程性质与课程目标

一、课程性质和特点

学前教育史是高等教育自学考试学前教育专业（独立本科段）的一门课程，是培养学前教育专业的考生，掌握中外学前教育史知识，认识中外学前教育发展史的规律，形成初步研究能力的一门专业基础理论课程。

本学科与其他学科不同的是，它不以现实的学前教育为研究对象，而是以已经过去了的学前教育为研究对象。另外，其他学前教育的学科，是对学前教育的某一个领域的理论或实践进行研究，而该学科是对学前教育整体的发展进行描述，对学前教育研究的领域，具有相对的综合性。

二、课程目标

学前教育史涵盖中国学前教育史和外国学前教育史。主要阐述和研究中国不同历史时期和外国不同历史时期、不同国家的学前教育的实施、教育理论、教育思潮及著名学前教育家的教育实践和理论著述。考生首先要全面了解和掌握中外学前教育制度和教育思想历史发展的特点，在此基础上，学习运用唯物史观，揭示学前教育发展规律，总结与借鉴历史经验，提高基础理论水平和实践能力，促进我国学前教育改革与发展。

三、与相关课程的联系与区别

学前教育史的学科特点制约着它所涉及的知识领域较广，如涉及中国历史、外国历史、中国和外国的哲学史、儿童心理学、儿童生理学、儿科医学、优生学、学前教育学等诸多学科，但本学科不对这些作专门阐述和要求，涉及这些内容时，也只是紧紧围绕学前教育的发展加以说明。

四、课程的重点和难点

学前教育史时间跨越了古今数千年，地域涉及了中外诸多国家，考生首先要了解和掌握学前教育发展中的历史事件、历史人物，同时也要逐步学会以宏观和发展的角度把握中外学前教育的演变，在此基础上，吸取古今中外学前教育发展中的丰富经验，做到以史为鉴，古为今用，外为中用。在学前教育史的内容中，近现代时期是学习的重点，尤其是对现代中国学前教育制度的发展和教育思想理论的阐述更为关键。而学前教育发展过程中理论和实践的哲学、心理学、教育学基础则是理解的难点。希望考生在学习过程中能有重点地学习。

Ⅱ 考核目标

本大纲在考核目标中,按识记、领会、简单应用和综合应用四个层次规定了应考者应达到的能力层次要求。四个能力层次是递进关系,各能力层次的含义是:

识记:能知道有关的名词、概念、知识的含义,并能正确认识和表述。

领会:在认识的基础上,能全面把握基本概念、基本原理、基本方法,能掌握有关概念、原理、方法的区别与联系。

简单应用:在领会的基础上,能全面把握基本概念、基本原理、基本方法,分析和解决有关的理论问题和实际问题。

综合应用:在简单应用的基础上,能用学过的多个知识点,综合分析和解决比较复杂的问题,是最高层次的要求。

课程内容与考核要求

上编　中国学前教育史

第一章　古代儿童教育的实施

一、学习目的与要求

（一）总体把握中国古代儿童教育史构成的基本框架与内容，重点掌握有关慈幼礼俗、社会公育、胎教、家庭教育和蒙养教育的有关知识与要点。

（二）识记本章的基本事实和名词，领会其中所包含的教育因素，能够对相关的知识进行一般的分析，区分其合理与不合理的因素，并能够联系当前的学前教育实践，对其中积极的因素进行创造性的应用。

二、课程内容

第一节　古代的慈幼礼俗与社会公育

（一）慈幼观念的演变

（二）慈幼与学校的起源

（三）慈幼机构与法令措施

（四）慈幼礼俗

第二节　古代的胎教

（一）胎教的作用

（二）胎教的内容

第三节　古代的家庭教育

（一）家庭教育的目的和作用

（二）家庭教育的规划

（三）家庭教育的内容

（四）家庭教育的原则与方法

第四节　古代的蒙养教育

（一）蒙养教育的任务与方法

（二）蒙养教育的内容与教材

（三）儿童的游戏启蒙活动

三、考核知识点与考核要求

（一）古代的慈幼礼俗与社会公育

1. 识记：(1)慈幼、米廪；(2)公养公育、九惠之教；(3)慈幼局、举子仓、育婴堂及幼堂；(4)试儿、吐情自纪。

2. 领会：(1)理解古代慈幼教育的礼俗与观念所包含的积极教育意义，以及慈幼教育与原始的公养公育的关系；(2)掌握古代慈幼制度的基本知识，理解古代育儿方面的经验与举措。

3. 简单应用：在把握古代慈幼观念和礼俗的相关知识的基础上，能够对其所包含的思想原理进行初步的分析和评价。

4. 综合应用：分析慈幼观念礼俗的内涵，借鉴其合理的因素，提高学前教育的理论和实践水平。

（二）古代的胎教

1. 识记：(1)胎教；(2)居处简敬。

2. 领会：理解古代胎教思想的基本知识及其积极意义。

3. 简单应用：基本把握古代学者有关胎教问题的观点，并能够分析和鉴别其观点中的正反两方面因素。

4. 综合应用：(1)理解不同时期的教育家有关胎教的思想，并予以分析和评价；(2)借鉴古代胎教思想中的合理因素，为学前教育的实践提供参考。

（三）古代家庭的学前教育

1. 识记：(1)正本慎始；(2)男唯女俞；(3)幼仪；(4)《内则》。

2. 领会：(1)基本把握《礼记·内则》中有关学龄前儿童分年教育的规划内容；(2)概述古代家庭道德教育的主要内容；(3)概述古代家庭教育的基本原则与方法。

3. 简单应用：(1)理解古代学者主张儿童教育应及早进行的观点，并予以分析和评价；(2)理解古代学者有关儿童成长应“因习而知”的观点，并进行初步的分析和评价；(3)分析古代学者反对溺爱儿童的观点的合理性，结合实例进行分析和评价。

4. 综合应用：(1)联系历史和现实，分析古代儿童德育思想的合理之处；(2)联系历史和现实，分析古代主张儿童从小培养良好的生活习惯和礼仪的观点，以及值得借鉴之处。

（四）古代的蒙养教育

1. 识记：(1)保养性真；(2)蒙学；(3)三百千。

2. 领会：(1)蒙养教育的性质和任务；(2)蒙养教材的分类和主要内容；(3)蒙养教育的方法与原则。

3. 简单应用：(1)分析传统蒙养教育值得借鉴的因素；(2)分析蒙学教材在编纂体例和内容方面值得借鉴的地方。

4. 综合应用：(1)分析蒙养教育与家庭、社会、学校之间的分工和联系；(2)概述王筠有关儿童识字教学的观点，并加以分析和评价；(3)概述崔学古有关儿童教育的主张，并加以分析和评价。

四、本章关键问题

(一) 通过了解古代慈幼礼俗，理解其中包含的儿童教育的理念。
(二) 正确理解和评价古代胎教思想的内容。
(三) 了解古代家庭教育的原则和方法，并能够进行分析与评价。
(四) 了解古代蒙养教育的主要内容，熟知以“三百千”为代表的蒙学读物，并能够予以分析和评价。

第二章　古代学前教育思想

一、学习目的与要求

(一) 了解王充、颜之推、朱熹和王守仁等几位教育家有关儿童教育的基本主张，理解他们各自思想的主要特点，并予以分析和评价。

(二) 联系历史和实际，分析他们各自思想观点的合理性，以及需要鉴别和批判的消极因素，进而提高自身的理论水平和理论联系实际的能力。

二、课程内容

第一节　王充的儿童教育思想
(一) 论身心统一、论小儿禀性
(二) 论优生
(三) 在活动中学习
第二节　颜之推的儿童教育思想
(一) 注重家庭教育
(二) 提倡及早施教
(三) 主张“严而有慈”
(四) 注意环境对子女的影响
第三节　朱熹的儿童教育思想
(一) 注重胎教
(二) 重视乳母之教
(三) 善从师、慎择友
(四) 提倡由浅入深的启发教育原则
第四节　王守仁的儿童教育思想
(一) “明人伦”的儿童教育目的
(二) 循序渐进的教育主张
(三) 因材施教的教育主张
(四) 注重启发儿童的学习兴趣

（五）主张陶冶教育
（六）提倡广泛的教育内容

三、考核知识点与考核要求

（一）王充的儿童教育思想

1. 识记:(1)王充;(2)禀气说。
2. 领会:领会王充"身心统一"的儿童教育思想。
3. 简单应用:王充的儿童教育思想的借鉴意义。
4. 综合应用:综合比较王充与古代其他教育家的儿童教育思想的不同特点。

（二）颜之推的儿童教育思想

1. 识记:(1)颜氏家训;(2)早喻教;(3)严而有慈。
2. 领会:(1)理解颜之推有关胎教思想的基本主张;(2)理解颜之推有关环境在儿童发展中的影响的基本主张。
3. 简单应用:(1)概述颜之推有关家庭教育的基本主张,并分析和评价;(2)分析和评价颜之推的胎教思想,并指出其合理之处。
4. 综合应用:(1)在理解颜之推的儿童教育思想的基础上,分析其对当前儿童教育实践的借鉴意义;(2)以颜之推为代表性案例,分析古代胎教思想的合理性和片面性。

（三）朱熹的儿童教育思想

1. 识记:(1)小人之学;(2)童蒙须知;(3)小学;(4)子师。
2. 领会:(1)领会朱熹有关儿童教育思想的主要内容;(2)朱熹主张的儿童先学"眼前事"的含义;(3)朱熹编写的儿童教育读物的名称,并概述其主要读物的一般内容。
3. 简单应用:(1)概述朱熹儿童教育思想的主要内容和特点,并予以分析和评价;(2)区分朱熹儿童教育与成人教育内容的差异,并据此分析儿童教育的特点。
4. 综合应用:(1)在理解朱熹儿童教育思想的基础上,分析和评价朱熹在儿童教育发展史上的主要贡献和地位;(2)同其他的教育家比较,概括朱熹儿童教育思想的主要特点。

（四）王守仁的儿童教育思想

1. 识记:(1)明人伦;(2)格物致知;(3)考德习礼。
2. 领会:(1)理解王守仁"明人伦"的儿童教育目的论的意义;(2)理解王守仁因材施教的儿童教育主张的基本内容;(3)理解王守仁有关儿童教育应重视游戏和培养兴趣主张的基本内容。
3. 简单应用:(1)概述王守仁儿童教育思想的主要特点;(2)在理解王守仁儿童教育思想的基础上,分析其合理性和片面性。
4. 综合应用:(1)比较朱熹和王守仁儿童教育思想的主要差异,并予以评价;(2)指出王守仁在儿童教育史上的地位和影响。

四、本章关键问题

（一）理解并评价王充唯物主义的儿童教育观。
（二）正确理解并评价颜之推的早期教育思想。
（三）概述并分析朱熹的儿童教育思想,指出其在儿童教育史上的地位和影响。

（四）概述王守仁儿童教育思想的主要观点，并分析其合理性和片面性。

第三章　清末的学前教育

一、学习目的与要求

（一）本章重点介绍清末构建学前教育制度的历史进程，并对《奏定蒙养院章程及家庭教育法章程》中有关学前教育的内容作了说明。同时，概述康有为、梁启超在这些问题上的主张。

（二）对于女学问题，应主要围绕其与学前教育的关系来了解。如：幼稚园的师资问题。

（三）对于教会开展的学前教育活动，主要注意两点：一是把握基本的史实；二是客观理性地予以评价，要认清外国教会在华进行文化侵略的本质。

二、课程内容

第一节　清末学前教育制度的建立

（一）发展学前教育的社会主张

（二）学前教育法令的颁布和蒙养院制度的建立

（三）清末学前教育的实施

第二节　外国教会在华的学前教育活动

（一）外国教会在华创办学前教育的目的

（二）外国教会在华创办学前教育的活动

三、考核知识点与考核要求

（一）清末学前教育制度的建立

1. 识记：(1)《奏定蒙养院章程及家庭教育法章程》；(2)《女子师范学堂章程》；(3)武昌蒙养院；(4)天津严氏蒙养院。

2. 领会：(1)清政府的“女学之禁”对学前教育事业的发展造成的危害；(2)分析和评价康有为《大同书》中的学前教育思想；(3)分析和评价梁启超的学前教育思想。

3. 简单应用：(1)分析《奏定蒙养院章程及家庭教育法章程》中的不足之处；(2)清末蒙养院制度的主要特点并加以评价。

4. 综合应用：把握清末学前教育发展历史的基本事实，并进行分析。

（二）外国教会在华的学前教育活动

1. 识记：(1)宁波女塾；(2)英华女塾。

2. 领会：(1)教会在华办学的目的；(2)教会在华的学前教育活动的主要特点。

3. 简单应用：教会开办的女子教育活动对清末教育有何影响。

4. 综合应用：分析评价教会在华学前教育活动的性质和意义。

四、本章关键问题

（一）清末构建学前教育制度的历史进程。

（二）《奏定蒙养院章程及家庭教育法章程》中有关学前教育的规定。

（三）康有为、梁启超有关女学及学前教育的主张。

（四）了解教会在华的学前教育活动的基本史实，并予以客观理性的评价。

第四章　民国时期的学前教育

一、学习目的与要求

（一）了解民国建立以后西方学前教育理论的引入与传播，理解民国时期学前教育制度的演变以及学前教育的实施和改革实验活动，知道主要教育法规的颁行。

（二）了解老解放区学前教育的实施，学习吸取这个时期国统区和解放区有益的学前教育经验。

二、课程内容

第一节　西方学前教育思想的引入、传播与学前教育思潮

（一）西方学前教育思想的引入

（二）学前教育思潮的勃兴

第二节　学前教育制度的演进与实施

（一）蒙养园制度的建立

（二）壬戌学制与幼稚园制度在学制体系上的确立

（三）蒙养园、幼稚园制度的实施与发展

（四）幼稚师范教育的发展

第三节　学前教育的实验与探索

（一）北京香山慈幼院分级学前教育机构及师资培训的探索

（二）南京鼓楼幼稚园的全面试验

（三）乡村和工厂区幼儿教育机构的探索

（四）实验和探索活动的核心

第四节　学前教育法规的颁行

（一）《幼稚园课程标准》的颁行

（二）《幼稚园规程》《幼稚园设置办法》的颁行

（三）幼稚园教员标准的实行

第五节　老解放区的学前教育

（一）老解放区学前教育的任务、方针

（二）老解放区托幼机构的主要形式

（三）老解放区学前儿童保教内容、方法

（四）老解放区保教队伍的建设

三、考核知识点与考核要求

（一）西方学前教育理论的引入、传播与教育思潮

1. 识记：(1)几种主要的西方学前教育理论的引入与传播；(2)儿童公育思潮。

2. 领会:(1)对传统儿童观的批判;(2)平民教育思潮。

3. 简单应用:分析杜威实用主义教育理论在中国的传播。

(二) 学前教育制度的演进及教育法规

1. 识记:(1)南京临时政府颁布的新教育宗旨;(2)三种幼稚园并立。

2. 领会:(1)江西省立实验幼稚师范的创立;(2)《幼稚园课程标准》内容和意义。

3. 综合应用:试比较蒙养院制度、蒙养园制度和幼稚园制度。据此历史沿革,谈一谈体会。

(三) 学前教育的改革实验

1. 识记:(1)北京香山慈幼院多种途径培养保教人员;(2)南京鼓楼幼稚园的中心制编制课程。

2. 领会:(1)南京鼓楼幼稚园的全面实验;(2)燕子矶幼稚园的乡村教育实验。

3. 综合应用:举例说明民国时期学前教育改革实验活动的核心,以及对当前教育改革的启迪。

(四) 老解放区的学前教育

1. 识记:(1)老解放区托幼机构的主要形式;(2)老解放区托幼机构的婴幼儿保健措施。

2. 领会:(1)老解放区学前教育的中心任务和实行儿童保育的方针;(2)老解放区托幼机构的教育内容和方法。

3. 综合应用:试总结老解放区学前教育的主要经验,并分析如何运用于新时期学前教育改革之中。

四、本章关键问题

(一) 民国时期的学前教育是怎样通过吸取国外经验和自身的实验改革,向着制度化、规范化、科学化方向发展的。

(二) 民国时期的学前教育(包括国统区和解放区)是怎样寻求本土化的发展道路的。

(三) 以上二者结合就是要探索一条民族的、科学的、大众的新民主主义教育发展之路,意义不可低估。遗憾的是因社会大背景之故,发展受限,但为新中国的学前教育积累了一些有价值的经验。

第五章　著名教育家的学前教育思想与实践

一、学习目的与要求

(一) 了解和掌握蔡元培、张雪门和张宗麟的学前教育理论和实践。

(二) 深刻理解和熟练掌握陶行知、陈鹤琴的学前教育理论与实践。

二、课程内容

第一节　蔡元培的学前教育思想

(一) 生平和主要教育活动

（二）论德、智、体、美和谐发展的教育方针
（三）对传统儿童教育的批判和“尚自然”“展个性”的主张
（四）论学前美育
第二节　陶行知的学前教育理论与实践
（一）生平和主要教育活动
（二）生活教育理论
（三）论普及幼儿教育
（四）论创造的儿童教育
第三节　张雪门的学前教育理论与实践
（一）生平和主要教育活动
（二）论幼儿教育的目的
（三）论幼稚园课程、教材和教法
（四）论幼稚师范教育
第四节　陈鹤琴的学前教育理论与实践
（一）生平和主要教育活动
（二）论儿童心理发展与教育
（三）论学前家庭教育
（四）论幼稚园教育
（五）“活教育”理论
第五节　张宗麟的学前教育思想与实践
（一）生平和主要教育活动
（二）论幼儿教育的意义、目的
（三）评判幼儿教育的弊端
（四）论幼稚园课程
（五）论幼稚师范教育

三、考核知识点与考核要求

（一）蔡元培论教育方针、“尚自然”“展个性”、学前儿童美育

1. 识记：(1)五育并举的教育方针；(2)美育的内涵，儿童美育实施的途径。

2. 领会：(1)教育方针理论的基本精神和历史意义；(2)“尚自然”“展个性”的含义和意义。

3. 简单应用：结合实际理解儿童美育的意义和实施的方法途径。

（二）陶行知生活教育理论、普及幼儿教育的思想与实践、培养儿童创造力的主张

1. 识记：(1)生活教育的主要内容；(2)幼稚园教育之新大陆。

2. 领会：(1)艺友制的师资培训；(2)创造的儿童教育理论。

3. 简单应用：分析陶行知生活教育理论是对杜威实用主义教育理论的吸取与改造。

4. 综合应用：学习陶行知普及学前教育的理论，思考当前我国学前教育发展中的迫切问题和改革措施。

（三）张雪门论幼儿教育的目的、幼稚园课程、幼稚师范教育

1. 识记：(1)幼儿教育的目的；(2)幼稚园行为课程。

2. 领会:(1)幼稚园行为课程及行为课程的教法;(2)论幼稚师范教育的系统实习。

3. 简单应用:分析行为课程的基本精神。

(四) 陈鹤琴论儿童心理、家庭教育、幼稚园教育、活教育理论

1. 识记:(1)儿童的心理特点及学龄前年龄分期;(2)幼稚园的“五指”教育内容及整个教学法。

2. 领会:(1)家庭教育的意义和内容;(2)活教育理论的三大纲领。

3. 简单应用:试总结活教育理论的探索历程。

4. 综合应用:试总结陈鹤琴对中国学前教育的贡献。

(五) 张宗麟论幼儿教育的意义和目的、批判幼稚园教育的弊端、对幼稚园课程及师资培训的主张

1. 识记:(1)幼儿教育的意义和目的;(2)社会化的幼稚园课程。

2. 领会:(1)对幼稚园教育弊端的批判;(2)幼稚园教师的社会责任。

3. 简单应用:张宗麟对民国时期幼稚园的批评和现实意义。

四、本章关键问题

本章对五位教育家的叙述,一般都涉及了生平和教育实践活动,论幼儿教育的目的意义,批判当时幼儿教育的流弊,论幼稚园课程、师资的培训、美国实用主义教育的影响等。学习时要善于概括、分析、比较,体会前人的思想理念和丰富的教育实践活动,从中受到启迪和激励。

第六章　中华人民共和国时期的学前教育

一、学习目的与要求

(一) 了解中华人民共和国成立后(1949 年 10 月—2012 年 12 月)的学前教育。

(二) 掌握新中国成立初期和社会主义改造时期学前教育的任务、方针及措施;掌握毛泽东提出的社会主义的教育方针;了解学前教育在全面进行社会主义建设时期的曲折发展;了解“文化大革命”时期学前教育遭受的破坏。

(三) 掌握社会主义建设新时期所建立的新的管理体制;掌握新时期颁布的各类法规;了解新时期学前教育的发展方针、师资培训的途径及其成果;了解学前教育科学研究和幼儿园教育改革实验。

二、课程内容

第一节　国民经济恢复时期至“文化大革命”时期的学前教育
(1949 年 10 月—1976 年 9 月)

(一) 国民经济恢复时期至社会主义改造时期的学前教育(1949 年 10 月—1956 年 9 月)

(二) 全面进行社会主义建设时期的学前教育(1956 年 9 月—1966 年 5 月)

(三) “文化大革命”时期的学前教育(1966 年 5 月—1976 年 10 月)

第二节　社会主义建设新时期的学前教育(1976 年 10 月—2012 年 12 月)

(一) 加强领导,确定发展方针,建立健全管理体制

（二）颁布学前教育法规

（三）多种渠道、多种形式发展学前教育事业

（四）多渠道、多层次地培养学前教育师资和人才

（五）儿童教育观念的更新，幼儿园教育方式方法的实验和探索

三、考核知识点与考核要求

（一）新中国成立初期至“文化大革命”时期学前教育的方针、政策及实施及曲折发展

1. 识记：(1)幼儿园的双重任务和培养目标；(2)幼儿园的六个活动项目；(3)毛泽东提出的社会主义教育方针。

2. 领会：(1)学前教育发展方针；(2)新中国成立初期学习苏联学前教育经验。

3. 简单应用：试析新中国成立初期学前教育领域的学术批判。

（二）社会主义建设新时期学前教育管理体制、教育法规、学前教育发展方针和规划、教师培训、科学研究及改革实验活动

1. 识记：(1)《国家中长期教育改革和发展纲要(2010—2020 年)》中规定的学前教育发展目标；(2)《3~6 岁儿童学习与发展指南》。

2. 领会：(1)多渠道、多形式、多规格地发展学前教育事业；(2)树立现代儿童观，探索幼稚园教育新模式。

3. 简单应用：深刻理解《幼儿园教师专业标准》，结合历史上诸多教育家创立的教育理论并勇于改革实践的精神，思考如何做一名出色的幼教工作者。

4. 综合应用：试分析新中国成立后 60 多年来，我国学前教育发展取得的成绩、基本经验、问题及教训。

四、本章关键问题

（一）要从总体上把握 60 多年来，我国学前教育发展的轨迹：初期稳步发展；中间近 20 年在起伏、受挫中的曲折发展；后 30 多年特别是进入 21 世纪以来的快速发展。

（二）要注意两个联系：一是联系老解放区的教育经验；二是联系民国时期学前教育的实验探索。

（三）以本章为例，体会学好学前教育史，要善于运用纵向贯穿、横向比较的研究方法，便可灵活地掌握知识，从中得到有益的历史启迪。

下编　外国学前教育史

第七章　古代东方国家及古希腊、古罗马学前教育

一、学习目的与要求

（一）要使学生认识人类在远古（原始社会）时期和古代奴隶制社会幼儿教育的形成与

发展的历史,了解原始社会、古代希腊、古代罗马学前教育的一般概况和特征,以及对后世学前教育发展的影响。

(二) 了解古罗马学前教育的基本情况。

(三) 理解柏拉图、亚里士多德、昆体良的学前教育思想。

二、课程内容

第一节　远古时期的儿童教育

(一) 前氏族社会时期的儿童教育

(二) 母系氏族社会时期的儿童教育

(三) 父系氏族社会时期的儿童教育

(四) 军事民主制社会时期的儿童教育

第二节　古代东方国家的学前教育

(一) 古代埃及的学前教育

(二) 古代希伯来的学前教育

(三) 古代印度的学前教育

第三节　古代西方国家的学前教育

(一) 古代希腊的学前教育

(二) 古代罗马的学前教育

第四节　古代西方的学前教育思想

(一) 柏拉图的学前教育思想

(二) 亚里士多德的学前教育思想

(三) 昆体良的学前教育思想

三、考核知识点与考核要求

(一) 远古时期儿童教育

1. 识记:(1)原始社会儿童教育产生于原始部族,实行公养公育;(2)原始社会儿童教育的内容主要是劳动技能和生活习俗;(3)原始社会儿童教育的方法是示范与模仿;(4)原始社会儿童教育的特点是公养公育、与社会生活劳动紧密结合、以老带小、简单性和部族性。

2. 领会:(1)原始社会分为四个时期:前氏族、母系氏族、父系氏族、军事民主制;(2)原始社会儿童教育与社会生活、劳动紧密结合;(3)原始社会儿童教育尚处于萌芽阶段。

3. 简单应用:(1)原始社会四个时期儿童教育的演进;(2)试分析原始社会儿童教育的特点。

(二) 古代东方国家的学前教育

1. 识记:(1)古代埃及学前教育的形式、内容和方法;(2)古代希伯来学前教育的概况;(3)古代印度学前教育的概况。

2. 领会:(1)古代东方国家学校产生的重要原因是奴隶制社会的形成与文字的出现;(2)古代埃及、希伯来、印度由于政治、社会、宗教形态各异造成其学前教育也各显特色。

3. 简单应用:(1)分析古代埃及学前教育对推动世界学前教育发展的重要贡献;(2)评析古代希伯来学前教育得到重视的主要原因;(3)简评古代印度婆罗门教与佛教学前教育

的同异之处。

（三）古代西方国家的学前教育

1. 识记:(1)斯巴达的学前教育;(2)雅典的学前教育;(3)古罗马的学前教育。

2. 领会:(1)斯巴达与雅典学前教育的相同点;(2)斯巴达与雅典学前教育的不同点;(3)农夫—军人"教育中学前教育的内容"。

3. 简单应用:(1)古希腊学前教育的主要特点;(2)古希腊学前教育的历史贡献;(3)古罗马学前教育与古希腊学前教育的关系。

（四）古代西方国家的学前教育思想

1. 识记:(1)柏拉图的学前教育思想;(2)亚里士多德的学前教育思想;(3)昆体良的学前教育思想。

2. 领会:(1)柏拉图的优生优育思想;(2)亚里士多德的胎教和年龄分期思想;(3)昆体良反对学前教育中的体罚的思想。

3. 简单应用:(1)柏拉图学前教育思想的历史贡献;(2)亚里士多德论学前教育三阶段;(3)评昆体良论学前教师。

四、本章关键问题

（一）分析斯巴达和雅典学前教育的比较与影响。

（二）柏拉图学前教育思想和亚里士多德学前教育思想。

第八章　中世纪和文艺复兴时期学前教育

一、学习目的与要求

（一）了解中世纪儿童观的基本内容。

（二）掌握中世纪学前教育的主要类型与内容。

（三）理解夸美纽斯学前教育理论及其历史意义。

二、课程内容

第一节　中世纪学前教育

（一）西欧中世纪儿童观

（二）西欧中世纪学前教育的实施

第二节　文艺复兴时期学前教育

（一）维吉乌斯与《儿童教育论》

（二）伊拉斯谟斯与《幼儿教育论》

（三）夸美纽斯的学前教育思想

三、考核知识点与考核要求

（一）中世纪学前教育

1. 识记:(1)中世纪的特性;(2)中世纪基督教的发展。

2. 领会:(1)原罪论;(2)禁欲主义;(3)性恶论;(4)预成论。

3. 简单应用:(1)分析基督教会的学前教育目的、内容和方法论;(2)简评宫廷学前教育;(3)评价骑士早期教育。

(二) 文艺复兴时期学前教育

1. 领会:人文主义。

2. 简单应用:(1)维吉乌斯学前教育的目的、内容、方法和著作;(2)伊拉斯谟斯学前教育的目的、内容、方法和著作。

3. 综合应用:夸美纽斯学前教育的目的、原则、内容、方法、著作和影响。

四、本章关键问题

中世纪儿童观念、骑士早期教育、夸美纽斯的学前教育思想。

第九章　近现代西方各国学前教育实践

一、学习目的与要求

(一) 了解英、法、德、美、俄、日各国学前教育制度的基本情况与发展历程。

(二) 掌握欧文、维尔德斯平、福禄培尔的学前教育办学实践和观念。

(三) 理解保育学校、托儿所、幼儿园等学前教育机构及其差别。

二、课程内容

第一节　英国的学前教育

(一) 工业革命时期英国政府学前教育政策与计划

(二) 欧文的幼儿学校

(三) 维尔德斯平的幼儿学校

(四) 福禄培尔幼儿园对英国学前教育的影响

(五) 20 世纪上半叶英国学前教育

(六) 20 世纪下半叶英国学前教育

第二节　法国的学前教育

(一) 奥柏林的"编织学校"

(二) 柯夏的"托儿所"

(三) 法国政府的学前教育政策与措施

(四) 福禄培尔幼儿园对法国学前教育的影响

(五) 巴黎公社的学前教育政策

(六) 19 世纪末的"母育学校"

(七) 20 世纪法国学前教育的发展

第三节　德国的学前教育

(一) 巴乌利美保育所

(二) 德国各邦的学前教育政策

（三）弗利托那幼儿学校运动
（四）福禄培尔幼儿园运动
（五）20 世纪德国学前教育的发展
第四节　俄国与苏联的学前教育
（一）别茨考伊与儿童慈善教育机构
（二）福禄培尔幼儿园对俄国学前教育的影响
（三）苏联时期学前教育的发展
第五节　美国的学前教育
（一）美国私立幼儿园的建立
（二）美国慈善幼儿园的出现
（三）美国公立幼儿园的产生与发展
（四）幼儿教育协会的活动
（五）20 世纪上半叶美国学前教育的发展
（六）20 世纪下半叶美国学前教育的发展
第六节　日本的学前教育
（一）日本学前教育机构的建立和发展
（二）日本政府的学前教育政策与措施
（三）20 世纪上半叶日本学前教育的发展
（四）20 世纪下半叶日本学前教育的发展

三、考核知识点与考核要求

（一）英国的学前教育

1. 识记:(1)国内贫民救济法;(2)贫穷儿童劳动学校;(3)《费舍教育法》;(4)《哈多报告》;(5)《巴特勒法案》。

2. 领会:(1)欧文的性格形成学说;(2)维尔德斯平学前教育观念;(3)保育学校;(4)《普洛登报告书》。

3. 简单应用:(1)分析欧文幼儿学校的教育目的、内容、方法和影响;(2)分析维尔德斯平幼儿学校的教育目的、内容、方法和影响。

4. 综合应用:分析评价福禄培尔幼儿园对英国学前教育的影响。

（二）法国的学前教育

1. 识记:(1)奥柏林“编织学校”;(2)柯夏“托儿所”;(3)托儿所内部规章制度。

2. 领会:巴黎公社学前教育政策。

3. 简单应用:评价母育学校的历史地位。

4. 综合应用:(1)分析福禄培尔幼儿园对法国学前教育的影响;(2)分析 20 世纪法国学前教育的发展趋势。

（三）德国的学前教育

1. 识记:(1)巴乌利美保育所;(2)弗利托娜幼儿学校运动;(3)《儿童福利法》。

2. 简单应用:分析福禄培尔幼儿园运动的影响。

（四）俄国与苏联的学前教育

1. 识记：(1)别茨考伊与儿童慈善教育机构；(2)《关于学前教育的宣告》；(3)苏维埃早期政府学前教育基本方针与政策。

2. 领会：(1)1962 年《托儿所—幼儿园统一教学大纲》；(2)1989 年《学前教育构想》。

3. 综合应用：分析福禄培尔幼儿园对俄国学前教育的影响。

（五）美国的学前教育

1. 识记：(1)舒尔茨与美国第一所德语幼儿园；(2)皮博迪与美国第一所英语幼儿园；(3)保育学校运动；(4)日托所运动。

2. 领会：(1)公立幼儿园运动；(2)幼儿教育协会；(3)开端计划。

3. 简单应用：(1)分析进步主义幼儿园运动的影响；(2)分析蒙台梭利对美国学前教育的影响。

4. 综合应用：评价福禄培尔幼儿园对美国学前教育的影响。

（六）日本的学前教育

1. 识记：(1)《学制令》；(2)东京女子师范学校附属幼儿园；(3)托儿所。

2. 领会：(1)《幼儿园保育及设备规程》；(2)《幼稚园令》；(3)1964 年《幼儿园教育大纲》。

3. 简单应用：评价学前教育振兴计划。

4. 综合应用：评价福禄培尔幼儿园对日本学前教育的影响。

四、本章关键问题

欧文幼儿学校、福禄培尔学前教育思想及其传播、进步主义幼儿园运动、各国学前教育发展的基本规律。

第十章　近现代欧美学前教育思想

一、学习目的与要求

（一）要使学生总体把握外国近现代学前教育思想发展的基本脉络，重点掌握卢梭、福禄培尔、杜威、蒙台梭利、克鲁普斯卡娅、皮亚杰、加德纳七位学前教育家各自提出的、富有特色的幼教理论内容，及相关的知识。

（二）要求识记幼教理论相关的名称、词汇的要点，领会其产生和发展的历史原因和社会条件，对其理论的合理性和不合理性进行科学分析，并对其理论的积极因素进行创造性的借鉴和应用。

二、课程内容

第一节　卢梭的学前教育思想

（一）生平与教育活动

（二）论自然教育

（三）论教育年龄分期

（四）论教育法则

第二节　福禄培尔的学前教育思想

（一）论自由教育

（二）人的发展和阶段性的教育

（三）创造性的活动

（四）“福禄培尔恩物”

（五）儿童的园地

第三节　杜威的学前教育思想

（一）生平活动

（二）经验论

（三）教育观

（四）儿童观

（五）教学观

第四节　蒙台梭利的学前教育思想

（一）生平活动

（二）教育观

（三）儿童观

（四）学前教育的内容

第五节　克鲁普斯卡娅的学前教育思想

（一）生平活动

（二）教育观

（三）论学前教育的内容

第六节　皮亚杰的学前教育思想

（一）生平活动

（二）儿童观

（三）教育观

第七节　加德纳的学前教育思想

（一）生平活动

（二）论智能基本内涵

（三）论智能主要特点

（四）论智能理论的教育价值

三、考核知识点与考核要求

（一）卢梭的学前教育思想

1. 识记:《爱弥儿》。

2. 领会:(1)卢梭“自然人”概念与“自然教育”的原则和目的;(2)卢梭的教育年龄分期。

3. 简单应用:评析卢梭的教育法则与方法。

（二）福禄培尔的学前教育思想

1. 识记：（1）《人的教育》；（2）“恩物”。

2. 领会：（1）福禄培尔论学前教育的原则和目的；（2）福禄培尔论学前教育的重要性。

3. 简单应用：评析福禄培尔的游戏观。

（三）杜威的学前教育思想

1. 识记：（1）《民主主义与教育》；（2）“儿童中心主义”。

2. 领会：（1）杜威论教育本质；（2）评杜威的学前教育思想。

3. 综合应用：（1）简述“教学五步骤”；（2）述评杜威“从做中学”的思想。

（四）蒙台梭利的学前教育思想

1. 识记：（1）《儿童之家》；（2）“蒙台梭利教学法”。

2. 领会：（1）蒙台梭利儿童观；（2）蒙台梭利论教育环境。

3. 综合应用：（1）述评蒙台梭利的感官教育论；（2）评析蒙台梭利论“儿童敏感期”。

（五）克鲁普斯卡娅的学前教育思想

1. 识记：（1）《国民教育与民主主义》；（2）克鲁普斯卡娅论学前教育理论。

2. 领会：（1）克鲁普斯卡娅论学前教育理论的重要性；（2）克鲁普斯卡娅论学前教育理论的内容。

3. 简单应用：简评克鲁普斯卡娅学前教育理论的历史意义。

（六）皮亚杰的学前教育思想

1. 识记：（1）“发生认识论”；（2）“认识发展阶段论”。

2. 领会：（1）“发生认识论”的积极意义；（2）皮亚杰儿童教育道德观。

3. 综合应用：（1）简评皮亚杰教育目的观和教育原则论；（2）述评皮亚杰的“发生认识论”。

（七）加德纳的学前教育思想

1. 识记：（1）“多元智能论”；（2）加德纳的儿童观。

2. 领会：（1）多元智能论的内涵；（2）多元智能论的主要特点。

3. 综合应用：（1）述评加德纳多元智能论与传统认识理论的不同和优点；（2）分析加德纳多元智能的分类和特点。

四、本章关键问题

本章核心在于理解教育思想家如何站在时代前沿，将教育心理学化、科学化和民主化，儿童中心等观念体现在现代学前教育的实践和发展过程中，其中重点关注卢梭的自然教育，福禄培尔的幼儿园理论与实践，杜威的民主教育，蒙台梭利的教学法，皮亚杰的发生认识论和道德心理学，加德纳的多元智能理论。

关于大纲的说明与考核实施要求

一、自学考试大纲的目的和作用

课程自学考试大纲是根据专业自学考试计划的要求，结合自学考试的特点而确定的，其目的是对个人自学、社会助学和课程考试命题进行指导和规定。

课程自学考试大纲明确了课程学习的内容和深广度，规定了课程自学考试的范围和标准。因此，它是编写自学考试教材和辅导书的依据，是社会助学组织进行自学辅导的依据，是自学者学习教材、掌握课程内容知识范围和程度的依据，也是进行自学考试命题的依据。

二、课程自学考试大纲与教材的关系

课程自学考试大纲是进行学习和考核的依据，教材是学习掌握课程知识的基本内容与范围，教材的内容是大纲所规定的课程知识和内容的扩展与发挥。课程内容在教材中可以体现一定的深度或难度，但在大纲中对考核的要求一定要适当。

大纲与教材所体现的课程内容应基本一致。大纲里面的课程内容和考核知识点，教材里一般也要有。反过来，教材里有的内容，大纲里就不一定体现。

三、关于自学教材

《学前教育史》，全国高等教育自学考试指导委员会组编，何晓夏主编，高等教育出版社，2014 年版。

四、关于自学要求和自学方法的指导

本大纲的课程基本要求是依据专业考试计划和专业培养目标而确定的。课程基本要求还明确了课程的基本内容，以及对基本内容掌握的程度。基本要求中的知识点构成了课程内容的主体部分。因此，课程基本内容掌握程度、课程考核知识点是高等教育自学考试考核的主要内容。

为有效地指导个人自学和社会助学，本大纲已指明了课程的重点和难点，在章节的基本要求中一般也指明了章节内容的关键问题。

本课程共 6 学分，考生在学习过程中应当注意按照以下的方法进行自学和复习。

（一）必须在全面系统学习的基础上，掌握基本概念、基本理论和基本方法。本课程包括中国学前教育史和外国学前教育史，其内容包括学前教育制度和学前教育理论的各个方面。首先，考生应按中国和外国两个部分全面系统地学习，要记忆要求识记的基本概念、基本知识，进而深入理解基本理论，并学习运用基本理论分析和解决有关理论问题和实际问题。其次，要认识各种学前教育制度和教育思想之间发展的历史线索，弄清它们产生的历史背景，注意它们之间的相互联系和区别。再次，在全面系统学习教材的基础上，有目的地深入学习重点章节，切忌孤立地抓重点。

（二）努力做到史论结合。《学前教育史》是有关教育历史的课程，首先要充分占有史料，弄清历史事件的时间、地点、人物等要素。同时，要学会史论结合，坚持历史唯物主义的基本原则，用正确的历史观，通过学前教育发展的历史事实，提示其发展的客观规律，探索各个时期、各个国家学前教育改革的历史经验与教训，分清精华与糟粕，达到古为今用、洋为中用的目的。

（三）重视理论联系实际。有意识地结合当前教育改革的实践进行学习。中外学前教育发展史的沿革中，不乏丰富的历史经验，可供当今借鉴，以促进学前教育改革。

五、对社会助学的要求

（一）社会助学者应根据本大纲规定的考试内容和考核目标，认真钻研指定教材，对考生进行切实有效的辅导，引导他们防止自学中的各种偏向，把握社会助学的正确导向。

（二）正确处理学习知识和提高能力的关系。要引导考生将识记、领会与应用联系起来。把基础知识和理论转化为应用能力，在全面辅导的基础上，着重培养提高考生分析问题和解决问题的能力。

（三）正确处理重点和一般的关系。重点与一般是相互联系起来的，不可截然分开。应指导考生全面系统地学习教材，要掌握全部考试内容和考核知识点，在此基础上突出重点。不可孤立地抓重点，把考生引向猜题、押题的错误方向。

（四）建议每学分 2—3 个助学学时。

六、对考核内容的说明

（一）本课程要求考生学习和掌握的知识点都作为考核的内容。课程中各章的内容均由若干知识点组成，在自学考试中成为考核知识点。因此，课程自学考试大纲中所规定的考试内容是以分解为考核知识点的方式给出的。由于各知识点在课程中的地位、作用以及自身的特点不同，自学考试将各知识点分别按四个认知层次确定其考核要求。

（二）自考试之日起 6 个月内，由全国人民代表大会和国务院颁布或修订的法律、法规都将列入相应课程的考试范围。凡大纲、教材内容与现行法律、法规不符的，应以现行法律、法规为准。命题时也会对我国经济建设和科技文化教育发展的重大方针政策的变化予以体现。

（三）根据重要性程度不同，考核内容分为重点内容、次重点内容、一般内容，在本课程试卷中对不同考核内容要求的分数比例大致为：重点内容占 60%，次重点内容占 30%，一般内容占 10%。

七、关于命题考试的若干要求

（一）本课程考核为闭卷笔试，考试时间150分钟。

（二）本课程的命题考试，应根据本大纲所规定的考试内容和考试目标来确定考试范围和考试要求。考试命题要覆盖到各章，并适当突出重点章节。

（三）本课程在试题中对不同能力层次要求的分数比例一般为：识记占20%，领会占30%，简单应用占30%，综合应用占20%。

（四）合理安排试题的难易程度，可分为易、较易、较难、难四个等级。每份试卷中不同难度试题的分数比例一般为2∶3∶3∶2。

（五）本课程考试试卷采用的题型，一般有单项选择题、名词解释题、简答题、论述题四种。

附录　题型举例

一、单项选择题

1. 下列选项中诞生于宋代的蒙学读物有(　　)。

A.《千字文》　B.《百家姓》　C.《御制百家姓》　D.《皇明千家姓》

2. 下列教育家中谁提出了小先生制(　　)。

A. 张雪门　B. 张之洞　C. 陶行知　D. 杜威

二、名词解释题

1. 蒙养院

2. 骑士早期教育

三、简答题

1. 简述《礼记·内则》中的古代学前教育计划。

2. 简述维尔德斯平的幼儿学校及其特点。

四、论述题

1. 述评陶行知普及学前教育的理论和实践。

2. 述评卢梭学前教育的基本观点。

后　记

《学前教育史自学考试大纲》是根据高等教育自学考试学前教育专业(独立本科段)考试计划的要求编写的。2014年5月教育类专业委员会召开审稿会议,对本大纲进行了评审,修改后经过主编修改定稿。

本大纲由北京师范大学何晓夏教授主持编写,王晨副教授、刘传德教授、乔卫平副教授参加了相应内容的编写。

本大纲经由北京师范大学俞启定教授、郭法奇教授,河北大学傅松涛教授审阅并提出改进意见。

本大纲编审人员付出了辛勤劳动,特此表示感谢。

全国高等教育自学考试指导委员会
教育类专业委员会
2014年7月

全国高等教育自学考试指定教材
学前教育专业(独立本科段)

学前教育史

全国高等教育自学考试指导委员会　组编
主　编　何晓夏
副主编　王　晨

编者的话

学前教育史是高等教育自学考试学前教育专业（独立本科段）学科体系中的一门专业基础理论课程。本教材的特点体现在以下几个方面：

（1）内容全面系统，涵盖了自古代社会至当代中国和外国学前教育发生、发展和演变的历史进程。基于这一内容特点，教材采用了编年史和专题史相结合的编写方法。如中国古代学前教育史采用的是专题史写法，这是因为虽然中国古代社会有几千年的文明史，但就学前教育来讲，其发展并没有随着朝代的更易而发生明显的变迁。

（2）具有鲜明的学前教育专业特点。经过深入研究、精选内容，与学前教育无关的事件、人物和背景材料，均未列入。

（3）有详有略，重点突出。对中外学前教育发展中的重大问题、重要思想和杰出人物作了较为详细的论述。

（4）为增强本教材的可读性，更加形象地揭示历史原貌，书中配有一些插图，力求图文并茂便于理解。

《学前教育史》受全国高等教育自学考试指导委员会教育类专业委员会委托，由北京师范大学教授何晓夏担任主编、副教授王晨担任副主编，参加编写的还有北京师范大学教授刘传德、副教授乔卫平。执笔分工如下：乔卫平负责第一、二、三章，何晓夏负责第四、五、六章，刘传德负责第七、十章，王晨负责第八、九章。此外，在读研究生韩雪原同学协助整理书稿。在此一并表示感谢。由于时间紧迫，如有遗漏和错误，请读者补充和指正。

编　者

2014 年 7 月

上编　中国学前教育史

第一章　古代儿童教育的实施

本章学习目标

1. 了解：慈幼礼俗的内容、胎教的主要内容、家庭教育的原则、蒙养教育的内容与教材。

2. 理解：慈幼观念的演变、胎教的作用、家庭教育的目的和作用、蒙养教育的任务与方法。

3. 掌握：客观地看待中国古代儿童教育的历史，能够借鉴其有益的经验和方法，应用到现实的教育实践之中。

4. 熟练掌握：正确理解古代慈幼教育的礼俗与观念所包含的积极教育意义。理解古代胎教思想的基本知识及其积极意义。古代学者反对溺爱儿童的观点的合理性，并结合实例进行分析和评价。分析传统蒙养教育理念中值得借鉴的因素。

建议学时：8学时

本章时间跨度大致从远古到1840年鸦片战争为止，这个时期并不存在等同于近代学前教育的概念，它事实上是指儿童从出生到出就外傅之前，在家庭和社会以及各种场合所受到的启蒙教育的总和，包括各种社会风俗文化观念的熏陶、家庭的道德文化教育、礼仪教育、蒙养教育等。根据中国古代儿童教育的实际特点，本章列为四个主题：慈幼、胎教、家教、蒙学。

第一节　古代的慈幼礼俗与社会公育

慈幼观念与礼俗是中国古代幼儿教育的一个特定的组成部分。在原始社会中，对于生儿育女的重视，以及对于婴幼儿的保护与慈爱，不仅是一种保护自身存活的本能，也反映了人类对于保护和发展自我文化价值的高度重视。将祖辈传承和自我创造的知识、经验、生产生活技能，以及维系社会群体存在所必需的伦理道德观念、行为准则等，传授给新的一代，成为全体社会成员的共同意识与义务。

一、慈幼观念的演变

敬老爱幼是中华民族的传统美德，早在原始氏族社会中，儿童就得到了全体社会成员的共同抚养和爱护。在西安半坡的仰韶文化遗址中，就有一种厚葬儿童的习俗——“罐葬”。这种习俗，一直延续到原始氏族社会的末期。在青海乐都柳湾墓地马厂文化遗址、山东大汶口遗址，也有类似的遗存。反映了原始社会普遍存在的慈幼情感与观念，这是不能用单纯的子嗣生育的生物语言加以解释的。

进入私有制社会之后，慈幼观念较多地表现为现实政治的举措。《墨子・兼爱》中曾经赞美文王实行仁政，使“少失其父母者，有所放依而长”。西周也有大司徒负责执行保息六政，保息六政的首务，就是“慈幼”。

图 1-1　管仲像

春秋战国时期，由于连年战乱，人口死亡率大幅度增长，造成了诸侯各国土地大片荒芜、劳动力严重短缺的局面。为了吸引其他地区的人口流入本国并能维系本国人口有较高的出生率与存活率，齐桓公葵丘之会与诸侯约定的第三条盟誓，就是“敬老慈幼，无忘宾旅”。管仲在齐国推行“九惠之教”的首要两条，也是“老老”与“慈幼”。

在春秋末年，越王勾践也采取了鼓励妇女生育、保护幼儿的措施。其中包括，由国家派遣“乳医”帮助妇女分娩；生育三个孩子，由国家派遣乳母照料；生育两个孩子，由国家提供食品。当时的政治家和思想家也都把“慈幼之政”看作是推行“仁政”的一个标志。如，孔子便以“老者安之，朋友信之，少者怀之”来概括自己的政治抱负。孟子也认为“老吾老，以及人之老；幼吾幼，以及人之幼”，便是王道的实质。

图 1-2　韩非像

韩非则从母爱和家庭教育的角度讨论慈幼问题。他在《韩非子・解老》中说：“爱子者慈于子。重生者慈于身。贵功者慈于事。慈母之于弱子也，务致其福，务致其福则事除其祸，事除其祸则思虑熟，思虑熟则得事理，得事理则必成功，必成功则其行之也不疑，不疑之谓勇。圣人之于万事也，尽如慈母之为弱子虑也。”韩非把母亲对于“弱子”的慈爱情感与目的、结果、思维、品质等概念放在了一个相互联系的过程中加以分析，认为母爱是造就儿童优良品质的根本原因：“不疑生于慈，故曰慈故能勇。”韩非在这里所揭示的过程，正好暗示了现实教育中经常讨论的问题：只有热爱孩子，才能真正教育孩子。同时，韩非还讨论了“慈爱”与“溺爱”的界限。他在《韩非子・八说》中指出：“慈母之于弱子也，爱不可为前。然而弱子有僻行，使之随师；有恶病，使之事医。不随师则陷于刑；不事医则疑于死。慈母虽爱，无益于振刑救死，则存子者非爱也。”这就是说，所谓“慈爱”是爱而有教，溺爱则是爱而无教。如果放弃了教育的责任，这种“爱”并不是真正的爱。

二、慈幼与学校的起源

中国最古老的学校名为“庠”，主要是一种养老慈幼的场所。庠既是原始氏族部族储藏剩余猎物和生活物品的场所，又是集体赡养失去劳动力的老人和没有劳动力的儿童的场所。所以，对于年幼者来说，庠的首要功能是集体保育。对于老人来说，在成年人狩猎采集生产的时候，他们就承担起看护部族儿童的责任，并在看护的过程中将生产生活的经验传授给儿童。这就在老人和儿童之间，逐步衍生出了一个教育和被教育的关系。

以坐落在骊山脚下的陕西临潼姜寨遗址为例。这个氏族村落的布局十分规整，中央为宽阔的广场，是氏族全体成员集合娱乐的场所。广场四周分布了若干个母系亲族的居住单位。每个单位由一个大房子和周围紧邻的若干个小房子组成，所有的房子都面向广场。这个大房子就是母系亲族单位的老人和儿童的住处，也是氏族共同消费聚会的场所，而附近的小房子则是供成年男女配偶双方居住的。

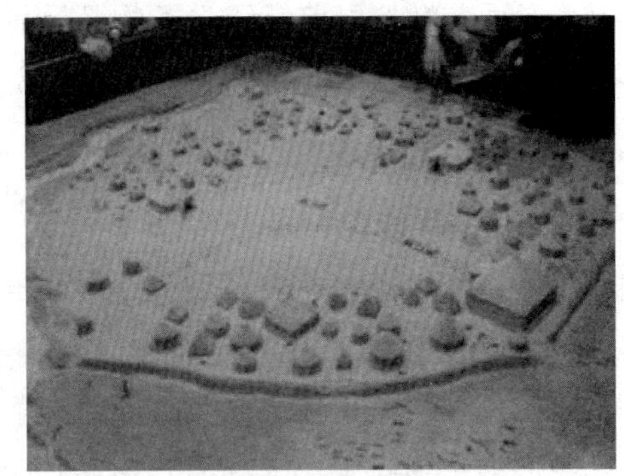

图 1-3　姜寨遗址示范图

具有养老慈幼功能的庠的出现，具备了以下三个条件：其一，农业、畜牧业较为发达，有了一定的剩余产品。其二，氏族成员共同劳动，财产共有，儿童公育。其三，实行比较严格的族外婚制。符合这些条件的情况大致属于母系氏族社会的晚期。也就是说，庠作为学校的原始雏形，产生在母系氏族社会的末期，距今大约 5 000 年到 6 000 年之间，这与上述姜寨遗址的考古年代，也是大体相近的。

三、慈幼机构与法令措施

中国古代专门的慈幼机构，以东汉邓太后所创办的邸舍为最早。据《后汉书·皇后纪》记载，邓太后于元初六年（119 年）召集宫室之女 5 岁以上者 40 余人及邓氏子孙 30 余人，教学经书，并设置师保，抚循教导。

慈幼机构的制度化与普及，是从北宋开始的。宋代的慈幼机构主要有两种，一是慈幼局，二是举子仓或予惠仓。慈幼局的主要职能是收养弃儿，雇请乳媪鞠育。举子仓由教育家朱熹始创，其职能与慈幼局略同。慈幼机构的大规模恢复，始于清代。清代最早的慈幼机构，是康熙元年（1662 年）始建于广渠门内的京师育婴堂。京师育婴堂定有详细的育婴条例，由官方出资和民间捐助。不过，清代的育婴堂有养而无教，仍属于一般的慈善机构。

由唐鉴在贵州创办的及幼堂，则是具有教养合一功能的慈幼教育机构。早在道光年间，唐鉴就上疏朝廷，请求禁止将育婴堂的孤儿领做奴仆的行为，并在贵州筹款创办及幼堂，收养社会弃儿。他将及幼堂的幼儿按照天资灵秀的程度分为两类：聪明者，教以读书写字；粗笨者，教之编竹篮篦器、草鞋，以及一切可以自食其力的技能。唐鉴的及幼堂不仅解决幼儿的衣食起居，而且教给他们文化知识和一技之能，为儿童将来谋生立命打下基础，这是我国历史上第一个将幼儿的保育和教育合为一体的慈幼机构。

四、慈幼礼俗

慈幼礼俗是慈幼观念与文化在民间普遍流行的通俗形式。《礼记·内则》记载，婴儿出生后，生男则在产房门左侧挂上弓弧，以示将来要从武；生女则在产房门右侧挂上绢帨，以示将来从事家务绣织之事。这种象征性的悬挂物，预示了新生儿今后人生发展的基本方向，也彰显了古代社会男女分工的不同及其教育理念的根本差异。同时，要在三天之内选择吉日，举行接子仪式。接子之后，将婴儿安置在另外的房间中，选择宽裕、慈惠、温良、恭敬、慎而寡言、品德端正的人作为婴儿的“子师”，及早对婴儿实施道德教育。同时选择“慈母”“保母”，负责婴儿的哺乳及饮食起居。“子师”“慈母”“保母”与婴儿同居一室，以方便照料。

“试儿”也是古代较为通行的慈幼礼仪。“试儿”或称“试睟”“试周”和“抓周”，始见于魏晋南北朝。比较通行的做法是：在小儿一岁生日时，为其制作新衣，盥浴装饰以后，在男孩面前摆上弓矢纸笔等器物，在女孩面前摆上刀剪针线之类物品，再加上食物和珍宝玩具，让小儿自己抓取，“观其发意所取，以验贫廉愚智”。

图 1-4　民间流传的抓周银饰

还有一种慈幼礼俗叫“洗儿会”。此俗约起源于东魏，盛行于唐宋以后。“洗儿会”在小儿出生三日或足月时举行，一般都是富贵人家才有财力举办。届时亲宾盛集，在盆中煎上拌有香料的热水，在里面放进果、枣、彩钱、葱蒜等，钱是意味着使儿童富裕，葱意味着儿童聪明伶俐。用数丈彩带环绕此盆，叫做“围盆”，意即儿童生活在多彩的幸福之中。围观的人纷纷向盆中撒钱，叫做“添盆”，意即儿童在众人的帮衬下多福多财。“洗儿会”也是父母借以表达自己对子女期望的郑重仪式。

儿童的命名仪式，也是重要的慈幼礼俗。中国古代十分重视儿女的命名仪式，并通过命名仪式以“吐情自纪”。所谓“吐情”，是要通过命名寄托老一代人对于后生晚辈的情感、要求、期望；所谓“自纪”，是将上述情感、要求、期望包含在“名”中，成为晚辈后生终身的座右铭，并使其体察名中的含义，以此约束自己，规范自己的思想言行，时常反省自我。基于这个原因，古人的名字中，往往包含一定的道德或文化的内涵，这种内涵也往往体现了当时社会比较认同的价值观。古人一般是在婴儿出生三月后才正式举行命名仪式，这与当时的人们对于婴儿生理和心理发展水平的认识有关。据《白虎通·姓名》理解：“人生三月目煦，亦能咳笑，与人更答。故因其始有知而名之。”这说明，古人已经能够用“时变”的观点看待婴幼儿的成长与发育。所谓“时变”，就是婴儿的各种生理功能和认知能力会随着时间的变迁而不断变化。“煦”，就是左右转视的样子。婴儿在出生三个月后已经可以对人的语言、举动、表情做出明确的反应，这就是“亦能咳笑，与人更答”。所以，古人认为，婴儿出生三个月后，开始具备了初步的感知能力。抓住婴儿初具感知能力的时机，及时举行具有积极教育意义的命名仪式，可令其感受正面的形象与视觉。

图 1-5　唐代的赤金洗儿盆

当然，古代的慈幼礼仪主要还是寄托了父母对于儿女的慈爱情感和期待，其本身是否具备实际的教育效果，也难以定论。但毫无疑问，这是古代儿童教育和规范人生正确发展方向的重要起点。

第二节　古代的胎教

所谓胎教，是指在孕妇怀孕期间，除重视身体的保健外，还要重视精神、情操以及外界环境条件对孕妇的影响。各种外界条件通过对母亲耳、眼、口、鼻等感觉器官产生刺激，影响母亲大脑的思维和情绪，对胎儿发生间接的作用，使胎儿良好发育。

一、胎教的作用

中国古代非常重视胎教的作用，认为胎教甚至关系到家国的兴亡，是十分重要而秘密的行为，所以要置于宗庙，藏以金柜。

第一，胎教被看作是能否培养出合格圣明的君主的必要条件。据刘向所著《列女传》记载，早在三千多年以前，周文王之母太任就开始对周文王实行胎教。据称，太任“端一诚庄，惟德之行。及其有娠，目不视恶色，耳不听淫声，口不出敖言，能以胎教”。因此，文王生而明圣，太任教之一而识百。周成王是个贤明的君主，也是因为他的母亲能胎教，立而不跛，坐而不差，笑而不喧，独处不倨，虽怒不詈。三国时，魏文帝曹丕用周成王和汉昭帝相比较，认为成王享国30年，所治国家年丰德存，天下太平，而汉昭帝所治国家世事衰敝，百姓凋落，给别人留下了一个烂摊子。一个圣明贤达，一个昏庸无能，这都是因为能否“禀贤妣之胎教”所使之然。可见，胎教已经被认为是培养合格君王的重要方法之一。

第二，胎教被认为是培养理想后代的重要前提。据《韩诗外传》所记，孟母在谈到对孟子的培养时曾说：“吾怀妊是子，席不正不坐，割不正不食，胎教之也。”可以看出，孟母为了使孟子成为有用之才，也曾实行过胎教。南宋教育家朱熹，在他的教育专著《小学》一书中，以“胎孕之教”为首论。他认为：古代妇女怀了孕，不能侧身睡觉，不能歪着身子坐，不能斜着站，不吃怪味道的东西，肉切得不正不吃，座位不正不坐，眼睛不看不正的色形，耳朵不听不正不合律的音乐……这样，生的孩子才会容貌端正，才智超过普通儿童。朱熹的观点是否恰当，值得商榷。但他主张母亲行正道，正心性，对后代产生正面的影响，是正确的。

图1-6　孙思邈像

第三，胎教被认为是儿童健康发育的必要条件。中国古代的医学家也很重视胎教，许多名医都在其著作中从卫生保健的角度讨论胎教问题。唐代医学家孙思邈在所著医学巨著《千金方》中专门列出一门“养胎”，首次从胎儿的生长发育以及外界环境对孕妇和胎儿的影响上，详细分析和阐述了胎教原理，对后世产生了极大的影响。唐、宋、元、明、清的许多医学家多受其影响。

二、胎教的内容

中国古代的胎教内容十分丰富，基本内容可以概括为以下三方面。

（一）注意精神因素的影响

中国古代学者认为，孕妇的精神因素，直接影响到胎儿的健康。因此，保持良好的精神状态，是实施胎教的必要条件。

精神的因素，在中国古代被称为“心”。所谓“心”的修养，主要是指“心”的“虚”与“静”。“虚”和“静”也是古代胎教学说对孕妇的要求。“心”怎样才能达到“虚”呢？根据《素问·上古天真论》的说法是：“恬淡虚无，真气从之，精神内守，病安从来。”只有恬静愉快、无欲无为，排除一切杂念，才算是做到了“虚”。所谓“静”，就是心情平静。要心情平静就需“庶事清净”，防止被喜、怒、忧、思、悲、恐、惊七种情态所伤。中国古代医学很早就重视

七种情态对人体健康的影响，把它们作为致病的重要原因，

为了保持良好的精神状态，要求孕妇必慎所感，“目不观恶色”“耳不听恶声”“口不出恶言”。“感于善则善，感于恶则恶矣。”古人所谓的“感”，意思是指感应，其中也包含今天讲的感知觉在内。孕妇的良好精神状态本身，就是最好的也是最重要的胎教。

（二）注意饮食卫生的影响

注意孕妇的饮食，以利于胎儿的生长发育，这是古代胎教学说的一个重要内容。在西汉刘向的《列女传·周室三母》，西汉韩婴的《韩诗外传》，东汉王充的《论衡·命义》，北齐颜之推的《颜氏家训·教子》，西晋张华的《博物志·杂说下》，明代丘濬的《大学衍义补·家乡之礼》，唐代孙思邈的《千金方·养胎》，明代万全的《育婴家秘》等著作中都提出了类似的主张。

总体而论，这方面的内容大致可以分为三个方面：“饥饱适中”“不食邪味”“节嗜欲”。

所谓“饥饱适中”，是指饮食适度，不过饥又不过饱，这是我国古代医学中的重要养生之道。所谓“不食邪味”，是指不吃犯忌之食。明代万全认为，天有五气，地有五味，摄入要适当，不可失调。他在《育婴家秘·胎养以保其真》中说：“酸多则伤肝，苦多则伤心，甘多则伤脾，辛多则伤肺，咸多则伤肾，此地之五味所伤也。”“不食邪味”还包括注意孕妇用药，“药毒不消……无产后而母子均安者。”所谓“节嗜欲”是指节制各种嗜好，如烟、酒。孙思邈在《千金方·养胎》中陈述胎教之道时，除了“调心神，和情性”，还明确提出“节嗜欲”的主张。

上述有关饮食卫生的观点，有一定的科学道理，并且也被现代医学证明是正确的。但其中不免掺杂一些封建迷信的因素，这是需要分析和鉴别的。

（三）注意环境的影响

古人认为：胎儿“禀质未定”“逐物变化”“外象内感”，外部环境会通过母亲影响到胎儿。因此，要创造一个有利于胎儿发育的适宜环境，使胎儿能在良好的环境之下身心健康地成长。这方面的要求，大致有以下几个方面：

其一是“居处简静”。这是隋代医学家巢元方在《诸病源候论·妇人妊娠病诸候上》中提出来的。古人十分强调孕妇要有一个清静的居住环境。贾谊在《贾子新书·胎教》中说：“古者胎教之道，王后有身七月而就蒌室”。所谓蒌室是指王后分娩前所居的夹室、侧室。颜之推在《颜氏家训·教子》篇中说：“古者圣王，有胎教之法，怀子三月，出居别宫”。“就蒌室”“出居别宫”都是为了使孕妇有一个安静的环境，这不仅有利于孕妇休息，还能使胎儿避免噪音的刺激，因为无休止的噪音会刺激胎儿的神经，产生不良的后果。

其二是“行坐端严”。母体对胎儿来说既是一体，也是一个最重要的外部环境，母亲的行、坐、动、静都直接影响到胎儿。孕妇“勿登高，勿临险，勿独处暗室，勿入庙社……勿游犯禁之方”①。这样才会有利于后代，也正是世传胎教之道。

其三是“避寒暑”。孕妇不应过热或过寒。因“儿之在胎，与母同体。得热俱热，得寒俱寒”，②所以，“妇人受胎之后……避寒暑，常得清纯和平之气以养其胎，则胎元完固，生子无疾”。③ 寒暑之气，是外在环境的重要方面，过寒过暑都会伤精神，导致疾病，只有适中的寒

---

① 《育婴家秘·胎养以保其真》

② 朱震亨：《格致余论·慈幼论》，中华书局，1936 年版。

③ 万全：《广嗣纪要·养胎》，转引自《古今图书集成·艺术典》卷 406。

暑之气，即和平之气才有利于母子身心健康。

其四是“劳逸以节”。妇女在妊娠期间要注意休息，避免过劳。“不为力事”，不要从事重体力劳动。适当的轻度的劳动与运动仍是必要的，这使其血流通畅，有利于胎儿的发育成长。

中国古代的胎教学说是建立在中国传统文化基础之上的应用科学。中国古代医学的特点之一是防患于未然。这种思想和古代教育思想中“禁于未发之谓豫”“古者教导贵豫”的观点相一致，二者结合就构成了古代胎教思想的理论根据。对于胎教思想，不能一概而论，需要参考现代科学的原理予以分析和鉴别。

第三节　古代家庭的学前教育

中国古代幼儿家庭教育历时几千年，在长期的实践中积累了丰富的经验，被人们整理成文字记录下来，以传记、家训、家范、诗歌等各种形式汇入到古代教育思想的宝库中，有些内容今天仍不失其光彩。

一、家庭学前教育的目的和作用

孟子在《孟子·离娄上》中说：“天下之本在国，国之本在家，家之本在身。”意思是说齐家是治国的基础，而人的教育又是齐家的基础。家庭教育的最终目的，就是齐家治国平天下。从齐家治国这个目的出发，古人把在家庭中对子女的教育看作是“国之根本”。儿童早期教育的目的就是“正本慎始”。有人把教育子女比作垦田。在封建社会，垦田称为务本，说明教育子女和垦田耕作都被视作一切事业的根本。

家庭教育是国家社会的根本，是立身立命的起点。中国古代家庭学前教育的目的也是基于这样的功能确定的。一是培养幼儿成才，成为对社会有用的人，至少要具备基本的生存能力。二是培养和完善其道德品格，符合儒家所要求的忠孝仁义的基本道德标准。三是有助于维系家庭和社会的道德礼仪秩序。此外，也包括光宗耀祖的一些期望。

二、家庭学前教育的规划

中国古代的家庭教育，一般是与学校教育并行的。在幼儿正式进入学校之前，接受的基本都是家庭教育，大体上也相当于现在的学前教育。这有一个年龄的界限，就是所谓的“八岁出就外傅”，八岁之前属于家庭教育，八岁之后属于学校教育。有的记载是从十岁开始出就外傅。

《礼记·内则》根据幼儿入学前不同年龄阶段发育的特点，提出了对幼儿进行分年教育的系统规划。具体安排如下：

“子能食食，教以右手。”即婴儿能自己吃东西的时候，教给他使用右手进食。

“能言，男唯女俞。男鞶革，女鞶丝。”意思是说，在孩子能说话的时候，要教孩子学会如何应答大人的招呼，这是古代礼仪的基本要求。男孩子应声“唯”，发声较直；女孩应声“俞”，声音委婉。男孩子学习佩戴革制衣袋，女孩子学习佩戴丝质衣袋。这表示男女内外服饰有别，也有体现男刚女柔的意思。

“六年，教之数与方名。”即六岁的时候，教他学习简单的数字和辨别南北方位的名称，这属于简单的知识教育，当然也是古代礼仪教育的一些基本的内容。

"七年,男女不同席,不共食。"从七岁开始,男女就不能坐在同一个席上,不能共用同一个食具,男女之防渐趋严格。

"八年,出入门户及即席饮食,必后长者,始教之让。"从八岁开始就要进行一些基本的礼仪训练,内容主要是礼让的规矩,如进门或吃饭时,要让年长者优先,不抢路,不抢食,这也是古代礼仪最基本的要求。

"九年,教之数日。"九岁的时候,开始学习数出日期,学会有关天干地支这类基本的排列年月日的方法。学习数日,今后的用途更为广泛,属于礼仪、生活、生产活动所必备的知识。

图 1-7 司马光像

"十年,出就外傅,居宿于外,学书计。"十岁开始离开家庭到外面的学校去,学习书法和计算。至此,入学前的家庭教育正式结束。

《礼记·内则》的家庭教育规划,对后世有很深远的影响。如,北宋学者司马光《涑水家仪》的全篇内容,实际上就是对《礼记·内则》的进一步诠释。这部规划兼顾幼儿的年龄特征,循序渐进,并且将幼儿的初步体能训练和知识学习,与入学后的知识、礼仪教育前后贯通,体现了古代家庭教育与学校教育的一致性和系统性。当然,其中所包含的封建礼教的因素也是十分明显的。

三、家庭学前教育的内容

纵观中国几千年的家庭教育,其所包含的内容主要有道德、礼仪、生活能力、文化教育几个方面,而道德教育又是最主要的部分。

(一)道德教育

古人普遍认为,为人立世,品行为先,因而也就自然将道德教育放在了家庭教育首位。家庭道德教育都是从幼儿时就开始进行,一直到成年乃至终身,其内容大致可以概括为以下几点。

其一,伦理纲常教育。古代家庭教育强调严格遵从伦理纲常,即父子有亲,君臣有义,夫妇有别,长幼有序,朋友有信。这类的道德教育,以孝为本,以礼仁为核心,是从小就对幼儿灌输的儒家传统道德观念。自汉代以来,家庭的道德教育通常都以《孝经》《二十四孝图》等宣扬孝道的启蒙读物为主,在一般面向幼儿宣讲的各种故事、传说中,也都突出彰显孝道的主题。在家孝父母,出则忠皇帝。当然,忠孝节义作为传统纲常伦理的核心,也并非完全都是封建的糟粕,其中有许多合理的因素需要认真研究。

图 1-8 二十四孝卧冰图

其二,立志教育。"立志"这个概念是孟子首先提出来的。他在《孟子·万章下》中说:"故闻伯夷之风者,顽夫廉,懦夫有立志。"大致的意思是说,受到伯夷的影响,顽劣的人变得廉明了,懦弱的人立下了远大的志向。立志不仅是有理想,有志向,更要具有为高尚的理想和志向奋斗到底的意志与决心。这种意志、决心是人的一切行为的精神动力。立志也是学习的动力,有没有这种动力,效果完全不同。墨子有过"志不强者智不达"的见解,也是说没有远大的志向，人的智慧就不能开通。怎样才是“高志”呢？孔子认为，真正的“士”，是要志于“弘道”。晏子也说：“志莫高于爱民。”①他们都是把个人的理想和国家的命运紧密联系起来，这样的志才是崇高的。

其三，俭朴、正直、廉洁教育。赵民献《萃古名言》：“骄奢淫逸，反天地之性，悖阴阳之宜，不祥莫大焉。”司马光《训俭示康》批评崇尚浮华的时俗，并列举历史上奢侈败家的例证，教诫他的儿子不仅自身要躬行俭训，而且“当以训汝子孙，使知前辈之风俗云”。教育子孙为官要正直廉洁的史料也很多。汉代《韩诗外传》和《列女传》都记载有战国齐相田子之母责令儿子退还贿金百镒，并向齐宣王请罪的故事。《晋书》记载，东晋名将陶侃之母湛氏为人正直，严于家教，常教诫儿子“贫贱志不移”。北宋包拯则立下“后世子孙仕宦，有犯赃者，不得放归本家，死不得葬大茔中，不从吾志，非吾子若孙”的家规。②

其四，爱国主义教育。爱国主义从来就是中华民族生存发展的精神支柱，也是中国古代家庭教育的重要内容。在宋代，民族英雄岳飞，为抗击侵犯中原的金兵，壮志从军，岳母在儿子身上刺下了“精忠报国”四个大字，教育儿子，尽忠报国，这已经成为世世代代进行爱国主义教育的典范。著名爱国诗人陆游临终还在《示儿》诗中为“不见九州同”而悲，要求儿孙们在宋兵收复中原之日，切莫忘记在祭奠时告诉他，好让他在九泉之下为之欣喜。这些都成为世世代代爱国主义教育的楷模，教育了后世无数中华民族的优秀儿女。

（二）礼仪、生活能力、文化教育

礼仪、生活能力、文化教育是我国古代家庭教育的基本内容。这些教育内容是按照年龄大小顺序安排的。

幼儿礼仪，即所谓的“幼仪”。“幼仪”要求儿童对他人谦让有礼，“路遇长，疾趋揖。长无言，退恭立。……长者立，幼勿坐。长者坐，命乃坐。”③尊重长辈、懂得礼貌是应该的，但过多的礼节，可能就要限制儿童个性的发展，不能培养独立思考的能力，只能养成恭顺、唯命的习惯。

“幼仪”也要求儿童自己行止有方，站要有“站相”，坐要有“坐相”，有“站如松，坐如钟，行如风，卧如弓”之说，还要求在写字时“脚放平、肩不耸，头不歪、身坐正”。姿势和健康关系密切，从小坐立姿势不良，就容易形成脊柱弯曲畸形，还可能使内脏受到挤压，呼吸不畅，所以，从小就应养成保持正确坐立姿势的习惯。

培养良好的生活习惯，也是古代家庭教育的一项基本内容，如：“朝起早，夜眠迟。……晨必盥，兼漱口。便溺回，辄净手。冠必正，纽必结。袜与履，俱紧切。置冠服，有定位。勿乱顿，致汙秽。”④

四、家庭学前教育的原则

家庭教育原则是指家庭教育必须遵循的基本要求和指导原理。遵循正确的教育原则，才能达到预期的效果，相反则不仅徒劳无益，甚至误入歧途。这在古今家庭教育实践中已被

① 《晏子春秋·内篇问下》
② 《宋史·包拯传》
③ 《弟子规》
④ 《弟子规》

认识和证实。

其一是以身示教的原则。以身示教是以父母的身体力行来感化教育幼儿,就是所谓的身教重于言教。父母是幼儿的第一任老师,其言行将对幼儿产生潜移默化的影响。所以,作为父母的时时处处要以身作则。

其二是因材施教的原则。朱熹在《大学或问》中就提出对幼儿的教育学习,要“以其少长所习异宜,而有高下、深浅、先后、缓急之殊”。王夫之认为幼儿“其情殊”“其体异”,个性千差万别,各有所长,也各有所短,“故教者顺其性之所近以深造之,各如其量而可矣”“必知其人德性之长而利导之,尤必知其人气质之偏而变化之”。①

其三是重视环境陶冶的作用。陶冶教育的基本原理是自觉地利用环境对少年儿童进行积极影响。所谓“近朱者赤,近墨者黑”“蓬生麻中,不扶而直”“居必择乡,游必就士”“千金买邻”“孟母三迁”讲的就是这个道理。陶冶教育包括“陶情”和“冶性”两个过程,而这都是通过熏陶来实现的。我国古代教育家对于熏陶的功能曾总结为两个字:“化”与“渐”。所谓“化”就是感化,使幼儿于不知不觉之中潜移默化。“渐”的含义是浸渍,也就是由点及面、由近及远、由浅入深地感染。

其四是爱与教相结合的原则。父母对孩子的爱是一种天性,也是教育子女的必要条件。所以,父母之爱要符合一定社会的公理,应该是理智而合乎分寸的。曾子说:“君子之于子……遵之以道而勿强言……不遵之以道,是弃之也。”②父母爱儿女要有原则,既要给予孩子无私的爱,又要严格要求孩子,不要溺爱。否则,父母对孩子娇生惯养,就会使之走上歧途。

其五是重视趣味性的原则。朱熹曾说:“教人未见意趣,必不乐学。”③王阳明在《训蒙大意示教读刘伯颂等》一文中也认为:儿童的性情是喜欢玩耍而不喜欢拘束,教育儿童,一定要引导他们活泼地学习,使他们学习时心情愉快,那么他们的进步才不会停止。要对儿童施之有效的教育,就要使其“喜悦”,顺从儿童“乐嬉游”的特点,使其在“嬉游”的过程中进行学习,受到教育。那种望子成龙心切、不顾儿童心理发展特点对儿童进行严格拘束和限制的父母们,只知“求其聪明而不知养之以善”,甚至“鞭挞绳缚,若待拘囚”,不但达不到教育的目的,反而会扼杀儿童的智慧,使其“日就枯槁”,这对儿童生理、心理发育是极大的危害。

其六是“知子”与“均爱”的原则。父母欲教其子,必先知其子,只有准确地了解儿童的爱好和禀性,才能选择良好的方法进行教育,才能切中问题的要害,这也就是古人所说的“知之明则言之切”④。父母同子女朝夕相处,这为了解其子女提供了方便的条件。但是,父母知子,不是无意的,还要靠有意识的观察、了解,“观厥所为,察其所与,终善终恶,信而有徵”⑤。这样才可以对子女有的放矢地进行教育和引导。所谓“均爱”,就是指父母对自己的儿女必须一视同仁,切不可偏爱一个,厌恶一个。宋人袁采说:“人之兄弟不和,而至於破家者,或由於父母爱憎之偏,衣服、饮食、言语、动静必厚於所爱,而薄於所憎。见爱者意气日

---

① 《四书训义》

② 《家范》

③ 《小学集注》

④ 《戒子通录序》

⑤ 《册府元龟·知子》

横，见憎者心不能平，积久之后，逐成深仇，所谓爱之适所以害之也。苟均其所爱，兄弟自相和睦，可以两全，岂不甚善。”①袁采从正反两个方面说明了均爱与偏爱的利害关系：均爱，兄弟和睦；偏爱，兄弟成深仇；均爱，兄弟相谦让；偏爱，兄弟相争夺。

第四节　古代的蒙养教育

蒙养教育是中国古代儿童教育的重要形式，是连接小学与学龄前教育的一种启蒙教育的形式。与一般家庭教育和社会教育相比，蒙养教育是一个狭义的概念，它特指在家庭和社会教育中经过一定的组织过程，利用特定的方法和手段所进行的文化、道德启蒙教育。因此，蒙养教育是介于家庭、社会和学校三者之间的一种特殊的幼儿教育组织形式。

一、蒙养教育的任务与方法

在古代文献中，最早记载蒙养教育情况的是周代的《周易》。《周易·蒙卦》的卦辞中有这样一段文字："匪我求童蒙，童蒙求我。初筮告，再三渎，渎则不告。"按照唐代学者孔颖达的疏解，这段话的意思大约是说：以我师德之高明，用不着求问于年幼暗昧之人，但如果年幼暗昧之人前来求教于我，我当简明果决地一次就把事理告诉他，让他明白。如果我迟疑不决，以广泛之意反复言说而不能决疑，童蒙就会更加疑惑，这样还不如不告诉他好。其实，《周易》上述言论的要旨，是主张幼儿教育的过程中，道理要讲求浅显易懂，语言要讲求简明扼要，避免繁琐复杂。

大约到了春秋战国时期，《易传》根据《周易·蒙卦》的卦辞进一步发挥，认为"童蒙求我"，是表达一种师生之间存在的"志应"的关系，即师生之间在精神、思想、道德及情感方面的互相作用和联系。蒙养教育的方法是"以果行育德"，以鲜明高尚的品德情操来"告示"童蒙，培养完善其品德。蒙养教育的目的是"蒙以养正"，即端正其品德。这是我国古代关于蒙养教育思想的最早论述，也是贯穿于中国几千年封建社会蒙养教育中的核心宗旨。

围绕这一宗旨，经过历代学者的进一步阐发，大致确定了蒙养教育的任务主要有三个方面：一是培养和完善其道德品质，为今后的一生打下良好的基础。所谓"德既正。则见诸行事者。亦无不正。是果行又为育德之效。作圣之基所由始。即齐治均平之道所由推也。"②二是保养性真。主要是以孟子的性善论为依据提出的教育目的论，是相信儿童生来就有向善的本能，有不学而知的"良知"，不学而能的"良能"。蒙养教育的任务就是要保全这种生来就有的善性，使其不被外部的物欲所污染。当然，这种善性也被认为是儿童禀赋于自然的天真本性，保全这种天然的本性也是蒙养教育的任务。三是打好文字基础，掌握有关政治、经济、历史、文学、道德、生活礼仪的基本知识和生产生存的基本技能，为今后的人生做好必要的准备。

有的学者在解释《周易·蒙卦》时，重点强调早期教育的时效性，认为蒙养教育开展的时间越早，就越能取得事半功倍的效果。宋代学者王宗传的言论较具有代表性，他在《童溪

---

① 《袁氏世范》卷一
② 《清实录道光朝实录》

易传》中指出："当蒙之初，务养吾正，则用力寡而成功多，正之体不摇而正之，用日长而日益矣。此作圣之功也。"王宗传不仅强调蒙养教育要及早开展，而且要利用早期教育的高效性，强化"正之体"，固本清源，打好基础，以后则顺其自然，就能够确立人生发展的正确方向。

同历朝相比，清代学者在蒙养教育的方法问题上，更侧重于具体的教学理论和方法的探讨，将教育的一般原理与实际教学的技能技巧结合起来，提出了更具有针对性和更为有效的蒙养教育方法。其中，王筠在《文字蒙求》和崔学古在《幼训》中提出的见解，最具有代表性。

王筠（1784—1854），字贯山，山东安丘人，清代语言文字学家。一生著述五十余种，尤长于《说文解字》的研究，著有《说文句读》《说文释例》《文字蒙求》《教童子法》等书。其中，《教童子法》探讨了蒙学教育的一般性问题，提出了尊重儿童、将趣味性的因素引入蒙学教育的主张。《文字蒙求》一书则结合汉字的结构原理和儿童的思维特点，提出了蒙养识字教学的一系列方法和原则。许多见解直到今天仍然具有借鉴意义。

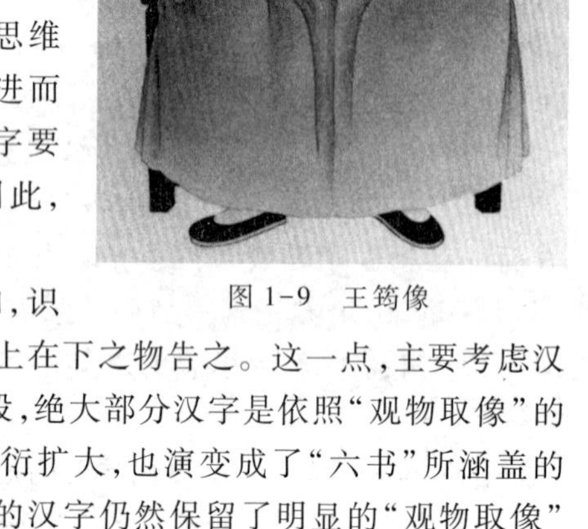
图 1-9　王筠像

王筠作为一个文字训诂研究的一代宗师，在识字教学方面有很深的造诣。他注重观察儿童兴趣所好和思维特点，力图将文字的原理和儿童思维特点结合起来，进而把握蒙养识字教学的规律。王筠认为，教育儿童识字要根据儿童身心发育的实际情况来确定教学方法。因此，在识字教学中必须把握三个原则：

其一，形象对比，将文字与实物结合起来。比如，识日月字，就指认天上的日月告之；识上下字，就指认在上在下之物告之。这一点，主要考虑汉字基本属于"图画文字"系统。在汉字形成的初始阶段，绝大部分汉字是依照"观物取像"的方法创造出来的。以后，随着汉字功能及其内涵的繁衍扩大，也演变成了"六书"所涵盖的更为复杂的系统。但是，汉字的基本部首和相当数量的汉字仍然保留了明显的"观物取像"的痕迹，这也是辨识汉字的主要方法。

其二，由简到繁，由易到难。先识纯体字（象形、指事），后识合体字（会意、形声）。先识易字，后识难字。所谓的形声、指事，都是汉字结构较简单的字体，笔画较少，容易辨认，而且基本能够适用前述第一项原则的要求，能够结合实物进行形象对比的教学，在教学中也能够产生一定的趣味性。符合儿童教学简明、形象、趣味的要求，也符合由浅入深、循序渐进的传统教学原则。

其三，言入于耳。这就是要让儿童能够听得进去，真正做到这一点其实并不容易。王筠认为，儿童的注意力不容易集中，讲课时"不必尽说正文"，可以加入一些有趣的话和故事，以增加教学过程的趣味性，来吸引儿童的注意力。

崔学古，生卒年不详，安徽宁国人，是清初颇有成就的蒙学家。康熙十一年（1672 年）江南乡试举人。康熙二十九年（1690 年）担任武进儒学教谕，曾经有过捐资助学的义举，被乡人赞誉。崔学古在蒙学方面最有代表性的著作是《幼训》。在这本书中，崔学古根据自己多年教育实践经验总结出了蒙养教育的若干原则和方法。与王筠集中探讨蒙学识字教育问题不同,崔学古所思考的范围更加广泛,涉及蒙养教育的各个方面,包括道德教育、健康保育、师生关系以及家庭与学校的关系等。虽然有的观点仍可以商榷,但从总体上讲,是具有积极意义和值得借鉴的。

例如,“爱养”的原则。崔学古认为,蒙养教育首先应本着爱护儿童的原则,即使是批评甚至是“朴责”,也不能违背这个原则。蒙养教育就要“爱养”,以慈爱精神感染、以说理的方式感服学生。他根据儿童个体之间的差异和不同年龄阶段的心理特征,总结出以下几个具体的方法:

其一,对于六七岁的儿童,以“好言劝谕”为主。这个年龄阶段的儿童兴趣不定,好动好玩,害怕读书之苦,作为蒙师,不管儿童是聪明的还是愚笨的,都要“好言劝谕”,讲说读书的好处,勤于教导,逐步改变儿童对于读书的畏避心理。如果“徒事呵斥而朴责”,不惟无益,而且有害。

其二,对于八九岁的儿童,可以适当采用一些责罚措施。但这种责罚的措施,只能在特殊的情况下,少量地使用才能产生一定的效果。否则,以惩罚为常用的教育手段,就会产生极为消极的后果。

其三,主张“用善言警悟”,使儿童“自成”。这就是说,通过善意的表扬鼓励和启发诱导,促成儿童的自主思维和发展。无论是表扬还是批评,无论是聪颖儿童的“自成”还是愚顽儿童的“自新”,都是要通过儿童的自我体悟来达成教育的目标,教师的作用主要是推动或辅助儿童自我发展的进程。

其四,为人师表。蒙师不仅要教给学生文化知识,而且要为人师表,言行举止之间都会对儿童产生巨大的影响,这种影响比言辞和朴责的效果大得多。

其五,批评责罚要留有余地,讲究分寸。崔学古认为,惩罚是一种万不得已的措施,如果必须这样做了,也要在时机上、数量上、程度上把握合适的分寸,而且一定要留有余地。在时机上,崔学古提出了“四毋责”,即“空心毋责,方饭毋责,毋乱责,毋出不意从背后掩责”。

除此之外,崔学古还提出了“分任”和“鼓舞”的主张。所谓“分任”,是指家庭与学校如何更好地分工配合,履行好教育儿童的责任。他认为,家庭与学校教育目标不一致,对儿童是十分有害的。蒙养教育一定要保持家庭与学校教育目标一致的原则,这是成功的蒙养教育不可或缺的前提条件之一。所谓“鼓舞”,是指蒙养教育对于儿童要以表扬和鼓励为主。表扬和鼓励本身并不是目的,而是手段。通过合理运用这一手段,达到激发儿童的志向、鼓励儿童进取的目的。

二、蒙养教育的内容与教材

中国古代的蒙养教育虽然经历了几千年的发展,但蒙养教育的基本内容并没有实质性的变化。这些内容大致可以概括为以下几个方面:

其一,道德伦理和礼仪规范方面的启蒙教育。如学则、学仪、家训和《圣谕广训》《小学韵语》《教子斋规》《弟子规》《小儿语》《养蒙金鉴》等。

其二,初步的识字教育。所用教材主要有《三字经》《百家姓》《千字文》《文字蒙求》等。

其三,鼓励儿童读书进取、培养意志的启蒙教育。这类的教材和读物主要有《劝学》《发蒙记》《孝友堂家训》以及各类家训家范中相关的劝教内容。

其四，启发儿童智慧的故事传说。这类没有专门的著述，但广泛渗透在蒙养教育的各种读物和民间传说之中。

其五，介绍有关历史、地理、博物等的浅近知识。如《高厚蒙求》《名物蒙求》《史学提要》《龙文鞭影》《兔园册府》等。

其六，结合歌舞进行陶冶性情的启蒙教育。如《神童诗》《千家诗》《训蒙歌》《幼学歌》等。

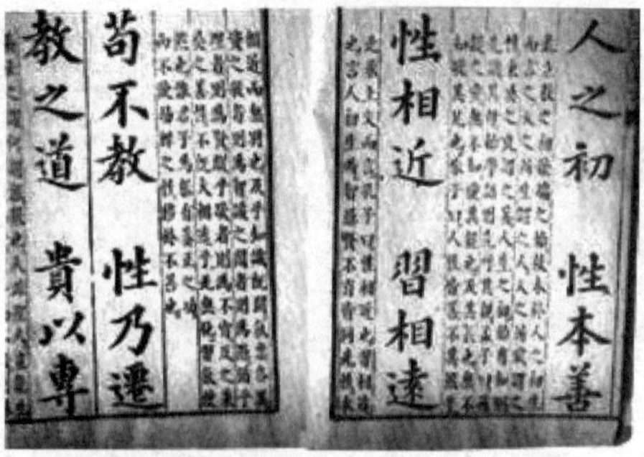

图 1-10　清代《三字经》书影

其七，有关性理大义之类的启蒙教育。如《西铭讲义》《性理字义》等，朱熹的《小学》以及后世学者对此书多方诠释而衍生出的各类著述，也大体属于这个类型。

实际上，具有蒙学性质的读物，在先秦就已经出现，如《礼记》中的《内则》《曲礼》就是有关幼儿品德、仪礼、文化知识教育的条文。但这还不是专门的蒙养教材，只是可备蒙养之用，并在后世的蒙养教育中得到传承和借鉴。此外，就是作为太史教授史学童的课本教材《史籀篇》。秦汉时期，主要有李斯的《仓颉篇》、赵高的《爰历篇》、胡毋敬的《博学篇》，司马相如的《凡将篇》、史游的《急就篇》、李长的《元尚篇》、杨雄的《训纂篇》和《仓颉训纂》等书。

专门针对儿童启蒙教育的需要编纂的蒙学教材，最早出现在西晋，是西晋史学家束皙所撰的《发蒙记》。其后，东晋的顾恺之写了《启蒙记》三卷。约在东晋和梁齐之间，还有注名"马氏撰"字样的《开蒙要训》。这些书在隋代以后都已经佚散。《开蒙要训》则在敦煌发现了唐写本的残卷。

南北朝时期，有梁朝周兴嗣撰的《千字文》一卷、颜之推的《训俗文字略》一卷。其中，周兴嗣的《千字文》与后来在宋代问世的《三字经》《百家姓》合称"三百千"，是中国古代影响最大、流传最广的经典蒙学读物。《千字文》拓取王羲之遗书不同的一千个字，编为四言韵语，介绍有关自然、社会、历史、伦理、教育等方面的知识。儿童不仅可以习字认字，还可以学到一些基本的社会常识。

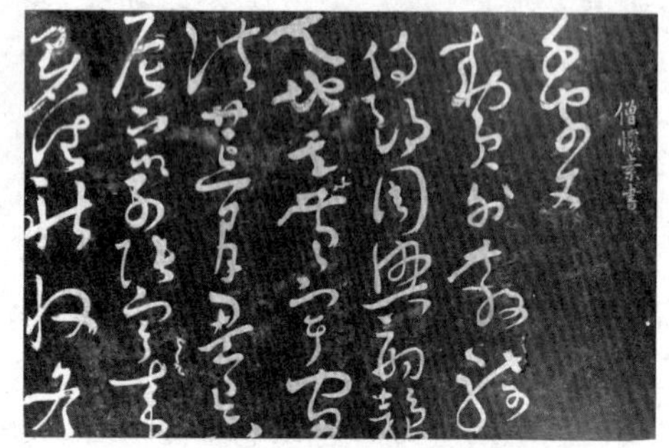
图 1-11　唐怀素大草《千字文》

宋代的蒙学读物数量更多，内容也更加广博。其中影响最大的还是《千字文》《三字经》和《百家姓》。《三字经》相传由南宋学者王应麟编写，是一部博物知识教育的启蒙读物。全书采用三言韵语的方式，内容涉及古代历史、典故、名言、人物等知识，上述王朝兴废，下至宋代历史故事，后由明清学者续补辽金元以下的历史内容。该书编次顺序或按门类，或按时序，先举方名事类，次及经史诸子，分别部居，不相杂厕。

《百家姓》的作者不详，从其"尊国姓"以"赵"居首的格式来看，可以肯定是宋代的作品。这是一部典型的蒙学识字教材，它集古今姓氏为四言韵语，内容虽无文理，但字音押韵，便于诵读，且篇幅简短，切于实用，因而深受民间乡塾与家庭的欢迎。明代又有《皇明千家姓》，设以"朱"姓居首。清代有《御制百家姓》，尊"孔"居首，但都不能像《百家姓》那样被民间所接受，流传范围不广。

需要指出的是，中国古代的蒙学读物虽然内容浅显，所针对的又是年幼单纯的儿童，但几千年来，历朝学者都没有轻视蒙学教育的倾向，对蒙学读物的编写和设计，均予以高度重视。从先秦就有李斯、赵高这样地位显赫的人物亲自编写。先秦之后，从汉代的司马相如，到宋元以降的司马光、朱熹、王应麟、吕祖谦、真德秀、许衡，均是当世大儒。当然，传统的蒙学教材，毕竟属于封建传统文化的范畴，所宣扬的内容也不可避免地包含封建礼教的因素，但只要善于鉴别，取精用弘，就可以从中得到不少教益。

三、幼儿的游戏启蒙活动

游戏始终就是幼儿文化生活的主要形式，也是社会对幼儿实施教育和幼儿个体自我教育的重要形式。在中国古代，最早记载幼儿游戏的文献是《韩非子·外储说左上》："夫婴儿相与戏也，以尘为饭以涂为羹，以木为胾，然至日晚必归饷者，尘饭涂羹可以戏而不可食也。"这是说孩子们在一起玩过家家的游戏，用泥土当饭菜，用泥水当汤汁，用木头当肉块。但是到了晚上却必须要回家吃饭。因为泥土做的饭菜可以玩耍，却不能吃。

此后的文献中关于儿童游戏的记载越来越多，所记录的游戏形式也多种多样，但无论哪一种游戏形式，都被统合在一个基本原则之下，这就是，游戏是为了培养和发展儿童的道德品格，无论在形式上或内容上都要服从一定的伦理价值观念。综合来看，中国古代的游戏大体遵循了以下三个原则：

其一，崇尚礼乐的原则。中国古代教育以诗书礼乐为主要内容，以培养知书达理的士儒君子为基本目的，而其他社会职业被视为下贱的行道。因此，幼儿游戏如果与这一目的是一致的，那么这种游戏就是正当的；反之，就是不正当的。例如，孟母三迁的故事中，幼年的孟子"嬉游为墓间之事，踊跃筑埋""嬉戏为贾人炫卖之事"，都被认为是不当的行为，直到迁居在学宫之旁，孟子"嬉游乃设俎豆揖让进退"，孟母这才放心地说："真可以居吾子矣。"①

其二，崇尚俭朴的原则。中国古代奉行奢侈败亡、简朴持家的伦理观。无论普通家庭，还是帝王之家，都注意让幼儿从小接受这种观念的影响。宋真宗大中祥符九年（1016年）明确告诫：在皇太子学习的"新堂"内，"无得戏笑及陈玩弄之具"。理学家程颐就曾建议幼主的"服用器玩皆须朴质，一应华巧奢丽之物，不得至于上前"②。甚至"剪桐之戏"，也要"随事箴规"，无论如何不能让年幼的皇帝因为常常摆弄"华巧奢丽之物"而养成奢侈铺张浪费的坏习惯。

其三，崇尚正德的原则。在中国古代的游戏中，崇尚刚正的道德品格，是一个比较普遍的要求。清代学者陆世仪曾经告诫父母们不要让幼儿"为非礼之戏"，以便"端本清源"。唐代文学家元结家的乳母，制作了一种"圆转之器"，"以悦婴儿，婴儿喜之。母聚孩孺助婴儿之乐"。元结的一个朋友听说后，当场把这个玩具烧掉了，而且还指责元结："圆"这个概念包含着圆滑世故的意思，正直方刚之士都是"恶圆"的，"宁方为皂，不圆为卿"。③

提倡正德并没有错，但教条机械地用道德规范制约幼儿游戏，从根本上忽视了幼儿游戏本身的丰富性、趣味性和自主性，致使中国古代的幼儿游戏被纳入到僵硬的道德教条之中，失去

---

① 《列女传》

② 《文章辨体汇选》卷一百七十三

③ 《涵芬楼古今文钞》卷十一《恶圆》

了自身天然的活力。据现有的文献资料来看,我国古代的游戏种类可分为以下几个方面:

其一是智力游戏,是指那种将智力活动与娱乐活动巧妙地结合起来进行的游戏形式。在我国古代智力游戏主要是通过棋艺、拼图和其他涉及数学、几何等原理变化的形式表现出来的。比较有名的有七巧板、燕儿图、包你迷、华容道等。

图 1-12　金代儿童竹马舞砖雕

其二是生活游戏,是指儿童自发主动地模仿成人生活的游戏形式,它的内容十分广泛,包括文化生活、生产劳动、职业类型、买卖生意、家庭礼仪、生活方式、亲子关系、饮食起居等一系列模仿活动。这种模仿活动几乎涉及成人生活的每个方面,它是儿童天性的一种自然外射的过程,是儿童主动地追求成人社会的行为,通过模仿成人生活中的一举一动,获得对于成人生活情趣的自我体验,并以此作为将来走向成人社会的一个必然的预备过程。

其三是戏弄游戏,一是指儿童的游戏逗乐或玩具;二是指百戏、戏剧。戏弄游戏作为一种表演剧是对儿童吸引力最大、最符合儿童意趣的艺术形式,因而也是儿童游戏模仿的对象,成为古代幼儿文化生活的重要组成部分。

古代的儿童剧最早出现在唐初,最初形式就是大面舞。据唐代郑乃钧《代国长公主碑文》记载,武后久视元年(700 年),武则天在明堂设筵,席间便准备了一群小孩,当场献技表演。唐代的儿童表演戏剧也十分普遍,在唐代诗文中屡屡看到“儿戏”或“儿童剧”之词。如李白的“谑浪万古贤,以为儿童剧”①,杜牧的“渐抛竹马剧”②,刘禹锡的“往事黄先生,群儿多侮剧”③。

图 1-13　清代儿童跳绳嬉戏图

除了上述正式的歌舞表演以外,儿童剧还反映在日常生活的游戏之中,这就是儿童通过模仿成人做戏剧游戏,这在广大乡野村落的贫民之家尤为普遍。李商隐的《骄儿诗》描绘了儿童模仿当时戏剧之角色、服装、动作、对白等游戏情景,“归来学客面,闱败秉爷笏。或谑张飞胡,或笑邓艾吃。……忽复学参军,按声唤苍鹘。”通过这类模仿成人戏剧的游戏活动,儿童不仅满足了自身的好奇与兴趣,在娱乐的过程中受到艺术感染,并通过戏剧中的唱白和故事情景受到了道德和情感的教育。

本章小结

中国古代的学前教育在形式和内容方面具有三个显著的特点:一是尚没有形成较完备

① 《赠友人三首》
② 《杜秋娘诗》
③ 《游桃源一百韵》

的教育体系，主要是在家庭和社会环境下自发展开，并没有成为整个国家教育制度的有机组成部分；二是古代幼儿教育以道德教育为主，以知识和生活技能教育为辅，以儒家的忠孝仁义学说为核心宗旨；三是注重儿童所处的家庭、社会环境、风俗习惯、生活礼仪，以及医学方面的养胎、胎教等各种综合间接的因素对儿童教育的影响。

本章学习内容不是按照历史顺序，而是按照若干专题编排的体系，这是由古代幼儿教育历史自身的特点决定的。学习的难点在于如何把握每个专题自身的概念和构成内容。由于本章内容比较杂博，历史跨度大，要求学习者有较广的知识背景。学习重点在于要理解中国古代慈幼观念和礼俗的主要内容，胎教思想的主要内容，家庭教育的目的和原则以及蒙养教育的任务与内容。其中要注意的是如何分辨传统文化中科学的教育原则，培养良好道德观念和行为的方法与顺从压制的区别，从而真正发扬古代幼儿教育中优秀的教育方法。

思考题

一、名词解释

1. 颜之推

2.《三字经》

3.《百家姓》

4.《千字文》

二、简答题

1. 简述古代蒙养教育的主要任务，并解释“保养性真”的内涵。

2. 简述《礼记・内则》中有关儿童分年教育规划的主要内容，并解释“男唯女俞”的内涵。

3. 简述古代家庭“立志”教育的主要内容，并说明“立志”的基本含义。

三、论述题

1. 简述古代家庭道德教育的主要原则，并进行评价。

2. 简述古代胎教思想的主要内容，并进行评价。

第二章 古代学前教育思想

本章学习目标

1. 了解：王充身心统一的儿童教育思想。颜之推有关胎教的基本主张。朱熹编写的儿童教育读物的种类，并概述其主要读物的一般内容。理解王守仁因材施教的儿童教育主张的基本内容。

2. 理解：颜之推有关环境在儿童发展中的影响的基本主张。朱熹有关儿童教育思想的主要内容。王守仁因材施教的儿童教育主张的基本内容。

3. 掌握：能够客观理性地分析古代教育家的思想，既能够借鉴其合理的因素，又能够指出其历史的局限性。

4. 熟练掌握：综合比较王充与古代其他教育家的儿童教育思想的不同特点。概述颜之推有关家庭教育的基本主张，并能够分析和评价。概述朱熹儿童教育思想的主要内容和特点，并予以分析和评价。在理解王守仁儿童教育思想的基础上，分析其合理性和片面性。

建议学时：6 学时

同一般的学校教育相比，中国古代在幼儿教育方面的思想内容较少，也缺少较为系统的论述。但也出现了一些关注儿童教育的教育家，如王充、颜之推、朱熹、王守仁等。他们在不同时代和环境下，讨论儿童教育问题，提出了不少真知灼见。

第一节 王充的儿童教育思想

王充（27—约 97 年），字仲任，东汉会稽上虞（今浙江上虞）人，是中国古代唯物主义哲学家和无神论者。他出身贫寒，早年至京城，入太学，师事班彪。好博览，不守章句。后归乡里，隐居教授。

王充对幼儿教育问题没有专门的系统的论述，他的幼儿教育观点只是散见于他的哲学思想和著作中。他曾写过《政务》《讥俗》《论衡》《养性》等书，现流传下来的只有《论衡》一书 85 篇。在《论衡》中的《齐世篇》《气寿篇》《命义篇》《率性篇》《本性篇》《别通篇》《说日篇》《实知篇》《超奇篇》等中，都对幼儿教育问题提出了许多宝贵的见解。

一、论身心统一

身心关系是幼儿心理学的一个基本问题，是研究幼儿教育的出发点，王充根据万物皆生于气的唯物主义思想，认为人和万物都是由物质性的元气构成的。他说："天地合气，万物自生，犹夫妇合气，子自生矣。"①"人，物也，万物之中有智慧者也。"②他认为夫妇之道取法于天地，子是夫妇合气所生的有灵性的精神实体。人和万物的差别在于"及其生也，人道有教训之义。天道无为，听恣其性"③。也就是说，人与万物皆是秉承天地之气所生，并且按照自然的本性发育成长的，但人的成长不仅仅是指身体的发育，也包括心灵的成长。身心共同成长，才是完整的。要实现身心的完整发展，就必须接受教育。人之所以称其为人，就是因为人生而即可受教育。这也是人与万物的区别所在，也是王充身心统一论的基本主张。

图 2-1　王充像

在此基础上，王充还进一步指出了人心智上的差异与身体之间的关系。他说："人之所以聪明智慧者，以含五常之气也；五常之气所以在人者，以五藏在形中也。五藏不伤，则人智慧；五藏有病，则人荒忽。荒忽则愚痴矣。"④这就是说，人的心理健康必然影响到人的身体健康，身体健康反过来也会影响人的心灵和智力。因此，儿童教育要注重身心两个方面，不可偏废。这是王充身心统一论的另一个含义。

二、论小儿禀性

在小儿禀性问题上，王充是有善有恶论者，他说："禀气有厚泊，故性有善恶也"⑤，他虽然认为小儿生而有善恶之分，但却不认为这种先天的善恶是一成不变的。他强调"善可变为恶，恶可变为善"，认为小儿的善恶"在於教，不独在性也"。⑥ 王充注意到了儿童的先天素质，但把重点放在"教化成性"。他说："一岁婴儿，无推让之心，见食，号欲食之；睹好，啼欲玩之。长大之后，禁情割欲，勉励为善矣。"⑦强调教化和防范在形成儿童善性中的作用，是王充论小儿禀性思想的主流。

王充说："学校勉其前，法禁防其后，使丹硃之志亦将可勉。"勉是要求上进的意思。丹硃是尧帝的儿子，传说他品质很坏。在王充看来，只要加强教育，又有法度加以规范，像丹硃这样的恶人也会发生变化。他强调儿童之禀性是可变的："教威德，变易性也。""凡含血气者，教之所以异化也。"⑧这都表明王充坚持儿童禀性的善恶"在於教，不独在性也"，"教化成性"。⑨

王充还注意到社会环境的潜移默化对儿童的影响，他用"逢生麻间，不扶自直；白纱入缁，不练自黑"⑩来比喻环境对儿童的教育作用。他认为其作用好象"练丝"，染之蓝则青，

---

① 《论衡·自然篇》
② 《论衡·辨祟篇》
③ 《论衡·自然篇》
④ 《论衡·论死篇》
⑤ 《论衡·率性篇》
⑥ 《论衡·率性篇》
⑦ 《论衡·本性篇》
⑧ 《论衡·率性篇》
⑨ 《论衡·率性篇》
⑩ 《论衡·率性篇》

染之丹则赤，青赤一成与真色无异。他还提出儿童要多接近有德行的人，耳濡目染之中便可形成良好的道德品质，他说："迫近君子，而仁义之道数加於身，孟母之徙宅，盖得其验。"[1]他用"孟母三迁"这个典型例子来强调环境习染对儿童品行形成的作用。

在论述小儿禀性之时，王充还特别提出一个人在幼儿时期所受到的熏陶和教育，将对其长大后的道德品质和行为习惯产生重要的影响作用。他说："文吏幼则笔墨，手习而行，无篇章之诵，不闻仁义之语。长大成吏，舞文巧法，徇私为己，勉赴权利；考事则受赂，临民则采渔，处右则弄权，幸上则卖将；一旦在位，鲜冠利剑。一岁典职，田宅并兼。性非皆恶，所习为者，违圣教也。"[2]总之，王充虽认为小儿由于气禀的厚泊，生而有善恶之别，但最终为善为恶还主要是由环境和教育决定的。

三、论优生

王充从其朴素的唯物主义世界观出发，认为子女是夫妇合气所生，而子女的强弱夭寿是由夫妇禀气的厚泊所决定的，而不是先天命定的。他说："夫禀气渥则其体强，体强则其命长；气薄则其体弱，体弱则命短，命短则多病，寿短。始生而死，未产而伤，禀之薄弱也。"

那么，禀气之厚泊是由什么原因造成的呢？他认为是由于生育多少决定的，多生则气薄，少生则气渥。他说："禀寿夭之命，以气多少为主性也。妇人疏字（稀育）者子活，数乳（多生）者子死。何则？疏而气渥，子坚强；数而气薄，子软弱也。……所产子死、所怀子凶者，字乳亟数，气薄不能成也；虽成人形体，则易感伤，独先疾病，病独不治。"[3]王充提出的少生则子身体坚强、多生则子软弱的观点被现代优生理论证明还是具有一定科学道理的，但说其决定子女的生死就有点言过其实了。

四、论在活动中学习

王充认为，儿童的认识是在活动中产生的。"儿始生产，耳目始开，虽有圣性，安能有知？"[4]"夫闭心塞意，不高瞻览者，死人之徒也哉！"[5]这就是说，活动是造就人才的最基本的条件。王充还强调手脑并用，他说："齐部世刺绣，恒女无不能；襄邑俗织锦，钝妇无不巧。目见之，日为之，手狎也。使材士未尝见，巧女未尝为，异事诡手，暂为卒睹，显露易为者，犹愦愦焉。"[6]王充把"材""知""巧"和目见、日为、手狎联系在一起，把"钝""拙"和"希见阙为"联系在一起，这说明他认识到了手脑并用的重要性。

他还提出了活动越广泛，认识就越全面越深入的观点。他说："涉浅水者见虾，其颇深者察鱼鳖，其尤甚者观蛟龙。足行迹殊，故所见之物异也。"[7]

王充对幼儿教育虽无专论，且论述不多，但他有些认识却是很精辟的。他主张的"人有知学则有力""用耳目以定情实""教化成性"的观点，都是很有创见性的。

---

① 《论衡·率性篇》
② 《论衡·程材篇》
③ 《论衡·气寿篇》
④ 《论衡·实知篇》
⑤ 《论衡·别通篇》
⑥ 《论衡·程材篇》
⑦ 《论衡·别通篇》

第二节 颜之推的儿童教育思想

颜之推（531—约595年），字介，生活在南北朝至隋朝期间。其家世传《周官》、《左氏春秋》之学。梁元帝时，官至散骑常侍。梁亡后，不愿为臣服西魏，投奔北齐，为黄门侍郎。北齐亡后入周，为御史上士。隋文帝时，太子召为学士。

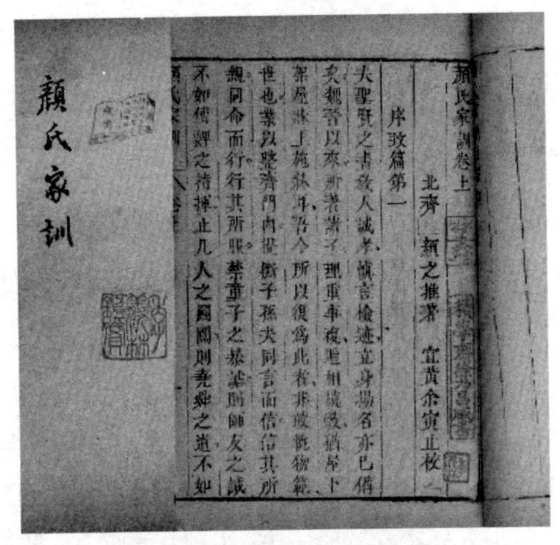
图 2-2 清代版本的《颜氏家训》书影

颜之推著述甚多，现所存者仅《颜氏家训》二十篇。《颜氏家训》是中国古代影响十分广泛的家庭教育名著。此书采取"整齐门内，提撕子孙"的类似家书的形式，"教人诚孝，慎言检迹，立身扬名"①，立论平实，高于世俗，成一家之言。

一、注重家庭教育

颜之推结合自己的亲身经历，分析家庭教育的重要性，认为"禁童子之暴虐，则师友之诫不如傅婢之指挥，止凡人之斗阋，则尧、舜之道不如寡妻之诲谕。"②这是因为人们往往对自己亲近、佩服的人更加信任，并愿意照其指示而行动。正所谓"夫同言而信，信其所亲；同命而行，行其所服。"③家庭是儿童最早受教育的场所，也是对儿童影响最大的外在环境，父母是儿童感情上最亲近的人，有许多共同语言，因而也是儿童最信服的人。"亲"是"信"的条件，而"信"则是"服""诲"的前提。父母充分利用儿童对自己的"亲""信"，对其认真地进行"诲谕"，那将远远超过学校、老师及圣哲名言的教育作用。

颜之推回忆自己幼年时所受的家庭教育，"吾家风教，素为整密。昔在龆龀，便蒙诱诲；每从两兄，晓夕温凊，规行矩步，安辞定色，锵锵翼翼，若朝严君焉。赐以优言，问所好尚，励短引长，莫不恳笃。"④他把良好的家风看作是一个家族的传家之道，是对儿童成长起到潜移默化作用的重要因素。他严格要求子孙，颜氏家族也因此英才辈出。据缪钺在《颜之推年谱》中所记，颜之推的后人在德行学术方面大有名重一时的人物，最突出的是唐代名臣颜师古（颜之推之孙）和唐代书法家颜真卿及其堂兄颜杲卿（颜之推五世孙）。

二、提倡及早施教

颜之推主张对幼儿的教育越早越好，最好能从胎儿开始，要行"胎教"，即"教妇初来，教儿婴孩"。一般老百姓限于条件，即使不能从"胎教"做起，也应该尽量提早对孩子进行教育。他说："当及婴稚，识人颜色，知人喜怒，便加教诲，使为则为，使止则止。"⑤为什么在婴稚之时便要施教呢？他认为年幼之时心理单纯、精神集中、记忆力强，而成年以后生活面宽

---

① 《颜氏家训·序致第一》
② 《颜氏家训·序致第一》
③ 《颜氏家训·序致第一》
④ 《颜氏家训·序致第一》
⑤ 《颜氏家训·教子》

广，思想复杂，精神不如幼童阶段那么集中，学习效果也差。他说："人生小幼，精神专利，长成以后，思虑散逸，固须早教，勿失机也。"①

颜之推以自己的经验说明早教和晚学效果上差别。他说："吾七岁时，诵《灵光殿赋》，至于今日，十年一理，犹不遗忘；二十之外，所诵经书，一月废置，便至荒芜矣。"②因而，他形象地比喻说："幼而学者，如日出之光，老而学者，如秉烛夜行"③。

颜之推提倡及早施教，也是受到了孔子"少成若天性，习惯如自然"思想的影响，并将此作为自己的指导思想。他认为幼童的可塑性较大，易于潜移暗化。"人在少年，神情未定，所与款狎，熏渍陶染，言笑举动，无心于学，潜移暗化，自然似之；何况操履艺能，较明易习者也？"④幼童"神情未定"，虽然无心于学，但潜移暗化、自然熏陶，可起到"不教而教"的效果。至于成年之后，"体性稍定"，那就不如幼童的可塑性那么大了，再教也就难了。

三、主张"严而有慈"

颜之推认为教育孩子是重要而又严肃的问题，主张"父母威严而有慈"，反对"无教而有爱"。⑤ 以为孩子年幼而把教育问题当作儿戏，是极不严肃的。他批评那些溺爱孩子的父母，"饮食运为，恣其所欲，宜诫翻奖，应呵反笑"⑥，对孩子的不良表现不加教育和制止，使其为所欲为，等到孩子"骄慢已习，方复制之，捶挞至死而无威，忿怒日隆而增怨"，⑦孩子长大，终成败德，那时就后悔莫及了。他认为凡是只知爱而不知教子女者，并非是欲陷其子女于罪恶，大都是"不忍楚挞惨其肌肤耳"。而严格地教育孩子就如同治病一样，"安得不用荡药针艾救之哉？"⑧那些对子女勤加督训的父母也不愿虐其骨肉，只是不得已而为之。

他主张对子女要一视同仁，反对偏爱。他说："人之爱子，罕亦能均；自古及今，此弊多矣。贤俊者自可赏爱，顽鲁者亦令矜怜。有偏宠者，虽欲以厚之，更所以祸之。"⑨偏宠偏爱，不利于教育孩子，实际上是害了孩子，这也是父母教育孩子所应特别注意的问题。

四、注意环境对子女的影响

颜之推认为"中庸之人，不教不知也"⑩，绝大多数人的品性是在后天的环境和教育的熏陶下，多方习染而成的，所以他特别重视周围环境对子女的影响作用，要求父母要特别留意孩子所接触的人和事。他认为，儿童"与善人居，如入芝兰之室，久而自芳也；与恶人居，如入鲍鱼之肆，久而自臭也。墨子悲于染丝，是之谓矣。君子必慎交游焉。"⑪

"与善人居""慎交游"是颜之推的重要教育原则，是流传至今的教育格言。颜之推认

---

① 《颜氏家训·勉学》
② 《颜氏家训·勉学》
③ 《颜氏家训·勉学》
④ 《颜氏家训·慕贤》
⑤ 《颜氏家训·教子》
⑥ 《颜氏家训·教子》
⑦ 《颜氏家训·教子》
⑧ 《颜氏家训·教子》
⑨ 《颜氏家训·教子》
⑩ 《颜氏家训·教子》
⑪ 《颜氏家训·慕贤》

为，各行各业都有“善人”，“农商工贾，厮役奴隶，钓鱼屠肉，饭牛牧羊，皆有先达，可为师表，博学求之，无不利于事也。”①颜之推把当时视为卑贱者的农商工贾作为“善人”，要子孙以其为师，确是难能可贵的。

颜之推还以亲身体会说明“慎交游”“交益友”是学做人、会处世的重要方法。他诚恳地告诉下一代说：“《书》曰：‘好问则裕’。《礼》云：‘独学而无友，则孤陋而寡闻。’盖须切磋相起明也。”②后生晚学一定要好学好问，与朋友们相互切磋，相互启发。千万不要“师心自是”，妄自高大，要善于取长补短。世人往往有舍近求远，不利于虚心求教的心理。颜之推指出，“世人多蔽，贵耳贱目，重遥轻近。少长周旋，如有贤哲，每相狎侮，不加礼敬；他乡异县，微藉风声，延颈企踵，甚于饥渴。”③其实远近学者各有所长，各有所短。既要“见邻里亲戚有佳快者，使子弟慕而学之”④，又要学先贤和他乡异县之贤哲。

颜之推注重家庭教育、幼儿教育，主张及早施教，提倡胎教，要求学以利行，这些都是他的家庭教育思想中的精华，也是中国古代幼儿教育史上影响极大的宝贵遗产，是值得继承、发扬的。

第三节　朱熹的儿童教育思想

朱熹（1130—1200 年），字元晦，亦字仲晦，号晦庵，徽州婺源人。宋代著名的思想家、教育家。他曾先后仕职于福建、江西、浙江、湖南等地，一度担任过皇帝的老师，其余四十余年都从事讲学和著述。曾先后修复白鹿洞书院、岳麓书院，晚年创建沧州精舍。

朱熹是宋代理学集大成者。他学识渊博，著述浩瀚，有《周易本义》《诗集传》《大学中庸章句》《孟子集注》《楚辞集注》《韩文考异》等，另有《文集》100 卷。在这些著作中，包含着丰富而又有系统的教育思想。他对幼儿教育也多有论述，如《小学》《童蒙须知》等，其中有不少精辟的见解。

图 2-3　朱熹像

一、注重胎教

朱熹是我国古代教育史上比较注重胎教的教育家。他从“理气二元论”出发，论述胎教问题。朱熹认为胎儿是“气”与“形”的结合，先有“气”而后“形”成，有“形”便有了精神知觉。他说：“人生初间是先有气。既成形，是魄在先。形既生矣，神发知矣。既有形后，方有精神知觉。”⑤有了精神知觉便可对之施教。朱熹认为母亲受胎后一言一行，都对胎儿有直接影响。强调孕妇要注意“一寝一坐，一立一食，一视一听”。⑥ 孕妇要怎样去注意呢？他说：“古者妇人妊子，寝不侧，坐不边，立不跸，不食邪味。割不正不食，席不正不

① 《颜氏家训・勉学》
② 《颜氏家训・勉学》
③ 《颜氏家训・慕贤》
④ 《颜氏家训・勉学》
⑤ 《朱子语类》卷三
⑥ 《小学集注・立教第一》

坐，目不视邪色，耳不听于淫声……如此则生子，形容端正，才德过人矣。”[①]

朱熹的这些提法虽然是对古代原始胎教思想的重复，有些要求也不尽合理，但他作为一个正统的理学家，不但没将“胎教”视为邪说，而且充分地注意到胎教的积极意义，不仅关系到儿童的体形容貌，甚至影响其智力水平的高低。可以说，在这一点上他的认识水平超过了他同时代的思想家。

二、重视乳母之教

朱熹还十分重视乳母对婴儿的保育作用，主张要慎择乳母。他认为“乳母之教，所系尤切”“生子必择乳母”。[②] 为什么要“必择乳母”，以行“乳母之教”呢？在朱熹看来，乳母是婴儿接触时间最长的人，因此对婴儿影响也最大。他要求乳母不但要负哺育之责，而且也有教育的责任，乳母是幼儿的家庭教师。那么什么样的乳母才能担负起“乳母之教”的重任呢？他提出的条件是：“必求其宽裕慈惠，温良恭敬，慎而寡言者，使为子师。”[③]“宽裕慈惠”“温良恭敬”“慎而寡言”，这都是性格和道德行为方面的要求，是古代贤妻良母的标准，也是朱熹要培养的人的性格规范。儿童在宽厚而慈祥贤惠、温顺而不放肆、谨慎而不多言的人的日熏月陶之下，必然会形成良好的性格。应特别提起注意的是，朱熹选择这样的人，不仅是为乳母，而且是“使为子师”，以对儿童施之早期教育。朱熹十分“重教”“尊师”，他把乳母作为“子师”，可见他对“乳母之教”的重视程度。

“使为子师”行“乳母之教”，那么教什么呢？他引《礼记》中的话提出：“子能食食，教以右手。能言男唯（应之速）女俞（应之缓）……六年教之数与方名。”[④]在这里规定了不同年龄阶段不同的教育内容，这些内容对儿童来说都是完全可以掌握的。

三、善从师，慎择友

幼儿童稚，模仿性强，辨别力弱，环境对他们的影响很大。而环境的影响，又往往通过人们的交往实现的，尤其是师、友的影响更为显著，因而古代许多教育家、思想家都强调要教育子女善从师，慎择友。朱熹在《与长子受之》这封家信中教育儿子：“交游之间，尤当审择，虽是同学，亦不可无亲疏之辨。”他还提出了“益友”与“损友”的标准，“大凡敦厚忠信，能言吾过者，益友也；其谄谀轻薄，傲慢亵狎，导人为恶者，损友也”。

朱熹认为百姓之子要善从师，慎择友，而太子就更应予以重视，因为太子是“天下之本，之辅翼之不可不谨”。[⑤] 他指出，当朝忽视了太子师傅的选择，“邪佞怀薄、阘冗庸妄之辈，或得参错于其间”。然而“人心虽保，气习易汙，习于正则正，习于邪则邪”。这正是古代圣明的帝王之所以“必选端方正直，道术博闻之士”，与太子相处，而又“逐去邪人，不使见恶行”[⑥]的原因所在。

---

① 《小学集注·立教第一》
② 《小学集注·立教》
③ 《小学集注·立教》
④ 《小学集注·立教》
⑤ 《朱子大全·戊申封事》
⑥ 《朱子大全·戊申封事》

四、提倡由浅入深的启发教育原则

在教育儿童的方法上，朱熹提倡由浅入深进行启发诱导。他说："小学之事，知之浅而行之小者。"①"学之大小，固有不同，然其为道，则一而已。……是则学之大小所以不同，特以少长所习之异宜，而有高下、深浅、先后、缓急之殊。"②朱熹首先根据不同的年龄阶段把教育分成二等，即"小人之学"和"大人之学"。在内容上，按"量力所至，约其课程"的原则，对各等教育做了具体规定：小人之学"始于衣服冠履，次及言语步趋，次及洒扫涓洁，次及读书写文字，及有杂细事宜。皆所当知。"③进而"教人以洒扫、应对、进退之节，爱亲、敬长、隆师、亲友之道，皆所以为修身、齐家、治国、平天下之本"，④使之学到"做人的样子"，进而再学"大人之学"。总之，不同阶段儿童的学习是有高下、深浅、先后、缓急之别的。

朱熹认为，对儿童教育的首要任务在于启发其思考，使他们发现问题，帮助他们解决问题。他说："指引者，师之功也。"⑤教育者对于儿童，只是起到"示之于始而正之于终"⑥的引导作用，犹如春风化雨生万物一般。他说："此正所谓时雨之化。譬如种植之物，人力随分已加。但正当那时节，欲发生未发生之际，却欠了些小雨，忽然得这些小雨来，生意岂可御也。"⑦

在教育方法上，朱熹主张多用积极诱导，少用消极防禁。他说："小学书多说那恭敬处，少说那防禁处。"⑧所谓多说恭敬处，是指反复从正面说明道德观念，引导儿童努力践履。

朱熹的幼儿教育思想中确有不少合理的因素，它在某种程度上反映了朱熹对儿童身心发展规律的直观理解，不同程度地反映了人类认识的某些普遍规律。朱熹幼儿教育的主要目的是"明人伦"，从根本上巩固封建统治，这当然是需要辩证分析的。

第四节 王守仁的儿童教育思想

王守仁（1472—1529年），字伯安，号阳明，浙江余姚人。出身于官僚地主家庭，明弘治朝进士；正德元年，因反对宦官刘瑾，贬贵州龙场当驿丞。后以镇压农民起义，平息宁王朱宸濠的叛乱，官至南京兵部尚书。在戎马倥偬中，他尝携弟子随军讲学，并先后兴建龙冈、贵阳、濂溪、稽山等书院，在各地兴办学校。他在南赣创办许多"社学"，作《训蒙大意示教读刘伯颂》等，说明儿童教育的目的、内容、方法等。

王守仁是主观唯心论者，他的哲学体系可以用"致良知"三字概括。"致良知"理论由三部分构成：心即理说、知行合一论、万物一体论。王守仁撰、谢廷杰辑刊的《王文成公全书》收录了王守仁的语录、文录、诗、杂文、年谱，共38卷。

图2-4 王守仁像

① 《小学辑说》
② 《小学辑说》
③ 《童蒙须知》
④ 《朱子大全·题小学》
⑤ 《小学·敬身》
⑥ 《朱子语类》卷八
⑦ 《朱子语类》卷三十四
⑧ 《朱子语类》卷一百五

一、“明人伦”的儿童教育目的

王守仁认为儿童教育的目的就是“明人伦”。所谓“人伦”，就是传统的儒家道德伦理。他说：“明伦之外无学矣。外此而学者，谓之异端；非此而论者，谓之邪说。”[①]关于教育目的，王守仁是继承了孟子的思想。孟子讲过：“学则三代共之：皆所以明人伦。”[②]王守仁在孟子的思想基础上，又作了发挥：教育的任务要教儿童懂得人伦之学，儿童也是完全可以掌握人伦之学的。除了“明人伦”，再也没有什么可以称为学问了，离开了“明人伦”去谈什么学问就是异端邪说。

二、循序渐进的教育主张

王守仁认为，对儿童教育必须循序渐进。他说：“婴儿在母腹时，只是纯气，有何知识？出胎后方始能啼，既而后能笑，又既而后能认识其父母兄弟，又既而后能立能行、能持能负”[③]。儿童的生理和心理发育成长过程是一个有阶段的递进过程，“精气日足，则筋力日强，聪明日开”，这样便可以逐步加深学习，乃至掌握天下之事，而绝“不是出胎日便讲求推寻得来”。[④] 所以教育儿童必须要考虑其年龄特征，针对他们的身心发育水平来施教，这是为学立教的本原，教育“须从本原上用力，渐渐盈科而进”[⑤]。

教育不但要适应儿童的发育水平，而且也要适应儿童的认识水平，教育儿童要从儿童当前的认识水平出发，逐渐加以深化、扩充。他说：“童子自有童子的格物致知。”[⑥]教育就要从“童子的格物致知”着手。他说：“洒扫应对就是一件物，童子良知只到此，便教去洒扫应对，就是致他这一点良知了。又如童子知畏先生长者，此亦是他良知处，故虽嬉戏中见了先生长者，便去作揖恭敬，是他能格物以致敬师长之良知了。”[⑦]他把教育儿童比作种树，开始种树时，只有树根和幼芽，慢慢有了树干，有了树枝，长出了树叶，开花结果，树就是这样循序渐进地成长的。种树人在不同阶段要进行不同的灌溉培育。“如树有这些萌芽，只把这些水去灌溉。萌芽既长，便又加水。自拱把以至合抱，灌溉之功皆是随其分限所及。”[⑧]教育儿童也是此理，应“随分限所及”，教育内容应随着儿童的发育程度和认识水平的增进而增加，而不可超过“分限”，否则，把大量内容强压给儿童，就如“若些小萌芽，有一桶水在，尽要倾上，便浸坏他了”。[⑨] 揠苗助长，欲速则不达，反而会伤害儿童的身心健康。

王守仁认为，在考虑儿童接受能力时，还要注意给儿童留有一定的余地，使他们能学得活泼主动，真正消化吸收。他以吃饭为喻：吃饭是为了养身体，只有吃了消化，才能被身体吸收长成肌肤；如果吃了不消化，非但不能长肌肤，反而会积在肚里酿成病痛。

---

① 《阳明全书》卷七
② 《孟子·滕文公上》
③ 《阳明全书》卷一
④ 《阳明全书》卷一
⑤ 《阳明全书》卷一
⑥ 《阳明全书》卷三
⑦ 《阳明全书》卷三
⑧ 《阳明全书》卷三
⑨ 《阳明全书》卷三

三、因材施教的教育主张

王守仁主张对儿童施教应各因其材，他说：“人的资质不同，施教不可躐等。”①他用良医治病必须对症下药作比喻，说明因材施教的重要性。他说：“养心之学如良医治病，随其虚实寒热，而斟酌补泄之，是在去病而已，初无一定之方，必使人人服之也。”②教育儿童如同良医对症下药一样，要因儿童的不同个性而异，也无“一定之方”，如果要用一种方法去教育所有的儿童，那就同医生给不同的病人服同样的药一样，显然是错误的。

他把儿童分成年龄之异、脾性之异、才能之异，然后根据不同的情况，施以不同的教育内容和方法。首先，根据年龄之异，他把儿童教育同成人教育区分开来，把“社学”专门作为儿童教育机关，并为“社学”规定了丰富多彩的、适应儿童年龄特征的教育内容。其次，根据脾性之异，他把儿童分为两种类型：刚性的“狂者”型和柔性的“狷者”型。根据其脾性的特殊性，“狂者便从狂处成就他，狷者便从狷处成就他”③，分别予以适当的陶冶，以塑造出有个性的人才。其三，根据才能之异，对于认识水平高的授以较高深的内容，这就同学走路一样，“如童稚之年，使之学习步趋于庭除之间者也……如襁抱之孩，方使之扶墙傍壁而渐学起立移步者也。”④而对于那些已经能行千里的人来说，就不必“使之于庭除之间而学步趋”⑤，而已能步行于庭除的儿童也不必“使之扶墙傍壁而学起立移步”⑥。不考虑儿童的才能上的差异，而给那些才能优异、认识水平高的儿童，教一些他早已熟知的浅显的内容，这不但浪费时间，而且还会引起儿童轻视、厌恶学习的心理。

四、注重启发儿童的学习兴趣

王守仁十分注重启发儿童的兴趣，他提倡教育儿童一定要使其“趋向鼓舞”“中心喜悦”。他认为，儿童的性情，就像春天草木开始发芽时那样，自由自在地生得茁壮，使它折断弯曲就会长得萎靡不振。根据儿童喜欢玩耍游戏而不喜欢拘束的特点，“今教童子，必使其趋向鼓舞，中心喜悦，则其进自不能已。”⑦儿童如果心情愉快、欢喜活泼地学习，那么他们的进步自然是不会停止的。这就如同温暖的春风和及时雨滋润花木一样，没有不发芽、开花的，是会不断成长的。而忽视儿童的兴趣，压抑儿童学习积极性，那就如同遭到冰霜的伤害，“则生意萧索，日就枯槁矣。”⑧

王守仁严厉斥责一些蒙师“妆做道学的模样”，把儿童当作囚犯一样来体罚。他说：“若近世之训蒙稚者，日惟督以句读课仿，责其检束，而不知导之以礼，求其聪明，而不知养之以善；鞭挞绳缚，若待拘囚。彼视学舍如囹狱而不肯入，视师长如寇仇而不欲见，窥避掩覆以遂其嬉游，设诈饰诡以肆其顽鄙，偷薄庸劣，日趋下流。是盖驱之于恶而求其为善也，何可得乎？”⑨启蒙教育儿童的人，每天只是督促儿童读书写字，要求他们循规蹈矩，

---

① 《阳明全书》卷三
② 《阳明全书》卷三
③ 《阳明全书》卷二
④ 《阳明全书》卷二
⑤ 《阳明全书》卷二
⑥ 《阳明全书》卷二
⑦ 《阳明全书》卷二
⑧ 《阳明全书》卷二
⑨ 《阳明全书》卷二

而不知用和善的方法去引导教育他们。教师像对待囚犯那样鞭打束缚，儿童必然把学校看作监狱，把老师当作敌人。不准儿童游戏，他们照样躲起来游戏玩耍，这样阳奉阴违，说谎骗人，必然学坏。压抑儿童兴趣，禁止儿童在游戏玩耍中进行学习的做法，是很难达到教育目的的。

五、主张陶冶教育

王守仁认为“今教童子，惟当以孝弟忠信礼义廉耻为专务。”①也就是“明人伦”。而要使其明人伦，必须通过“习礼”“读书”“歌诗”等学习活动来进行陶冶。他说：“导之习礼者，非但肃其威仪而已，亦所以周旋揖让而动荡其血脉，拜起出伸而固其筋骸也。”②也就是说习礼一方面可以对儿童进行严肃的道德礼仪教育，使其在“揖让”之间通过实践熏陶而熟习之；另一方面，还可以在礼仪活动之中“动荡血脉”以增强体质。他认为读书可以陶冶儿童的智慧，使其存心养性，还可以宣泄其情感。他说：“讽之读书者，非但开其知觉而已，亦所以沉潜反复而存其心，抑扬讽诵以宣其志也。”③

王守仁认为诗歌可以使儿童适度地表达其情感，防止其情感有太过和不及的发泄。因为儿童的情感发泄太过，则为跳号呼啸，而影响学习纪律；发泄不及，则可能幽抑结滞，而有损精神健康，歌诗可以使儿童的跳号呼啸转变为歌咏，使其幽抑结滞的心情转变为音节，从而起到升华陶冶的作用。他说：“故凡诱之歌诗者，非但发其志意而已，亦所以泄其跳号呼啸于歌咏，宣其幽抑结滞于音节也。”④可见歌诗的陶冶作用是很大的。

六、提倡广泛的教育内容

王守仁说：“教人为学，不可执一偏。”⑤认为儿童学习的知识面不能太过狭隘，流于片面。广泛的教育内容，可以促进儿童多方面发展。他在社学教条中拟订了一个很详尽的日课表：“每日工夫，先考德，次背书诵书，次习礼，或作课仿，次复诵书讲书，次歌诗。”⑥

“考德”课是道德教育，就是每天一早检查儿童前一天的视听言动是否都按“人伦之学”去力行。有没有产生过不善的念头，要儿童“各以实对”，然后由教师“随时就事，曲加诲谕、开发”；⑦对教师讲评中提出的问题，儿童们则要“有则改之，无则加勉”。⑧

读书包括背书、诵书、讲书等。读书内容不在多而在精。他说：“凡授书不在徒多，但贵精熟。量其资禀，能二百字者止可授以一百字，常使精神力量有余，则无厌苦之患，而有自得之美。”⑨他既提出了广泛的内容，但又要求在教授各部分内容时要考虑儿童的“资禀”而不可贪多，要适当地留有余地，这样“久则义礼浃洽，聪明日开矣！”⑩

---

① 《阳明全书》卷二
② 《阳明全书》卷二
③ 《阳明全书》卷二
④ 《阳明全书》卷二
⑤ 《阳明全书》卷二
⑥ 《阳明全书》卷二
⑦ 《阳明全书》卷二
⑧ 《阳明全书》卷二
⑨ 《阳明全书》卷二
⑩ 《阳明全书》卷二

“习礼”则要求“澄心肃虑，审其仪节，度其容止，毋忽而惰，毋径而野，从容而不失之迂缓，修谨而不失之拘局，久则礼貌习熟，德性坚定矣！”[①]通过习礼内容的学习，使儿童仪节庄重而不忽惰，大方而不拘谨，动作从容而不迂缓，态度修谨不拘局。

“歌《诗》”是为了提高儿童对歌《诗》的兴趣、技能与欣赏力。要求儿童在歌《诗》时“整容定气，清朗其声音，均审其节调……久则精神宣畅，心气和平矣。”[②]

除了“考德”“背书诵书”“歌《诗》”以外，他还提出：“琴瑟简编，学者不可无”“学射则必张弓挟矢，引满中的”。[③] 这些内容综合起来和孔子提出的“六艺”很相似。可以看出，王守仁的儿童教育主张是对前人的继承和发展。

本章小结

总体而论，本章所列的四位教育家，虽然不属于同一个朝代，彼此之间在学派的归属上也没有明显的联系，但是，其对儿童教育基本规律的理解仍然存在共同的因素，要从其思想基础出发，理解其教育思想。例如，王充是汉代唯物主义思想的主要代表，故他对幼儿教育问题的论述，主要是从其唯物主义的哲学观出发的。朱熹作为宋代理学的主要代表，他的幼儿教育思想，也是紧紧围绕理学这个核心的。他所主张的“小人之学”学事，“大人之学”学理，这个“理”也不是指事物的客观原理，而是理学家的所谓“天理”，所谓“事”也不是一般的生活实践，而是指贯彻天理的事，是儿童体认“天理”的初步环节。王守仁的儿童教育思想也是建立在其主观唯心主义的思想基础上的。

思考题

一、名词解释

1. 《小学》
2. “明人伦”

二、简答题

1. 简述王充“教化成性”的观点。
2. 简述朱熹的“小人之学”的观点。

三、论述题

1. 简述颜之推家庭教育思想的主要内容，并予以评价。
2. 简述王守仁的儿童教育思想，并予以评价。

---

① 《阳明全书》卷二
② 《阳明全书》卷二
③ 《阳明全书》卷二

第三章 清末的学前教育

本章学习目标

1. 了解:《奏定蒙养院章程及家庭教育法章程》的主要内容。清末著名蒙养院的名称。教会开展的学前教育活动。

2. 理解:康有为《大同书》中有关儿童教育的主要构想。梁启超《教育政策私议》中有关学前教育发展的基本主张。清朝政府的"女学之禁"对清末学前教育造成的危害。分析评价教会在华办学的目的。

3. 掌握:了解中国近代学前教育发展历史的基本事实,并能够进行分析和评价。

4. 熟练掌握:清末蒙养院制度的主要特点。分析评价康有为、梁启超有关女学和学前教育的思想。结合史实,分析清末教会所办幼稚园教育的特点。

建议学时:6 学时

本章重点介绍 1840 年之后清末构建学前教育制度的历史进程和《奏定蒙养院章程及家庭教育法章程》中有关学前教育的内容。同时,概述康有为、梁启超在这些问题上的主张。客观地介绍教会开展的学前教育活动。

第一节 清末学前教育制度的建立

中国传统的学校教育虽有"八岁出就外傅"之说,但只是概略言之,并没有严格按照学龄阶段划分的学制体系。处在低端年龄阶段的学龄前教育,在古代大致属于蒙学的范畴,主要是在家庭和民间自发进行的。近代以来,随着欧美和日本等国的影响,学前教育制度也逐步建立。其中,1904 年 1 月《奏定蒙养院章程及家庭教育法章程》的正式颁行,则是这一制度建立的标志。

一、发展学前教育的社会动因

清末学前教育的改革并不是孤立进行的,而是在一系列政治、经济、思想动因的推动下产生的必然现象。

首先,在政治方面,教育改革是整个国家政治体制变革的一个组成部分,而学前教育的改革又是教育体制变革的一个组成部分。

中国进入近代社会之后,帝国主义列强在政治、经济、军事、宗教、文化以及教育等方面对中国的侵略日益加剧，并且通过一系列不平等条约剥夺了中国的许多主权，使得中国陷入了严重的生存危机之中。《天津条约》签订之后，外国教会获得了在中国内地自由传教的权利。伴随着西方宗教的传播，外国教会在华的教育活动也日益增多。在19世纪下半叶到20世纪上半叶，在华的教会学校的数量、规模以及分布的范围，都在不断扩大。西方宗教的传播和教会学校的发展，对中国社会奉为精神支柱的儒学和传统教育造成了极大的冲击，严重地削弱了后者的权威性和稳定性。

在内外交困之下，清朝统治者被迫进行了旨在“富国强兵”、谋取生路的变法运动。从19世纪60年代到清政府被推翻的1911年为止，中国社会先后经历了洋务运动、百日维新和清末“新政”。在上述运动中，教育改革始终是被关注的中心课题之一。其中，洋务运动中开办的洋务学堂和留学教育，百日维新中废除八股、改革科举的一系列政令以及清末“新政”中正式废除科举、创建学部、颁行《癸卯学制》等，都是不同时期中国近代教育改革的主要成果。

在上述教育改革的过程中，学龄前教育以及与之密切相关的女子教育长期遭到排斥和忽视，起步的时间滞后。直到清末“新政”之后，这方面的法令才陆续颁布。其中，第一部全国性的近代学前教育法令《奏定蒙养院章程及家庭教育法章程》颁布于1904年1月。第一部近代女子教育法令《奏定女子小学堂章程》和《奏定女子师范学堂章程》，则迟至1907年才颁行于世。

其次，在经济方面，资本主义工商业的发展促使教育体制向社会化转变，而学前教育的社会化是整个国家教育社会化的一部分。

中国的资本主义萌芽最早出现在明代，但在“重农抑商”的社会环境和封建生产关系的长期抑制下，难以获得正常的发展。在清末，随着外国资本的入侵，资本主义工商业在中国获得了较快的发展。清末的资本主义工商业主要以外国资本占据主导地位，其次为洋务派创办的官僚资本，再次为中国民间力量所创建的民族工业。无论哪种资本，都在促使原有的以家庭为单位的自给自足的生产模式走向衰微，并逐步被工业化和社会化的经济模式所取代。

在资本主义工商业持续发展的情况下，传统教育模式所培养出来的人才，已经不再能够满足新兴的资本主义工商业的需要。大工业对于劳动力所要求的技能化、实用化以及在人才数量上的庞大规模，只有通过教育的社会化来完成。在这种趋势下，学前教育突破以零散的蒙塾和家庭为单位的旧有模式向社会化转变，也是整个国家教育社会化的一个组成部分。

再次，清末学前教育的改革，也是在社会各阶层人士积极要求变法的思想推动下进行的。

外国势力的入侵，加剧了中国社会的内部矛盾。一部分开明的知识分子和上层官僚率先要求打破闭关自守的狭隘国策，学习西方的先进技术与文化，改革中国的教育体制和科举制度，寻求一条富国强兵的变法之路。从早期提出“师夷长技以制夷”的魏源，到倡导“中学为体，西学为用”的张之洞以及后期主张进行更为彻底改革的康有为、梁启超和严复等人，都是这一时期的突出代表。

中国近代教育改革的进程并不顺利，从一开始就遭到守旧势力的多方刁难。守旧势力拒绝任何外国文化，特别是与学前教育密切相关的女子教育，更是坚决反对，将要求发展女子教育的维新派人士康、梁等人，斥之为“名教罪人”。直到清末“新政”颁行的《奏定蒙养院章程及家庭教育法章程》,仍然以维护名教为借口,反对女子教育,其第十节章程断言:“惟中国男女之辨甚谨,少年女子断不宜令其结队入学,游行街市,且不宜多读西书,误学外国习俗,致开自行择配之渐,长蔑视父母夫婿之风。故女子只可于家庭教之,或受母教,或受保姆之教。”①拒绝女子上学的权利,仅仅承认女子教育作为蒙养院教育的附庸,以培养蒙养院的师资为目的,以家庭教育的形式存在。

但是,维新派人士一直坚持开放女学之禁的主张,认为只有如此才能为解决学前教育的师资开辟道路,并将此看作是完善学前教育体制的关键环节。在这方面,康有为、梁启超是其中最突出的代表。

康有为(1858—1927年),字广厦,号长素,广东南海人。康有为早年接受正统的儒学教育,属于儒家今文经学一派,后受到西方文化的影响,是资产阶级改良主义的代表人物。1895年,他联合在京的举人发起“公车上书”,从此名噪全国。此后,一直从事推动维新变法的工作,是“百日维新”的主要参与者。康有为的思想比较杂博,混合了儒家的今文经学、《礼记》“大同思想”以及佛教和西方基督教的学说。这些思想在他的《大同书》中都得到了集中的体现。

图3-1 康有为像

《大同书》描绘了一个人人相亲相爱的美好世界。在这个被称为“大同之世”的美好世界中,儿童完全由社会公育。未出生之前,享受胎教。从一出生开始,就送到公立育婴院,由社会抚养。3岁后,转到慈幼院或继续在育婴院接受良好的保育。以后,依次接受小学、中学、大学的教育,20岁学成毕业后,为社会服务。

总括而论,《大同书》关于学前教育的主张,可以概括为以下三个要点:

其一,保育员的选择。保育员称女保,皆由“静细慈和而有耐性”的女子自愿承担。选择女保的条件是德性慈祥、身体健康、资禀敏慧,有恒心而无倦心,有弄心而非方品。女保代为众母,“非其子而抚之如子,人类所托命,其事至仁”,理当受到社会尊重。女保任期满,“公察看仁慈尽职,婴儿健长,公赠以仁人慈保宝星”,以为表彰。

其二,育婴院的内外环境。育婴院院址的选择和内部环境的设置,都要以有益于儿童身心健康成长为要务。院址要选择楼居少而草地多,通风清爽之地。“日临池水以得清气,多植花木,多蓄鱼鸟,图画图形之事物,皆用仁爱慈祥之事以养婴儿之仁心。凡争杀、偷盗、奸诈种种恶物,皆当屏除,无使入婴儿心目中。”育婴院内部要多设置游戏玩具和器具之类的“弄儿之物”“凡弄儿之物,无不具备,务令养儿体,乐儿魂,开儿知识为主。”

其三,育婴院的保育方式。育婴院以保育为主,医生按时检查婴幼儿的服装、饮食、睡眠情况,“务令得宜以壮儿体”。待儿童能言时教以言,能歌时“教以仁慈爱物之旨以为歌,使之浸渍心耳中。”待其知识稍开始时,将世界各种有形之物,“皆为雏形,教之制作”,则习惯若性,逐步掌握各种谋生的技能。

《大同书》有关未来社会教育模式构想的核心有两点:一是教育的社会化,儿童从未出生之前的胎教到大学毕业,所有的教养活动,都通过社会教养机构来实施;二是公养公教,从

① 朱有瓛:《中国近代学制史料》第二辑下册,华东师范大学出版社,1989年版,第573页。

胎教到大学的一切费用都由社会承担，儿童在大学毕业之后，通过为社会服务来偿还。《大同书》有关育婴院、慈幼院的主张，虽然只是一种对于未来理想世界的构想，但其中也不乏合理的因素。《大同书》关于儿童保育的规划，也较为全面地反映了康有为学前教育改革的思想，并对当时中国学前教育事业的发展产生了积极的影响。

同康有为相比，梁启超则更多地从他的新民学说的角度讨论学龄前教育的问题。

梁启超（1873—1929 年），字卓如，号任公，广东新会人。早年修习辞章训诂之学，后追随康有为在广州万木草堂学习。"公车上书"后，先后主编上海《时务报》、主讲长沙时务学堂，积极宣传维新变法思想。"百日维新"失败后，流亡日本。梁启超认为，洋务教育失败的原因在于其本末倒置，没有优先发展国民教育。只有首先普及义务教育，广开民智，才是强国固本的正确道路。国家强弱的根本在于民，而每一个民的强弱则取决于其早期所受到的教育。这就是梁启超"新民"学说的核心要旨。正是从这样一个角度出发，梁启超极为重视幼学和女学。同时，他反对洋务派的"中体西用"之说，主张更加全面地吸收外国的先进文化，建立系统的近代化国家教育制度。他通过对日本、欧美等国教育的考察，提出了建立中国学前教育体制的构想。

图 3-2　梁启超像

1902 年，梁启超在流亡日本期间，发表了《教育政策私议》一文，对于中国教育改革的几个重大问题发表了自己的见解。他提出："教育之本旨，在养成国民"，苟欲兴学，必像普鲁士等国那样，"自以政府干涉之力强行小学制度始"。如何构建小学制度呢？他主张根据儿童身心发展的心理特点来划分不同阶段学校教育的任务。他参照日本的学制，列出了一个教育次第表，根据身体、知、情、意、自观力等五个方面发展的年龄特点，将人的年龄阶段划分为幼儿期（5 岁以下）、儿童期（6～13 岁）、少年期（14～21 岁）、成人期（22～25 岁）四个阶段，与此相应的学制划分为家庭教育期、小学校期、中学校期、大学校期。他进而以上述年龄分期，列出一个"教育制度表"，这个"教育制度表"将幼儿期的学龄前教育，设为两年期的"幼稚园"教育。

梁启超认为，每一个学制阶段教学任务的规定，都应该与相应阶段儿童年龄阶段的身体、知、情、意、自观力发育特点相适应，不能"躐等"。而中国教育之所以落后于发达国家，就是因为没有符合儿童身心发育特点的系统教育。他说："教育之次第，其不可以躐等进也明矣。夫在教育已兴之国，其就学之级，自能与其年相应。若我中国今日之学童，则当其前此及年之日，未获受相当之教育，其德知情意之发达，自比文明国之学童，低下数级。"①

以 5 岁以下的婴幼儿为例，五个方面的主要发育特点分别为：

第一，身体。一岁前后，乳齿生，习步行，学语言，有欲望之起，感觉之力渐臻敏捷。

第二，知。感觉知识之力极为锐敏。

第三，情。感情皆起于感觉，恐怖之情甚强。

第四，意。只有感觉的意志。

---

① 陈学恂：《中国近代教育文选》，人民教育出版社，1983 年版，第 162 页。

第五，自观力。未自知有我，纯然混沌未鉴境界。梁启超上述对于该年龄阶段儿童多角度特征的分析描述，主要反映了19世纪末20世纪初心理学研究的水平。因此，对其细节是否完全合理，无须过分苛求。他根据不同年龄阶段儿童心理特征来制定不同学制阶段的教育任务，这个思路是完全正确的。

梁启超对于女学问题的关注，也是完善学前教育制度的一个重要的环节。1897年，梁启超在《时务报》发表署名文章《倡设女学堂启》，指出："圣人之教，男女平等，施教劝学，匪有岐矣。"①他认为，发展女子教育是益国益民的好事，"上可相夫，下可教子，近可宜家，远可善种。"②西方国家之所以强盛，就在于他们实现了男女平权，女子教育发达，即"夫男女平权，美国斯盛。女学布濩，日本以强。兴国智民，靡不始此。"③他痛惜中国守旧势力对于女子教育百般刁难阻碍，反而是外国传教士来华率先开办女学，就犹如自家生子而弗养，反仰哺于邻室，这是"中国之羞"。

在《变法通议·论女学》中，为了进一步说明女学的重要性，他将当时的世界各国按照女学盛衰的程度分为三类：一类是美国，"女学最盛者，其国最强"；二类是英、法、日本之类，"女学次盛者，其国次强"；三类是印度、波斯、土耳其之类，"女学衰，母教失，无业众，智民少，国之所存者幸矣"。④ 梁启超认为，"人生百年，立于幼学"，母亲是儿童一生中的第一个老师，儿童在上学之前的大部分时间都是在家庭中与母亲朝夕相处，母亲对儿童的影响最大、最直接，母亲是所谓"幼学"中的主要的教育者。因此，发展女子教育不仅仅是一个男女权利平等的问题，而且涉及幼儿教育师资的实际问题。在幼学由家庭教育向社会化转变的近代学前教育改革的进程中，这一点尤为重要。在这方面，他主张向美国学习，由妇女担任幼稚园的教师，并通过兴办女学培养师资。他说："美国婴儿学塾，近年教习，皆改用妇人，以其娴静细密，且能与儿童亲也。中国妇学不讲，为人母者，半不识字，安能教人？始基之坏，实已坐此。"⑤

二、学前教育法令的颁布和蒙养院制度的建立

按照《清史稿·选举志二》的划分，清末的教育改革大致分为两个阶段，即1862年到1901年是无系统的教育改革时期，1902年到清朝灭亡为止是有系统的教育改革时期。前者是指这一时期的教育改革并没有涉及国家教育制度的层面，后者是这一时期的教育改革的主要内容就是国家教育制度的改革。包括科举制度的正式废止，学部的建立，"壬寅学制"和"癸卯学制"的先后颁布，都属于这类范畴。清末蒙养院制度的建立，就是以"癸卯学制"中的《奏定蒙养院章程及家庭教育法章程》的正式颁行为标志的，而蒙养院制度的建立，也是清末学前教育制度在法律形式上的正式确立。

1903年，张百熙、张之洞会同荣庆等重订学制，拟定了《奏定学堂章程》，并于次年(1904年1月)正式在全国推行，是为"癸卯学制"，是中国近代第一个正式颁布并实行的近代学制。

---

① 丁守和：《中国近代启蒙思潮》上卷，社会科学文献出版社，1999年版，第205页。

② 丁守和：《中国近代启蒙思潮》上卷，社会科学文献出版社，1999年版，第205页。

③ 丁守和：《中国近代启蒙思潮》上卷，社会科学文献出版社，1999年版，第206页。

④ 陈学恂：《中国近代教育文选》，人民教育出版社，1983年版，第146页。

⑤ 陈学恂：《中国近代教育文选》，人民教育出版社，1983年版，第149页。

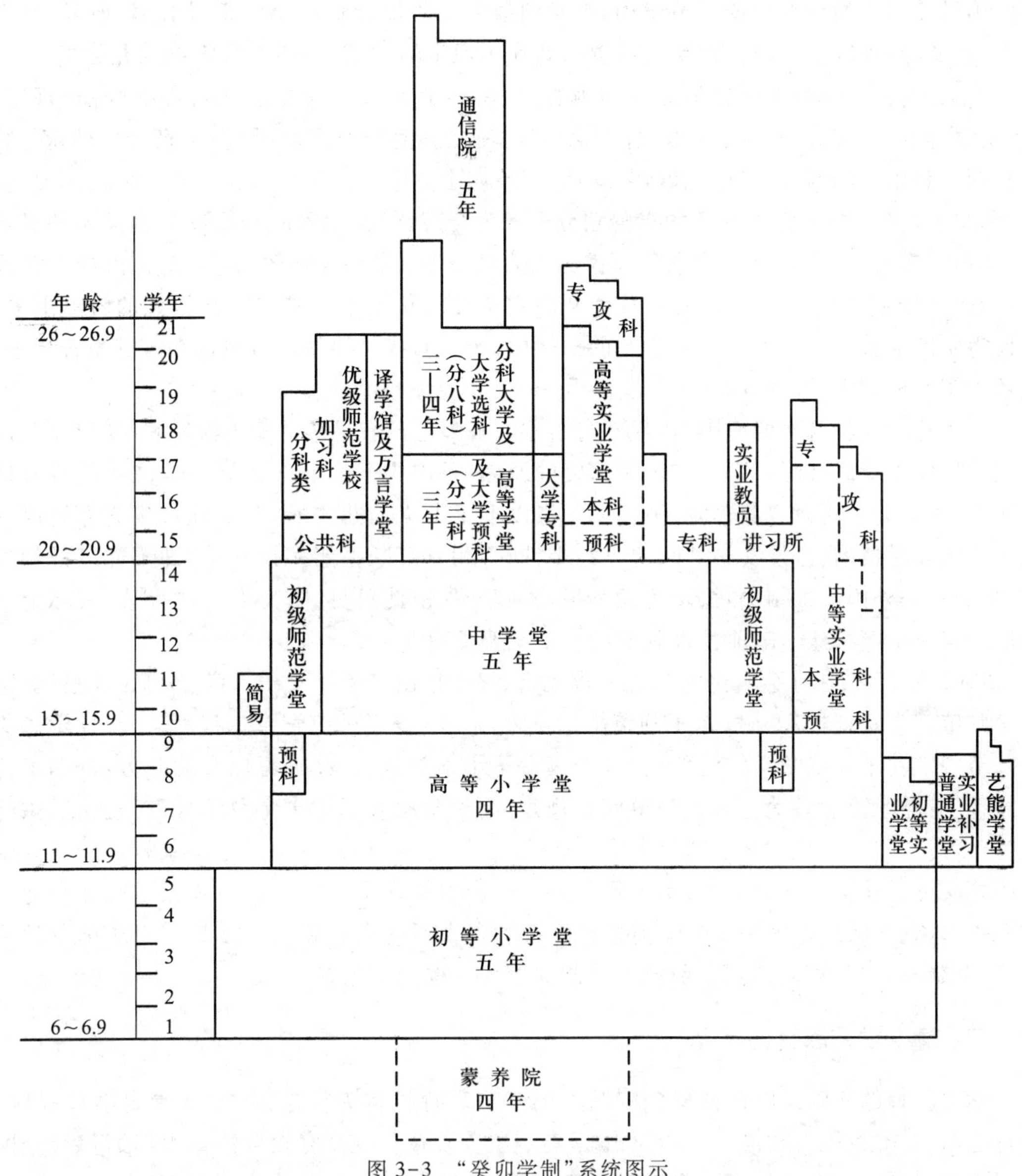

图 3-3 “癸卯学制”系统图示

《奏定蒙养院章程及家庭教育法章程》共分为四个大章，即蒙养家教合一、保育教导要旨、场屋图书器具和管理人事务。概括其中的要点，有三点，即蒙养院的基本性质和构成形式、师资以及保育的任务和内容。

第一个要点，蒙养院的基本性质和构成形式。在《奏定蒙养院章程及家庭教育法章程》中规定了蒙养家教合一的宗旨：“在于以蒙养院辅助家庭教育，以家庭教育包括女学”。① 并确定蒙养院专为保育教导 3 岁至 7 岁的儿童，每日不得超过 4 小时。

第二个要点，蒙养院的师资问题。《奏定蒙养院章程及家庭教育法章程》规定：各地蒙

① 朱有瓛：《中国近代学制史料》第二辑下册，华东师范大学出版社，1989 年版，第 573 页。

养院附设在旧有的育婴堂或敬节堂内,由堂内原有的乳媪担任。每堂多设乳媪,府县 30 人以上,省城 50 人以上。选择识字之乳媪为其他不识字的乳媪讲习“保育教导幼儿之事”。

第三个要点,蒙养院保育的任务与内容。《奏定蒙养院章程及家庭教育法章程》规定:“保育教导儿童,专在发育其身体,渐启其心智,使之远离浇薄之恶风,习于良善之轨范”。①保育的内容条目则划分为游戏、歌谣、谈话、手技四个方面。

“癸卯学制”在蒙养院教育的年龄划分上较为合理,但在蒙养院与家庭教育关系的设置上,却值得推敲。《奏定蒙养院章程及家庭教育法章程》强调蒙养家教合一,在理论上并没有错,但实施起来的效果却是蒙养教育又回到了过去几千年一贯的家庭教育的轨道上去。这使得学龄前教育虽然纳入了新学制的框架中,实际的状况却是仍然包含在家庭教育之中,是整个学制框架中最薄弱的环节。

对于造成此种窘况的原因,章程本身给予的解释是没有足够的蒙养院师资,所以没条件像国外那样多设幼稚园。而没有足够师资的原因,是因为不能容许女子上学,“各国皆有幼稚园,其义即此章所设之蒙养院,为保育三岁以上至七岁幼儿之所,令女师范生为保姆以教之。中国此时情形,若设女学其间流弊甚多,断不相宜。既不能多设女学,即不能多设幼稚园,唯有酌采外国幼稚园法式,定为蒙养院章程”。② 由此可见,阻碍女学的设置,实际上已经成为当时中国构建学龄前教育制度的一个主要障碍。

1907 年 3 月,在社会舆论的强烈要求之下,终于推出了承认女子入学权利的章程《奏定女子师范学堂章程折》并附《女子师范学堂章程》。在《女子师范学堂章程》第一章立学总义第一节规定女子师范学堂的任务是“以养成女子小学堂教习,并讲习保育幼儿方法,期于裨补家计,有益家庭教育为宗旨。”③第四章规定:附设附属女子小学堂及蒙养院一所,以供师范生实习。第六章规定:女子师范生毕业后,在三年之内,有充当女子小学堂教习和蒙养院保姆之义务。从上述规定来看,女子师范生承担着担任女子小学堂教习和蒙学院保姆的双重职责,这就在法理上解决了学龄前教育没有师资来源的体制弊端。因此,《女子师范学堂章程》的颁行,也标志着清末学前教育体制在形式上得到了完善。

三、清末学前教育的实施

学前教育的实施是以创办蒙养院之类的学前教育机构为标志的。在《奏定学堂章程》颁行之前,这类机构为数极少。1904 年,《奏定蒙养院章程及家庭教育法章程》颁行后,全国各地出现了各类官办或私立的蒙学院。但在 1907 年未开女学之禁前,限于师资的短缺,有条件办学的地方并不多。真正数量较多陆续开办蒙学院的情况,是在《女子师范学堂章程》颁行的 1907 年之后出现的。

官办的蒙养院以湖北的武昌蒙养院最为著名。湖北在时任湖广总督张之洞的治理之下,对新学的态度较为开放,也是洋务教育后期的重镇。张之洞作为洋务运动后期的领袖人物,在他的带动下,湖北先后开办了湖北矿务局工程学堂、湖北高等农业学堂、汉口商业中学堂等 27 所实业学堂。此外,还有两湖师范学堂、湖北存古学堂、湖北自强学堂、三江师范学

---

① 朱有瓛:《中国近代学制史料》第二辑下册,华东师范大学出版社,1989 年版,第 749 页。

② 朱有瓛:《中国近代学制史料》第二辑下册,华东师范大学出版社,1989 年版,第 573 页。

③ 朱有瓛:《中国近代学制史料》第二辑下册,华东师范大学出版社,1989 年版,第 667 页。

堂、湖北女子师范学堂等一批新式的文理综合学堂。在1903年，湖北先有巡抚端方在武昌创建的幼稚园。1904年《奏定蒙养院章程及家庭教育法章程》颁行后，湖北幼稚园改称武昌蒙养院。这是中国最早的公立学前教育机构。

张之洞对于湖北幼稚园的改造基本是根据《奏定蒙养院章程及家庭教育法章程》的规定执行的。除了名称的变化之外，主要是改造两个方面。一是以幼稚园附设女学堂有悖中国礼法为由，废除幼稚园原设的女学，延聘日本女教习执教。二是制定《湖北幼稚园开办章程》，使得蒙养院的章程更加规范合理。

图3-4　张之洞像

《湖北幼稚园开办章程》是由新聘的日本女教习户野美知惠主持起草的。从《湖北幼稚园开办章程》的内容来看，其中所表达的户野美知惠的一些学前教育的理念，在当时的中国还是相当先进的。例如，第一条："幼稚园因家庭教育之不完全而设，专辅小儿自然智能，开导事理，涵养德性，以备小学堂之基础为宗旨。"①这实际上，是对"癸卯学制"规定蒙养院教育依托家庭教育条款的一种纠偏，既强调了家教无法代替的蒙养院设置社会化的功能，又强化了蒙养院在整个学制体系的地位。第二条：幼稚园"重养不重学"，也凸显了学龄前教育不同于一般普通教育的特点。

图3-5　1904年杭州女子学堂开校师生合影

官办的蒙养院影响较大的还有京师第一蒙养院、湖南蒙养院、杭州女子学堂、江苏旅宁第一女学附设幼稚园等。其中，杭州女子学堂始建于1904年，这也是女学之禁之前，国内为数极少的女学之一，也是杭州第一所中国人办的女子学校。杭州女子学堂由当地官绅报呈浙江巡抚批复，民间捐资兴办。1907年改办为女子师范学堂，仍附设女子两等小学堂，并创设保姆传习所暨蒙养院。此外，直隶、山西、江苏、安徽、江西、广东、福建也纷纷筹办各类附设的幼稚园，远至内蒙古的蒙旗、库伦的办事大臣也陆续提出了筹办女学及蒙学院的奏章。

私立蒙养院影响较大的有上海的务本女塾附设的幼稚园和天津严氏蒙养院。上海务本女塾由吴怀疚集资创建于1902年，1905年创办附设幼稚园，为本塾师范生实习场所，幼稚园的具体事务也由师范生自己管理。1907年后改为公立，更名为上海公立幼稚舍。严氏蒙

① 朱有瓛：《中国近代学制史料》第二辑下册，华东师范大学出版社，1989年版，第754页。

养院是由学部侍郎官员严修创建。1902年，严修在家中开设严氏女塾，后又创办严氏女子小学，并设蒙养院和保姆传习所。严氏蒙养院聘请日本教习，采用日本教材。其基本的办学思路，与湖北的武昌蒙养院相近。

图 3-6 严修像

由于中国缺少师资，又没有办学的经验，故在“癸卯学制”颁行之后，各地蒙养院的建设都一味模仿日本，采用日本的办学方式、使用日本教材、聘请日本教习，无论官私蒙养院情况都差不多。一些在当时有名的蒙养院，如前述的武昌蒙养院、上海务本女塾、天津严氏蒙养院皆是如此。日式幼稚园融合了东西方文化的两种因素，课程设置完备规范，却能兼顾传统礼教，故而在清末颇受推崇，但办学方式比较呆板。五四运动之后，在华的日式幼稚园日渐式微。

总体而论，清末蒙养院制度的构建，具有以下几个特点：

其一，初步体现了学龄前教育由家庭向社会化的转变，尽管实现这一转变的步伐迈得不大，体制也不够完善，但也反映了中国教育制度向近代化演进的必然性。

其二，仍然以洋务派“中学为体，西学为用”的思想为宗旨，其维护封建礼教的意图贯彻始终，严重制约了学制改革的成就。

其三，清朝统治阶层对于妇女的歧视，以及剥夺妇女教育权利的种种举措，导致了清末蒙养院制度从一开始就残缺不全。最直接的后果，就是蒙养院师资的严重缺乏以及优质蒙养院的极度稀少。

其四，脱离中国实际，照搬日本学制和严重依赖外国教习。

第二节 外国教会在华的学前教育活动

在中国近代教育史上，外国教会在华传教及开办学校的进程，是伴随着帝国主义列强对中国的侵略而逐步扩展的，也是在不平等条约制度的保护下进行的。从第一次鸦片战争失败后《南京条约》的签订，中国被迫开放五口通商，期间又陆续签订了《望厦条约》《北京条约》《天津条约》，西方列强不但在经济上完全打开了中国的市场，也最终获得了在国内自由传教、办学的权利。以1839年马礼逊学校在华正式创办为开端，到1911年清朝灭亡为止，六十余年间，教会学校从最初的学生两三人，发展到遍布中国各省区的庞大规模，学校类型之全，受教人数之众，已经成为国中之国，严重地侵犯了中国的教育主权，对清末教育的影响也是举足轻重的。在学龄前教育领域，教会也以开办女学和幼稚园等途径，在清末发挥着重要的作用。

一、外国教会在华创办学前教育的目的

对于外国教会在华传教、办学的动机，历来是有争议的。事实上，西方来华传教的历史并不是从鸦片战争之后才开始的。从唐代的景教、元代的也里可温教以及明末清初的耶稣会传教士到19世纪中下叶，西方来华传教的历史已经绵延了一千多年。在这一千多年间，随着境况的推移变迁，西方来华传教的动机也不可能一成不变。总体来看，早期的传教士动机比较单纯，就是要传播教义，增进东西方之间的相互了解。但在鸦片战争之后，随着西方

列强对华侵略的程度日益加深，传教士在华的传教、办学活动是与侵略的步伐同步进行的，并且也在客观上受到不平等条约的庇护。在这种情况下，传教士的使命就不可能仅仅是在单纯的宗教情感驱使下进行的。不管他们个人是否情愿，客观上也必须分担配合西方列强侵略中国的责任。

图 3-7　清末的教会女子学堂师生

1890 年，在华传教士大会上，首任中华教育会会长狄考文说："真正的基督教学校，其作用并不在单纯地传授宗教，从而使学生受洗入教。他们看得更长远，他们要进一步给学生训练……成为社会上及在教会中有势力的人物，成为一般人民之导师和领袖。"①美国传教士博尔敦在《中国基督教教育的宗旨》一文中，也详细讨论了教会学校在华的目的："按照中国的情形看来，中国基督教教育应以培植一个强健的基督教化社会为具体目标。我深信中国基督教教育已至这种时期。但这个宗旨包括好几件事，例如：博得非信徒对于耶稣基督的信仰；养成明达的基督信徒，服从强有力的基督徒领袖；训练此项领袖人才；养成基督徒的社会服务精神，并使此项精神发扬于社会的全部生活。"②一位署名麦女士的美国女传教士在《基督教女子教育》一文中，则更加明确地提出，要达成教会教育的目的，必须要将幼稚园教育作为起点。她指出："至于学校等级，宜从幼稚园以至大学。……欲造民主国国民根基，除幼稚园外，无他术也。欲使街巷顽童，家中劣子，成为安分之小国民，除幼稚园外，亦无他术。""学校无论何级，皆应为社会宗教之中心点，以养成基督信徒、教育家与慈善家为目的。"③

从上述传教士的言论不难看出，教会在华办学的目的大致就是三个方面：

其一，从小开始培养优秀的基督教人才，使他们将来可以在中国占据领袖的地位，从而更好地支配中国。

其二，通过开办幼稚园吸引更多的民众信仰基督教，以扩大基督教在中国发展的社会基础。

其三，使得基督教能够更好地融入中国社会的各个领域和阶层，减少双方之间的误解和冲突，从而使西方的势力更方便地进入并支配中国社会。

---

① 李楚材：《帝国主义侵华教育史资料——教会教育》，教育科学出版社，1987 年版，第 5 页。

② 李楚材：《帝国主义侵华教育史资料——教会教育》，教育科学出版社，1987 年版，第 53 页。

③ 李楚材：《帝国主义侵华教育史资料——教会教育》，教育科学出版社，1987 年版，第 237 页。

对于这个问题，不能仅仅从单一的角度来评价。一方面，教会学校的动机确实是培养代理人，以方便西方宗教渗透并支配中国，在客观上配合了西方列强对中国的政治、经济、军事入侵，二者之间存在着相得益彰的关系。另一方面，教会学校在华的活动，也为中国培养了一批优秀的人才，教会学校先进的办学理念、办学模式，也为清末教育的改革提供了有益的借鉴和示范作用，这在客观上促进了清末教育改革的进程。特别是教会学校率先在华开办女学、禁缠足、开设蒙养学堂，也为近代中国的女子教育、学龄前教育起到了开风化之先的引领作用。

二、外国教会在华创办学前教育的活动

外国教会主要是通过创办女学、女子幼稚师范，并逐步附设幼稚园这样一个大致的脉络，在华实施学前教育事业的。部分传教士也参照中国传统蒙塾的形式，开办蒙学堂。此外，大多数教会都在教堂附设育婴堂，以收养被弃的婴幼儿。不过，这种育婴堂属于纯粹的慈善性质，与中国传统的育婴院性质相似，不属于保育的性质。

最早以中国女子为对象的女学创始于 1825 年，是英国女传教士格兰脱在新加坡开办的。1834 年，一些英国妇女组织了一个旨在促进中国妇女教育事业的组织——东方妇女教育促进会。三年后，这个组织的成员之一亚尔德西女士在印尼的爪哇开设了一个中国女学。五口通商以后，亚尔德西女士赴宁波，开设了中国最早的女子学校——宁波女塾。从 1844 年到 1860 年之间，外国教会在华共开设了 11 所女子学校，全部集中在五口通商城市。

教会开办的面向学龄前儿童的幼稚园，在“癸卯学制”颁行前数量不多。据林乐知 1903 年《全地五大洲女俗考》统计，当时的小孩察物学堂（幼稚园），全国共有六所，学生 194 人，男女生各半。初等蒙学堂数目不详。“癸卯学制”颁行后，教会的幼稚园进入了较快的发展时期。据《中国基督教教育事业》统计，到了 1922 年，全国的教会办幼稚园已经达到了 139 所，学生人数为 4 324 人。

图 3-8　林乐知像

事实上，教会在华开办一些女学，也不是完全属于普通的教育性质。一些女学的教学程度偏低，带有部分蒙学的性质。以英国长老公会在福建泉州开办的女学为例，其学习内容也包括《三字经》《千字文》《百家姓》之类的蒙书。教会办的蒙学堂数量较少，招到的学生也基本都是贫困家庭的子弟，教学质量也一般。但也有办学成功的范例，如：美国传教士狄考文 1864 年在山东登州创办的蒙养学堂，最初只有 6 名学生。苦心经营九年，只招收到 91 名学生。他对学堂进行了一系列改革，蒙养学堂逐步升级为小学、中学，最终发展为高等学堂——登州文会馆。1884 年，美国差会总部正式批准登州文会馆具有大学招生的资格。

教会的幼稚园，一般都直接附设于教堂，或附属于女学或幼稚师范，这是教会学前教育活动的一项重要方式。如泉州长老会女学，就有附设的幼稚园。始建于 1851 年的上海圣玛利亚女学，于 1885 年在校中附设育婴堂，供学生实习。1892 年，美国女传教士海淑德在上海创办幼稚园师资培训班，为教会幼稚园培养师资。

由美国女传教士金振声1889年在苏州慕家花园创办的英华女塾,就是一个将女学、幼稚师范、幼稚园合为一体的综合性学前教育机构。这所学校是先办女塾,然后派两名女生到美国留学,专门学习幼稚教育,回国后于校内开设幼稚师范科,向女塾学生讲授“关于幼稚园的教育暨教授法,养成保姆人才。并设幼稚园于校近旁,所施教育,一依美国最新之方法”。①

图3-9　正在上课的长老会泉州女子学堂学生(1895年)

图3-10　女子学校毕业证,民国六年苏州英华女塾(基督教会学校)执照

“癸卯学制”颁行后,鉴于中国极度缺少合格幼儿园师资的情况,教会陆续在各地开办了独立的或附属的幼儿师范学校,专门培养幼教师资。如福建厦门的怀德幼稚师范学校、苏州景海女学幼稚师范科、杭州弘道女学幼师科、北京协和女书院幼稚师范科、燕京大学幼稚师范专修科等。这些学校开设的课程大致分为三类:一类是英文课,二类是国文、生理卫生之类的文化课,三类是心理、教学法之类的专业课。

纵观清末的教会学校,就其幼稚园教育这一阶段而言,可概括为三个特点:

其一,就其发展的过程而言,可以“癸卯学制”的颁行为标志划分为两个时期。前期发展缓慢,规模小,与中国教育现实也基本没有直接的联系。后期发展速度较快,并且与中国教育现实的联系加强,以解决中国幼稚园缺少师资为主要任务。

其二,办学的程度较低,招收的主要是贫困人家的子弟,有些具有慈善的性质。“癸卯学制”颁行后,一些中心城市的教会女学、幼稚园招生的层次提高,但需要交纳昂贵的费用,大多数学校仍然水平较低。

其三,教学内容方面,早期的女学、幼稚园多属于慈善性质,学生只能学习一些粗浅的宗教常识和生活技能。以后逐步扩展,一些水平较高的女学、幼稚师范,已经能够开设英语、生理卫生、心理和幼稚园教授法等课程。幼稚园以游戏为主,并能够参照国外有关学前教育的理论指导幼稚园的办学实践。

本章小结

清末学前教育发展的基本过程是围绕着三条主线展开的。一是以“癸卯学制”建立蒙养院制度为轴心的清末学前教育制度的初步形成。对这一制度的积极评价是初步社会化的学前教育制度的建立;消极的因素是封建礼教观念的严重制约和对女子教育权利的压制,导

① 《妇女杂志》第3卷,第3号,1917年3月5日。

致清末学前教育实施步骤的严重滞后和体制构成的明显缺陷。二是以康梁为代表的进步学者主张构建近代国家教育体制和伸张女子教育权利的观点,是在思想上促进清末学前教育改革的重要动因。三是教会开办女子学堂和幼稚园的活动,对于促进清末教育改革具有积极意义,但其办学的目的仍然值得认真思考。

思考题

一、名词解释

1.《奏定蒙养院章程及家庭教育法章程》

2. 武昌蒙养院

二、简答题

1. 简述康有为《大同书》中有关儿童教育的主要构想。

2. 简述“癸卯学制”中有关蒙养院制度的内容要点。

3. 试述教会在华学前教育活动包括的主要内容。

三、论述题

1. 简述梁启超的儿童教育思想,并予以评价。

2. 结合史实,分析评价教会在华学前教育活动的目的和影响。

第四章 民国时期的学前教育

本章学习目标

1. 了解:五四时期西方学前教育思想在中国的传播和主要教育思潮;民国时期颁发的主要的学前教育法规;民国时期学前教育改革实验活动的背景和意义;老解放区学前教育的方针、任务。

2. 理解:民国时期幼稚园和幼稚师范的发展;民国时期三种性质幼稚园的并立。

3. 掌握:壬子癸丑学制和蒙养园制度的建立及壬戌学制和幼稚园制度的确立;老解放区托幼机构的主要形式、保育婴幼儿的主要经验。

4. 熟练掌握:杜威的实用主义教育思想的引入与传播;北京香山慈幼院、南京鼓楼幼稚园、晓庄燕子矶幼稚园的实验改革经验,能够联系实际进行分析;联系实际分析老解放区学前教育的主要经验。

建议学时:10 小时

1904 年蒙养院制度的建立,标志着中国学前教育制度向近代转型。1912 年中华民国建立,结束了两千多年的帝制,为学前教育的发展,进一步向近代化前行,提供了新的社会条件。然而赶走了皇帝,并未改变中国半殖民地半封建的社会性质。中国学前教育在艰苦的探索中发展。一大批爱国的教育家、教育工作者和教育团体于二十世纪二三十年代促成了一个改革实验的高潮,中国学前教育与世界现代学前教育接轨已见端倪。但连年战争,多数实验改革难以为继,阻断了学前教育的发展。1927 年中国共产党领导建立革命根据地,开辟了老解放区学前教育的新天地,谱写了新民主主义学前教育的新篇章。

第一节 西方学前教育思想的引入、传播与学前教育思潮

一、西方学前教育思想的引入与传播

1840 年鸦片战争,轰开了中国的国门,学前教育的变革正是由学习西方开启的。中国比较系统地引进西方教育理论,实际上始于民国以后,新文化运动时期形成高潮。该时期引进的学前教育思想主要有以下三种(理论详细内容见第十章)。

(一) 福禄培尔教育思想

清朝末年,在引入日本幼稚园模式的过程中,中国人已经知道了福禄培尔,但那已是经

过日本人消化吸收后的熟料。中国直接从西方系统地介绍福禄培尔的学前教育思想是在中华民国成立以后。

1912 年《教育杂志》第 4 卷第 7 号刊登谢天恩撰写的《美国幼稚园略述》，文中介绍了福禄培尔遵循自然的原则。福禄培尔认为，教育儿童的方法应由内及外，这是一切生物进化所不能违背的原则。教育儿童就要顺应儿童心理的自然发展，发挥儿童内在因素的作用。1914 年《教育杂志》第 6 卷第 1 号发表无我的《德国柏林裴斯泰洛齐福禄培尔馆》一文。这是一篇参观报告，通过这个馆，宣传了真正的福禄培尔的学前教育思想。1919 年 4 月《新教育》杂志发表《福禄培尔传》，对福禄培尔的生平和教育实践作了详细的介绍。同年，《新教育》杂志第 3 卷第 2 期刊登了《赫尔伯脱、福禄培尔与朱子、王阳明教育学说之比较》，文中对幼稚园的恩物和作业做了解说。指出福禄培尔的作业，在于使儿童由恩物得来的观念应用于纸工、木工、沙工、泥工等活动中，经过这样的训练，儿童的目力、手力、想象力得到发展。

五四运动以后，在我国幼教战线的实践改革中，吸取了福禄培尔幼儿教育思想，充分肯定了福禄培尔注重自然、尊重儿童自由等思想。

（二）蒙台梭利儿童教育思想

蒙台梭利是意大利女医生、儿童教育家，她创立的幼儿教育法，于 1913 年开始传入中国。

1913 志厚在《教育杂志》第 5 卷第 1 号上发表《蒙台梭利女史之新教育法》，文章全面介绍了蒙台梭利于 1907 年创办的“儿童之家”，并分析了蒙台梭利教育法的心理学根据。同年，《教育杂志》第 5 卷第 5 号上发表壸生的文章《蒙台梭利新教育法之设施》，着重介绍了蒙台梭利教育法的特色，蒙台梭利学校的教具以及应用新教育法取得的成效等。1914 年出版了但焘翻译日本今西嘉藏著的《蒙台梭利教育法》，较详细地论述了蒙台梭利教育方法原理。1914 年到 1915 年间，顾树森、王维尹合著《蒙台梭利教育之儿童》，顾树森著《蒙台梭利女史新教育法》。1914 年，江苏省教育会设立了蒙台梭利教育法研究会。商务印书馆仿制发行蒙台梭利教具，购买者颇多。这一时期，形成了介绍和传播蒙台梭利思想的热潮。1923 年，国立北京女子师范大学附属蒙养园，招新生两班，试验蒙台梭利教育法。1931 年 2 月，教育部的文件中，曾评价蒙台梭利教育法“我国学校于十年以前早已实验，因似觉不甚经济，难以通于中国，仅师其意”。

（三）杜威实用主义教育思想

民国初年蔡元培、陆费逵、黄炎培等都曾著文提倡实用主义教育，并订入教育宗旨，这种思想在中国已经有不少人提倡，并形成了一种教育思潮。

图 4-1　杜威与胡适、陶行知等合影

五四时期，实用主义教育思想在中国得到广泛传播。这不是偶然的，实用主义教育反传统教育等主张，适应了当时中国教育界改革旧教育的要求，加之当时正值一些直接受教于杜威或直接接受实用主义哲学、教育思想的留学生回国后的推崇，更有杜威本人于 1919 年 5 月应北京大学等邀请来华讲学。他在中国停留达两年零两个月之久，足迹遍及北京、上海等11个省。每到一处，杜威便要登台演讲，亲自宣传其实用主义哲学和教育学说。在这期间，各报刊特别是教育报刊都竞相刊登杜威的演讲内容，根据杜威在中国演讲整理出版的专集有《杜威五大讲演》《平民主义与教育》《杜威先生与中国》。杜威的学生和信奉者们也纷纷著文和讲演，推崇这种思想。中国掀起了宣传实用主义的高潮，广度、深度及持久性都超过了其他西方教育思想的传播。

杜威的教育学说主要内容包括“教育即生活”“教育即生长”“学校即社会”“儿童是教育中的太阳”“从做中学”等。其中“儿童是教育中的太阳”即“儿童中心论”，是我国五四运动以后小学和幼稚园教育改革的指导思想，是杜威实用主义教育思想对中国儿童教育影响的核心。“儿童中心论”反对教育以成人为中心、以书本为中心、以教师为中心的旧传统，主张从儿童自发的兴趣和需要出发。这种理论运用到教学方法上就是设计教学法。

设计教学法自1917年开始传入中国，一些教育家不断介绍这种方法。1927年中华教育改进社邀请设计教学法的中心人物杜威的学生克伯屈到上海、北京等地演讲，并有大量文章介绍这种方法，一时颇为流行。设计教学法以儿童的事件为中心，组成大单元，虽有预定的计划和目的，但总是以儿童活动为中心，一切活动都出于他们的自发。中国最先实行设计教学法的地区是南京、苏州、南通一带，而且以南京高师附小的教师俞子夷提倡最力。他不但大力宣传和实验，还将实验的结果写成《一个小学十年努力记》。这个附小的附属幼稚园被称为“杜威院”，该园的课程完全按照儿童的兴趣进行设计，重视儿童独立自主精神的培养。

杜威实用主义教育理论在民国时期产生深刻影响，经过了传入、吸收、诠释、改造的过程。陶行知的“生活教育”理论、陈鹤琴的“活教育”理论的形成，是典型的代表。它们不是杜威实用主义教育理论的翻版，而是对其的改造和超越。

二、学前教育思潮的勃兴

西方学前教育思想的引入与传播，五四新文化运动中民主与科学思想的推动，促成了学前教育思潮的勃兴。

（一）对传统儿童观的批判

儿童观是对儿童的看法和态度的总的观念。我国传统的儿童观，受封建思想的影响，儿童被视为家庭和家族的附属品，成了父母的私有财产，家长对子女有完全支配的权力，儿童只能绝对服从，丧失了独立自主的人格。

中国的儿童长期在封建礼教的束缚下，身心得不到健康发展，对此，在清朝末年就有人提出批评。著名的语言教育家王筠说：“学生是人，不是猪狗”，不能像处理生物一样，对待儿童。

随着西方资产阶级教育思想的传入，儿童中心主义、儿童本位主义思想得到相当广泛的传播，虽然属于资产阶级自由主义教育思想体系，但却是建立在天赋人权思想的基础上，在反对封建专制主义教育上有进步意义。20世纪初，资产阶级革命派批判封建专制主义教育是奴隶教育，摧残人性，践踏人权，是教儿童以“孝”作出发点，以“忠”为归宿。革命党人邹容在其《革命军》中尖锐指出：“垂教万世之二大义，曰忠，曰孝”，形成“举一国之人，无一不为奴隶之奴隶”。

五四运动前后，鲁迅以辛辣的战笔，批判旧教育对儿童的摧残。他在《随感录二十五》中说："中国的孩子，只要生，不管他好不好，只要多，不管他才不才。生他的人，不负教他的责任。虽然'人口众多'这一句话，很可以闭了眼睛自负，然而这许多人口，便只在尘土中辗转，小的时候，不把他当人，大了以后，也做不了人。"他指出在封建主义的儿童观下，势必形成中国亲权重、父权更重，父对于子有绝对的权力和威严，若父亲有话，唯听是从，若儿子有话，却在未说以前已经是错了。他呼吁中国觉醒的人，要"自己背着因袭的重担，肩住了黑暗的闸门，放他们到宽阔光明的地方去；此后幸福的度日，合理的做人。"①

封建宗法家族制度下，儿童不但得不到应有的重视和教育，反而受的是被摧残的、扭曲天性的教育。鲁迅认为把孩子教育成温文尔雅，不大言笑，不大动弹，一副低眉顺眼、唯唯诺诺的"驯良"模样，绝不是儿童的美德，简直是没出息。他疾呼"救救孩子"，让他们恢复其本性，向动的方向发展，要活泼、健康、顽强，要挺身仰面。

鲁迅在揭露和批判封建专制主义的儿童教育模式的同时，阐发了他的儿童观和儿童教育的主张。他指出，父母对子女应该是健全的产生、尽力的教育和完全的解放。为了教育好儿童，第一要理解儿童；第二要指导儿童；第三要解放儿童，要"养成他们有耐劳作的体力，纯洁高尚的道德，广博自由能容纳新潮流的精神，也就是在世界新潮流中游泳，不被淹没的力量。"②

资产阶级民主教育家蔡元培在儿童教育上提出发展儿童个性、崇尚儿童自然成长的主张。他对于封建旧教育束缚儿童个性、违背儿童自然发展的教育理念进行批判，认为旧教育不把儿童当作教育的主体，而是将成人或教师自己的成见强加在儿童的身上，必须改变这种主客体颠倒的状况。教育应该以儿童的个性为出发点，要站在儿童的立场上，了解儿童、尊重儿童，让儿童自由发展。因此，他极力主张研究儿童心理科学，了解儿童发展规律。

后来陶行知、陈鹤琴不但继续批判封建主义的儿童观，而且进行了一系列的改革实验。陶行知提出"爱满天下"的口号，陈鹤琴抱着"一切为儿童"的信念，把自己的终生献给了儿童教育事业。儿童教育观念上的进步，为学前教育的改革实验奠定了思想基础。

（二）儿童公育思潮

19世纪末，康有为在写《大同书》时，曾以积极乐观的态度设计了儿童公养、公育的理想王国。五四运动前后，以蔡元培、恽代英为主要代表，在批判旧家庭制度的基础上，提出了儿童公育的主张，形成了一股思潮。蔡元培试图从教育本身的特点论述儿童公育的必要性；恽代英从唯物史观上进一步阐述了儿童公育在教育上的价值。他们从不同角度说明儿童公育的重要意义。

第一，从教育的特殊职能上看，儿童需要公育。恽代英从唯物观角度，阐述儿童公育是一种不依人们意志为转移的历史趋势。打破私产，自由恋爱，儿童公育将是不可避免的。

第二，为实现教育普及于全人生，要实行儿童公育。恽代英在《儿童公育在教育上的价值》一文中指出，教育应该普及于一生，人类的教育应该从胎教开始。他说："只有促进儿童公育；使每个儿童在他下地以后，便在合宜的场所中，合宜的指导人下面，受教育和训练，才

---

① 《鲁迅全集》第一卷，人民文学出版社，1981年版，第257页。

② 《鲁迅全集》第一卷，人民文学出版社，1981年版，第252页。

是最根本的教育,亦是最经济的教育。”

第三,从家庭教育的弊端角度分析儿童公育的必要性。他们认为在大生产出现后,儿童只在家庭中受教育的旧制度,必然要突破。家庭教育日益暴露出不适应社会要求的弊端。蔡元培就说:不相信家庭有完善教育的可能性,最好的办法是实行儿童公育。

儿童公育虽然难以实现,但这种思潮却有重要意义。它包含了很多儿童教育的理论问题和实践问题,促进了人们思考和探索学前教育向更加科学化、大众化方向发展。

(三) 平民学前教育和乡村学前教育

平民教育思潮,是五四时期很有影响的一种教育思潮。参加平民教育活动的有具有共产主义思想的知识分子、革命小资产阶级知识分子和资产阶级知识分子。他们要求教育应向广大民众普及,教育应以平民为主要对象。

乡村教育思潮,是 20 世纪 20 年代形成的一种教育改革实验思潮,30 年代达到高潮。代表人物有黄炎培、陶行知、梁漱溟、晏阳初等。他们提倡普及农村教育,同时要解决农村政治、经济、文化的愚昧。他们纷纷建立农村教育实验区,在实践上也积累了一些有益的经验。

在平民教育、乡村教育的热潮中,学前教育也出现了向平民、向农村探索的热潮。陶行知发表《创设乡村幼稚园宣言书》《幼稚园之新大陆——工厂与农村》等文章,号召办平民幼稚园、乡村幼稚园。陈鹤琴、张雪门也提出要用最少的钱,为劳动民众办幼稚园的主张。他们支持陶行知办乡村幼稚园,亲自指导幼稚师范生下乡为农民办幼稚园和托儿所。学前教育战线的平民教育、乡村教育思潮,开辟了幼儿教育工农化的发展方向。

第二节 学前教育制度的演进与实施

辛亥革命以后,我国在教育制度上实行了一系列改革,在学前教育上,民国初年建立了蒙养园制度;随着 1922 年“壬戌学制”的颁行,又确立了幼稚园制度,学前教育有了较大发展。

一、蒙养园制度的建立

(一) 南京临时政府的教育改革

1. 发布教育改革令

南京临时政府于 1912 年 1 月 9 日成立了教育部,著名教育家蔡元培任教育总长。首先发布了几个教育改革令,例如,初等小学可以男女同校;清朝学部颁行的教科书,一律禁用;小学读经科,一律废止,加强了手工课、体操课及珠算课等。

2. 颁布新的教育宗旨

教育部于 1912 年 9 月公布新教育宗旨:“注重道德教育,以实利教育、军国民教育辅之,更以美感教育完成其道德。”这是一个新的资产阶级的教育方针,它否定了清朝 1906 年公布的“忠君”“尊孔”“尚公”“尚武”“尚实”的旧教育宗旨。道德教育,是指以资产阶级自由、平等、博爱的思想,灌输于新一代;实利教育,是要量儿童之力,给其有实用价值的知识教育;军国民教育即体育。这个方针体现了德、智、体、美和谐发展的精神,对学前教育的改进奠定了思想基础。

3. 制定学制系统

1912 年 9 月,教育部公布《学校系统令》。不久,教育部又陆续颁布各种学校令,与这个学制略有出入。后将二者结合,成“壬子癸丑学制”,分三段四级(详见图 4-3 壬子癸丑学制系统图)。

图 4-2　1912 年教育部临时教育会代表合影

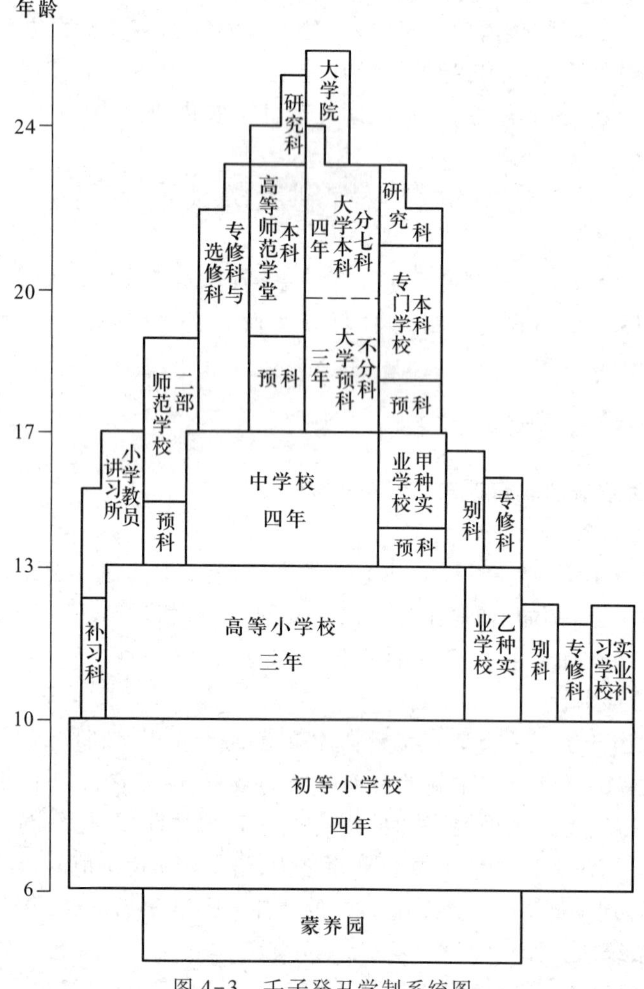

图 4-3　壬子癸丑学制系统图

（二）壬子癸丑学制与蒙养园制度的规定

壬子癸丑学制（1912—1913年），将学前教育机构定名为蒙养园，在“教育部公布学校系统”和“师范教育令”中有关蒙养园的规定如下：“在下面有蒙养园，上面有大学院，不计年限。”“女子师范学校于附属小学校外应设蒙养园，女子高等师范学校于附属小学校外应设附属女子中学校，并设蒙养园。”从这些规定看，蒙养园是学制体系上的教育机构，但不占学制年限，并未单独成为学制系统中的一级，它的建置是其他教育机构的附属部分，附属在小学和女子师范学校内。它虽然没有摆脱附属的地位，但已不设于育婴堂、敬节堂内，而纳入真正教育机构之中，正是学前教育地位有所提高的标志。

辛亥革命后不久，北洋军阀政府在教育上掀起了一股复辟封建主义教育的逆流，学前教育没有什么明显的进步。许多保教内容和方法仍沿袭清末效法日本的模式，明确了蒙养园设在国民学校（即小学）内。1916年北洋军阀政府在改订的《国民学校令施行细则》里，还没有把蒙养园列入学校系统，只在细则第六章提及关于蒙养园的一些法规，如：“蒙养园以保育三周岁至入国民学校年龄之幼儿为目的。”“保育之项目为游戏、谈话、手技、唱歌。”“蒙养园保育幼儿者为保姆，保姆须女子，有国民学校正教员或助教员之资格，或经验定合格者充之。前项检定，由国民学校检定委员会行之。”

二、壬戌学制与幼稚园制度在学制体系上的确定

1919年五四运动，成为中国民主革命的一大转机，将中国革命推向新民主主义革命阶段。在五四新文化运动的推动下，加之美国教育的影响及一批教育界人士的努力，引发了教育界众多人参加的改革运动。学前教育也在这个波浪当中推进，进入了一个新的发展时期，其中最重要的成绩之一，就是确定了在学制体系中的地位。

（一）五四新文化运动推动下的教育改革

五四新文化运动高举“民主”与“科学”两面旗帜，在这场运动的推动下，教育上的改革主要有：恢复民国初年的教育宗旨；争取男女平等的教育权；学校采用国语和白话文；大学改制；推动“新学制”的颁行。

五四新文化运动，极大地推动了旧教育的改革和新教育思想的传播，为学前教育的改革奠定了坚实基础。

（二）壬戌学制与幼稚园制度的确定

学制改革是在一些教育家及全国教育会联合会等教育团体的推动下起步的，经过几年学制改革的酝酿和试验，至1922年9月，教育部召开学制会议。11月，教育部公布《学校系统改革案》，这就是所谓“新学制”，又称“壬戌学制”（见图4-5壬戌学制系统图）。

这个学制受美国实用主义教育思想的影响，没有规定教育方针，是根据“七项标准”制定的。这七项标准是：①适应社会进化之需要；②发扬平民教育精神；③谋个性之发展；④注意国民经济力；⑤注意生活教育；⑥使教育易于普及；⑦多留各地方伸缩余地。

这次颁布的学制体系，采用美国的“六三三制”。中学受美国教育影响，实行综合中学制和选科制。提出要以儿童身心发展为根据，采取纵横活动主义，教育以儿童为中心，顾及学生个性及智能等。

图 4-4　1921 年广州第七次全国教育会联合会代表合影

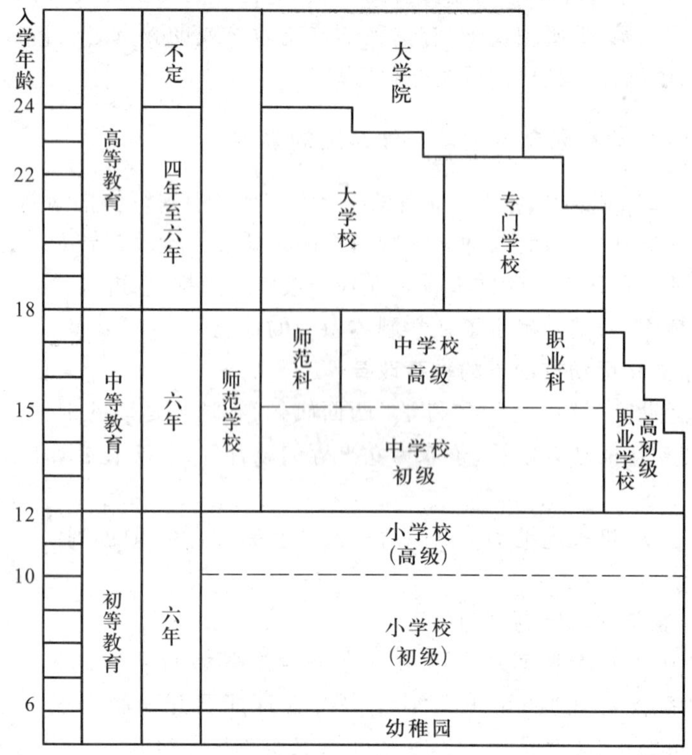

图 4-5　壬戌学制系统图

此学制中规定，学前教育机构称“幼稚园”，在小学校下设幼稚园。就学前教育来讲，幼稚园教育在学制中确立，提高了幼稚教育的地位。这是一个很大的进步，是“新学制”的一大贡献。以后的几年发展仍比较缓慢，但也出现了比较明显的新气象。

三、蒙养园、幼稚园制度的实施与发展

（一）三种幼稚园模式并存

民国时期的学前教育机构，以举办者划分，可分公立与私立二种；按办园模式划分可分

为三种,即日本式幼稚园、宗教式幼稚园、普通式幼稚园。

1. 日本式幼稚园

兴时于清末民初。中国近代的两个学制(癸卯学制和壬子癸丑学制),主要借鉴于日本。当时学前教育与其他教育一样,受日本影响较深。这种日本式幼稚园很像小学校,也可叫做小学式幼稚园。教学内容有游戏、谈话、手工、唱歌、识字、算术、图画、排版、检查身体、习字、积木等。把这些都视为功课,像小学校一样,明明白白地把各科规定在逐日的功课表里,不许混杂。保姆就像小学里的教员,高高地坐在讲台上,孩子一排一排整齐地坐在下面,不许乱说乱动。可见,这种教育学龄前儿童的办法,忽视了儿童自身的心理特征。由于中国传统礼教的影响,如此呆板的教育形式,很容易被人们接受,蒙养院及蒙养园时期的教育主要仿效这种形式。

图 4-6　武清县煤厂村蒙养园的谈话课

2. 宗教式幼稚园

欧美国家在中国办的学前教育机构。它本先于日本在华办的幼稚园,但兴时却在日本式之后。五四运动以后,中国新教育逐步由仿日转向学欧美,特别是美国影响力占首位,日本的学前教育影响逐渐减弱。这种学前教育都由教会掌管,所以也被称为教会式幼稚园。这些幼稚园一般都有美丽的教室、小巧的桌椅、精致的玩具。孩子在幼稚园的活动要较日本式幼稚园自由得多,课程排得也不那么死板。在安排自由活动以后、工作以前,孩子们要闭一会儿眼睛,嘴中还要唱一支祷告的诗曲。早晨相见、放学话别时,都要唱出《上帝的祝福》诗一样的调子。在宗教式幼稚园里,保姆都是教徒。这种幼稚园收费较高,一般家境的孩子无法进入。

宗教式幼稚园的活动内容比较丰富。如上海崇德女子中学附属幼稚园。这是 1920 年由美国传教士黎曼顾开办的。根据《大上海教育》杂志第 1 卷第 2 期刊载,这所幼稚园作业包括朝会、学术、工艺、户外游戏、音乐、故事等。宗教式幼稚园实行洋化教育,用外国的设备,玩外国玩具,唱外国歌曲,甚至吃点心也要外国货。

宗教式幼稚园自清末以后在中国发展很快。1924 年,南京一女师附设的幼稚师范科,对全国幼稚园调查,发现全国有幼稚园 190 所,其中教会办的有 156 所。

教会在华办幼稚园自成体系,其教育方针、管理、内容不受中国约束。直到 1925 年 12 月,中国收回教育权运动以后才规定,凡外国人在中国办幼稚园、幼稚师范学校和幼师培训班,都要向中国政府注册,课程也要符合中国教育部所颁发的课程标准要求,不得设宗教科目。园长(或校长)必须由中国人任职,或聘中国人任副园长(或副校长)。

3. 普通式幼稚园

为中国人自己所办,没有宗教色彩,采用福禄培尔和蒙台梭利的教育方法,五四运动以后多受欧美影响。举南京高等师范附属小学幼稚园为例,幼稚园创办于 1919 年,在该小学的“杜威院”内。当年杜威曾到南高师演讲,并参观此院,故得此名。招收 3~6 岁的儿童,均为南京高等师范工作人员子弟。园内设有教室三个:作业室、音乐游戏室、运动室。各室设备齐全,并都有利于儿童取用。如作业室与音乐室的一端都设有低橱数个,内有教具和儿童图画、手工的成绩,儿童可以自行启闭。运动室设有楼梯形滑板与种种游戏运动的器具和恩物。园内课程没有明显的科目划分,以作业贯穿其中。作业的材料,多采取儿童经验中最重要的东西,无论自然方面、社会方面的生活材料,多按时令的排列,以作业、节目、运动作中心。虽没有明显的科目,但从每天教授的段落上看,可分为四节:①谈话;②游戏;③手工;④音乐。实际教授起来,并不一定按照这个次序。教给儿童知识内容包括:音乐修身、社会生活、自然研究、工艺美术、体育卫生、国语文学、数量。在具体教授和训练时,并不将之视为不相干的学科教授给儿童,而是将它们有机联系起来施教。

这个园在注重儿童特点、探索幼稚园课程内容和方法的改革上,很有特色。该园即现在的南京师范大学附小幼稚园。这所幼稚园属于公立园,也有不少普通式幼稚园属于私立,如厦门集美幼稚园,由爱国华侨陈嘉庚先生创办于 1919 年。在设备、管理、教学、科学研究、改革实验等方面,都是一流的。民国中期以后,普通式幼稚园逐渐增多,很多实验性幼稚园均属这类。

(二)幼稚园发展概况

民国初年,由于教育上的民主改革如新教育方针的颁定、女子教育的进一步开放等,必然要促进幼儿教育的发展,但由于社会上一般人还缺乏对学前教育意义的认识,尤其是执政的北洋军阀政府,内战不断,政治动荡,经济不振,无暇顾及教育,国家无发展统计数字,只有零散材料记载。虽然没有全国的统计数字,这个时期幼儿教育机构还是有相当数量的提高的。以上海为例,据江苏教育会幼稚教育研究会调查,到 1918 年,上海有幼稚园 12 所。根据张宗麟以信函形式做的调查,1926 年,江苏、浙江、安徽三省幼稚园分别是:60 所、74 所、60 所。这说明当时幼稚园规模略有发展。这与 1921 年教育部曾根据第六次全国教育会联合会关于“推广蒙养园议决案”,训令全国推广蒙养园有关。

民国时期,幼儿教育的地位不断提高。1930 年第二次全国教育会议上,幼稚园已经取得与小学并立的地位。社会上一些人士也多认识了幼儿教育的意义,纷纷将孩子送入幼稚园。我国幼儿教育有了较大发展,并且也有了幼稚园教育发展的统计。见表 4-1《1929 年到 1947 年全国幼稚园发展统计表》。

表 4-1 1929 年到 1947 年全国幼稚园发展统计表

学年度	幼稚园数	班级数	儿童数			保育期满儿童数			教职员数	经费数(元)
			计	男	女	计	男	女		
民十八	829	1 585	31 967	22 469	9 498				1 580	379 954
民十九	630	697	26 675	15 098	11 577	9 474	5 476	3 998	1 376	468 329

续表

学年度	幼稚园数	班级数	儿童数			保育期满儿童数			教职员数	经费数（元）
			计	男	女	计	男	女		
民二十	829	1 318	36 770	21 275	15 495	12 122	7 075	5 047	1 839	610 451
民二十一	936	1 407	43 072	24 798	18 274	13 412	76 87	5 725	2 056	712 863
民二十二	1 097	1 449	47 512	27 432	20 080	15 909	8 763	7 146	2 219	828 280
民二十三	1 124	1 599	59 498	36 582	22 916	14 671	8 953	5 718	2 472	940 769
民二十四	1 125	1 666	68 657	42 071	26 586	14 490	9 089	5 401	2 443	1 076 225
民二十五	1 283	1 988	79 827	76 597	33 230				2 607	1 091 459
民二十六	839	1 180	46 299	27 150	19 149	9 825	5 765	4 060	1 400	461 706
民二十七	857	1 157	41 324	23 836	17 488	8 301	4 788	3 513	1 491	416 253
民二十八	574	754	40 479	27 444	13 038	7 597	4 334	3 263	946	208 195
民二十九	302	791	28 517	15 897	12 620	8 395	4 988	3 407	973	248 901
民三十	367	925	58 339	34 730	23 609	12 060	7 344	3 716	789	430 600
民三十一	592	1 398	51 749	33 199	18 550	14 305	8 688	5 625	1 014	1 108 841
民三十二	441	1 190	46 202	27 565	18 637	16 910	10 167	6 743	1 021	2 563 361
民三十三	428	1 527	50 491	30 885	19 606	20 193	12 408	7 785	1 393	4 745 442
民三十四	1 028	2 889	106 248	66 827	39 421	28 281	18 128	10 153	2 407	45 125 394
民三十五	1 263		112 792			41 504			2 805	
民三十六	1 301	3 367	130 213	81 147	49 266	54 225			2 502	

这个统计表反映了1929年到1947年幼稚园的发展情况，幼稚园从829所，发展到1 301所，入园儿童从3万多人增至13万余人。尽管抗日战争期间大幅度下降，但这20余年的发展速度大大超过了从1903年我国幼稚园产生起到国民政府成立前的20余年。当然，比起全国适龄儿童，13万这个数字还实在少得可怜。

四、幼稚师范教育的发展

民国以后由于蒙养园和幼稚园的发展，幼教师资的培养也得到逐步提高。1912年山东设保姆养成所于济南，二年毕业。1913年，张謇在南通育婴堂设立幼稚园传习所。1916年，北京女子师范学校办保姆讲习所。1917年，江苏省立第一女子师范学校开设保姆传习所，1922年改为幼稚师范科。1919年，国立北京女子高等师范学校开办保姆讲习科。1919年，熊希龄办香山慈幼院，后分五校，其中第三校为幼稚师范学校。上述各幼稚师资培训机构均为其他教育机构的附设单位，尚无独立设置，也是这个时期幼稚师资培训机构的一个特点。

1928年全国教育会议以后，幼稚师范教育得到一定的发展，培养的幼稚教育师资不断增加。1929年，全国幼稚园教职员为1 580人，到1936年，便增长到2 607人，抗日战争时期锐减，到1946年，达到2 805人。在此期间公立幼稚师范科有了一定的发展，私人设立的幼稚师范也不断出现，还出现了省立实验幼稚师范和国立幼稚师范专科。

（一）集美幼稚师范学校

由爱国华侨陈嘉庚创办于 1927 年，是集美九校之一。该校建校原因有三：一是完善集美学校，二是解决幼稚教师的缺乏，三是立足于中国，立足于闽南，研究中国的幼稚教育，尤其要研究闽南的幼稚教育。陈淑华、黄仁圣为第一、二任校长。学校分预科和本科，各修业 2 年，有幼稚园 3 所，为师范生研究幼教场地，此外还有艺术专修科。学校办至 5 年时已培养学生 88 人，多数在福建、广东各地服务，担任幼稚园或小学低年级教员。课程前 2 年预科注重基本训练，对于语言、科学、社会、音乐、美工、健康等科目特别注重，且致力于教师的习惯与态度的养成。儿童心理、普通教育也于此时学习。后两年本科，注重专业训练，特别着重幼稚教育与实际技能训练。优良学生于第 4 年第 1 学期，由学校分派校外各幼稚园或小学学习，充任实习教师。最后一学期注重自学、听讲、观察、搜集、研究、试验等工作。

（二）江西省立实验幼稚师范学校与国立幼稚师范学校

这是中国第一所独立设置的公立幼稚师范学校。1940 年 10 月，由陈鹤琴创立于江西泰和县文江村，附有小学、幼稚园、婴儿园。1943 年 2 月改为国立幼稚师范学校，并添设幼稚师范专科。同年夏，日寇窜扰赣西，学校两次在炮火下迁移。

图 4-7　1943 年陈鹤琴与江西幼师师生在亲手修筑的大路上合影

该校的办学宗旨有三：一是培养幼稚园的师资与造就幼稚教育人才；二是开展幼稚教育的理论和教材方面的研究；三是开展陈鹤琴创立的活教育理论的实验。课程设置在 1937 年教育部颁定的三年制幼师课程标准的基础上有所修改。从课程内容看，可分为精神训练、基本训练和专业训练三项。增加人生心理一科，是其创新。教材和教学方法强调尽量与小学和幼稚园的实际相联系，教学方法强调遵照“做中学、做中教、做中求进步”的原则。在训导工作方面，要培养学生不厌不倦的态度和敬业、乐群、专业、创造的精神，基本目标是培养学生“做人，做中国人，做现代中国人”。学校有优良的校风，充满自由平等的氛围，实行“纯爱”的教育，培养一批批幼教战线的优秀人才。1940—1946 年，有七届毕业生共 213 名，遍布全国。

1945 年幼师交给江西省接办，1948 年幼师并入南昌女师，改为幼稚师范科。

（三）国立幼稚师范专科学校

这是中国第一所公立幼稚师范专科学校，成立于 1943 年，初建时在江西省泰和县，由江西省立幼稚师范学校扩充而成。因日寇侵华,1944年学校迁至赣县,后又迁至广昌饶家堡,在异常困难的情况下,坚持办学。校长陈鹤琴。抗战胜利后,1945年迁至上海。

该校自始至终重视幼教学术研究,建有附属小学、幼儿园,将课堂教学、实际工作、理论研究打成一片。对幼儿教育研究的范围包括了幼儿(4~6岁)、步儿(2~3岁)、乳儿(出生~1岁)的各个阶段。研究的问题有:幼儿生理的发育、幼儿心理的发展、幼儿的营养、幼儿的衣服、幼儿的健康、幼儿园的设施教导、幼儿园的行政组织、幼儿园的玩具设备、幼儿园的师资培养、父母及兄妹教育。因教育部没有关于幼稚师范专科课程的规定,该校课程只得自行探索制定,分人生科目和教育科目,校内教育与参与社会教育改革活动结合。1947年在有名的大场农村托儿所的创办中,幼专师生起了决定性作用。

第三节 学前教育的实验与探索

五四运动以后,中国教育战线思想活跃,革新勃发,学前教育亦然。学前教育的改革实验,是从调查与反省当时学前教育弊端开始的。总括这些弊端主要有:

第一,对引进的福禄培尔和蒙台梭利教育法的思考。1928年张宗麟编著的《幼稚教育概论》中,指出福禄培尔学说中的缺点,如对宗教的迷信、恩物中无乐器、恩物偏于细小等。张雪门在《幼稚教育新论》一书中指出:“福禄培尔和蒙台梭利都是以教具当作了课程,以教具发展儿童的创造力和思考力”,但后来心理学的发展说明,“某一种心力,用某种特殊的东西去训练,其结果只能适应某一种东西而终不能转移到万事万物,只有从实际生活中所发生的问题与困难,才能训练儿童对于生活上的思考力和创造力。”这里,张雪门明确地指出了这两种教育思想的弊端。其他教育家也有重新思考蒙氏和福氏的方法在中国运用的不当之处。

第二,幼稚园害了“三种大病”,不适合中国国情。教育家们调查分析当时幼稚教育实施的情况,最大的问题莫过于照搬外国经验,一切设备教法抄袭西洋成法,幼稚园玩外国玩具,上外国课程,一切设备和布置外国气息很重,甚至墙上贴的画,也是外国儿童画,这样的幼稚园,令人很难说是中国的儿童教育。

由于照抄外国,带来了一系列的弊病,陶行知在《创办乡村幼稚园宣言书》中,将之概括为外国病、花钱病、富贵病。

第三,幼稚园办成了“幼稚监狱”,不适合儿童身心发展。当时反省幼稚教育,提出的另一个问题,便是儿童几乎没有与环境和社会相接触的机会,批评当时中国的幼稚园,多把孩子关在游戏室里,只是呆板地让孩子在小房间里生活。这无疑是我国传统儿童教育的影响,同时也是学习日本模式把幼稚园办成小学式的结果。陈鹤琴把这样的幼稚园,称“幼稚监狱”。这样的做法,更不符合儿童好玩好动的天性。

对幼稚教育的反思,说明改革不适合国情、不适合儿童身心发展的幼稚教育是十分必要的。

对学前教育事业中国化、科学化的探索持续到解放战争期间。这些尝试并非官方组织的,但其影响往往超过了政府所办事业。

一、北京香山慈幼院分级学前教育机构及师资培训的探索

北京香山慈幼院于1919年正式成立,它的前身是慈幼局,主要收容无家可归及父母无

力扶养的儿童，也收容了香山附近八旗满族贫儿，儿童增至600人。经费由督办水灾的款项开支。园址在香山静宜园，熊希龄任校长。

这是一个规模较大、结构复杂的教育机构。全院分为五部分：第一校是婴儿教保园和幼稚园，前者收从出生至四岁的儿童，后者收五六岁的儿童。第二校是小学。第三校最初是中等教育，后来全校改为幼稚师范，主要是培养幼稚园的教师。第四校是为供小学手工艺训练的各种小作坊和小农场。第五校是职工学校。这是一个慈善机构，又是实实在在进行教育的机构。其教学、设备、管理都十分健全。因收的都是贫儿，学校实行公费。孩子可从教保园升入幼稚园，再升入小学，小学毕业以后，一般以升学为主，女生多半入幼稚师范，男生可考任何中学。考取后，学、杂、宿、膳、服装、书籍费用仍由慈幼院供给。

香山慈幼院对中国学前教育有相当大的影响。抗战爆发后迁到广西，继续坚持办学。他们进行的学前教育探索有以下几个方面：

（一）建立了相互衔接的分级学前教育机构

最低一级是婴儿教保园，专收从出生至四岁的儿童，属托儿所性质。所收儿童多半是免费的孤儿、弃儿、贫儿。收的少量自费生，也多是家庭教养孩子有困难的。为便于养育，教保园的孩子，又细分为一岁以内、一岁半至两岁、两岁至四岁几个不同年龄阶段，进行不同的保育。这里有优良的设备，专门的保姆、老师、医生照顾和教育孩子。高一级的是蒙养园（后称幼稚园），收五六岁的孩子，限定名额70人，其中有一部分是由教保园升入的。有免费的贫儿，也有交费的儿童。此园的规模相当大，有花园、动物园、游戏场，室内外生活用具、玩具等。为教育方便，儿童又分为五岁班和六岁班，每班设专门教师。教育的内容和方法吸取了欧美的经验，在生活管理、卫生保健方面，都有严格的章法。孩子从此园毕业，升入小学。所有的学生，全部住校。

（二）多种途径培养保教人员

香山慈幼院十分重视学前保教人员的训练。婴儿教保园和幼稚师范是其特设机构。

图4-8　蒙养园（幼稚园）大门

1. 婴儿教保园中的师资培训

教保园是收容四岁以下学前儿童的教育机构，更重要的它还是训练保姆的场所。训练的办法是边干边学，边学边教。教保园所训练的保姆，多是一些寡居、被丈夫遗弃、离婚或大龄未婚女子。她们都是一些生活、工作无出路者。在教保园学习一年，学习期间直接照顾孩子。尤其是要细心照顾一两岁孩子的吃、睡、游戏、身体健康等。为了方便她们的学习、实践，教保园孩子数目控制在30人。一岁以内的孩子，每人住一个房间，由一个保姆专门照顾。教保园的保姆学习期间直接照顾孩子，白天工作，晚上上课，学习儿童卫生、儿童保育等知识。学习期满，可做托儿所的保育员，在上海、济南、青岛等地都曾有托儿所请过慈幼院训练的这些保育员。另一条出路就是到有钱人家做家庭保姆。他们有育儿知识，是受欢迎的高级“女佣”。

2. 幼稚师范学校

慈幼院设幼稚师范学校，专为训练培养幼稚园教师。1930年在香山慈幼院开办，称北平幼稚师范学校。1931 年迁至北京城内，由著名的幼儿教育专家张雪门主持，进行了不少有益的实验。

该校拥护中华教育改进社的办学方针。要适合本国国情及生活的需要，要为平民造就忠实的师资，要养成学生在平民中生活的兴趣和习惯，学制三年。课程有国文、英文、人生哲学、党义、家政学、教育史、心理学、教育学、儿童学、教育心理、儿童卫生、幼稚园教育概论、幼稚园组织法、幼稚园课程编制、幼稚园与小学低年级课程、小学教材研究、幼儿保育法、儿童文学、儿童游戏、手工、音乐、自然研究、社会研究、实习、自由工作等。课程设置相当完备，超出了一般幼师。尤其实习一项，三年中每年都有安排，并且实习是多方面的。

幼师除重视学生的教育实习外，还安排了很多实践活动，如家政学习、自然实习、儿童文学实习、游戏实习等。对学生考核也是从知识、技能、兴趣、习惯、态度等五方面进行。

幼稚师范学校与整个香山慈幼院一样，强调为平民服务。从 1931 年起，幼师利用一般幼稚园下午没课、教室设备闲置的便利条件，先与求知学校合办平民幼稚园一所，后来在艺文幼稚园、颂琴幼稚园相继开办平民幼稚园，1932 年在幼师本校也添设了一所平民幼稚园，儿童达 100 多人。这些平民幼稚园的师资，全部由幼师二年级学生担任。这也成为幼师学生参加教育实践的一个重要方面。

在张雪门领导下，北平幼稚师范师生，在学前教育与幼师教育实践的基础上，编辑了很多专业书。张雪门亲自为幼稚师范编写了整套教科书。幼师还仿制了幼稚园的教具，如试制了独轮车、娃娃床、小木兔、小木狗、小积木和各种放大的恩物等。

香山慈幼院附设的北平幼稚师范学校，培养了很多幼稚园的师资，成为幼教战线上很重要的力量。抗战后幼师搬至桂林。在广西坚持办学六年，被迫迁校三次，前后招生六次，培养了大量学前教育师资。抗战胜利后学校结束。

北京香山慈幼院是北方影响最大的一所学前教育机构。

图 4-9　香山慈幼院桂林分院中心幼稚园师生（1944 年）

二、南京鼓楼幼稚园的全面试验

陈鹤琴是五四运动以后，中国学前教育研究和试验的典型代表，1923 年春，在自己家中办起了南京鼓楼幼稚园。后来成为东南大学教育科的幼儿教育试验园地。

1925 年，东大教育科派毕业生张宗麟等为研究员，与陈鹤琴一起进行研究活动，办园宗旨规定：在于要试验中国化的幼稚教育，利用幼稚园辅助家庭，要根据儿童心理、教育原理和社会现状，以试验所得最优良最经济之方法，供全国教育界参考。经过实验、研究，至1927年，他们已总结出十余条办幼稚教育的主张：幼稚园要适应国情；凡儿童能学的而又应当学的，我们都应当教他们；幼稚园的课程应以了解周围的自然和社会为中心；幼稚园课程既要预定又要机动；幼稚园必须养成儿童良好的习惯；幼稚园的活动应多利用户外生活；幼稚园的教师应是儿童的朋友等。

这些经验曾以《我们的主张》为题，发表在1927年《幼稚教育》月刊第一、二两期上，供全国参考。

鼓楼幼稚园的实验活动是多方面的，包括课程实验、行为习惯的培养、技能训练、幼稚生生活历的安排等。

（一）幼稚园课程试验

课程试验是南京鼓楼幼稚园试验活动的重要内容。如何编制幼稚园课程？应该设哪些科目？采用什么样的教材、教法？这些都是必须要解决的问题。

1. 幼稚园课程的编制方法

鼓楼幼稚园编制课程的试验开始于1925年，经过三年的探索，他们总结出用“中心制”编制课程的办法。

“中心制”这种编制课程的方法，似设计教学法，但又较设计教学法灵活，范围也较宽。这种办法联系实际，利用某时期的节期，如中秋、国庆、元旦等，或利用自然界可应时的东西，如红叶、菊花、雪、雨等，还可利用社会性的事件，如国耻日、黄花岗烈士纪念日等，以这些为中心制定课程。每星期或两星期选择几项为中心，围绕这些中心进行多种作业。这种“中心制”编制课程的办法，经试验是成功的，在南京鼓楼幼稚园延续下来，并依此制定了全年的幼稚园课程大纲。如表4-2，原表下注“本表系根据江浙两省情形所拟的，表中有（?）的系当时发现得最多的事情。”

表4-2　中国中部的课程大纲①

月份	活动							
	节期	气候	动物	植物（花草）	农事	儿童玩耍	风俗	儿童卫生
一	元旦	冰雪、西北风	金鱼、鸽子	芽、腊梅	葱、韭、胡萝卜等	新年锣鼓	新年礼物	冻疮、伤风
二	立春、旧历新年	冰雪融化、东风	猫、鼠、狗	水仙、葱、大蒜	菜、麦地除草	迎灯、放爆竹	迎春	伤食、曝日之害
三	中山先生逝世纪念、黄花岗烈士纪念、百花节（阴历二月十二日）	植树节、春节	燕子、蜜蜂	梅花、嫩叶、兰	孵小鸡	放纸鹞	赛会	喉症
四	清明节	春雨	蝴蝶、蚕	桃花、笋、桑、豆花	种瓜、做豆腐	斗草	扫墓	牛痘

① 陈鹤琴：《陈鹤琴教育文集》下卷，北京出版社，1985年版，第52—53页。

续表

月份	活动							
	节期	气候	动物	植物(花草)	农事	儿童玩耍	风俗	儿童卫生
五	国耻、岳飞诞辰	换季	蚌、黄莺	蔷薇、野生植物	收麦、布谷、养蚕	草地跳跃、翻筋斗	竞渡	灭蚊蝇
六	立夏端午	黄梅雨	萤火虫、牵牛虫	石榴、牡丹	插秧、除草(耘)	寻贝壳	送礼(?)	洗澡
七	暑伏	雷雨、虹、大热	蝉、蚱蜢	荷花、牵牛花	收瓜	寻藏(寻瓜游戏)	丧葬(?)	受暑
八	立秋、林则徐禁烟	流星、凉风、露	蟋蟀、纺织娘	茑萝松、凤仙、鸡冠	种荞麦、收稻	车子	乞巧	受凉、疟疾
九	中秋、孔子诞辰	明月、大潮、秋风	蜗牛、蚌	菱、桂花	收山芋、玉蜀黍、棉花	滚铁环、旅行	赏月、观潮	痢疾
十	国庆、重阳节	换季	蟹、虾	菊花	种豆、麦、拔萝卜等	旅行、踢毽、赛果子	登高	眼疾
十一	孙中山先生诞辰	露、霜	皮虫、鹰、鸭	红叶、野果	耕田、收白菜、做各种腌腊货	赛果子、跳绳	做寿(?)结婚(?)	感冒
十二	蔡锷恢复中华共和、大除夕	西北风、冬至	羊、牛、麻雀	月季、干草	修理农具、修茅屋	踢球、拍球	腊八	龟裂、冻疮

“中心制”编制课程的办法是陈鹤琴、张宗麟等在南京鼓楼幼稚园、燕子矶幼稚园、晓庄幼稚园等经反复试验,最后总结出来的可行的方案。

2. 科目的试验

南京鼓楼幼稚园课程的编制和设科的试验是同步进行的。该园设置的课程有:谈话、音乐、故事和儿歌、游戏、社会和自然、工作(手工、图画等)、静息、进点心、读法、数法。他们重点试验的科目主要有故事、图画、读法、数法等。

(1) 故事研究。鼓楼幼稚园对儿童爱听故事的特点、给儿童讲故事的价值、怎样给幼儿讲故事、幼儿爱听什么故事、讲故事的语言要求等,一一做了研究和总结。

(2) 图画研究。他们对图画课有什么价值、怎样引起画画的动机、画画要怎样教、用什么方法辅助小孩子学习图画、幼稚园的图画应达到怎样的程度、应该选择什么材料教儿童画,都做了试验,总结出了很有价值的经验。

(3) 读法研究。对于当时“幼稚园应否有读法”的争论,他们认为,无论从理论根据还是试验的结果上看,都证明“幼稚园里可以有读法”。理由是:①读法和语言差不了多少,只不过增加了一个视觉作用,孩子学起来并不难。②“字”不是一件神秘的东西,可以当作图画看待。③读法可以作为游戏的一种方式。儿童都喜欢游戏,可以用游戏的方法教。④不要让儿童去强记符号。

他们的试验还指出,幼稚园的读法绝不同于小学的国语科。幼稚园读法只限于“读”,还谈不到写字,更不是要作文,而“读”也只是朗读,不可能默读。

图 4-10　左为自由画,右为写生画

(4) 数法研究。南京鼓楼幼稚园主张设数法教学。他们认为儿童在实际生活中,有数的经验,应教他们,可以正式教、随机教,也可用游戏的方法教。数法如教得得当,很能增加儿童数的观念。

(二) 培养儿童行为习惯

对幼稚生必须要培养良好的行为习惯。人的品性、人格都要在这一时期养成良好的倾向,才能奠定一生的最根本的基础。幼稚教师的特殊责任,不重在注入知识,而重在培养优良品德和行为习惯,矫正不良习惯。在鼓楼幼稚园内,进行了幼儿各种行为习惯的训练,包括:卫生习惯 32 项;做人的习惯之个人 29 项;做人的习惯之社会性 32 项。

关于培养良好习惯的方法,也进行了细致的摸索,有时搞全体训练,有时用个别指导。若遇到偶发事项,让教师随机应用。强调多用奖励,少用抑制,使儿童在受到暗示时,知道改正。

(三) 技能训练

幼稚生在幼稚园学习的过程,也可以说是练习技能的过程。按照不同的年龄,儿童所具有的技能数量和熟练程度不同。根据儿童身体和心理的发展,他能够练习多少技能,就该给他相应的练习机会。练习哪些技能?鼓楼幼稚园通过试验,将其概括为生活的技能、游戏运动的技能、表达思想的技能几个方面。

(四) 幼稚生生活历的安排

为了使培养儿童的工作有计划有步骤地进行,鼓楼幼稚园还分别总结了入园儿童一天、一个星期、一个月、一个学期的活动内容和程序。这里仅举每星期的教程为例:

① 全体详细检查整洁三次(每月亦须检查);

② 全体出游一次(须有目的,并距离较近的);

③ 表演;

④ 做点心及烹饪;

⑤ 习惯和技能的考查;

⑥ 更换教室里的布置或装饰等;

⑦ 纪念周;

⑧ 晨间健康检查(每日检、极简单);

⑨ 矫正儿童身体健康的缺点(沙眼点眼药或其他);

⑩ 轮流到各家去探望。

(五)幼稚园设备的研究与制作

幼稚园必须有相当的设备,其中玩具也是设备的重要部分。他们从理论和实践上试验和研究了幼稚园为什么要有设备、怎样置办设备、怎样运用设备,总结出比较完备的幼稚园设备和设备最低要求。

如读法教具缀法盘,数法教具陀螺珠盘,大积木、小积木、小推车、沙土车、室内沙箱、响鸭、双兔赛跑等,深受儿童欢迎。(详见《陈鹤琴全集》第二卷《幼稚园的设备》)。

南京鼓楼幼稚园试验活动的经验使幼稚园教育的程序趋于科学化、规范化。鼓楼幼稚园的试验是全面的,他们总结的经验具有民族性和科学性的特点,在试验的基础上有不少理论上的建树。尤其值得注意的是,他们的试验不是孤立的,往往与其他幼稚园沟通共进。

鼓楼幼稚园试验活动持续到 1937 年 12 月 13 日。日寇占领南京后,将幼稚园洗劫一空。日本投降后,幼稚园重新恢复。新中国成立后,由人民政府接收,即现在的南京市鼓楼幼儿园,至今仍是一所具有示范意义的幼儿园。

三、乡村和工厂区幼儿教育机构的探索

20 世纪二、三十年代我国掀起了一个不小的平民教育运动和乡村教育运动。创办乡村幼稚园和城市平民幼稚园便是这种教育活动中的一个重要方面。在陶行知、陈鹤琴、张雪门等的领导下,一直持续到抗战胜利以后。主要参加人还有:张宗麟、徐世壁、王荆璞、戴自俺、孙铭勋、张文郁、李名英等。

(一)创办中国第一个乡村幼儿园——南京燕子矶幼稚园

在当时的中国,创办乡村幼儿园是一件崭新的事业,并不为社会所理解。陶行知克服种种困难,筹经费、找园址、借设备、寻人才,至 1927 年 10 月,张宗麟、徐世壁下乡,11 月 11 日,这所中国第一个乡村幼稚园诞生。最初只借用燕子矶小学一间房子,用板壁隔成一大间一小间。大间作工作室,小间作储藏室。又得到陈鹤琴的支持,从南京鼓楼幼稚园请来三位艺友(边干边学的幼儿园老师),收了 30 名农民儿童,便开园了。1928 年春,新园屋落成,全屋长方,分一大间,一中间,两小间。门前一片绿草地,装了一架极质朴的秋千和滑梯。大门两边,挂了陶行知为幼儿园亲笔书写的门匾:

谁说非学校,就算非学校;

彼且为婴儿,与之为婴儿。

孩子增加到 40 名,有四位艺友任教,开始了乡村学前教育的实验活动。

① 草订生活纲要,即分年、月、周、日为幼儿制订活动计划,又名“幼稚生生活历”,分节期、气候、动物、植物、农事、儿童玩耍、风俗、儿童卫生等八项。每日、周、月都有不同的重点,要根据儿童提出来的感兴趣的问题或当天生活环境的刺激确定中心内容。

② 在农村的环境里,寻找可以利用的自然物作为办园的材料。如可用番薯、蚕豆、大豆、红豆、面粉、玉蜀黍、萝卜、芋头、藕、菜头做成香甜的自制的点心;利用麦秆、豆秆、荷叶、花片、果核栗壳、旧报纸、鸡毛等废料作为手工材料,制成各种玩具;溪河、石子、松果、野菊花、小雀子、河蚌、蝴蝶、蜜蜂等都是很好的自然教材。

图 4-11　燕子矶中心幼稚园

③ 在教学和管理上，要适应农村特点。这些孩子来自农家，他们生长在农村的大自然环境里，无法把他们捆在屋里。所以对他们的保教活动是户外生活多，室内生活少。幼稚园没有严格的年龄限制，除办幼稚教育外，还要看护极小的孩子。这些农村入园的幼稚生，往往是一只手牵着初学走路的小弟妹，一只手拉着自己没有扣好的衣服，一步一跳地进园来。燕子矶幼稚园还得将这些小孩也一齐照管，帮助幼稚生看护他们。

在教学内容上，也要适应乡间孩子的特点，注意读法教学。因为这些劳苦家儿童，到了七八岁就要废学了，要在家里带小弟妹、放牛、烧锅、砍柴，不但读不完小学教育，甚至一年、二年的小学也不能读。燕子矶幼稚园就特别注意教小孩识字，以使这些无机会上学的孩子多些益处。

在行为习惯上，燕子矶幼稚园特别注意卫生习惯的培养，因为那时农村生活水平低下，乡村孩子是无什么卫生可言的。针对这种情况，由幼稚园替每个儿童准备一条毛巾，又有一面大镜子，叫儿童自行检查清洁。孩子必须遵守规定，如吃点心时要洗手。

④ 在幼儿师资训练上，进行了艺友制的试验。就是在做上学，在做上教，用朋友之道，在幼教实际工作中培训幼教师资。这是用穷办法来解决乡村幼儿教师师资的最简单易行的途径。用这个办法，在燕子矶、晓庄、南京鼓楼等幼稚园，由陈鹤琴、张宗麟、徐世壁、王荆璞等指导，训练成一部分乡村幼教师资。

燕子矶幼稚园摸索着在农村为贫苦农民子弟办学前教育的途径。1930 年，晓庄事变（陶行知领导的晓庄学校，因参加反帝运动和工人运动等进步活动，被当局查封）后，燕子矶幼稚园也被追究，无法继续维持而结束。中国第一个乡村幼稚园被扼杀了。

（二）创办劳工幼儿团

陶行知领导开辟的另外一块幼儿教育新大陆便是开办了劳工幼儿团。他把注意力集中到女工劳动力的解放和其子女的教养问题上。

1934 年，在他领导下成立了上海劳工幼儿团。这个幼儿团一律收女工的孩子，一切因陋就简。幼儿的被褥由幼儿团老师亲自动手制作。枕头，不花钱买，是用报纸叠折起来，再绑一绑，垫在褥子的下面。小桌凳也请人帮忙做，玩具也尽量节俭，准备了滑梯、跷板、木马、积木、皮球，还有儿童画报、图画故事、《好朋友》《新朋友》等儿童书刊。为穷人办幼教事业，在托儿所里照顾这种穷人的孩子过夜还是史无前例的。幼儿团主持人是孙铭勋，由他和戴自俺主持实验。陶行知、张宗麟支持指导。劳工幼儿团虽然收教的孩子并不多，但却代表了学前教育事业发展的方向。

（三）大场农村托儿所

这是为农民办的学前教育机构。在陈鹤琴的主持帮助下，于 1947 年开办。这一年，国立幼稚师范专科学生，要下乡实验乡村幼稚教育，得到陈鹤琴的支持和上海儿童福利促进会的赞助。他们选择上海近邻大场作为基地。大场农村托儿所成立了董事会，董事长是陈鹤琴。托儿所的主持人是李名英、诸葛梅。董事有袁昂、张文郁、杨明远等。此农村托儿所共设两所，第一所在孟巷巷南，第二所在杜桥头。每所有教师 2 人，保姆 1 人。

图 4-12　大场农忙托儿所

大场农村托儿所设所的意义有四点：(1) 表明乡村幼稚教育及托儿事业的实验与推广；(2) 协助农村妇女改良家庭教育；(3) 减轻农民负担，增加农业生产；(4) 普及农民教育，提高农村文化。该所对儿童的教导原则是：儿童本位；做中教学；利用环境；创造环境。还为儿童制定了日常生活作息表，依次是：来所、早会及清洁检查、工作、营养、户外活动、静息、唱歌游戏、回家、午休、用开水、符号知识、表情动作、户外活动、休息、晚会、回家等。

（四）北平平民幼稚园

幼儿教育家张雪门主持的北平香山慈幼院幼稚师范学校的学生，利用当时北平部分半日制幼稚园的设备、校舍等，创办好儿所平民幼稚园，起到师范生实习和给平民幼儿受一定教育的双重作用。到抗日战争时期，张雪门将幼稚师范学校先后迁到广西桂林和三江丹洲镇，他与戴自俺等人，在丹洲、板江等乡村，又办了一些乡村幼儿园，继续从事乡村幼儿教育的实验。他们在探索如何为工厂、农村办学前教育上都作出了贡献。

此外，还有一些平民或农村幼稚园，如北京郊区清河有个农忙看孩子团，是燕京大学社会系在该镇设的农村社会试验区，目的是替农村劳动者看管小孩。

民国时期，学前教育改革实验活动还有很多，如浙江大学教育系现代心理学家、儿童教育家黄翼主持的培育院的实验，留学美国加利福尼亚大学获学前硕士学位回国的陆秀女士领导的四川省立实验幼稚园的实验等。很多实验点还互相联络，多有合作，组织幼稚教育研究会，建立中华儿童教育社，出版《儿童教育》月刊等，我国学前教育呈现出从未有过的活跃形势，把中国学前教育推向了一个新阶段。

四、实验活动的核心

张雪门曾指出这个时期的我国幼儿教育“逐步走上创造途径”，是“根据本国社会的需要”改造儿童的生活。这位幼儿教育专家概括得很深刻。总观 20 世纪二三十年代学前教育的改革实验活动，其创造性集中反映在他们所有的活动核心就是要探索一条中国化、科学化发展学前教育之路，主要内容有三：①如何建立有中国本土特点的正规的、标准的、高水准的幼儿教育机构；②怎样培养高素质的幼稚教育师资，使他们有较高的专业知识和技能，还要有研究探索的精神和献身工农大众的意愿和本领；③如何学习、吸取西方学前教育理论，为我所用。

民国时期学前战线实验改革的核心，至今不失其实践价值。

第四节　学前教育法规的颁行

一、《幼稚园课程标准》的颁行

1928年全国教育会议召开，陈鹤琴等被聘为课程起草委员会委员，在他的主持下，在南京鼓楼幼稚园等多个幼稚园课程试验的基础上，很快拟定出《幼稚园课程暂行标准》，1929年8月得到教育部批准颁发全国，1932年正式的《幼稚园课程标准》公布，1936年又做了一次修正。

这个课程标准反映了中国学前教育向中国化、科学化的方向发展。

《幼稚园课程标准》分幼稚教育总目标、课程范围、教学方法三方面内容。

（一）幼稚教育总目标

总目标强调要给儿童快乐，培养良好习惯。规定：①增进儿童身心的健康。②力谋儿童应有的快乐和幸福。③培养人生基本的优良习惯（包括身体、行为等各方面的习惯）。④协助家庭教养儿童，并谋家庭教育的改造。

（二）课程范围

《幼稚园课程标准》规定，幼稚园的课程有音乐、故事和儿歌、游戏、社会和常识、工作、静息、餐点。在每一门课下面，都详细地规定了授课目标、内容大纲和最低要求。

（三）教育方法

《幼稚园课程标准》中共列保教方法17条，综合分析共有以下五点：①强调照顾儿童的喜好，不必强求一致地活动。教师要进行引导和个别辅导。②吸取设计教学法的精神，主张由学生自由地决定学习目的和内容。规定保教活动用单元活动的形式，打破各科目的界限，把教学分成若干单元，每一个单元以一个问题为中心，所有活动都要围绕这个中心进行。③强调儿童要做户外活动，自然界、家庭、村庄、城市等都是儿童最好的活动场所。④引导儿童，自己能做的事要自己做，园中的事如扫地、擦桌子、拔草、管理玩具等都应充分地由儿童去做。⑤儿童的玩具用品尽量利用废物、天然物和日用品。

《幼稚园课程标准》的颁布，说明当时的幼稚园课程已达到相当完善的程度。

二、《幼稚园规程》《幼稚园设置办法》的颁行

为加强对幼稚园教育的管理，南京国民政府教育部于1929年公布《幼稚园规程》，1943年，教育部将《幼稚园规程》加以修正，改为《幼稚园设置办法》，于年底公布施行，作为设置幼稚园的标准。此办法共32条，包括幼稚园招生对象，办园类别，课程设置与方法，设立报批内容和办法，幼稚园编制，园舍建筑，设备、玩具、教具的要求，幼稚生教育原则、内容、收费

标准，幼稚园的行政管理，教师的配备及对教师的要求，教员的检定、任用、待遇等。

此办法颇为全面而具体。当时正值抗日战争时期，以后又有解放战争，此办法虽然难以全面实施，但希望以此来规范幼稚园的管理，是值得重视的。

三、《师范学校规程》的颁行

1932 年教育部颁布《师范教育法》，1933 年颁布《师范学校规程》，这两个文件，又对附设幼稚师范科作了若干规定，规定师范学校得附设幼稚师范科，修业年限三年或二年，招收初中毕业生。还规定了师范科的教学科目和学生入学、转学、休学、复学、退学等办法。1935 年，教育部颁发二年和三年制幼稚师范科教学计划。

四、幼稚园教员标准的实行

20 世纪 40 年代，国家对各级各类学校的教员制定了检定标准，即具备怎样的条件才能担任教员，都有严格的规定，目的是严格师资水平，提高教育质量。在《国民学校教员检定办法》中，虽提到幼稚园教师，但不具体。

按当时教育部的规定，小学及幼稚教员的检定标准，交由省（市）制定。1946 年，教育部向全国各省推荐福建省对小学校长、教职员和幼稚园主任、教员的任用办法。按此规定，幼稚园教员，必须要有高级中学以上的文化水平，要有教育理论素养，还要有幼稚教育的实践能力。幼稚园主任就更加强调教育的实践经验。这样训练、聘用、检定幼稚教育的管理员、教员，在当时是高水平的，要广泛实行，相当困难。但这却是中国幼稚师资培训向严格化、标准化迈进的重大步骤。

第五节　老解放区的学前教育

老解放区的学前教育，是指 1927 年大革命失败以后，至 1949 年中华人民共和国成立以前，在中国共产党领导下建立起来的农村革命根据地（又称苏区）、抗日民主根据地、解放区的学前教育。在 20 余年的历程中，各解放区遵循着崭新的学前教育方针政策，建立了新的学前教育体制，摸索着一条新民主主义学前教育发展的道路。

一、老解放区学前教育的中心任务和基本方针

（一）把妇女从家庭中解放出来，是老解放区学前教育的中心任务

在中国共产党的领导下，解放区打破了加在妇女身上的四大枷锁，实行男女平权。1922 年，在中国共产党第二次代表大会上，提出了新民主主义的革命纲领，其中明确指出："废除一切束缚女子的法律，女子在政治上、经济上、社会上、教育上一律享受平等权利。"这个男女平权的方针，在老解放区得到充分的体现。

为保护和支持妇女权利的实施，必须把她们从家庭中解放出来，摆脱照顾子女的负担，把孩子组织到社会教育机构中去，成为老解放区学前教育的中心任务。

（二）实行儿童保育是老解放区学前教育的基本方针

老解放区把儿童视为至宝，把孩子看做革命的未来。解放区建立人民政权以后，在经济困难、战火纷飞的年月里，党和政府一贯关怀儿童的成长。在党的文件上规定要保护儿童，

在政府机构中专门建立儿童保育机构。1938 年 3 月，中国战时儿童保育会成立，这是抗日民族统一战线下国共合作的产物。7 月在延安成立了中国战时儿童保育会陕甘宁边区分会。10 月，以延安蓝家坪托儿所为基础，扩建成陕甘宁边区战时儿童保育院，即延安第一保育院，毛泽东为保育院题词："好生保育儿童"。1941 年，晋察冀边区也成立了儿童保育会。

为保证儿童保育工作顺利开展，各级政府还把"实行儿童保育"列为中心工作。1945 年，边区保育工作方针中指出，边区保育工作是按两个基本方针进行的。第一，建立公育制度，凡抗战将士及一切机关工作人员子弟，一概都由政府抚育，以便家长们能专心致力于抗战建国的事业，更加提高他们的工作热忱和效率；第二，全面推行保育工作，使这个工作真正能广泛地深入到民间去，为边区的儿童谋福利。

老解放区实行了儿童保育的方针，各地的保育院、托儿所发展很快。以陕甘宁边区为例，据统计，至 1945 年，有托幼组织 90 多个，集中在保育院、托儿所、幼稚园中受公育的儿童有 1 180 余名，分散在各个机关托儿所的儿童有 930 名。享受公育的孩子，从出生至学龄期，他们的衣、食、住、学等，均由政府供给。康有为、蔡元培、恽代英等儿童公育的理想，在老解放区见了端倪。由于战争环境和经济不发达，公育的水准和范围有限，但这却是中国学前教育史上的创举，也是老解放区特定的政治经济状况和战争环境的产物。

二、老解放区托幼机构的主要形式

为适应当时战争的环境和政治经济特点，老解放区创造了托幼机构多种多样的组织形式，主要有下列几种：

（一）寄宿制的保育院、托儿所

一般设在比较安全的后方，由边区政府主办，条件、设备较好，制度也比较完备。这种形式的幼教机构，主要招收前方战士和烈士的子女及后方干部的子女。如陕甘宁边区有第一保育院、第二保育院、洛杉矶托儿所、延安机关托儿所等。

类似这种幼教机构，在各个解放区都有建立，如冀鲁豫保育院、长治的太行行署托儿所、邯郸的边区托儿所等。

在这种托儿所、保育院内的儿童，一切费用均由国家负担。

图 4-13　延安第二保育院

（二）单位所属托儿所

这是由某一机关、工厂、学校、部队等单位自办的托幼机构。一般设在本单位，仅收本单位子女入托，孩子白天入托，晚上接回家，规模较前者小。当时的中央党校、中央组织部、延安鲁迅艺术学院、中国女子大学，还有被服厂、银行等，都办了这种托儿所。

这种托幼机构也有民办公助的，如党校三部托儿所。

（三）变工托儿所、哺乳室

这是根据劳动妇女的需要，母亲们自己组织起来，轮流值班或请老大娘照看幼儿的一种幼教形式。家属队托儿所及各地农忙时临时成立的托儿所、幼儿班等，均属这类。这种机构，早在江西苏区就很普遍，在农村很多。1934 年兴国县建立的 227 个托儿所，就是在春耕农忙时建立起来的，使几百个劳动妇女能参加春耕生产。

有些机关也设这种性质的托儿所，如晋绥机关托儿所。

（四）游击式的托幼机构

这种形式，一般在局势不稳、敌情变化大的地区多见。它的特点是：当局势稳定时，孩子便集中由托儿所或幼稚园培养；敌人扫荡时，托儿所化整为零，保教人员与孩子分散在老百姓家中，由群众掩护。这种形式在晋、冀、鲁、豫根据地最多。这些孩子在百姓家中，要交保育费和伙食费。在战争环境下，这类机构管理起来很困难，也有相当的危险性。

（五）小学附设的幼稚班

为不满入学年龄儿童办的，一般属于半年至一年的学前教育。因为哥哥姐姐上学，就将他们带着上学校设的幼稚班，然后正式入小学一年级。陕甘宁边区绥德、米脂两地的小学就设有类似的幼稚班。这种幼稚班，在教学和管理上都和小学不同，必须考虑这些五六岁孩子的特点。

上述老解放区这些幼儿教育机构，有完全公办的，有民办的，有民办公助的；有寄宿的，有日间的，也有季节性质的。可以看出老解放区学前教育机构的形式，因地制宜，因时制宜，灵活多样。这些幼教机构解放了成千上万的妇女干部和劳动妇女，使他们能够参加革命工作、生产或学习，使孩子们得到更好的养护和教育。

三、老解放区学前儿童保教内容和方法

在老解放区的特定环境下，学前教育内容、原则、方法上难有统一的要求和严格的规定。但随着经验的不断积累，特别是在一些公办的比较正规的托儿所、保育院，也曾建立起相当规范化的保教内容和教育程序。

图 4-14　延安中央托儿所

（一）保教儿童的目标

土地革命时期，《托儿所组织条例》中指出，组织托儿所，就要使小孩子能够得到更好的教育与照顾，在集体的生活中养成共产儿童的生活习惯。抗日战争时期，幼儿教育的目的更加明确，如第一保育院提出教育的目的是要在各种课业陶冶中，增进孩子的身心健康和快乐，培养其优良的习惯和行动，使他们成为抗战建国中优良的小国民。到解放战争时期，该保育院提出，培养幼儿的总方针是锻炼儿童革命的观点与作风，培养儿童活泼愉快的心情，健康坚实的体格，陶冶勇敢老实的个性，增进儿童智力训练，手脑并用，使他们成为未来新中

国健全的主人公。

（二）婴幼儿保健

因为战争的条件，老解放区幼教机构所收教的孩子，家长大部分是干部、军人，甚至烈士，托儿所和幼稚园不仅是对儿童进行社会教育的机构，而且还要代替全部家庭保育的责任。当时曾提出“保育为主，教育为辅”的方针。保证孩子健康，这是学前教育的前提。

1. 保证必要的营养

老解放区在物质供应十分紧张的情况下，提出“一切为了孩子”“孩子第一”的口号。孩子们的待遇高于一般工作人员和战士，他们享用和伤病员一样的供应量，保证儿童吃饱、吃好、吃得有营养。以陕甘宁边区为例，“孩子第一”是边区供给的重要方针。保育院和托儿所里的孩子们，营养标准是最高的。据 1944 年 8 月 13 日《新华日报》报道，保育院一个孩子每月的伙食标准是鸡一只、大蒜四斤、油一斤半、鸡蛋 30 个（鸡蛋多时还超过 30 个）、菜 30 斤，还有水果，如梨、苹果、桃子、西瓜、枣子等。为了科学地有计划地保证孩子营养和调节饮食，他们根据孩子不同情况，制定每星期的食谱。第一保育院就是按幼稚班、婴儿班、乳儿班及慢性消化不良孩子等四种情况，制定出四种不同的饭谱。

1946 年，蒋介石、胡宗南部队进犯解放区时，延安保育院、托儿所带领孩子们转移。在敌机轰炸之中，保教人员连自己的行李都扔了，还要给孩子们背鸡蛋；没有水果，吃萝卜；没有牛奶，自磨豆浆，保证了孩子们所必需的蛋白质和维生素。

2. 严格生活管理制度

有秩序的生活是儿童健康的保证。生活制度主要包括按时起床、睡眠，保证得到充分的休息。定时吃饭、喝水，免去肠胃病的发生。勤洗澡勤换衣，保证身体清洁。定时学习、游戏与活动，避免过分疲劳。大小便有规律，养成每天大便一次的习惯。只要长期严格坚持，便能促进儿童健康。老解放区保教机构，都制定了儿童生活时间表，时间表可根据孩子的不同年龄阶段和不同季节而更改，季节不同作息时间可稍有变动。

除严格的生活制度以外，平日对孩子卫生习惯的训练，也要配合进行。训练的方法可多样，如可以把卫生训练的内容编入唱歌和游戏，教孩子唱：“好宝宝，常洗澡，衣服清洁，身体好”。还可以用看图识字、看图画等，有的托儿所还编了卫生话剧“蚊子苍蝇”“好儿童洗脸剪指甲”等。冀中保育院编了一首“好孩子”的歌，就是为了配合对孩子进行卫生习惯教育的。

3. 疾病的防治

老解放区一般地处边远地区，卫生条件很差，又极缺医少药，儿童发病率、死亡率很高。因此，在老解放区的托幼工作中，疾病的防治是一项十分艰巨的工作。

在防病治病上，采取预防为主、治疗与护理结合的方针。在生活艰苦、医药缺乏的情况下，采取早发现、早隔离、早恢复的措施，战胜了种种疾病，保护了儿童健康。如洛杉矶托儿所，防病的主要做法有：

（1）按时体格检查。凡新入所儿童，必须经过体格检查，入所后，每三个月全身检查一次。每日有晨间卫生检查，由保育员进行。身体局部检查每月一次。

（2）检疫。对新收入所儿童，即使当时无病，也要经过两个星期的隔离，没有发现问题，才可与其他儿童共同活动。儿童接回家重返托儿所后，也要按新儿童入所办理，重新隔离。

（3）平日注意消毒。因处在被封锁地区，一般难以找到预防传染病的疫苗，防病主要靠平日的消毒。托儿所制定了严格的消毒制度。如,规定所内工作人员外出回所后,先要洗脸、漱口、洗手,必要时还要换衣服,然后才可接近儿童。要求工作人员少去集市和其他公共场所。家长来看望儿童,也要在指定的地方洗手、漱口、戴口罩、穿上隔离衣。

(4) 隔离。儿童生病期间必须隔离,最少 3 天,也有多至 14 天的。当外面传染病大流行时,或者本所发生有传染病时,要绝对对外隔离。除必要的办公人员或采买人员外,其他人员不外出。新儿童不接收,旧儿童不接出,一旦有儿童传染上疾病,便将儿童分成病者、可疑者、健康者三种情况分别看护。

(5) 防疫注射。这对儿童是非常重要的。但老解放区医药缺乏,各种疫苗很难得到,即使来了,但日期已晚。对儿童防病,主要靠日常细致艰苦的工作。1943 年冬,延安第一保育院半数以上的孩子患了百日咳,靠保育员精心护理,无一病儿死亡。1947 年洛杉矶托儿所在敌人炮火下撤离延安转移途中发现一个儿童疑似得了白喉,托儿所对病儿严格隔离消毒,其他儿童分散带管,避免了一次传染病的漫延。老解放区托幼机构防病治病的工作,主要靠保教人员、医生艰苦细致的工作,保证了孩子们的健康成长。

4. 身体锻炼

适当的身体锻炼是增强儿童体质、预防疾病的根本途径。因条件限制,老解放区锻炼器械不多,故更加强调利用大自然环境增强儿童体质。锻炼形式很多,有各种户外活动,户外上课,到山坡或河边、沙滩游戏玩耍,日光浴,洗河水澡等,有的还锻炼用冷水擦身,增强孩子抵抗寒冷的能力。

图 4-15 小朋友在山西襄垣县南里信村自己带操

(三) 婴幼儿教育

老解放区对入托儿童实行保教合一,以保为主的方针。同时,保证孩子们受到良好的教育,身心得到全面发展。

1. 培养良好习惯,训练基本技能

1944 年 7 月 30 日,《新华日报》就曾详细介绍延安第一保育院怎样进行儿童教育。根据他们的总结,在养成儿童良好习惯方面,主要内容有:①不良习惯的改正;②秩序的训练;③礼貌的训练;④独立生活能力的训练;⑤养成自己管理自己的生活能力;⑥对老百姓关系知识的训练;⑦对抗日救国一般常识的训练。每一项下都包括若干具体要求。

2. 发展智力,确定课程

老解放区学前教育,最初强调保重于教,随着环境的变化和工作经验的积累,教育内容逐渐丰富,并逐渐形成一套较为稳定的课程。虽然当时难以由教育行政部门做统一的规定,但有的保育院、托儿所确实进行了课程方面的认真探索,他们的经验多通过会议和报刊得到推广。延安第一保育院在 1939 年以前,采用的是不设课程的兴趣教育,教员和孩子一起玩,发现什么就谈什么,孩子想出什么,教员就讲什么。教育与训练无计划,无系统。1940 年以后,改变了这种状况,确定了课程。内容有常识、唱歌、游戏、讲故事、工作、画画、看画报、玩玩具、数数、识字、自由发表。每节课时间少则 10 分钟,多则 25 分钟。洛杉矶托儿所将整个儿童教育分为幼稚教育、生活教育、卫生教育三大类。按年龄大小把孩子分为四班,有幼稚大班(5~6 岁)、幼稚二班(4~5 岁)、幼儿大班(3~4 岁)、幼儿二班(2~3 岁),按照这四种不同年龄段安排课程。如幼稚大班的课程项目有看图识字、数数、图画、劳作、游戏、跳舞、故事、体操、自由活动、选举模范、卫生检查、洗澡等。最小的幼儿二班，除唱歌、游戏外，还要教他们识别周围的或有关的东西，教他们讲话等。

这些教养活动，重在开发儿童的智力，打下一个认知、学习的基础。延安第一保育院要求2~6岁的儿童要逐步做到：

① 识别农作物60种、动物40种、颜色12种、形状12种。

② 会单独表演唱歌，会表达心里的话，会讲简单的故事和指挥唱歌。

③ 能从1数到100，并能心算10以内加减法。

④ 识字50个，并会写自己的名字。

⑤ 对各种常识发生兴趣，并能简单地知道太阳、月亮、雨、雪等自然现象；知道谁是咱们的朋友、谁是敌人，吃的穿的是谁造的等社会常识。

3. 劳动教育及劳动习惯的培养

老解放区主张对儿童进行劳动教育，要组织儿童参加力所能及的劳动。如幼儿园大班的孩子，要自己穿衣、叠被、扫地等。有的幼儿园还给孩子们开辟一块小农场，教他们学习播种、浇水、拔草、收获。1942年延安第一保育院的孩子们种了五棵葫芦、六棵豆子、十八棵西红柿。大一点的孩子春天帮助大人捉菜虫，学着给西红柿打杈，秋天帮助大人拔白菜、拣洋芋、拔萝卜等。

4. 教材编写与教学方法的探索

老解放区学前教材缺乏，来源困难。不但得不到外面的援助，没有现成教材，而且在解放区能找到的参考书也很少，全靠保教人员自力更生，亲自动手，克服文化低、专业知识缺乏等种种困难。如冀中保育院、洛杉矶托儿所、延安第一保育院、陈谢军第四纵队托儿所、延安第二保育院等编写出各种教材，有唱歌、游戏、故事、儿歌、剪贴、观察等教材。第一保育院根据孩子们自发的各种活动、儿童的自然环境和社会环境，编出了24个中心活动，即单元教材。1946年上半年，儿童常识教育曾进行过这样一些中心单元教学：新年、春来了、敬爱师长、手的用处、羊、儿童节、苍蝇和传染病、蜂和蚁、蜘蛛、奇怪的天空、飞机来了。这种单元教学，可以加深儿童对某一个问题的印象和记忆。老解放区不少托幼机构运用这个方法，吸取了国统区幼教改革的一些经验，实践证明有的对老区幼儿教育也是适用的。

四、老解放区保教队伍的建设

老解放区有一支“一切为了孩子”的优秀的保教队伍。他们在党的领导下，把学前教育事业办起来了，而且办得很好。在建设这支队伍中，老解放区做了很多工作。

（一）培训保教人员，提高素质

老解放区保教人员，特别是保育员的主要来源是农村妇女，不要说没受过学前教育的专业训练，就是汉字也认不得几个，绝大多数是文盲，因此，加强培训，十分迫切。

对保教人员的培训，主要包括思想教育、文化教育和专业技术教育。

1. 思想教育

主要是使他们了解工作的意义，使他们认识这项工作不是下贱的。为鼓励保育员安心工作，党、政、军领导人经常给保育员作报告。如三八妇女节，邓颖超、蔡畅出席妇女大会，强调保育儿童的重要性。周恩来、朱德、彭德怀、贺龙、林伯渠等都曾亲自过问托儿所、保育院的事，关心保育员的工作、生活和身体，使保育员认识工作的重要意义，提高工作积极性。

2. 文化教育

提高文化水平是老解放区保教队伍建设的一项严重任务，甚至还有扫盲工作也包括在内。首先要使不识字的人识字。他们有计划地提高保教人员文化素质，如读课本，学造句子，写日记，逐步读短篇国文，写短文章。有的还组织正式教学活动，课后也给留一定量的作业。有的保育员还能学认一些英文字母和词汇，以适应认识医药名称的需要。

图 4-16 张炽昌院长（右一）、协理员张元（前排中）和保教科女干部陈剑戈、何皓、姚淑平、柳玖、李丽天合影

3. 专业技术教育

老解放区对保育员的专业技术教育，包括儿童心理、儿童管理、儿童卫生等知识和技能的培训。尽管老解放区条件差，但这方面也有相当程度的要求。洛杉矶托儿所，要求保教人员学习的技术课程包括：儿童一般生活管理的技术、一般的卫生常识、急救法、营养学、护病技术、妇幼卫生。

培训和提高保教人员的方法是多种多样的，有集中培训、短期培训、在职培训。当时并没有设立专门培养幼稚师资的学校。比较正规的要算由卫生部门或保育委员会举办的保育训练班，为期半年至一年。

（二）明确责任，健全制度

老解放区学前教育机构有一套十分严格的管理制度，工作人员职责明确。在保教工作制度中规定，保育员的责任主要是从儿童生活管理上保证儿童的健康，防止疾病，了解儿童健康、生活和智力的发展。幼稚教师的任务主要是从教育中养成儿童生活的良好习惯，开发其心智，采取适当方法教育儿童。医生与护理员的任务是设法为儿童积极防病、治病，经常向保教人员提供防病的方法，关心儿童饮食、卫生等。三方面的人员要互相配合，实行保—教—卫合一的管理制度。一般托儿所、保育院都有严格的干部分工和明确的职责规定。这是他们出色完成保教工作的组织保证。

（三）待遇保证，先进表扬

党、政、军的领导都十分关怀这批儿童工作者们，利用一切机会，告诉人们要尊重保教工作人员，保证他们的政治、经济、生活上的各种待遇。边区政府规定，对保育员生活待遇与对技术人员相同，除每月发给津贴外，在衣物的供给上也较一般干部丰富。老区很重视提高保教人员政治待遇，他们可以听重要政治报告，可以入党校和一般文化机关脱产学习。保教人员受到社会的尊重,优秀的工作者还特别受到表扬,参加模范工作者会议。必要的待遇,使保教人员生活上有保证,精神上受鼓舞,愿为人民的保教事业奉献自己的一切。

老解放区的学前教育,是中国共产党领导下的为革命战争服务、为工农服务的学前教育,是新民主主义教育的重要组成部分,为新中国成立以后的学前教育事业的改造和发展奠定了基础。

本章小结

本章阐述了民国时期国统区和老解放区学前教育发展状况,概述了西方学前教育理论的引入与传播和学前教育思潮。与壬子癸丑学制和壬戌学制的颁布相应,建立了蒙养园制度与幼稚园制度。学前教育有了一定的发展,但却形成"外国病、富贵病、花钱病"的弊端。陶行知、陈鹤琴、张雪门、张宗麟等一大批教育家和教育工作者在20世纪二三十年代开展了学前教育实验改革。本章重点介绍了北平香山慈幼院、南京鼓楼幼稚园、晓庄燕子矶幼稚园的改革实验。他们的改革成果不少体现在当时政府颁发的有关学前教育法规中。本章最后一节概述了老解放区学前教育方针、任务、托幼机构的主要形式,婴幼儿保育和教育的内容方法,以及保教队伍的建设。老解放区积累的丰富的经验,为新中国学前教育的建立和发展奠定了基础。

思考题

一、名词解释

1. 1912年颁布的新教育宗旨
2. 壬子癸丑学制及蒙养园
3. 壬戌学制及幼稚园

二、简答题

1. 简述日本式幼稚园和宗教式幼稚园的基本情况。
2. 简述江西省立实验幼稚师范学校的办学宗旨、培养目标、课程设置。
3. 简述老解放区教育机构婴幼儿保健的主要经验。

三、论述题

1. 试述民国时期引入和传播的西方学前教育思想,并予以评价。
2. 试述民国时期我国学前教育的主要试验活动,并予以评价。
3. 试述评老解放区托幼机构的主要形式。

第五章 著名教育家的学前教育思想与实践

本章学习目标

1. 了解：陶行知生平和主要教育活动；张雪门生平和主要教育活动；陈鹤琴的生平和主要教育活动。

2. 理解：蔡元培教育方针的理论；理解张宗麟关于幼儿园教育意义的论述和对幼稚园弊端的揭示。

3. 掌握：张雪门幼稚园行为课程的理论和关于“有系统组织实习”的主张；蔡元培关于“尚自然”“展个性”的论述；掌握陈鹤琴儿童心理发展与教育的理论；陶行知普及幼儿教育思想和创造的儿童教育理论；掌握张宗麟幼稚园课程社会性的论述。

4. 熟练掌握：蔡元培关于儿童美育教育的意义和实施方法；陈鹤琴家庭教育的理论，幼稚园教育理论和“活教育”理论；陶行知生活教育理论及其与杜威实用主义教育理论的关系。

建议学时：10 小时

民国时期学前教育思想活跃，造就了不少学前教育家，他们的理论建树和改革实践的成果是一份宝贵的学前教育遗产。

第一节　蔡元培的学前教育思想

蔡元培是我国近现代杰出的民主革命家、教育家，他为建立中国资产阶级民主主义教育制度，为发展中国的新教育，作出了巨大的贡献。

一、生平和主要教育活动

蔡元培（1868—1940 年），字鹤卿，号孑民，浙江山阴县人。23 岁中举人，26 岁中进士，28 岁授职翰林院编修。中日甲午战败，民族危亡，他受到很大刺激，决意办教育，培养人才以救国。蔡元培毅然弃官，先后任绍兴中西学堂监督（校长）、上海澄衷学堂代理总理（校长）、上海南洋公学特班教授、爱国女校总理、爱国学社总理、北京译学馆教习等。办学中，他亲自兼课，在学生中公开鼓吹民权，宣传革命思想。他拥护孙中山民主革命路线，相信革命只有两条路，一是暴动，一是暗杀。1905 年同盟会成立，他任上海分部创办员。1907 年，蔡元培已经 41 岁了，到德国留学，研究心理学、美学、哲学等，对于他的世界观和教育思想的形成有很大影响。

1912 年 1 月,南京临时政府成立,蔡元培被任命为教育总长,积极贯彻资产阶级民主主义的主张,对于南京临时政府的教育改革起了决定性的作用。

图 5-1　蔡元培像

1916 年 12 月至 1927 年,蔡元培担任北京大学校长。他对北京大学进行了全面改革,实行了囊括大典、网罗众家、思想自由、学术自由的办学方针。他聘请李大钊、陈独秀、鲁迅到校任教,促使北京大学成为新文化运动的中心。1919 年五四运动期间,他同情和支持学生,以身家作保,到警厅保释学生。

1927 年,国民政府成立,他任大学院院长、研究院院长、国民政府委员等职。1932 年,蔡元培与宋庆龄、鲁迅等组织"中华民权保障同盟",任副主席。1937 年移居香港。1940 年病逝于香港。毛泽东发唁电,称"孑民先生,学界泰斗,人世楷模"。①

二、论教育方针

民国初建,蔡元培就撰写了《对于教育方针之意见》,宣示了他办教育的宗旨。他提出并阐述了民国教育的方针是实施"军国民主义、实利主义、德育主义""世界观、美育主义"五方面的教育,缺一不可。他说:"五者,皆今日之教育所不可偏废者也。"②

(1) 军国民主义教育,即体育,一方面是当时形势,需要举国皆兵之制,必须有这种教育;另一方面又是养成完全人格所需,主张完全人格,首在体育。

(2) 实利主义教育,也就是智育,包括各种普通文化科学知识,有历史、地理、算学、化学、手工、博物等。他认为教育不仅要传授知识和技能,而且要训练学生思维细密,对事物认真的科学态度。

(3) 德育主义教育,即公民道德教育,蔡元培认为德育是完全人格之本,若无德,虽体魄、智力发达,也只能助其为恶。对德育的内容,他说:"法兰西之革命也,所标揭者,曰自由、平等、亲爱。道德之要,尽于是矣。"③

(4) 世界观教育,是"超轶乎政治"的教育,就是要使人的精神能摆脱现世的政治,去追求一个超然的理想境界,他称之为"实体世界",是要教育人们对现存的"现象世界"持一种超脱的态度,表现了他对当时存在的封建传统的否定和对资产阶级"理想王国"的积极向往。只向往,不力争,当然有局限,但这却是他的资产阶级民主主义思想的体现,有反封建的意义。

(5) 美育主义,可以"陶养吾人之感情,使有高尚纯洁之习惯,而使人我之见、利己损人之思念,以渐消沮者也。"④

自然,头脑里的"渴慕""高尚纯洁",达不到改变现实的目的。后来,蔡元培自己也

---

① 《新华日报》,1940 年 3 月 8 日。

② 蔡元培:《对于教育方针之意见》,见《蔡元培教育文选》,人民教育出版社,1980 年版,第 35 页。

③ 蔡元培:《对于教育方针之意见》,见《蔡元培教育文选》,人民教育出版社,1980 年版,第 2 页。

④ 蔡元培:《以美育代宗教》,见《蔡元培教育文选》,人民教育出版社,1980 年版,第 30 页。

很少提“世界观教育”了，强调要养成健全的人格。他说：“所谓健全的人格，内分四育，即：（一）体育、（二）智育、（三）德育、（四）美育。这四育是一样重要，不可放松一项的。”①

他在任大学院院长时，又进一步提出使教育“科学化、劳动化、艺术化”的方针，要求学生养成劳动习惯。

蔡元培的德、智、体、美、劳五育并举的教育方针，否定了中国封建的、半封建半殖民地的旧教育宗旨，是历史的进步，成为民国初年国家颁行教育方针的理论基础和指导思想，培养儿童成为德、智、体、美和谐发展的人才也从此起步。

三、对传统儿童教育的批判和“尚自然”“展个性”的主张

蔡元培把批判传统的儿童教育、发展儿童个性，作为民国教育改造传统教育的起点。他在民国后的第一次全国教育会议开幕词中，一语中的地指出：“民国教育与君主时代之教育，其不同之点何在？君主时代之教育方针，不从受教育者本体上着想，用一个人主义或用一部分人主义，利用一种方法，驱使受教育者迁就他之主义……而其目的，在使受教育者皆富于服从心、保守心，易受政府驾驭。”②

蔡元培指出，这种君主时代的教育，“已不合用”。他认为民国的教育，“须立于国民之地位”，要“立于儿童之地位而体验之，以定教育之方法”。③ 他指出这种新的儿童教育要“深知儿童身心发达之程序，而择种种适当之方法以助之。如农学家之于植物焉，干则灌溉之，弱则支持之，畏寒则置之温室……决不敢挟成见以从事焉。”④

成人不能任意施教，要根据儿童的需求和不同的个性特点去施教，才能有好的效果。他说：“知教者，与其守成法，毋宁尚自然；与其求划一，毋宁展个性。”⑤

蔡元培列举了托尔斯泰的自由学校、杜威的实用主义教育、蒙台梭利的儿童教育等，说明这种新教育的特点。他还指出，要做到尊重儿童个性、选择正确的教育方法，必须进行儿童心理研究与儿童心理实验，教师还必须有充分的知识，才能足以适应这种新的儿童教育。

四、论学前美育

蔡元培对美育有深刻的研究，是美感教育的倡导者和实行家，又有鲁迅等不少进步教育家的提倡和参与，将我国美育推向了新阶段。

（一）论美育与德、智、体各育并重

何谓美育？蔡元培在《美育》一文中指出：“美育者，应用美学之理论于教育，以陶养感情为目的者也。”⑥

蔡元培认为美育是培养健全人格不可缺少的。他任教育总长时，将美育第一次列入国

① 蔡元培：《普通教育和职业教育》，见《蔡元培教育文选》，人民教育出版社，1980年版，第116页。
② 蔡元培：《全国临时教育会议开会词》，见《蔡元培教育文选》，人民教育出版社，1980年版，第10页。
③ 蔡元培：《全国临时教育会议开会词》，见《蔡元培教育文选》，人民教育出版社，1980年版，第10页。
④ 蔡元培：《新教育与旧教育之歧点》，见《蔡元培教育文选》，人民教育出版社，1980年版，第48—49页。
⑤ 蔡元培：《新教育与旧教育之歧点》，见《蔡元培教育文选》，人民教育出版社，1980年版，第49页。
⑥ 蔡元培：《美育》，见《蔡元培教育文选》，人民教育出版社，1980年版，第195页。

家教育方针，将其视为与德、智、体三育并重的部分。他批评忽视美育的现象，“为要特别警醒社会起见，所以把美育特提出来，与体智德并为四育。”①他将美育比作神经系统，起全身传导作用，是绝不可偏废的。

（二）论学前美育的实施

对儿童实施美育教育，蔡元培强调首先要“引起他美的兴趣”，绝不能违背“儿童的天真天籁”。比如教儿童画画，最好叫学生以己意取材，若只让孩子临摹范本，“这亦不可算美”，“学生喜欢的不教，不喜欢的硬叫他去做，要进步，很难说”。②

图 5-2　1933 年 2 月 17 日蔡元培（右二）与宋庆龄、鲁迅、美国作家史沫特莱欢迎英国作家萧伯纳（左二）的合影

蔡元培将美育实施的途径归为三类：家庭美育、学校美育、社会美育。这三方面均是学前儿童美育不可缺少的。

1. 家庭美育或胎教院、育婴院的美育

从一个人受美育的次第说，首先是接受家庭美育，但蔡元培因怀疑家庭教育的功能，主张儿童出生后最好是实行公育，他的理想是以儿童公育代替家庭教育。他说：“我从不信家庭有完美教育的可能性，照我的理想，要从公立的胎教院与育婴院着手。”③

胎教院的美育，蔡元培将之视为对儿童实施美育的起点。他说：“我们要做彻底的教育，就要着眼最早的一步。虽不能溢出范围，推到优生学；但至少也要从胎教起点。”④胎教院要处处包含美育的因素，院址选择、建筑、环境、布置、设施、人员等都要适合孕妇生活和胎儿成长。他说：“总之：各种要孕妇完全在平和活泼的空气里面，才没有不好的影响传到胎儿；这是胎儿的美育。”⑤

2. 幼稚园的美育

蔡元培主张，儿童满三岁入幼稚园。他指出，到幼稚园年龄的儿童：“那时候儿童的美感，不但被动地领受，并且自动地表示了。舞蹈、唱歌、手工，都是美育的专课。就是教他计算、说话，也要从排列上、音调上适合他们的美感，不可用枯燥的算法与语法。”⑥

3. 社会的美育

蔡元培指出，儿童不是常在学校的，在家庭有家庭的美育，在学校有学校中的美育，他们还要受社会美育的影响，诸如美术馆、美术展览、音乐会、剧院、博物馆、动物园、植物园，甚至街道、房舍、店铺的美化等，都包含着丰富的美感教育因素，只要注重观察和引导，对陶冶儿童美的兴趣、美的感觉、美的表达都起着良好的作用。

---

① 蔡元培：《普通教育和职业教育》，见《蔡元培教育文选》，人民教育出版社，1980 年版，第 118 页。
② 蔡元培：《普通教育和职业教育》，见《蔡元培教育文选》，人民教育出版社，1980 年版，第 118 页。
③ 蔡元培：《美育实施的方法》，见《蔡元培教育文选》，人民教育出版社，1980 年版，第 154 页。
④ 蔡元培：《美育实施的方法》，见《蔡元培教育文选》，人民教育出版社，1980 年版，第 154 页。
⑤ 蔡元培：《美育实施的方法》，见《蔡元培教育文选》，人民教育出版社，1980 年版，第 155 页。
⑥ 蔡元培：《美育实施的方法》，见《蔡元培教育文选》，人民教育出版社，1980 年版，第 155 页。

第二节 陶行知的学前教育理论与实践

一、生平和主要教育活动

陶行知(1891—1946 年),原名文濬,后改知行、行知,安徽歙县人。他是卓越的民主主义和共产主义战士,中国现代杰出的人民教育家。1914 年毕业于南京金陵大学,后留学美国,先后获伊利诺大学硕士学位和哥伦比亚大学"都市常务监"文凭。曾任南京高等师范学校教授、教务主任,东南大学教育科和教育系主任,南京安徽公学校长等职。

图 5-3 陶行知像

陶行知怀着"爱满天下"的大爱之心,将毕生献给了人民教育事业和民族民主运动。他为探索开辟中国新教育之路,走过了倡导普及教育、推行国难教育、实施战时教育、提倡民主教育的艰难历程。1927 年创办南京实验乡村师范学校,后改称晓庄学校,它是包括小学师范院、幼稚师范院、晓庄小学 8 所、中心幼稚园 5 所、民办学校 3 所、中心茶园 2 所的一个综合教育园区。陶行知在这里实施生活教育理论,用穷的办法向广大儿童和民众开展普及教育。1939 年,在重庆创办育才学校,吸收由于战争沦为难童的孩子,培养人才幼苗。该校办得蓬勃生机,培养出一大批革命战士和各种专业人才。1946 年,他又在重庆创办社会大学。陶行知提出,"大学之道在明民德,在亲民,在止于人民之幸福"。

陶行知是有名的大众诗人,他的诗歌集多次出版。有的还谱之以曲,广为传唱。其中有很多儿童诗,如《手脑相长歌》:"人生两个宝,双手与大脑。用脑不用手,快要被打倒。用手不用脑,饭也吃不饱。手脑都会用,才算是开天辟地的大好佬。"①

陶行知是坚强的民主战士,他利用一切机会投身反侵略、争民主的斗争。1936 年 4 月到 1938 年 10 月,他受全国各界救国会委托,以国民外交使节的身份,出访欧、美、亚、非共 28 个国家和地区,向华侨和世界人民宣传中国人民的抗日斗争。1945 年抗战胜利后,他立即投入到反内战,争取民主和平的斗争中。他到上海不到三个月工夫,就亲自为学校、工厂、机关、广场讲演 100 多次,为促进国内民主而呼号。1946 年 7 月,李公朴、闻一多先后被暗杀,他已做了牺牲的准备。7 月 25 日,终因劳累过度,患脑出血,与世长辞,年仅 55 岁。周恩来当时在给延安党中央的电报中称:陶行知先生"是一个无保留追随党的党外布尔什维克"。② 毛泽东写下了"痛悼伟大的人民教育家陶行知先生千古"的悼词,宋庆龄为之题词:"万世师表"。

陶行知著作很多,由华中师范学院教育科学研究所辑成《陶行知全集》8 卷,1984—1992 年由湖南教育出版社出版,为最早的陶行知全集版本。

① 陶行知:《手脑相长歌》,华中师范学院教育科学研究所:《陶行知全集》(第 4 卷),湖南教育出版社,1985 年版,第 173 页。

② 周恩来:《对进步朋友应多加关照》,见《周恩来选集》(上卷),人民出版社,1980 年版,第 238 页。

二、生活教育理论

（一）生活教育理论的产生与确立

陶行知创立的生活教育理论，是在批判传统教育、吸收改造美国杜威实用主义教育思想、探索普及大众教育的实践中产生的。他认为当时所谓的新教育，实质上仍是以书本为中心的教育，学生只是读书，教师只是教书，只为少爷、小姐享用，与民众生活无关。

在批判传统教育的基础上，陶行知曾接受并宣传和推行过杜威的教育主张，后在实践中却行不通。他说："我从美国回来用杜威的一套到处碰了壁，到了山穷水尽，不得不另找出路。"①

他决心从中国实际出发，探寻新路，这便是后来确立起来的生活教育理论。

（二）生活教育的主要内容

陶行知将杜威的实用主义教育理论进行了改造，用他的话说是翻了半个筋斗，形成了生活教育理论。主要内容是："生活即教育""社会即学校""教学做合一"。

1. 生活即教育

这是对杜威"教育即生活"改造而来的。二者都有反对传统教育脱离实际的意义，但又不同。陶行知认为，杜威的"教育即生活"，教育这个领域太褊狭了，应把它翻半个筋斗，变成"生活即教育"，以实际生活为教育源泉，教育领域才宽广。他在《生活即教育》一文中，阐述了"生活即教育"包括以下含义：(1)生活是教育的源泉，教育与生俱来，与生同去。(2)是生活就是教育。人过什么生活，便受什么教育。(3)是供给人生需要的教育，不是作假的教育。

2. 社会即学校

这是对杜威的"学校即社会"改造而来的。陶行知认为杜威的"学校即社会，是把社会生活组织到学校中来，使学生在学校里受到"大社会"所需要的"训练"。他认为这种做法，仍然是鸟笼式的教育，就像为了让鸟儿有接触"大自然"的机会，把一两根树枝或捉几只生物，放进囚鸟的笼中。但鸟笼毕竟不是鸟的世界，必须把鸟笼打开，把受教育者放到真正的大自然、大社会中去，叫他们自由翱翔。

3. 教学做合一

这是陶行知的教学理论，是对杜威的"从做中学"的改造。他说："'教学做合一'是以生活为中心——怎样做，就怎样学，怎样学，就怎样教。"②他认为，实际的学问，只有通过"做"，在解决实际问题中才能获得。在晓庄学校时期，他就把学生的学习分为："中心学校教学做""农事教学做""改造社会环境教学做"等。在教学做三者中，他强调"做"是中心，在做上教的是先生，在做上学的是学生。他反复强调"教学做"不是三件事，而是一件事，不能分开，亦不能写成"教、学、做"。

上述充分说明，陶行知的生活教育理论是对杜威实用主义教育理论的吸取与改造，是适合中国当时国情的，是他苦心探索普及大众教育的"穷办法"，因为大众无钱、无闲受学校教育，因为不能叫他们丢掉饭碗受教育，他们只能在生活中受教育，在大社会中，向一切有专长

---

① 戴伯韬：《陶行知的生平及其教育学说》，人民教育出版社，1982年版，第20页。

② 陶行知：《在湘湖师范教学做讨论会上的答问》，见《陶行知全集》（第2卷），湖南教育出版社，1985年版，第161页。

的人学习。农夫、村妇、渔人、樵夫都可以做先生，又都是学生；马路、弄堂、乡村、工厂、店铺、监牢、战场，凡是生活的场所，也都可以是学校。这个理论尤其具有民族性、大众性的特点。他本人在谈生活教育特质时，明确地说："总说一句，生活教育是大众的教育，大众自己办的教育，大众为生活解放而办的教育。"①

三、论普及幼儿教育

陶行知被公认为"伟大的人民教育家"，他奋斗终生，不断实验和探索，为的就是推广和普及教育。他说："其实我心中只有一个中心问题，这个问题便是如何使教育普及，如何使没有机会受教育的人可以得到他们所需要的教育。"②他认为，教育要普及于众生，人民大众人人需要教育，如同人人都要呼吸一样，人人不可缺少，并且要城里与乡下并进，成人教育与儿童教育打成一片。因此，他是把普及儿童教育当作普及大众教育的一个组成部分。

陶行知用专文《如何使幼稚教育普及》，指出幼稚教育普及，要有三个步骤：一要改变我们的态度；二要改变幼稚园的办法；三要改变训练教师的制度。

图 5-4　上海徐家角工学团部分工作人员和全体团员合影。（后排右五是陶行知）

（一）改变漠视小孩教育的态度，认识幼儿教育的意义

陶行知指出，一般人认为小孩子的教育不关重要，早点、晚点没有多大关系。他认为这种成见是要不得的，必须根本化除这种漠视小孩子的态度。幼儿教育是人生最基础的教育，必须早打基础，人生的一些重要的习惯、倾向、态度，多半是在 6 岁以前形成的，这个时期是人格陶冶的最重要的时期。他提出：承认幼年生活教育之重要，是普及幼稚园之出发点。他谆谆告诫人们："教人要从小教起。幼儿比如幼苗，必须培养得宜，方能发荣滋长，否则幼年受了损伤，即不夭折，也难成材。""小学教育是建国之根本，幼稚教育尤为根本之根本。小学教育应当普及，幼稚教育也应当普及。"③

（二）开辟幼稚园之新大陆——工厂与农村

陶行知认为，普及幼稚教育的方向是工厂与农村，并号召开辟幼稚园教育新大陆。他

① 陶行知：《生活教育之特质》，见《陶行知全集》（第 3 卷），湖南教育出版社，1985 年版，第 26—27 页。

② 陶行知：《普及教育运动小史》，见《陶行知全集》（第 2 卷），湖南教育出版社，1985 年版，第 718 页。

③ 陶行知：《如何使幼稚教育普及》，见《陶行知全集》（第 2 卷），湖南教育出版社，1985 年版，第 81 页。

说："最需要幼稚园的地方是乡村与女工区"。[①] 但是，他指出，当时中国的幼稚园三种大病：外国病、花钱病、富贵病。不改变这种现状，普及幼稚园教育，特别是要普及乡村幼稚教育，那"好比是牵只骆驼穿针眼"，根本是不可能的，尤其是要向着省钱的方针去谋根本改造。

陶行知向社会呼吁，发起幼稚园下厂下乡运动，对工人、农民的孩子，用他在上海办工学团的办法：来者不拒，不能来者送上门去。在托幼对象、托幼时间、设备、内容、方法等都要按省钱的方针，以适应工人、农民的实际。

（三）改变训练教师的制度，采用艺友制开展师范教育

陶行知指出，普及教育最大的难关是教师的训练，这不但是经费浩大，而且当时教师的训练不得其法。他认为当时的正规的幼稚师范是要办的，但因缺憾较多，如"学理与实习分为二事"，必须根本改造，才能培养新幼稚园的师资，虽然如此，也不能专靠正式的幼稚师范去培养全部的师资。他说还要"探得一条新途径"，这就是晓庄幼稚师范院设的燕子矶乡村幼稚园所创的"徒弟制"。这所幼稚园是一个办得优良的中心幼稚园，开办之初便收了三位徒弟，跟着幼稚园徐世壁先生学办幼稚园。经边干边学，三位徒弟便培养成了幼稚园老师。陶行知十分赞许这个办法，认为这样就是"多办一所幼稚园，即是多加一所训练师资的地方，这是再好没有的办法""我是深信他能帮助幼稚教育普及的"。[②] 他进一步指出，这个办法似徒弟制，但又不同于社会上"劳力而不劳心"的徒弟制，是"沥清过的徒弟制"，他称为"艺友制师范教育"。"艺友制是什么？艺是艺术，也可作手艺解。友就是朋友。凡用朋友之道教人学做艺术或手艺便是艺友制。艺友制如何可以应用到师范教育上来？师范教育的功用是培养教师。……学做教师有两种途径：一是从师，二是访友……"[③]

艺友制的根本方法是教学做合一。学生（称艺友），与有经验的教师（称导师）交朋友，在幼稚园的工作实践中学当教师，不但可以更多地培养幼教师资，而且可以改变师范教育学理与实习两相分离的缺憾。当年，福建集美幼稚师范学校、北京香山慈幼院等处也采用了类似的方法，陈鹤琴在南京鼓楼幼稚园用此法为晓庄学校培养了幼稚师资。

四、论创造的儿童教育

陶行知认为，儿童有很强的创造力，儿童的创造力是千千万万祖先，至少经过 50 万年与环境斗争所获得并传递下来的才能之精华。发挥和加强这种创造力，便是教育的任务。教育是启发和解放儿童的创造力，还是阻碍、削弱、摧残儿童的创造力，不但直接影响儿童的成长，甚至影响一个民族、一个国家的发展。

（一）认识儿童的创造力

为了发挥儿童的创造力，陶行知认为教育工作者要把自己摆在儿童的队伍里，成为孩子当中的一员加入到儿童的生活中去，便可以认识儿童的创造力。他自己就有过多次这样的体会，有好几次都遇上了"黄泥腿的农村小孩"改了他这位留学生的诗。有一次他到南通州去推广"小先生"教大众识字，写了一分钟演讲词，内中有一段："读了书，不教人。什么人？不是人。"他讲了以后，一个小孩子马上说，最好把"不是人"改成"木头人"。这样一改，又贴

---

① 陶行知：《如何使幼稚教育普及》，见《陶行知全集》（第 2 卷），湖南教育出版社，1985 年版，第 82 页。

② 陶行知：《如何使幼稚教育普及》，见《陶行知全集》（第 2 卷），湖南教育出版社，1985 年版，第 83 页。

③ 陶行知：《艺友制师范教育答客问》，见《陶行知全集》（第 2 卷），湖南教育出版社，1985 年版，第 54 页。

切，又形象。陶行知肯定他改得好。陶行知在教育实践中，就是钻进儿童队伍里，做成儿童队伍里的一分子，就得到很多事实，证明了孩子的创造力。他说："我们要真正承认小孩子有创造力，才可以不被成见所蒙蔽。小孩子多少都有其创造的能力。"①

（二）解放儿童的创造力

陶行知认为，发现和认识了儿童的创造力后，就要进一步把儿童的创造力解放出来。他曾提出对儿童要有六大解放：

第一，解放儿童的头脑。让儿童自己去思考、去想。

第二，解放儿童的双手。让他们去做、去干，孩子好动手，是他动脑、好奇、好学、好创造的表现。

第三，解放儿童的眼睛。让儿童自己去看、去观察。

第四，解放儿童的嘴巴。儿童有问题要允许他问。儿童只有得到问的自由，才能充分发挥他的创造力。

第五，解放孩子的空间，让他去接触大自然、大社会，以发挥他内在的创造力。

第六，解放儿童的时间。学校和幼稚园不要把儿童全部时间占去，使儿童失去学习人生的机会，养成无意创造的倾向，致使成年时，即使有时间，也不知道怎样发挥其创造力了。

这六大解放，是新儿童观的体现，是对中国传统儿童观的否定，至今也不失其现实意义。

（三）培养儿童的创造力

陶行知说："把小孩子的头脑、双手、嘴、空间、时间都解放出来，我们就要对小孩子的创造力予以适当之培养。"②

对于培养儿童创造力的措施，他指出：

第一，需要充分的营养。小孩子的体力与心理都需要适当的营养。只有这样，才能有高度的创造力。

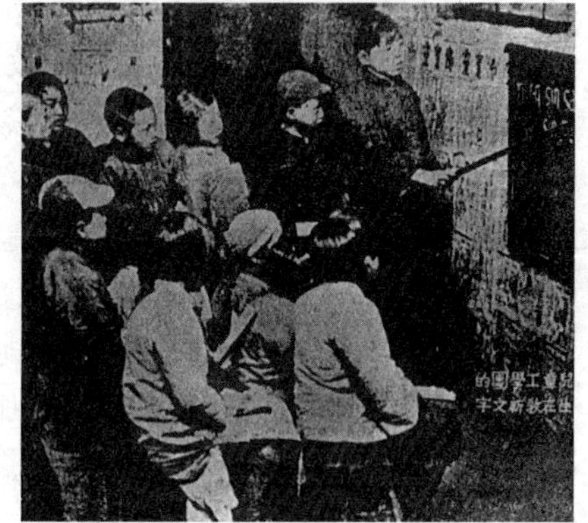

图 5-5　一个儿童自动学校的"小先生"在教新文字

第二，需要建立良好的习惯。

第三，发扬民主。陶行知很强调这点。他说："创造力最能发挥的条件是民主。"③他指出，民主应用在教育上有三点：(1)教育机会均等。(2)宽容和了解。(3)在民主生活中学民主。只有民主才能解放大多数人的创造力。

第三节　张雪门的学前教育理论与实践

一、生平和主要教育实践活动

张雪门，浙江宁波人，生于 1891 年 3 月 10 日，1973 年 4 月 18 日病逝于台湾，是将毕生

---

① 陶行知：《创造的儿童教育》，见《陶行知全集》（第 3 卷），湖南教育出版社，1985 年版，第 524 页。

② 陶行知：《创造的儿童教育》，见《陶行知全集》（第 3 卷），湖南教育出版社，1985 年版，第 527 页。

③ 陶行知：《创造的儿童教育》，见《陶行知全集》（第 3 卷），湖南教育出版社，1985 年版，第 528 页。

献给学前教育事业的著名教育家。

张雪门就读于家乡的小学、中学，1924 年在北京大学教育系学习（同时兼任职员）。他青年时期就立志要研究和从事幼儿教育事业。曾任浙江鄞县星荫小学校长，与人合办星荫幼稚园、宁波市幼稚师范学校，任校长。1920 年，任北平（即北京）孔德小学部主任。1926 年主持孔德幼稚师范学校，办孔德幼稚园、艺文幼稚园。1930 年香山慈幼院办幼稚师范学校，称北平幼稚师范学校（后迁入市内），任校长。1934 年聘请曾协助陶行知办理乡村幼稚教育的戴自俺任幼师教员，带领幼师学生，在北平郊区罗道庄办"乡村教育实验区"，创办乡村幼稚园（也称"幼儿团"）。

图 5-6　张雪门先生早期照片

为坚持办服务抗战的幼教事业，张雪门毅然带领北平幼师南迁。先到湖南，后在广西桂林建幼师分校，最后被迫迁到重庆。在艰苦的战争环境下，与戴自俺等教师共同努力，坚持招生，培养了大批幼教战线的骨干，并且带领学生，用穷办法办幼稚园。

抗战胜利后，张雪门为北平幼师回迁作了很大努力，但无果，便应台北长官公署民政处之邀赴台，在台北开办儿童保育院，后称台北育幼院，包括幼稚部、婴儿部、小学部。他任院长。在台湾办学的岁月里，他把对亲人、对家园的怀念，全倾入到了他的工作中。1952 年的眼疾、1960 年的脑病，夺去了他的健康，但他仍坚持着。虽然不得不在 1952 年离开工作岗位，但他还关心着育幼院的孩子们，有时还应邀参加一些活动。尤其是他在耄耋之年，眼睛几近失明、手脚失灵、耳朵失聪，还以坚强的意志写下了《幼稚教育》《幼稚园课程活动中心》《实习三年》《幼教论丛》等十余部专著。老人家拼尽全力著述着，同时怀念着海峡对岸的故土和亲人。久居台湾的他，在《芙蓉》诗中说："……年来心似秋光浅，却忆西山一片红。""西山"是他曾工作过的北京香山。这不仅是对北京香山自然风光的回忆与眷念，而且是另有所思、所指、所盼吧！

二、论幼儿教育的目的

幼儿教育的目的是什么？张雪门对这个问题的回答，曾经过两个阶段。第一个阶段在 20 世纪 30 年代初以前，他认为幼儿教育的目标是发展儿童个性。他说："幼稚教育的目的，应完全以儿童为本位；成就儿童在该时期内心身的发展，并培养其获得经验的根本习惯，以适应环境。"①他提出这个教育目的的背景是基于对当时畅行的日本式幼稚园和宗教式幼稚园教育目的的批判，指出前者是以培养旧式士大夫为目的；后者是扩充宗教势力，为各国制造洋奴。二者都忽视儿童的需要，强调社会性的目的。儿童都是受制于成人。他否认这两种目的，便提出了"以儿童为本"的主张。

20 世纪 30 年代初，日寇强占中国东北并逐步扩大侵华战争后，面对民族危亡的现实，

---

① 张雪门：《幼稚园教育概论》，见《张雪门幼儿教育文集》（上卷），北京少年儿童出版社，1994 年版，第 337 页。

他发展了自己的教育目的论，提出了“以改革中华民族为目标的幼稚教育”。[①] 其中心是幼稚教育一方面要满足儿童个性心身发展的需要，同时也要联系社会的需要。他认为中国旧式的教育，只注意社会的需要；而儿童本位的教育，仅仅着重于儿童的身心，都有偏颇，要“社会和儿童联系起来，打成了一片，才能完成教育的使命”。[②]

张雪门提出这种以改革中华民族为目的的幼稚教育就是社会的最大需要，它包括：“铲除我民族的劣根性；唤起我民族的自信心”等。[③]

目的如此，但不可能让儿童拿枪打仗、下地种田、进工厂做工。张雪门提出幼稚教育的目的：“是把社会的需要组织在儿童的生活里，而在另一方面又正合儿童的能力，容易引起他们动作的反应。”[④]

张雪门认为幼稚教育工作就是要实验寻求出“社会的需要和儿童身心衔接”[⑤]的方法，满足和实现这两方面的要求。对此，他在《幼稚教育新论》中做了研究和举例。

三、论幼稚园的行为课程

（一）幼稚园课程

张雪门说：“幼稚园的课程是什么？就是给三足岁到六足岁的孩子所能够做而且喜欢做的经验的预备。”[⑥]

张雪门认为，课程并不单纯就是知识，更不能把课程当作书本知识，“课程非仅知识的积体”“课程的范围很大，技能、知识、兴趣、道德、体力、风俗、礼节种种的经验，都包括在课程里。换一句话来说，课程是适应生长的有价值的材料”。[⑦] 这种有价值的材料，包括两类，一是满足儿童个体需要，一是满足社会的需要。

关于组织幼稚园课程，张雪门提出要注意三点：第一，幼稚生看宇宙的一切，都是整个的，编制幼稚园课程不能把自然界的和人事界的内容分得太清楚；第二，对幼稚生，满足其个体的需要，要甚于社会的希求；第三，课程要根据儿童自己的直接经验来设置。

按着上述主张，1927 年张雪门主校的北平幼稚师范的学生，拟定出了《各月活动估量表》，每月一表，从八月开始，共设计了 12 个月的课程计划。后经张雪门亲自整理，每个表都分三大类，每类下都有具体内容，即：自然环境类，包括令气、动物、植物、自然现象；社会环境类，包括令节、纪念日、农作、家庭、店铺、职业、风俗、公共机关、学校；儿童类，包括游戏、疾病。此外，表上还列出“本月份中心活动”。

（二）幼稚园行为课程

在课程理论的基础上，又经过反复实验、研究、总结，张雪门越益认为，儿童的一切知识、能力都源于个体与环境的接触，从而得到直接经验，儿童成长的第一步是“接触环境的行为”，但这并不为人所认识。他说：“可惜我国历来对于幼童的指导，抛弃了第一步接触环境

---

① 张雪门：《幼稚教育新论》，见《张雪门幼儿教育文集》（上卷），北京少年儿童出版社，1994 年版，第 450 页。

② 张雪门：《幼稚教育新论》，见《张雪门幼儿教育文集》（上卷），北京少年儿童出版社，1994 年版，第 471 页。

③ 张雪门：《幼稚教育新论》，见《张雪门幼儿教育文集》（上卷），北京少年儿童出版社，1994 年版，第 471 页。

④ 张雪门：《幼稚教育新论》，见《张雪门幼儿教育文集》（上卷），北京少年儿童出版社，1994 年版，第 472 页。

⑤ 张雪门：《幼稚教育新论》，见《张雪门幼儿教育文集》（上卷），北京少年儿童出版社，1994 年版，第 472 页。

⑥ 张雪门：《幼稚园的研究》，见《张雪门幼儿教育文集》（上卷），北京少年儿童出版社，1994 年版，第 24 页。

⑦ 张雪门：《幼稚园教育概论》，见《张雪门幼儿教育文集》（上卷），北京少年儿童出版社，1994 年版，第 339 页。

的行为，却以代表观念的文字——《三字经》《千字文》，再由观念来支配思想的实现……”① 他一贯反对以教材为中心，反对成人只用教材向儿童灌输现成的“熟料”。在这种认识和批判传统幼童教育的基础上，张雪门进一步提出了“行为课程”的理论，成为他的课程理论的核心和特点。这个理论在他到台湾任职育幼院后，进一步成熟和完善。为什么要提“行为课程”？用他自己的话说：“在今日以教材为中心的气氛中，我们特别来提倡行为课程，自有不得已的苦衷。”什么是行为课程？他说：“生活就是教育；五六岁的孩子们在幼稚园生活的实践，就是行为课程。……这份课程包括了工作、游戏、音乐、故事等材料，也和一般的课程一样，然而这份课程，完全根据于生活：它从生活而来，从生活而开展，也从生活而结束。不像一般的完全限于教材的活动。”②

（三）行为课程的教材与教法

张雪门认为，幼稚园教材和教法相互关联，并且二者与行为课程密不可分，都离不开儿童的实际生活，离不开儿童的行动。教材是什么？他说：“教材的功能在满足儿童的需要，自应在儿童生活里取材。”“教材在他方面，又是社会群体遗传下来的经验；如果抛弃了这一种经验，便不能适应社会的生活。”③

图 5-7　张雪门先生和幼儿园小朋友一起合影

张雪门指出这两种教材是相对的，甚至有时是矛盾的。如何使二者相互结合，这便需要发挥教师的作用，需要教师“帮助造成社会经验和儿童自己经验中间的联络”。需要找出一种可以将二者联系起来的好方法。怎样定这方法？他说：“幼稚园教学法所根据的重要原则，只有一条，便是‘行动’。儿童怎样做，就是怎样学，就该怎样教。教学的过程，就是依着正确的行动过程。”④但是，这种行动不是随随便便地瞎干，必须有行动的正道，有教育的价值，否则就失掉了教学的意义。正确的“行动”，或叫“做”，是“有目的，有计划，能实践，能有结果；结果虽有成败，但都足以改进经验。”⑤

经过多方研究和亲自实践，他认为行为课程运用的教学方法是设计教学法。1952 年，张雪门在回复幼稚师范科学生问为什么要把“设计教学，当做独一无二的过程”时，说：“根据行为，求实践，对于方法格外需有选择。……要求如设计教学法，具有动机、目的、计划、实行、批评五个阶段，而且又和这一种在劳力上劳心的行为这样地接近，恐怕除了设计教学法，更没有其他的教学法了吧。”⑥

为具体说明这种单元设计教学法如何实施，张雪门在《增订幼稚园行为课程》一书中的

---

① 张雪门：《增订幼稚园行为课程》，见《张雪门幼儿教育文集》（下卷），北京少年儿童出版社，1994 年版，第 1088—1089 页。

② 张雪门：《增订幼稚园行为课程》，见《张雪门幼儿教育文集》（上卷），北京少年儿童出版社，1994 年版，第 1088—1089 页。

③ 张雪门：《幼稚园教材教法》，见《张雪门幼儿教育文集》（上卷），北京少年儿童出版社，1994 年版，第 600 页。

④ 张雪门：《幼稚园教材教法》，见《张雪门幼儿教育文集》（上卷），北京少年儿童出版社，1994 年版，第 608 页。

⑤ 张雪门：《幼稚园教材教法》，见《张雪门幼儿教育文集》（上卷），北京少年儿童出版社，1994 年版，第 604 页。

⑥ 张雪门：《增订幼稚园行为课程》，见《张雪门幼儿教育文集》（上卷），北京少年儿童出版社，1994 年版，第 1190 页。

“卷二”，用了不小的篇幅，阐述了具体设计的“种牛痘”“庆祝儿童节”“旅行到圆山”等八个单元教学。这八个单元教学的每一个单元的教学过程都贯穿于儿童的活动中，围绕着某一个中心有计划有步骤地展开，每个单元的设计都次第清晰，内容具体，取之能做，体现了他的行为课程的宗旨。

四、论幼稚师范教育

张雪门从事幼教事业，自始至终都是在幼稚园教育和幼稚师范教育两个方面同时进行并相互结合，他曾采用多种形式培训幼教师资，总结出了不少有价值的经验。

（一）幼稚师范教育的意义和目的

张雪门认为，幼稚教育的优劣，取决于幼稚师范教育的水平，他说：“幼教的良窳，由于主持幼教者的师资；而师资的由来，实由于师范教育的培植。如果我们研究幼教仅限于幼稚园的教育，抛弃了师范教育，这无异于清溪流者不清水源，整枝叶者不整树本，绝不是彻底的办法。”①

为此，幼稚师范教育必须有明确的培养目标。张雪门始终认为，幼稚师范生除了要有一般的幼教知识以外，还必须有社会意识和熟练的技能。他说：“幼教的对象是儿童，可是幼教的目的却是根据于社会。”②在办北平幼稚师范时，他根据中华教育改进社的办学方针，主张幼稚教育必须适应国情及生活需要，目的在培养为普及平民幼稚教育、具有改造民族素养的新一代国民而献身的幼儿教育师资。这一目标也贯彻到幼稚师范生的各科学习和各种活动中。他主张，幼稚师范学校要开设若干有关社会的科目，帮助师范生提高对社会的认识。他还提倡师范学校设立幼稚教育实验区，师范生除了办理幼稚园外，还要参与各种不同的社会活动，从而增进对社会的认识，获得各种不同的社会经验。在培养幼稚师范生的知识、技能上，他强调掌握技能，如儿童卫生课，要求师范生会体格检查、会急救，能诊断麻疹、白喉、百日咳等。

（二）论“有系统组织的实习”

张雪门认为，师范生如果专从书本讨经验，无论对教材或教法的研究下过多深的功夫，“一旦实际与儿童对面，那几十双小眼睛，就可以使你‘丧魂落魄’‘手足无措’了。”要想克服实践中的种种困难，“只有一条路，那就是实地上实习！”③并且要有系统组织的实习。

在幼稚师范生实习问题上，张雪门有独到的见解和实践。如要有系统、有组织、有周密计划，幼稚园老师和幼师指导教师共同负责指导，逐步培养师范生独立工作能力，直至第三学年可以完全独立工作。在时间上，师范生的实习要安排在三年全部学习过程中，共分四大段：第一是参观，时间为一学期。第二是见习，时间也是一学期。第三是试教，时间是一学年，二年级的师范生要学习从幼稚园招生、课程、管理等所有事项。第四是辅导，时间也是一个学年，毕业班的三年级师范生主要是扩大实习范围和空间，把实习从幼稚园延伸至婴儿园、托儿所和小学低年级。横向上，由儿童向家庭推进，从家庭访问、亲职教育向广大社会扩

① 张雪门：《实习三年》，见《张雪门幼儿教育文集》（上卷），北京少年儿童出版社，1994年版，第978页。

② 张雪门：《实习三年》，见《张雪门幼儿教育文集》（上卷），北京少年儿童出版社，1994年版，第979页。

③ 张雪门：《实习三年》，见《张雪门幼儿教育文集》（上卷），北京少年儿童出版社，1994年版，第981—982页。

展，包括社会调查、营养站、卫生站、辅导会、导生班。这一阶段的实习不但要使师范生了解儿童的发展情况，而且要进一步主动地展开全面的儿童福利工作，培养地方师资，以求达到幼稚教育的合理和普及。他希冀所培养的学生能推进社会幼教事业的发展，从而求得社会的改进，表现了他身在幼教，志鸿高远的爱国情怀。

第四节　陈鹤琴的学前教育理论与实践

一、生平和主要教育活动

陈鹤琴（1892—1982 年），浙江上虞人，早年毕业于清华学校，1914 年留学美国，1917 获霍普金斯大学文学士学位，后进哥伦比亚大学师范院，受教于克伯屈、孟禄、桑戴克、罗格等名教授，学习儿童心理学和教育学等课程。1918 年，获哥伦比亚大学教育硕士学位。

图 5-8　陈鹤琴像

1919 年夏陈鹤琴回国，任南京高等师范学校儿童心理学和教育学教授。同时，也由此开始了倾心于儿童心理和儿童教育的科学研究和实验活动。1920 年，陈鹤琴以长子陈一鸣为对象，运用观察和实验的方法研究儿童心理发展，研究成果反映在 1925 年出版的《儿童心理研究》和《家庭教育》中。1923 年他任东南大学教授兼教务主任，创办南京鼓楼幼稚园，对幼稚园的课程、管理、设备、幼稚生的习惯与技能等做了全面实验研究。其研究成果对全国幼教界发生影响，于 1927 年发表《我们的主张》。1927 年他兼任陶行知创办的晓庄实验乡村师范学校幼稚师范院院长。

1927 年 6 月，陈鹤琴任南京特别市教育局学校教育科科长，整顿、改革幼稚园、小学、中学教育，实验南京教育实验区制度。1928 年到 1939 年，他任上海公共租界工部局华人教育处处长，办了多所小学、简易小学、工人夜校和一所女子中学，尽其所能推行普及教育理想。

1940 年，陈鹤琴抱定“要做事，不做官”的志向，实现他建立中国化幼稚教育的理想，赴江西创办江西省立实验幼稚师范，是我国第一所公办幼稚师范学校。在荒山一片的泰和县文江村，师生劳动建校，并全面实验他的“活教育”理论。1943 年改为国立并增设幼稚师范专科，该校逐步形成了包括幼稚师范专修科部、幼稚师范部、小学部、幼稚园、婴儿园等机构的教育体系，还有国民教育实验区。1944 年以后，抗战局势紧张，他带领 200 多名师生两度艰难转移，1945 年 3 月到达广昌甘竹乡饶家堡重建校园。抗战胜利后，幼师改为省立，专科部迁到上海，仍为国立幼稚师范专科学校，他仍任校长。

1945 年 9 月，陈鹤琴任上海市教育局督导处主任督学，负责接管外国人所办中小学 30 余所，创办上海市幼稚师范，创立上海儿童福利促进会、上海特殊儿童辅导院，支持幼专学生在江苏金台县大场办农忙托儿所，继续实验活教育理论，形成了活教育理论体系，编写了《活教育的理论与实施》等多部有关著作。

中华人民共和国成立后，陈鹤琴任南京师范学院院长等职，是中国人民政治协商会议全国委员会第一、二、三、四、五届委员，江苏省一、二、三届副主席，文字改革委员会委员等。1979 年以后，他任江苏省人大常委副主任、中国教育协会名誉会长、全国幼儿教育研究会名誉理事长。

陈鹤琴是“五四”以后，活跃在我国教育战线时间最长的教育家，是中国现代学前教育的开拓者，他的突出贡献在开创中国化的儿童教育，他在学前教育、小学教育、教育测验、普及教育、师范教育、特殊教育、教育管理、文字改革等方面，都作出了卓著的贡献。

陈鹤琴编写了幼稚园、小学课本及儿童课外读物多达几十种，还发起组织幼稚教育研究会、中华儿童教育社等团体，主编《幼稚教育》《小学教师》《活教育》等杂志。他的著作近 400 万字，汇集于《陈鹤琴教育文集》上、下两卷及《陈鹤琴全集》共 6 卷中。

二、论儿童心理发展与教育

陈鹤琴为建立中国化、科学化的儿童教育奋斗一生。“科学化”，集中反映在他对中国儿童心理的研究上，他是我国现代儿童心理学的开拓者。

（一）儿童观及儿童教育观

科学地教育儿童，首先要解决的是如何看待儿童。陈鹤琴指出，中国传统儿童教育的严重弊端之一，就是错误地将孩子看成缩小了的成人。他说：“常人对于儿童的观念之误谬，以为儿童是与成人一样的，儿童的各种本性本能都同成人一色的，所分别的，就是儿童的身体比较成人的小些罢了。”①

陈鹤琴认为把儿童当作成人一样看待，去施教，是摧残儿童天性，必须改变这种错误的儿童观，要正确地认识儿童自身的价值，认识其独特的心理特点。他说：“儿童不是‘小人’，儿童的心理与成人的心理不同样，儿童的时期不仅作为成人之预备，亦具他的本身的价值，我们应当尊敬儿童的人格，爱护他的烂漫天真。”②

陈鹤琴认为，要教育好儿童，不仅要有正确的儿童观，还要充分地认识儿童教育，特别是学龄前教育的意义。他认为幼稚时期，是一生教育的关键时期，是人生可塑性最大的时期，指出：“我们知道幼稚期（自生至七岁）是人生最重要的一个时期，什么习惯，言语，技能，思想，态度，情绪都要在此时期打了一个基础，若基础打得不稳固，那健全的人格就不容易建造了。”③

（二）儿童心理特点与教育

树立了正确的儿童观，有了对儿童教育意义的认识，怎样教育好儿童？陈鹤琴认为，科学施教是基础，研究和认识儿童心理的发展及特点是前提。他断言：“幼儿教育是一门教育科学”，是不能任意施教的。可以说陈鹤琴研究儿童教育和从事儿童教育的实践是从探讨、实验、总结儿童心理特点和发展规律起步的，并贯彻始终。

陈鹤琴在多部著作中都涉及论述儿童心理特点，概括述下：

1. 好动心

儿童生来好动，不像成人有自制力。陈鹤琴形象地指出：“他喜欢听这样，看那样；推这

---

① 陈鹤琴：《儿童心理及教育儿童之方法》，见《陈鹤琴教育文集》（上卷），北京出版社，1983 年版，第 1 页。

② 陈鹤琴：《儿童心理及教育儿童之方法》，见《陈鹤琴教育文集》（上卷），北京出版社，1983 年版，第 8 页。

③ 陈鹤琴：《家庭教育》，见《陈鹤琴教育文集》（上卷），北京出版社，1983 年版，第 583 页。

样，攫那样；忽而玩这样，忽而弄那样；忽而立，忽而坐；忽而跳，忽而跑；忽而哭，忽而笑。没有一刻的工夫能像成人坐而默思的。”①他认为，应该尊重儿童好动的特点，并且利用这个特点，给其发挥的条件，并且指导孩子随着年龄的增长慢慢学会在什么地方，在什么时候，应当动或不应当动。

2. 模仿心

陈鹤琴说：“这个模仿动作，青年老年亦有的，不过儿童来得格外充分一些。儿童学习言语、风俗、技能等等，一部分是由模仿别人而来的。”②他指出孩子模仿心强但又是无选择的，师长要教儿童逐渐学习鉴别是非善恶。

3. 儿童是易受暗示的

陈鹤琴指出，暗示和模仿相似，但模仿是从儿童一方面着想，暗示是从环境一方面着想，比如儿童因为看见别人骑马，也要骑马，这种被外界环境刺激的心理，叫“暗示感受性”。儿童是容易被暗示的。我们可以利用这个特点，培养儿童良好的举动、习惯、风俗等。

但他也告诫不要用消极的暗示，是指儿童本来没觉得要做什么不该做的事，可你暗示了他一个思想，才引出了他有了这个意思，反倒要去做了。

4. 好奇心

陈鹤琴说，儿童好奇心强，好奇可以引发儿童研究学问的兴趣，是儿童学问之“门经”，教育者是完全可以利用的。他说：“好奇心关于儿童之发展，文化之造就，具莫大势力的。儿童凡对于一切新的东西就生出好奇心。一好奇，就要与新的东西相接近。一接近，那就晓得这个东西的性质了。”③他指出，成人对儿童的好奇，要耐心地指导，正确地解答，不可厌恶禁止儿童问话。

5. 游戏心

儿童好玩是极其重要的心理特点，在教育上有很高的价值。陈鹤琴说：“儿童好游戏乃是天然的。近世教育利用这种活泼的本能，以发展儿童之个性与造就社会之良好分子。”④他曾亲自试验探索，形成了自己的关于儿童游戏的理论，在游戏是什么、游戏的种类、游戏在教育上的价值及游戏与年龄的关系、游戏与玩具等都有详细的论述。他指出，游戏可以发展身体，培养高尚道德，使脑筋锐敏，是休息之良药。教育者应很好地利用这个特点。

6. 喜欢成功

陈鹤琴指出：“小孩子固然喜欢动作，但更是喜欢动作有成就的。”⑤所以他告诫人们，叫小孩子做的事不要太难。太难，做不成功，往往会灰心，以后就不愿再做了。

7. 喜欢野外生活

小孩子都喜欢到外面去看看玩玩，闷在房里会不高兴。陈鹤琴指出：“他们在旷野里跑来跑去，看见野花就采采，看见池塘就抛石子入水以取乐。这种郊游于小孩的身体，知识，行为都有很好影响的。”⑥他劝家长、老师，须领小孩子到郊外玩玩才好。

---

① 陈鹤琴：《儿童心理及教育儿童之方法》，见《陈鹤琴教育文集》（上卷），北京出版社，1983 年版，第 1 页。

② 陈鹤琴：《儿童心理之研究》，见《陈鹤琴教育文集》（上卷），北京出版社，1983 年版，第 159 页。

③ 陈鹤琴：《儿童心理及教育儿童之方法》，见《陈鹤琴教育文集》（上卷），北京出版社，1983 年版，第 3 页。

④ 陈鹤琴：《儿童心理及教育儿童之方法》，见《陈鹤琴教育文集》（上卷），北京出版社，1983 年版，第 5 页。

⑤ 陈鹤琴：《家庭教育》，见《陈鹤琴教育文集》（上卷），北京出版社，1983 年版，第 598 页。

⑥ 陈鹤琴：《家庭教育》，见《陈鹤琴教育文集》（上卷），北京出版社，1983 年版，第 599 页。

8. 喜欢合群

陈鹤琴认为,凡人都喜欢群居的,小孩子亦然,他说:"幼小婴儿,离群独居,就要哭喊,两岁时就要与同伴游玩,到了五六岁,这个乐群心更加强了。假设此时没有伴侣游玩,他一定要觉得孤苦不堪了。有时候还要发生想象的伴侣。"①据此,他建议:使孩子得有良好的小朋友,还可以给他驯良的小动物作伴侣,再给他点小娃娃之类,聊解他的寂寞。

9. 喜欢称赞

陈鹤琴指出二三岁的孩子就喜欢"听好话""喜欢旁人称赞他""到了四五岁的时候,这种喜欢嘉许的心理还要来得浓厚"。② 师长应该利用这个特点,但不可用得太滥,一滥就失掉了效用,反不如不用。

综合陈鹤琴多年对儿童心理特点的研究和实验,概述如上。他强调只有了解了儿童的这些特点,才能科学地教育儿童。他说:"我们教小孩子必须先了解小孩子的心理。若能依据小孩子的心理而施行教育,那教育必有良好效果的。"③

(三) 儿童年龄分期与教育

陈鹤琴认为,研究儿童心理生活,除了要掌握儿童一般的心理特点以外,还应该将儿童的发展过程分为几个阶段,进行细微的研究,尤其对学龄前期的儿童更有必要在这个大时期中再细分为几个小阶段进行研究。他将学龄前又细分为四段:

第一,新生婴儿期——新生。

第二,乳儿时期——1 个月至 12 个月左右。

第三,步儿时期——12 个月至 3.5 岁左右。

第四,幼儿时期——3.5 岁左右到 6 岁左右。

陈鹤琴用科学的方法观察、实验、记录、分析了每个阶段儿童心理特点,留下了一份宝贵的儿童心理发展的资料和科学成果。在《儿童心理学》一书中,他对此作了详细的阐述。④每个时期他都从"观察实验"开始,继之详细地叙述该时期儿童心理的发展,然后是说明在了解了该时期心理发展特点的基础上应怎样进行教育。针对四个年龄阶段的不同,他从不同的方面,阐述儿童心理发展和教育。如新生婴儿期,他从生理现象、感觉(视觉、听觉、触觉)、动作和情绪,说明这个时期的心理发展,对新生儿的教育则重在环境、饮食、睡眠。再如幼儿时期,他便从思想活动、社会性的发展、情绪的转变这三方面阐述这个时期的心理发展特点。因为幼儿时期在人的发展中非常重要,这个时期的教育担负着相当的责任,他提出了一些具体的教育方法,如以积极代替消极;不姑息,不严厉;让儿童使用自己的手脑;让儿童自己有活动的园地;发展儿童的好问心;父母、教师应以身作则等。

三、论学前家庭教育

1925 年陈鹤琴发表《家庭教育》及以后的一二十年间发表的《怎样做父母》和《怎样教小孩》等作品,是其家庭教育理论的代表作。这些著述是具有中国特色的现代家庭教育理

① 陈鹤琴:《家庭教育》,见《陈鹤琴教育文集》(上卷),北京出版社,1983 年版,第 600 页。

② 陈鹤琴:《家庭教育》,见《陈鹤琴教育文集》(上卷),北京出版社,1983 年版,第 601 页。

③ 陈鹤琴:《家庭教育》,见《陈鹤琴教育文集》(上卷),北京出版社,1983 年版,第 601 页。

④ 陈鹤琴:《儿童心理学》,见《陈鹤琴教育文集》(上卷),北京出版社,1983 年版,第 423—524 页。

论和经验,有很高的借鉴意义。

(一)幼儿家庭教育的意义

陈鹤琴一生重视幼儿的家庭教育,认为它不仅决定着孩子的终生,而且影响着国家的命运。他指出,儿童"知识之丰富与否,思想之发展与否,良好习惯之养成与否,家庭教育实应负完全的责任"。[①] 他指出,"家长是子女的第一个老师,父母应尽到教育好孩子的责任。……幼儿在父母那里学说话,认识周围事物,模仿父母言行,在父母影响下形成性格"。[②] 因此必须十分重视对幼儿的家庭教育。他认为,父母能教育好小孩子,中国美好的前景"即在其中了"。

(二)学前家庭教育的科学基础

强调并探索科学化的学前家庭教育,是陈鹤琴不同于并且高于中国传统家庭教育论者之所在。他明确指出幼儿家庭教育是一门科学,决不能任意施教。他说:"要重视幼儿家庭教育的科学实验,对幼儿家庭教育应作为一门科学来研究和推广。"[③]

从陈鹤琴幼儿家庭教育论看,这个科学基础有二:一是懂得儿童的生理与心理特点;一是明了儿童学习理论。

1. 要研究儿童的生理与心理

陈鹤琴指出:要教养儿童,我们非要懂得儿童的生理和心理不可,要研究儿童的身体如何发育,儿童的知识如何获得,儿童的人格如何培养。他主张这些在未做父母以前就该有初步研究,做了父母后还要继续注意。

儿童心理是科学地进行幼儿教育的基础,所以他的《家庭教育》第一章就是"儿童心理"。具体内容,我们在前面已做叙述。

2. 儿童学习的性质与原则

这是要了解:"小孩子究竟怎样学习的?他如何从无知无识到有知有识呢?明了这种学习的性质,我们就知道我们应当怎样教小孩子了。"[④]

这是个学习理论问题,是要对孩子的学习过程作科学的解释。陈鹤琴通俗地解释说:小孩子生下来有三种基本能力,即感觉、联念和动作。初生时这些能力很薄弱,后来渐渐发展起来。小孩子的学习就是先感觉(包括视、味、听、触等感觉)外界的刺激,后来便把感觉的事物与既有的感觉联合起来,就是联念,再发生相当的动作去反映外界的刺激。根据这样的一个学习过程,他提出了学习的原则,包括刺激的原则、联念的原则、动作的原则。如刺激必须优良正确才是适宜的,并且要实地施教,不能空讲。

(三)培养幼儿体、德、智、美、劳和谐发展的健全人格

陈鹤琴认为幼儿家庭教育是全面施教,处处含教育的因素。在各种教育中,他对家庭教育尤其侧重。

1. 幼儿的身心保健

身心健康,是儿童成长的基础。他强调儿童的心理,必须从小得到健康的发展,要使他

---

① 陈鹤琴:《家庭教育》,见《陈鹤琴教育文集》(上卷),北京出版社,1983年版,第595页。

② 陈鹤琴:《发展幼儿教育的几点建议》,见《陈鹤琴全集》(第二卷),江苏教育出版社,1989年版,第662页。

③ 陈鹤琴:《发展幼儿教育的几点建议》,见《陈鹤琴全集》(第二卷),江苏教育出版社,1989年版,第662页。

④ 陈鹤琴:《儿童心理及教育儿童之方法》,见《陈鹤琴教育文集》(上卷),北京出版社,1983年版,第603页。

能吸收一切有益的印象，发展合理的思想和思考能力，摒除一切不好的印象，避免差误的思想和无谓的恐惧。

关于儿童身体的保健，他提出了一系列的教育原则，涵盖了儿童的吃、喝、拉、撒、睡各个方面，对饮食、服装、鞋、游戏设备等的要求无所不包。

2. 儿童家庭品德教育

陈鹤琴十分看重家庭对孩子的道德熏陶和良好行为习惯的训练。比如，“教小孩子服从”“教小孩子爱人”，包括要能顾虑别人的安宁、对人要能表同情、对长辈要有礼貌、要能帮助父母做事。这些都需从小在家给以训练。

3. 儿童家庭智育

陈鹤琴认为，家庭对学龄前儿童的智育，首先是发展孩子各种感官的能力，让孩子自己去试探水、沙、雪等物质，开发智力。

要努力发展孩子的思考力，发挥儿童好问心、好奇心，不要禁止小孩子去探试物质，要小孩子多运动、多游戏、多经验，孩子就健壮、快乐，能增加学识，活跃思想，增高智力。

4. 儿童家庭美育

小孩子爱美。父母要教小孩子感受美、欣赏美、表达美甚至创造美的能力。在家中可以用穿着美、语言美、举止行为美、生活环境美等陶冶孩子的美感。教孩子画画、唱歌、跳舞、看儿童书画，带孩子参观美术展览、看文艺演出、外出旅游等，随时都有美的教育因素。他还十分看重教孩子画画和看画的教育作用。

5. 儿童家庭劳动教育

这并不是要求幼儿做多少事或要做多好，主要是让孩子从小懂得自己的事自己做，还要帮助别人做事，是给他适当的做事的机会，如浇花、扫地、收拾东西，防止孩子养成“己逸人劳”“骄慢怠惰不知世事艰难”的恶习。

（四）更新观念，民主施教

陈鹤琴一贯主张，要尊重儿童的人格，尊重他们的自主性、独立性，父母要民主、平等地对待孩子，极力反对“父为子纲”“养儿防老”“天下无不是的父母”等错误观念和家长作风。他身体力行，按照他的教育理念，把自己的七个子女送到大社会中去锤炼，成为国家有用的人才。他的孩子们视他为“慈父、良师和战友”。

四、论幼稚园教育

幼稚园是对幼儿实施教育的重要基地，是陈鹤琴教育实践的重要方面，本书前章对鼓楼幼稚园的阐述，已有所说明，此处再略加概括。

（一）论幼稚园教育要适应国情

办出有中华民族特点的幼稚教育，这是陈鹤琴终身的追求，也是他幼教实验的核心。

陈鹤琴提出“幼稚园是要适应国情的”“现在中国所有的幼稚园，差不多都是美国式的”。他指出，我国的幼稚园事业，虽然是由国外输入的，但我们既然已经办了这项事业，就应该自己先问一问，用一种什么目标来办？怎样来办？倘若一些主张都没有，仍旧像初办的时候，今日抄日本，明日抄美国，抄来抄去，到最终也办不出好的幼儿教育来。他反对“完全模仿”，但并不反对借鉴那些具有“世界性的教材和教法”，但“总以不违反国情为唯一的条件”。①

(二) 论幼稚园保教内容

幼儿在幼稚园里的活动，都在保教内容之内，课程可以视为其核心。陈鹤琴认为，幼儿在幼稚园先应有个目标，就是“做怎样的人”。他主张，应该根据儿童生理、心理发展的特点，对幼儿进行德智体美劳的全面教育。他曾亲自制定幼稚园课程，强调要以大自然、大社会为中心。后来，他又以“五指活动”来概括幼稚园的保教活动，它们是：儿童的健康活动，儿童的社会活动，儿童的科学活动，儿童的艺术活动，儿童的语文活动，并阐述了每种活动包括的内容和课程。五指活动是互相联系不可分割的，就像人手掌上五个手指一样。1951 年他概括了编制幼稚园课程要遵循民族的、科学的、大众的等十大原则。

(三) 保教原则方法

在保教内容和方法上，陈鹤琴非常反对注入式的教育，反对封闭式，主张儿童到大自然、大社会中去受教育，反对消极管束，主张培养儿童创造精神和独立生活能力。

对幼稚园的教学，陈鹤琴创立了整个教学法，打破各科单科独进相互脱节的现象，主张把各科功课打成一片，所学的功课是无规定时间学的；所用的教材是以故事或社会或自然为中心的，或是做出发点的。这种方法要以儿童生活、儿童的心理为依据。

南京鼓楼幼稚园实验的中心制编制课程及单元教学就是具体运用。

五、“活教育”理论

“活教育”理论是陈鹤琴教育思想的核心。经过多年研究，他于 20 世纪 40 年代初提出“活教育”，创办江西实验幼稚师范学校时开始系统实验，抗战胜利后，在上海主持上海市公立幼稚师范学校和国立幼稚师范专科时继续实验，理论继续发展，到 20 世纪 40 年代末趋于完善成熟。

(一) 何谓“活教育”

陈鹤琴说：“什么是‘活教育’？简单地说一句，就是‘不是死的教育’。书本主义的教育就是死的教育。”②

陈鹤琴引用陶行知形容死教育的两句警语，即“教死书，死教书，教书死；读死书，死读书，读书死”。而“活教育”，就是要将这种死教育改换成：“教活书，活教书，教书活；读活书，活读书，读书活。”③

(二) “活教育”理论形成的原因

1. 对欧美“新教育”理论的吸取

“新教育”是 19 世纪后期至 20 世纪前期的一股反传统教育思潮和与之相应的各种改革实验活动，也称进步教育。杜威是其代表。陈鹤琴吸取了进步教育的这两个特点，并用他自己的两段话加以说明。他自述：“从 1914 年到 1919 年在美国接受教育时，最知名的教育家之一杜威博士所提倡的美国进步教育，对形成中国的活教育运动起了相当的影响。”④

---

① 陈鹤琴：《我们的主张》，见《陈鹤琴教育文集》（下卷），北京出版社，1983 年版，第 8—9 页。

② 陈鹤琴：《什么叫“活教育”》，见《陈鹤琴全集》（第五卷），江苏教育出版社，1989 年版，第 24 页。

③ 陈鹤琴：《什么叫“活教育”》，见《陈鹤琴全集》（第五卷），江苏教育出版社，1989 年版，第 29 页。

④ 陈鹤琴：《活教育》，见《陈鹤琴全集》（第六卷），江苏教育出版社，1992 年版，第 295 页。

陈鹤琴还吸收了欧美进步教育的敢于实验的精神和某些实验方法，强调方法是"秘诀"，是"钥匙"。他说："我们现在提倡的活教育是接受着世界新教育的思潮，并和杜威一样的创造理论，也创造方法。"①

2. 对中国传统教育的批判与继承

陈鹤琴指出，民国建立后，教育制度、教材有了进步，但教法依旧，是教师而不是儿童构成学校活动的中心，教师是教学领地的"皇帝"，在传统学校里的儿童，真是一些"小可怜虫"，他们被囚在笼里，"没有机会去接触大自然"②。但他对传统教育也不是全盘否定，比如私塾，他认为"它的弱点太多"，但"它的优点"如因材施教、个别教学、行重于学，"我们应当采用，并发扬而光大之"。③

陈鹤琴诊视中国传统儿童教育的精华，"孟母三迁"教子的经验、墨子的"素丝"学说、孔子的师道、颜之推的家庭教育理论等，他都有吸取，并有新的解释，以得出教育的共同规律。

同时，陈鹤琴对当时我国教育界的教育实验改革，如陶行知、黄炎培、晏阳初、梁漱溟等人创导的各种改革实验精神。他尤其称赞陶行知的"生活教育"理论及晓庄的实验，对之"感到极大的兴趣"，并且仿效陶行知的精神在江西泰和的荒地上开辟了中国幼稚教育的新园地④，开始了他自己的教育理论的全面实验。正如他自己所说："就是在这样的背景下，活教育植下种子，生根发芽，开出花朵。"⑤

图 5-9　陈鹤琴晚年和鼓楼幼稚园小朋友在一起

3. 多年教育改革实践经验的积累

陈鹤琴在谈到活教育形成时说："活教育在产生和提出来之前是有其先行的。在作者⑥的主持下，在中国的教育领域已实施了许多项目和实验，这为活教育运动的到来铺平了道路。"⑦

陈鹤琴说的诸多项目和实验包括了他自美留学回国后至 1940 年办江西实验幼稚师范，其间的所有教育实践活动，尤其看重在南京鼓楼幼稚园的实验。

（三）"活教育"的理论体系

"活教育"的理论体系主要包括三大纲领，即目的论、课程论、方法论，以及教学原则、训育原则等。

1. 目的论

陈鹤琴说："活教育的目的就是在做人、做中国人、做现代中国人。"⑧他不同意杜威的教育无目的论，认为教育是有目标的，是按计划去达到目标的工作，毫无组织的做法。教育的目标何在呢？他回顾历史，说中国自孔子以后，就有教人"学做人"的传统，应该继承。只是

---

① 陈鹤琴：《活教育——中国新教育的幼苗》，见《陈鹤琴全集》（第四卷），江苏教育出版社，1991 年版，第 350 页。

② 陈鹤琴：《活教育》，见《陈鹤琴全集》（第六卷），江苏教育出版社，1992 年版，第 297 页。

③ 陈鹤琴：《我的半生》，见《陈鹤琴全集》（第六卷），江苏教育出版社，1992 年版，第 535 页。

④ 一鸣等七子女：《回忆父亲陈鹤琴》，见《家庭教育：怎样教小孩》，中国致公出版社，2001 年版，第 337 页。

⑤ 陈鹤琴：《活教育》，见《陈鹤琴全集》（第六卷），江苏教育出版社，1992 年版，第 297 页。

⑥ "作者"指陈鹤琴本人。

⑦ 陈鹤琴：《活教育》，见《陈鹤琴全集》（第六卷），江苏教育出版社，1992 年版，第 297 页。

⑧ 陈鹤琴：《活教育——中国新教育的幼苗》，见《陈鹤琴全集》（第四卷），江苏教育出版社，1992 年版，第 356 页。

到了近世，教育本身变了质，以为读书就是“受教育”，反而把做人忘记了。陈鹤琴就当时的时代要求，认为做一个现代中国人的条件包括：“第一，要有健全的身体。”“第二，就是要有建设的能力。”“第三，就是要有创造的能力。”“第四，就是要能够合作。”“第五，就是服务。”他强调，如果我们训练的儿童有了知识和技能，可是却不懂服务，不知道要帮助别人，只能变成个自私自利、只知有我的市刽，若人人如此，国家的前途就“万分危险了”①。

抗日战争胜利后，针对二战中世界各国都不是孤立的事实，陈鹤琴进一步提出活教育的培养目的还要使儿童成为“世界人”，指出现代世界人，要爱国家、爱人类、爱真理。

2. 课程论

陈鹤琴提出的课程论是大自然、大社会都是活教材。他说：“在中国有一个不良的传统，就是把儿童送到学校去‘读书’，而老师的工作是‘教书’在学校中只有书本才被认为是唯一的学习材料。要除去这个错误的观念，我们提出大自然与大社会是知识的主要源泉。”②他认为从大自然与大社会获得的知识才是活的、直接的知识，也并不是要摒弃一切书本，书本是有用的，但不能像过去那样，把书本作为学校学习的唯一材料。

3. 方法论

陈鹤琴提出的活教育的方法是：“做中学，做中教，做中求进步。”③上述对课程的主张，决定着教孩子就不能只在室内进行，他强调要在室外的各种游戏、劳作中获得直接经验。教师和学生要共同来做，教师要给学生以指导。

这个方法受杜威的“从做中学”的影响，但又不同。他说：“杜威博士提出从做中来学。在这里，我们更进一步了。不但要从做中学，我们还提出从做中教，从做中求进步。”④

4. 教学原则、训育原则

活教育的教学原则，是陈鹤琴根据儿童心理特点和他多年的实践总结出来的。1948 年他的《活教育的教学原则》一书出版，详细地阐明了十七项原则，如：“凡是儿童自己能够做的，应当让他自己做”，“凡是儿童自己能够想的，应当让他自己想”，“你要儿童怎样做，就应当教儿童怎样学”，“鼓励儿童去发现他自己的世界”等。十七项原则，项项有说明，有例证，有的还画图列表加以解释，操作性很强。⑤ 训育的基本原则，训育、训导主要指德育。他认为训育工作很重要，总结了训导工作共 13 项基本原则，如“从小到大”“从人治到法治”“从法治到心理”“从对立到一体”等，载于 1946 年出版的《活教育的理论与实施》中。陈鹤琴的活教育理论，涵盖了儿童教育领域各方面的内容。1941 年他发表《活教育与死教育》，总结了活教育与死教育的十大区别，列出二者的详细对照，从课程、教学、教师、儿童、行政、设备六个方面逐一进行了比较说明。

第五节　张宗麟的学前教育理论与实践

张宗麟是一位一生献给人民教育事业的老战士，在幼稚教育、乡村教育、师范教育、教育

① 陈鹤琴：《活教育——中国新教育的幼苗》，见《陈鹤琴全集》（第四卷），江苏教育出版社，1992 年版，第 357—395 页。

② 陈鹤琴：《活教育》，见《陈鹤琴全集》（第六卷），江苏教育出版社，1992 年版，第 301 页。

③ 陈鹤琴：《活教育》，见《陈鹤琴全集》（第六卷），江苏教育出版社，1992 年版，第 301 页。

④ 陈鹤琴：《活教育》，见《陈鹤琴全集》（第六卷），江苏教育出版社，1992 年版，第 301 页。

⑤ 陈鹤琴：《活教育的教学原则》，见《陈鹤琴全集》（第五卷），江苏教育出版社，1989 年版，第 72—131 页。

管理等方面都很有建树。他是中国幼儿教育史上男大学生当幼儿教师的第一人，为探索幼儿教育中国化、科学化作出了特殊的贡献。

一、生平和主要教育活动

张宗麟(1898—1976年)，浙江绍兴袍渎人。1925年毕业于东南大学教育系，留校，担任陈鹤琴助手。后立即投身调查研究，到南京、苏州、杭州、绍兴、宁波等地考察，调查了16所幼稚园和两所育婴堂，写成《调查江浙幼稚教育后的感想》。他协助陈鹤琴在鼓楼幼稚园做了不少实验和研究，在编制幼稚园课程、幼稚园的读法教学法、儿童的习惯与技能、幼稚园的设备和玩具、儿童心理的观察与实验、儿童学习心理的发展规律等方面，都做了研究探索。1926年冬，他写成的《幼稚教育概论》，可视为对这段实验的总结。

图 5-10　张宗麟像

张宗麟在南京鼓楼幼稚园任职期间，还兼任宁波启明女子中学校长、杭州浙江女子高级中学教务主任等职。他于1927年4月加入中国共产党。后因形势紧张，与党失去联系。

1927年6月，张宗麟在南京继续做陈鹤琴助手，担任南京市教育局学校教育课幼儿教育视导员。他主张幼稚教育为工农大众服务，称赞陶行知办晓庄学校的创举。1927年9月，他兼任晓庄第二院(即幼稚师范)指导员，次年转入晓庄学校任指导员、指导员主任、蟠桃学院(幼稚师范院)院长，协助陶行知培养出一批乡村教育人才，并办起了一批乡村幼稚园。

1930年4月，晓庄学校被封闭，陶行知、张宗麟都在通缉之列。1931年初张宗麟到了厦门集美学校，先后任集美幼稚师范教员、集美乡村师范校长、集美学校校长，主编《初等教育界》杂志。

1933年初，对张宗麟的通缉令到了厦门，他又辗转广西、四川、湖南、山东等地，曾任广西桂林师专教师、重庆教育学院教务长、湖北教育学院教育系主任、山东邹平简师校长等。

1936年，张宗麟回到上海，正值陶行知出访28国。他代表陶行知参加上海各界救国会联合会的工作，主持陶行知在上海举办的教育事业，曾任光华大学教授。在党的领导下，他参加了诸多的抗日救亡工作。他再次被列入黑名单，1942年9月撤离上海，先转入淮南根据地。1943年8月到延安，任延安大学教育系副系主任、北方大学文教学院院长、华北大学教育研究室主任。1946年重新入党。

新中国成立后，张宗麟任北京军管会教育接管部副部长、高等教育委员会副秘书长、教育部高等教育司副司长、高等教育部计划财务司副司长、司长等职。

1957年张宗麟被错划成右派分子，1976年10月逝世。1978年12月，党重新评价他是一个好党员，是教育战线上一位老战士，一生勤勤恳恳为人民教育事业奋斗。

张宗麟有关幼儿教育的主要著作，已收入《张宗麟幼儿教育论集》，该论集由其女张沪编，1985年湖南教育出版社出版。

二、论幼儿教育的意义、目的

经亲自实践，张宗麟认为，幼儿教育对孩子的人生、对国家、对社会都具有特殊重要的意义。

张宗麟分析了幼儿期(3~6岁)儿童心理、生理的特点,认为这个时期儿童"最易蹈危险,正如初放之芽,最易被虫蚀"①一样。因此,这个时期的教育如何,对儿童生理、心理的影响最深,几乎一生不消。

从幼稚儿童与国家、社会关系来看,张宗麟断言:"吾人倘以国民为必须爱国者,必须为社会服务者,则其教育当自最初之教育开始,此教育为何?即幼稚教育也。"②

从幼稚教育在学制体系中的地位作用讲,张宗麟说:幼稚园教育是"聚三岁以上六岁以下之儿童于一处,施以有目的之教育,用有组织之方法,此为幼稚园"。③"非独小学生,即中学生大学生许多习惯、性情,亦可在幼稚园养成之,如研究的态度,对人的品性等,皆奠基于此。"④

此外,从幼儿教育与家庭教育的关系看,更要互为补充,互相结合。

幼儿教育的特殊意义,就在于必须确定明确的教育目标。根据这个年龄阶段的特点,张宗麟认为幼儿教育的一般目的如下:

(1) 幼儿教育之"第一义为谋求儿童之健康",若徒有知识的增进,而身体不健康,是畸形的教育。

(2) "养成几种儿童生活上必须之习惯",如饮食、穿衣、避灾害、对人有礼貌等习惯,都应在这时期养成。

(3) "养成儿童欣赏之初基"。张宗麟说的"欣赏",是指儿童的求知欲和善于思考的习惯。他说:"吾人于各种知识等等,不患知之不多,而患无欣赏之能力。有欣赏能力者,正如宝钥在手,随时可以取藏物者也。故幼稚教育不必灌输几多知识,而须培养欣赏之态度。"

(4) "养成儿童能自己发表之能力"。要求发表自己是这个时期儿童的特点。发表能力,包括图画、手工、唱歌、言语等内容,通过这些方面的教育,有利于儿童发表能力的培养。⑤

三、揭示幼儿教育的弊端

张宗麟经过对当时幼儿教育的调查和亲身的教育实践,深刻地认识到当时幼教界存在着种种问题,它们是幼教改革的绊脚石,体现在:

(一) 全盘西化的倾向

近代中国的幼稚教育制度,是从东、西洋引进的,正如张宗麟所言:"幼稚教育之来华,尤为近十数年间事,故一切设备教法抄袭西洋成法,亦势所难免。"⑥

抄袭虽难免,但却不可被外国垄断。他普遍调查了江浙幼稚教育状况后,发现二省的幼稚园教师几乎都出自外国教会设立的幼稚师范,他认为这种状况,"甚为危险"。就幼稚园

---

① 张宗麟:《幼稚教育概论》,见《张宗麟幼儿教育论集》,湖南教育出版社,1985年版,第3—4页。
② 张宗麟:《幼稚教育概论》,见《张宗麟幼儿教育论集》,湖南教育出版社,1985年版,第4页。
③ 张宗麟:《幼稚教育概论》,见《张宗麟幼儿教育论集》,湖南教育出版社,1985年版,第5页。
④ 张宗麟:《幼稚教育概论》,见《张宗麟幼儿教育论集》,湖南教育出版社,1985年版,第4页。
⑤ 张宗麟:《幼稚教育概论》,见《张宗麟幼儿教育论集》,湖南教育出版社,1985年版,第5—6页。
⑥ 张宗麟:《调查江浙幼稚教育后的感想》,见《张宗麟幼儿教育论集》,湖南教育出版社,1985年版,第425页。

(包括教会办的和国人自办的)来讲,外国化倾向彼彼可见。主要表现在:

仿造或直接购置外国玩具。“一入其门,耳之所闻,目之所见,多为外国玩具”。①

采用外国音乐。幼稚园教圣经的赞美诗或英文歌,却连自己国家的国歌都不教授,这还算什么中国幼稚园。“如此缺乏国家精神,专务外国化者,其危险岂可胜道哉?”②

在放假日及庆祝活动中,对中国国庆表现淡漠,对纪念耶稣的圣诞节却丰富多彩。不培养孩子对自己祖国的感情,而却热衷于向孩子灌输敬仰上帝的观念。

其他如设备、布置、教法等,外国气也很严重,孩子日常用语,也有不少不中不洋的“外语”。

如何纠正这种外国倾向?张宗麟提出了一些具体办法,但最重要的是:停办外国教会在华办的幼稚师范及幼稚园,由中国人自己办理。

(二)幼稚教育为富人服务

张宗麟指出,当时的幼稚园只是富贵家孩子的乐园,幼稚园的教师不过是这些有钱人家孩子的“干奶妈”。他认为这是一个幼儿教育的错误的服务方向,是终要“渐归消灭”的。他认为中国的幼稚园教育服务的对象,应“转移方向”,为工人、农民、城市贫民服务,“从都会转到乡村与工厂区”。③

(三)束缚儿童的条条绳索

张宗麟指出,在阶级社会里,世界上最受压迫的人,除工人农民外,就是妇女与小孩子。小孩子没有地位,能力薄弱,吃了苦无从说起,还被四条大绳束缚着:

第一条绳子是小孩子口上的十字封条。在家、在学校都不可随便说话。

第二条绳子是脚镣和手铐。不让孩子做事,只让读书,孩子失去了一切生活力。

第三条绳子是成人们钦定的法规。幼稚园里死板的程序,不许孩子到大自然中去。

第四条绳子是砍伐幼芽的快刀,孩子用的用品、饮食不符合卫生,孩子幼小的嫩芽,天天在受残。

张宗麟指出,经过这种教育的幼儿,就像被花匠手里摆弄过了的花木一样,已经失去了原来固有的旺盛的生命力,结果是:“他们看到自然界的一切都害怕了,对于自然界的现象都误解了。对于社会的接触面是缩小了,只敢在一间小房子里玩,不敢出外一步。手被软禁了。脚被圈子划住了。吹不得风,经不得雨。……更不敢与一切强暴作奋力的抗争。总说一句,他是小废人,小羔羊。”④

如何改变这种“小废人”“小羔羊”的培养弊病?他提出要培养儿童的生活力,使他们成为生活的能者、强者。将他的意见概括起来,就是:

第一,要教养孩子有抵抗的能力。

第二,要教养孩子会动手做事。

第三,要养成孩子学会发展自己天才的能力。

第四,要教养孩子善于不停留地进步。

---

① 张宗麟:《调查江浙幼稚教育后的感想》,见《张宗麟幼儿教育论集》,湖南教育出版社,1985年版,第426页。

② 张宗麟:《调查江浙幼稚教育后的感想》,见《张宗麟幼儿教育论集》,湖南教育出版社,1985年版,第427页。

③ 张宗麟:《幼稚园的演变史》,见《张宗麟幼儿教育论集》,湖南教育出版社,1985年版,第398页。

④ 张宗麟:《幼稚园的演变史》,见《张宗麟幼儿教育论集》,湖南教育出版社,1985年版,第798页。

四、论幼稚园课程

张宗麟指出，幼稚园里看不到课程表，但是有课程，教师自己对课程是心中有数的。

（一）幼稚园课程的内涵

张宗麟说："幼稚园课程者，由广义地说之，乃幼稚生在幼稚园一切之活动也。……包括一切教材，科目，幼稚生之活动"。①

怎样厘定幼稚园课程？张宗麟指出："无论何种学校教育课程之来源，皆为满足学生之需要及社会上之希望。幼稚园课程，大体亦如是，惟适应社会上之希望一项，似未能与前项并重，盖六岁以下之儿童与社会发生之关系较少，自身之需要甚殷也。"②所以，满足儿童自身需要应在幼稚园课程来源上更加侧重，如：儿童自发的各种活动，儿童与自然界接触或与人接触而生之活动，也包括人类流传下来之经验但也能合于儿童需要者。在编制幼稚园课程时还有特别需要注意的原则，经他概括，主要有：课程须以儿童全面发展为目的、课程内容要艺术化、课程要多注意让孩子在活动中发达身体、获得知识，要多注意个别活动，注意沟通小学低年级等。

（二）编制幼稚园课程的办法

陈鹤琴、张宗麟在南京鼓楼幼稚园实验总结出的"中心制"编制课程的方法，既照顾了儿童个性发展的需要又可使儿童不流于自由散漫而失掉教育的作用。

（三）幼稚园应设置的课程

根据南京鼓楼幼稚园的实验，陈鹤琴与张宗麟提出的幼稚园课程有：谈话、音乐、故事和儿歌、游戏、社会和自然、工作（手工、图画等）、静息、进点心、读法、数法。

幼稚园课程的"社会"性，在这些设课中，"社会"一科，曾不被人接受。对此，张宗麟于1933年写成《幼稚园的社会》一书，专门阐述了幼稚生懂得社会，他们有自己的社会生活。他指出："我们需要的孩子，绝不是只会吃，只会个人享受的孩子。我们需要的是能为孩子们谋共同享受，能注意他的四周事物的孩子。为着这种种关系，幼稚园的各种活动里都应该含有'社会'的意味。"③

然而，幼儿的社会生活是与成人不同的，还不能严格区分周围人和物的界限，甚至会将物人格化，把小狗、小猫等当朋友对待，成人要尊重儿童的社会，更不能把他们拉到成人的社会来。为促进幼儿社会性的发展，在幼儿园活动中，要注意培养儿童互助合作的精神，培养儿童爱和怜的情感，使儿童从小养成顾及别人的品德等。

（四）培养幼稚生的习惯与技能

张宗麟认为，幼稚园课程应包括孩子在幼儿园的一切活动，除各科目外，还应包括随时随处都要进行良好习惯与技能的教育。他列出七项内容，包括卫生习惯、个人的和社会的做人的习惯、生活的技能、游戏运动的技能、表达思想的技能，以及日用的常识等。他尤其重视儿童心理卫生习惯的养成、少发脾气的习惯等，认为这些要在幼儿时期养成，具有特殊意义。

---

① 张宗麟：《幼稚教育概论》，见《张宗麟幼儿教育论集》，湖南教育出版社，1985年版，第31页。

② 张宗麟：《幼稚教育概论》，见《张宗麟幼儿教育论集》，湖南教育出版社，1985年版，第35页。

③ 张宗麟：《幼稚园的社会》，见《张宗麟幼儿教育论集》，湖南教育出版社，1985年版，第268—269页。

五、论幼稚师范教育

张宗麟重视幼稚师范教育，自己先后主持和从教多所幼稚师范学校。对于改革当时幼稚师范教育，他也提出了很多独特见解。

（一）中国急需设立完美的、富于研究精神的幼稚师范

张宗麟指出：中国的幼稚园诞生于1903年，但二十年以后，国人几乎没有像样的独立设置的幼稚师范学校。为数不多的幼稚园师资来源于普通师范学校或教会学校附设的幼稚师资培训部，数量少，程度不一，更缺乏基本训练。从幼稚生的特点、孩子的养护、与家长的联络等方面看，幼稚园师资必须由"受过特殊教育的人去施教"。他说："中国急需有富于国家精神的幼稚园教师，所以急需要设立完美的、富于研究试验精神的幼稚师范。"①

他建议：停办各教会设立的幼稚师范；每省至少须设立一所完美的幼稚师范。

（二）幼稚师范生资格、性别、学习年限

对于性别，张宗麟主张"男子也可以任幼稚园教师"②。他说幼稚教师几乎完全是女子，但是创设幼稚园的始祖确是一位男教育家，我们应该把一切迷信和崇拜偶像的观念丢开。说男子粗暴，不适宜于初离母怀的儿童，这实是一种迷信。他自荐："我就是在幼稚园做事的一个，幼稚生很喜欢和我在一起的。""在事实上幼稚师范应该收男生的。"③

张宗麟认为幼稚师范生入学资格应为初中毕业，高中毕业更好，修业年限为三年。

（三）幼稚师范的课程

为培养出富有国家精神的幼稚园师资，张宗麟认为一个完美的幼稚师范应有完整的课程体系，既不能等同普通师范，更不能用教会幼师课程。他提出的课程体系，包括公民训练组，普通科学组，语文组，艺术组，普通教育组，专门教育组。每组包括多种课程。如专门教育组包括幼儿教育概论、儿童心理、儿童保育法、幼稚园各科教材讨论、幼稚园实习、幼稚教育之历史及其最新趋势、小学低年级教学法。

（四）幼稚教师的社会责任——到农村去，到贫民区去办教育

张宗麟认为，作为一个幼稚园教师，应"富于国家精神"、"富于研究精神"，应是爱国家、爱儿童的优秀分子。除学好课程外，还应有其他修养和技能。他提出了"幼稚教师自身应有的觉悟"：

第一，"幼稚教师是劳工"。

第二，"幼稚教师是为着大多数儿童谋幸福的"。

第三，"幼稚教师要深入社会去"，就是应该热爱社会工作，会到劳动妇女中去开展社会工作。

本章小结

20世纪二三十年代，是我国现代学前教育思想发展最活跃的时期，代表人物如本章所介绍的蔡元培、陶行知、张雪门、陈鹤琴、张宗麟等。他们的教育理论各有特色，谱写出了丰

---

① 张宗麟：《幼稚师范问题》，见《张宗麟幼儿教育论集》，湖南教育出版社，1985年版，第754页。

② 张宗麟：《幼稚师范问题》，见《张宗麟幼儿教育论集》，湖南教育出版社，1985年版，第754页。

③ 张宗麟：《幼稚师范问题》，见《张宗麟幼儿教育论集》，湖南教育出版社，1985年版，第762—763页。

富绚丽的学前教育思想的历史篇章。他们的学前教育思想，也有共性，若认真予以总结，对现实的学前教育改革大有裨益。

第一，他们都是爱国者，把振兴中华的宏愿落实在他们从事的改革学前教育事业上。比如他们关于学前教育目的意义的论述，蔡元培的教育方针的理论和培养健全人格的论述；陶行知把普及学前教育作为普及大众教育的重要组成部分，是要把天下所有的儿童都培养成“开天辟地的大好佬”；张雪门在抗日战争爆发后，提出了要办“以改革中华民族为目标的幼稚教育”；陈鹤琴提出活教育的目的“在做人，做中国人、做现代中国人”；张宗麟断言：要培养国民成为“爱国者”、“为社会服务者”必从最初之教育开始，“即幼稚教育也”。可见，他们的幼儿教育思想，都建筑在变革中华民族命运的根基上。

第二，他们的学前教育思想都具有破旧立新的特点。经过新文化运动的洗礼，他们都不同程度地批判了中国封建传统的儿童观、儿童教育观，揭露封建主义的儿童教育是“儿童的地狱”，用条条绳索束缚儿童的发展，扼杀了儿童的创造力。他们都强调儿童个体的价值，崇尚儿童自然发展，尊重儿童个性，提倡保护和培养儿童的创造力。他们的主张，对我国建立现代的儿童观起了关键的作用。

第三，他们的学前教育理论都具有实践性的特点。他们都是教育理论家，又都是实实在在的实行家。他们都亲自办各种学校、幼稚园，历经苦心经营、探索，将经验上升为理论。

第四，他们都是学习、吸取、改造国外进步教育理论的优秀代表，把吸取外国经验与本国国情有机结合起来，取其合理因素，剔除不足的部分，在诠释国外经验，又做实验改造的过程中，逐步形成中国化、本土化的学前教育理论，最终达到超越国外教育理论的高度。这突出体现在陶行知的生活教育理论、陈鹤琴的活教育理论、张雪门的行为课程理论、张宗麟的幼稚教育社会性理论及他们所创立和总结的教学方法上。这些都是他们在学习、吸取、改造美国杜威实用主义教育理论及教学方法的基础上，创立的具有中国特色和时代特色的理论和方法，从而把始于近代的引进和吸取外国学前教育经验的历史推向了一个新阶段。

第五，他们的学前教育思想，无不打上那个时代的烙印和教育思潮的倾向性。他们的身上反映着那个时代优秀的中华教育工作者的智慧和献身精神。他们的学识、修养和理论是值得今人学习和发扬的。

思考题

一、名词解释

1. 《对于教育方针之意见》
2. “有系统组织的实习”
3. “活教育”
4. 五指活动

二、简答题

1. 简述蔡元培关于儿童美育的主张。
2. 简述陶行知对“创造的儿童教育”的论述。
3. 简述陈鹤琴对儿童心理特点的论述。

4. 简述张宗麟论幼稚园课程的社会性。

三、论述题

1. 述评陶行知关于普及学前教育的思想。
2. 述评陶行知的生活教育理论。
3. 述评张雪门关于行为课程的理论。
4. 述评陈鹤琴的“活教育”理论。
5. 述评张宗麟对民国时期幼稚园教育的批判。

第六章 中华人民共和国时期的学前教育

本章学习目标

1. 了解：社会主义建设新时期党中央和国务院采取了各种措施（包括颁发一系列学前教育法规）加强对学前事业的领导，引领学前教育事业进入了一个新的发展阶段。

2. 理解：全面进行社会主义建设时期学前教育的曲折发展和"文化大革命"时期对幼儿教育的破坏。

3. 掌握：新中国成立初期，我国学前教育的性质、任务、发展方针及发展成绩。

4. 熟练掌握：如何多渠道、多形式、多规格发展学前教育和培养幼教师资人才；儿童教育观的更新和幼儿园教育方式方法的实验改革。

建议学时：6 小时

1949 年 10 月 1 日，中华人民共和国成立，这是中国历史的一次伟大的变革，从此我国进入了新的历史时期，我国的学前教育也随之进入了一个崭新的发展阶段。

第一节 国民经济恢复时期至全面进行社会主义建设时期的学前教育

一、国民经济恢复时期至社会主义改造时期的学前教育（1949 年 10 月—1956 年 9 月）

1949 年 10 月 19 日，教育部成立，在初等教育司下设幼儿教育处，张逸园为第一任处长。12 月，在北京召开了第一次全国教育工作会议。确定了全国教育工作的总方针，明确建设新教育要以老解放区教育经验为基础，吸收旧教育某些有用的经验，特别要借助苏联教育的先进经验。我国幼儿教育开始了改造和建设工作。

（一）明确新中国学前教育的任务、性质和工作方针

根据《共同纲领》和第一次全国教育工作会议的精神，首先贯彻向工农开门的方针，废除原幼儿园招生考试的制度，优先录取劳动人民子女，延长幼儿园儿童在园时间。新中国幼儿教育一方面担负着保证儿童身心健康发展的任务，同时又要帮助劳动妇女摆脱家庭负担。1952 年 3 月，教育部颁发的《幼儿园暂行规程》规定："幼儿园的任务是根据新民主主义教育方针教养幼儿，使他们身心在入学前获得健全的发育；同时减轻母亲对幼儿的负担，以便母亲有时间参加政治生活、生产劳动、文化教育活动等。"

（二）确定学前教育在学制上的地位

1951年10月1日，中央人民政府政务院颁布《关于改革学制的决定》，这是中华人民共和国成立后，实施的第一个学制。（见图6-1“中华人民共和国学校系统图”）该学制包括幼儿教育、初等教育、中等教育、高等教育等，确定了幼儿教育在学制上的地位，成为小学教育的基础。

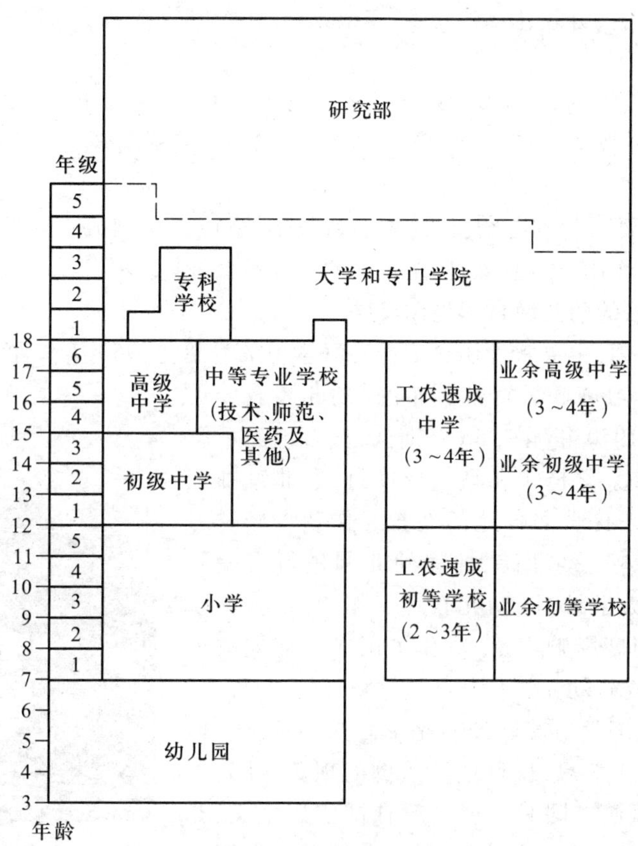

图6-1　中华人民共和国学校系统图

在幼儿教育阶段，规定实施幼儿教育的组织叫幼儿园。幼儿园发展的重点首先是工厂地区、企业部门，其次是机关、学校及郊区农村。鼓励私人办园，推动群众团体开展幼儿教育，教育部门要加强领导。

（三）接管外国在我国开办的学前教育机构，接办一批私立幼稚园

1950年12月，政务院通过《关于处理接受美国津贴的文化教育救济机关及宗教团体的方针的决定》，随之，政务院又发布了《接受外国津贴及外资经营之文化教育救济机关及宗教团体登记条例》，依此“决定”和“条例”，各地先后接管了美国和其他外国教会在我国开办的幼稚园、孤儿院、育婴堂、慈幼院等幼儿教育机构200余所，收回了儿童教育、儿童福利事业的主权。

1952年至1954年间，教育部门还陆续接办了一批私立幼稚园，改为公办幼儿园。

（四）制定幼儿园的暂行规程和纲要

教育部于1952年先后颁发《幼儿园暂行规程（草案）》和《幼儿园暂行教学纲要（草

案)》,为我国幼儿教育正规化发展提供了纲领性的依据。

《暂行规程》共8章43条,包括总则、学制、设置、领导、教养原则、教养活动项目、入园、结业、组织、编制、会议制度、经费、设备及附则等,规定幼儿园应对幼儿进行初步的全面发展的教养工作。具体明确了幼儿园的培养目标、教育原则、对象与体制,规定幼儿园的培养目标,包括要培养幼儿基本的卫生习惯,培养正确运用感官和语言的基本能力,培养幼儿爱国思想、国民公德、诚实、勇敢、团结、友爱、守纪律、有礼貌等优良品质和习惯,培养幼儿爱美的观念和兴趣等。

《幼儿园暂行教学纲要(草案)》,包括各班幼儿的年龄特点和教育要点,是幼儿园实施全面体育教学、语言教学、认识环境教学、图画手工教学、音乐教学、计算教学六个领域教学的教学纲要。

"规程"和"纲要",特别是纲要,注重学科教学,适应新中国成立初期幼儿教育的需要,在实践中起了指导作用,体现了新民主主义的学前教育方针。

(五)学习苏联的幼儿教育理论和经验

新中国成立初期,中央曾发出全面向苏联学习的号召。1950年9月,教育部发出通知,要求幼教工作者学习苏联教育部颁布的《幼儿园教养员工作指南》一书。1950年至1956年期间,教育部先后聘请苏联幼儿教育专家戈林娜和马努依连科,在北京师范大学任教,同时为来自全国各地的幼教工作者进修和专修科讲课,在北京六一幼儿院、北海幼儿园进行实验研究,指导北京师范大学编写《幼儿教育工作指南》。苏联幼儿教育思想和制度影响广泛,对新中国成立初期改造旧式幼儿教育,建立新幼儿教育制度起过积极的影响。

图6-2 1950年苏联专家戈林娜在六一幼儿院指导工作

新中国成立初期学习苏联经验是个必然的选择。但是,也曾出现机械地学习,盲目地一边倒的现象,开始了由仿美到学苏的风潮。同时开展了对杜威实用主义、儿童中心论的批判,否定以前学习西方取得的某些有用的经验,甚至引发出对陶行知"生活教育"理论和陈鹤琴"活教育"理论的批判,给我国幼儿教育的科学发展带来不利的影响。

(六)确立学前教育管理体系,积极培养幼儿教育干部、师资

自新中国成立之初,我国的幼儿教育便有了全国统一的领导管理体系。1949年教育部成立,初等教育司设幼儿教育处,各省、市教育厅局设幼教科、组或设专人主管幼儿教育。

1956年,内务部、教育部、卫生部发布了《关于托儿所、幼儿园几个问题的联合通知》,对全国保教事业发展方针、领导关系及干部培养等问题作出决定,明确对各类型托儿所、幼儿园的领导职责,以统一领导、分级管理为原则。托儿所归卫生行政部门领导,幼儿园归教育行政部门领导。依《通知》精神及时地解决了保教事业发展中的领导管理体系上的问题。

新中国成立初期,便十分重视幼教干部和师资的培养。1952年,教育部颁发《关于高等师范学校的规定》,指出:高等师范学校设置的教育系得分设学前教育组。高师学前教育专业已有北京师范大学教育系学前专业、南京师范学院幼儿教育系等五所高师院校学前教育专业,培养中等幼儿师范专业课教师及幼教干部。1956年,教育部发布《幼稚师范教学计划》,全国中级和初级幼稚师范学校有很大发展。1956 年,全国幼儿师范学校增到 21 所。同年,教育部发布《关于大力培养小学教师和幼儿园教养员的指示》,指出为大力培养幼儿园教师,除通过正规的幼儿师范学校外,还可用短期训练班、师范学校附设幼儿师资班等形式进行培养,很快在幼教战线造就了一批幼教干部及师资。

(七)确定学前教育发展方针,促进学前教育稳步发展

新中国成立后,继承和发展了老解放区发展学前教育的经验,确定了公办和民办并举的发展方针,依靠群众,动员社会各方面的力量,采取多种形式举办幼儿园。1956 年 2 月,内务部、教育部、卫生部发出《关于托儿所、幼儿园几个问题的联合通知》,指出为适应托儿所、幼儿园发展的需要,城市要由厂矿、企业、机关、团体、群众举办,在农村提倡农业生产合作社举办,教育、卫生部门要办好几个托儿所,起示范作用。还指出,就当时的实际,办理托儿所、幼儿园,仍可采用多种多样的办法,不必过早强调统一,也不应有过高过多的要求。

新中国成立初期采取公办与民办并举发展幼儿教育的方针,发挥了社会各方面的力量,有力地促进了我国幼儿教育事业的发展。

按人民教育出版社出版的《中国教育成就》一书介绍,这一时期幼儿园及保教人员发展的情况如表 6-1、表 6-2 所示:

表 6-1　幼儿园数和幼儿数

年份	幼儿园数(所)				幼儿数(万人)			
	合计	城市	县镇	农村	合计	城市	县镇	农村
1950	1 799	1 205	—	594	14.0	8.8	—	5.2
1951	4 833	3 238	—	1 595	38.2	25.5	—	12.7
1952	6 531	4 540	315	1 676	42.4	28.7	2.7	11.0
1953	5 469	3 875	458	1 136	43.0	26.2	4.3	9.5
1954	6 293	3 868	1 051	1 371	48.4	29.7	7.9	10.8
1955	7 129	3 730	1 617	1 782	56.2	31.3	12.0	12.9
1956	18 534	4 538	2 462	11 534	108.1	36.2	18.5	50.4

表 6-2　教职工数和教养员数　　单位:万人

年份	教职工总数	其中教养员数			
		合计	教育部门办	其他部门办	民办
1950	0.22	0.17	0.11	—	0.06
1951	0.55	0.44	0.29	—	0.15
1952	1.91	1.36	0.88	0.16	0.32
1953	2.82	1.60	1.07	0.26	0.27
1954	4.77	2.09	1.20	0.54	0.35
1955	5.95	2.59	1.24	0.88	0.47
1956	9.18	4.83	1.59	1.22	2.02

幼儿教育的发展,大大超过了解放以前的水平。以新中国成立前幼儿教育发展最好的 1946 年为例,幼儿园数仅 1 301 所。幼儿入所数为 13 万人;教养员数仅 2 100 人。到 1956 年,

我国幼儿园发展到18 534所，是1946年的14.2倍；幼儿入所数为108.8万人，是1946年的8.3倍；教养员数为4.83万人，是1946年的23倍。这说明这个时期，我国幼儿教育的发展方针是正确的，旧中国多少进步幼儿教育家追求的办中国化的、大众化的幼儿教育的理想正在变为现实。

二、全面进行社会主义建设时期的学前教育（1956年9月—1966年5月）

1956年9月，中国共产党第八次代表大会提出，党和国家的主要任务是集中力量发展生产力，实现国家工业化，逐步满足人民日益增长的物质和文化的需要。以后，我国便开始了全面的社会主义建设，我国的教育实现了从新民主主义教育向社会主义教育的转变，进入了独立探索中国社会主义教育发展道路的阶段。这个时期，学前教育事业在探索的道路上曲折发展。

（一）加强管理，贯彻全面发展的幼儿教育方针

1. 社会主义教育方针的提出

1957年2月，毛泽东在最高国务院会议上作了《关于正确处理人民内部矛盾的问题》的报告，提出："我们的教育方针，应该使受教育者在德育、智育、体育几方面都得到发展，成为有社会主义觉悟的有文化的劳动者。"这个教育方针，也是儿童教育的目标，只是实施上应该考虑各个年龄阶段的特点。

2. 颁发对幼儿园进行视导工作的办法

1956年11月，教育部颁发了《关于组织幼儿教育义务视导员工作的办法》，阐明了义务视导员工作的组织、义务、视导员应有的条件、职责、工作方法等。视导员对幼儿园的视导工作，是一行之有效的办法，在改进幼教工作中，收到不小的效果。

图6-3　1958年6月1日，宋庆龄在上海寓所请来了中国福利会幼儿园的一群欢乐的小客人

3. 颁发《关于幼儿园幼儿的作息制度和各项活动的规定》

教育部于1956年11月颁发了这个规定，详细地阐明了"幼儿作息制度""幼儿的活动""幼儿的体育锻炼"的具体内容、时间等的要求。制定这个规定的目的是要把幼儿的体、智、德、美具体地落实到幼儿在幼儿园的各种活动中，该"规定"制定了整日制、寄宿制、半日制各类幼儿园的作息时间表，规定了每天的睡眠、户外活动、早操及作业的时间和每周作业次数等。

（二）学前教育在"大跃进"中大起大落

1. 学前教育的"大跃进"

1958年，在"大跃进""公社化"的大背景下，幼儿园也在"大跃进"中盲目发展。各地幼儿园，特别是农村幼儿园急剧增加，有些地方不顾条件，一哄而起，甚至提出"三天托儿化"、"实行寄宿制"、"消灭三大差别"等口号。1958年，幼儿园发展到695 297个，比1957年增加了42.13倍，幼儿入园数增至28 410 000人，到1960年再度发展，幼儿园数已达784 905个，入园幼儿达29 331 000人。

在"大跃进"中，幼儿师范学校由1957年的20所，骤增至90所，学生由一万多人增至七万人。

这样的发展速度，大大超过了我国当时城乡经济发展水平。质量无法保证，也脱离群众的需要。

2. 学前教育的调整巩固

1958 年“大跃进”带来了混乱，1960 年又出现了全国性的严重经济困难。1961 年初，中共八届九中全会决定对国民经济实行“调整、巩固、充实、提高”的方针。学前教育的各种机构开始整顿。

教育部提出：幼儿教育的发展，宁可慢些、少些，但要好些。幼儿园经切实的调整，1961 年，幼儿园降至 60 307 所，在园幼儿 2 896 000 人。经两年调整，到 1963 年，全国幼儿园恢复到 1957 年的水平，1964 年和 1965 年，幼儿园的发展重新开始了稳步回升。幼儿师范学校 1963 年至 1965 年间也趋于稳定，全国有 19 所，学生 5 000 人左右。这种状况符合当时国家的经济文化发展水平。

3. 1958 年“左”倾错误还导致了在学术领域和知识分子中的学术批判

学前教育领域最先是北京师范大学批判心理学是伪科学，继而批判北京师范大学学前教研室编写的《幼儿园教育工作指南》，说它是“资产阶级方向”、是“大白旗”、是“反动的儿童中心主义”等。批判的影响很快涉及全国，导致了幼儿教育理论与实践的混乱，还致使一些有名的教育家如陈鹤琴，也被当作“白旗”被批判，这种错误在 1961—1962 年做了一定的纠正。

4. 学前教育管理机构和师资培训机构相继下马

1961 年教育部幼儿教育处和幼儿教育研究室均被撤销，幼儿园失去了全国统一领导，地方则仿效之。

高等师范院校，1958 年后相继办了十多个学前教育专业，1961 年相继下马或停止招生，中断了高层次幼教专门人才的培养。

20 世纪 50 年代后期开始的“左”倾思潮尚未消失，隐患未除，国家又面临了更严重的动荡。

三、“文化大革命”时期的学前教育（1966 年 5 月—1976 年 10 月）

“文化大革命”历经十年有余，给国家和人民带来了严重的灾难。当时，幼儿教育被视为修正主义路线的典型，受到空前的劫难与摧残，给我国学前教育的发展，造成严重损失。

（一）“十年动乱”对幼儿教育的破坏

1. 全面歪曲教育方针

把体、智、德、美全面发展的教育方针，说成是资产阶级的教育方针。幼儿园体育工作的科学内容，全部抛弃，科学的、合理的婴幼儿身体保育与锻炼，当作资产阶级生活方式去批判，全被取消，代之以自由活动实际是“集体放羊”。批判智育第一，幼儿园不进行智育教育，不引导幼儿认识周围环境与生活，不进行启发儿童智力的活动，没有自然常识教育，更不使用直观教具。不进行具有儿童特点的德育教育和必要的道德行为规范的训练，被认为这都是“小节”，让儿童死记硬背毛主席语录、诗词，甚至要“批林批孔”，听讲“路线斗争”。至于美育，干脆砍掉。美育更被认为是资产阶级货色。极大地影响儿童学习美、欣赏美、创造美能力的发展。什么“造反”歌舞、“样板戏”却进入了幼儿园。

2. 破坏幼儿园管理制度

原有的幼儿园管理制度，被批判成是对幼儿的管、卡、压。幼儿园中合理的岗位分工，被斥为资产阶级法权，废止了园长、教师、保育员的不同岗位责任。各种制度取消了，幼儿园管理混乱，危害着对孩子们的教养。

3. 大量的学前教育机构停办或撤销，全面取消师资培训

各级幼儿教育行政业务管理机构被撤销，幼儿园失去领导与管理，一些幼儿园被解散，房屋、场所被挤占，人员被随意调拨。

师资培训被取消，19 所幼儿师范全部停止招生，有的停办，有的改为中学，仅有浙江幼师未解散。高师学前教育专业，也仅有北京师范大学和南京师范学院保留了全部人员。

4. 优秀的幼儿园园长、教师被批判

有人将幼儿园园长和教师当作走资本主义道路的当权派和反动学术权威被批判。教师热爱孩子被批为资产阶级人性论。

"十年动乱"学前教育的各项工作，失去常态，破坏严重，史无前例。

（二）学前教育战线对邪恶势力的抵制、抗争与幼儿教育的逐步恢复

"文化大革命"时期，国家陷入严重的灾难与混乱之中。然而，恶势力无论怎样猖獗，怎样无法无天，社会主义的中国依然挺立着，上至中央，下至百姓，正确与邪恶的斗争贯彻于始终。周恩来、邓小平抓住一切可能的机会与恶势力展开激烈的斗争。他们顶着"反修正主义回潮""反复辟""反击右倾翻案风"的种种恶浪，作了大量的纠正"左"的错误的工作，国家各条战线的工作时有转机。比如，针对教育战线上停课闹革命、大学停止招生等逆流。周恩来指出，必须重视基础知识、基础理论的教学，中学毕业生可以直接上大学。邓小平提出文化教育要整顿，学生不读书是错误的。

在这场激烈的斗争中，广大的教育工作者、教师怀着对祖国社会主义事业的忠诚、对培养下一代的爱心，坚持工作、坚守岗位，在极其困难的情况下，作出巨大的贡献。幼教战线上，在极"左"路线盛行，幼儿教育遭到空前的、毁灭性灾难的岁月里，广大幼教干部、教师和保育人员，在十分艰难的条件下仍坚持为群众办园，坚持教育工作，使一批幼儿园保存了下来，个别农村地区，抵制了干扰，不顾阻挠，一手抓生产，一手抓计划生育、妇幼保健和托幼组织，生产教育互相促进。如江苏如东县 1972 年幼儿园入园率达 80%，成为全国农村幼儿教育发展的一面旗帜。江苏常州市把创办的 22 所民办幼儿园改为区直属集体所有制幼儿园，解决了民办教师工资福利，使民办园得到了巩固和发展。

"文化大革命"期间，学前教育被摧残，长期处于无政府状态，1966 年至 1972 年，全国幼儿园数没统计可考。1973 年以后，呈恢复趋势，但发展也微乎其微，有很多省幼儿园数还在减少，直到"文化大革命"后期，才有明显的增长。见表 6-3：

表 6-3 幼儿园数和入园幼儿数

年份	幼儿园数（万所）			入园幼儿数（万人）		
	合计	教育部门办	其他部门办	合计	教育部门办	其他部门办
1973	4.55	0.48	4.07	245	63.8	181.7
1974	4.03	0.39	3.64	263.8	56.5	207.3
1975	17.17	0.71	16.46	620	69.4	550.6
1976	44.26	1.19	43.07	1 395.5	96.8	1 298.7

这是全国人民抵制“四人帮”努力奋斗的结果,为迎接“新时期”的到来奠下基础。

第二节 社会主义建设新时期的学前教育

1976年10月,一举粉碎了“四人帮”。1978年12月,党的十一届三中全会召开,我国出现拨乱反正、恢复建设、思想解放、改革开放的新局面。国家进入了社会主义建设的新时期。学前教育呈现蒸蒸日上的新局面,进入了创建有中国特色的社会主义学前教育体系的新时期。

一、加强领导,确定发展方针,健全管理体系

邓小平高瞻远瞩,提出“科教兴国”的方针和教育要“面向现代化,面向世界,面向未来”的思想,学前教育的重要性愈益被认识。我国已将学前教育事业纳入政府重要议事日程。1978年教育部在普通教育司中重建幼特教育处,随后各省、市的教育行政部门陆续恢复幼教行政机构和幼教教研机构,或设专职人员主管所辖区域的幼儿园。幼教工作又有了从中央到地方的统一领导,结束了“文化大革命”时期的混乱状态。

改革开放三十多年来,党和政府不断加强对学前教育的领导。1979年全国人大第五届二次会议的《政府工作报告》中指出:“要十分重视发展托儿所、幼儿园,加强学前教育。”7月教育部卫生部等五部门联合召开全国托幼工作会议,后发《全国托幼工作会议纪要》,提出要加强托幼工作的统一领导和分工合作,坚持“两条腿走路”的方针,即国家办园和社会力量办园相结合发展幼儿教育事业。这次会议还成立了国务院托幼工作领导小组。

1987年10月,国务院办公厅国办发[1987]69号文件中规定幼儿教育事业:必须在政府统一领导下,实行地方负责,分级管理和有关部门分工负责的原则,明确了教育、卫生、计划、财政等各部门的职责分工。规划幼儿园行政领导由主管单位负责。

1989年8月,国务院发布《幼儿园管理条例》包括举办幼儿园的基本条件、审批程序、行政事务、保育和教育工作等。

1997年,国家教委印发《全国幼儿教育事业“九五”发展目标实施意见》,强调要继续贯彻国家、集体、公民个人一起办园(班)的方针,多种形式地发展幼儿教育事业。提出目标:到2000年,全国学前三年幼儿入园(包括学前班)达到45%以上,大城市基本解决适龄幼儿入园问题,农村学前一年幼儿入园(班)率达60%以上。

2001年5月和2011年8月,国务院分别发布了2001—2010年和2011—2020年的《中国儿童发展纲要》,均从儿童健康、教育、福利、保护、社会环境等方面规定未来十年促进儿童发展、保障儿童合法权益的目标和措施,并且后十年较前十年更有提高。

2010年7月,中共中央国务院发布《国家中长期教育改革和发展规划纲要(2010—2020年)》,提出我国“到2020年,基本实现教育现代化,基本形成学习型社会,进入人力资源强国行列”的战略目标。指出学前教育的目标是到2020年,要“基本普及学前教育”,具体要实现:普及学前一年教育,毛入学率达95%;基本普及学前两年教育,毛入学率达80%;有条件的地区普及学前三年教育,毛入学率达70%。此外,也要重视0~3岁婴幼儿教育。

为切实落实规划目标,满足广大人民群众对学前教育的迫切要求,2010年11月,国务院又发布《关于当前发展学前教育的若干意见》,提出要多种形式扩大学前教育资源,要多

种渠道加大学前教育投入，要坚持科学保教，促进幼儿身心健康发展等共十项具体措施，要求快速地、科学地发展学前教育。还具体要求以县为单位编制学前教育行动计划，有效缓解“入园难”。教育部专门成立了学前教育三年行动计划推进工作小组，各地政府先后出台了学前教育三年行动计划。

进入新时期以来，国家不断加大对教育的投入。2012 年已实现《教育规划纲要》提出的国家财政性教育经费支出国内生产总值的比例达到 4%；在上述《若干意见》中明确“新增教育经费要向学前教育倾斜”。我国学前教育事业进入了一个空前健康、快速发展的时期。

二、颁行学前教育法规

学前教育法规，指国家机关，包括立法机关和政府机关制定和发布的有关学前教育方面的规范性的文件，是医治十年动乱造成的混乱的必要措施，也是创立有中国特色社会主义学前教育新体制的保障。1979 年以后出台的法规很多，只能选取下列几项简述。

第一，颁发城市幼儿园工作条例及托儿所、幼儿园保健制度。教育部 1979 年颁发《城市幼儿园工作条例（试行草案）》，指导城市幼儿园工作走向正规化、规范化。1980 年卫生部、教育部颁发试行《托儿所、幼儿园卫生保健制度（草案）》，后经试行、修改，于 1985 年 12 月正式印发《托儿所、幼儿园卫生保健制度》。

第二，1981 年 6 月，卫生部妇幼卫生局颁发《三岁前小儿教养大纲（草案）》，规范托儿所的保育教育工作，以提高质量。此大纲是我国第一份为三岁前儿童制定的教养大纲。

第三，1981 年 10 月，教育部颁发《幼儿园教育纲要（试行草案）》，包括幼儿年龄特点、教育任务、教育要求、手段及注意事项。纲要包括：年龄特点与教育任务；教育内容与要求，分为生活卫生习惯，体育活动、思想品德、语言、常识、计算、音乐、美术八个方面。配合此“纲要”，还配套编写了幼儿园教材教法，包括体育、语言、常识、计算、音乐、美术、游戏等七种。“纲要”和配套教材，在当时指导了各地幼儿园教育走上规范的轨道，解决了幼儿老师施教的困难。

第四，《幼儿园工作规程（试行）》及《幼儿园工作规程》。1989 年国家教委发布“试行”《规程》，经六年试行，又作修改，1996 年颁发正式《规程》。《规程》对幼儿园招生、卫生保健、教育、工作人员的资格和职责、园舍设备、经费管理等作了详细规定，对新时期下的幼儿园教育及任务有新的阐述，反映了在改革开放的大潮推动下，现代儿童观和教育观渐渐渗入到幼儿园教育中。如 1996 年正式颁发的“规程”，在总则中增加了“尊重、爱护儿童，严禁虐待、歧视、体罚和变相体罚、侮辱幼儿人格等损害幼儿身心健康的行为”等，这在 1989 年发布的试行“规程”中是没有的。再如：培养目标中增加培养“求知欲望”，将“不怕困难”改为“克服困难”等，将“幼儿园与幼儿家庭”这章的提法改为“幼儿园、家庭和社区”。这些都反映了新时期的特点。

第五，1989 年 12 月，国家教委发布实施《幼儿园管理条例》，规定举办幼儿园的条件、审批程序、幼儿园体育、教育工作、行政管理的要求等，是新中国成立后第一个正式的幼儿园教育行政法规。

第六，2001 年 7 月，教育部颁发《幼儿园教育指导纲要（试行）》，《纲要》遵循《幼儿园工作规程》的精神，分健康、语言、社会、科学和艺术等五个领域，规定了幼儿园教育的目标、内容，提出了幼儿园教育实践的规范和要求，是指导 21 世纪幼儿园教育改革的纲领性文件。

这个《纲要》颁行后,1981 年的《幼儿园教育纲要(试行草案)》便废止。它颁行后,幼儿园教育改革向深层发展,以儿童为本,关注幼儿潜质的发展等新的教育观念为更多的幼儿园吸纳。

第七,发布《3~6 岁儿童学习与发展指南》。国务院 2010 年颁发《国家中长期教育改革和发展规划纲要(2010—2020 年)》和《关于当前学前教育的若干意见》以后,我国学前教育出现了空前的大发展。如何遵循幼儿身心发展的规律,科学育儿,保障幼儿能健康快乐地成长,是学前教育发展面临的实际问题。经过几年的准备,教育部于 2012 年 10 月,发布《3~6 岁儿童学习与发展指南》(简称《指南》)。

《指南》鲜明地体现了"育人为本"的理念,倡导要尊重幼儿生活的独特价值,明确幼儿是主动的积极的学习者,有其独特的学习方式和学习特点,他们是在游戏和生活中成长的,他们有着个体发展的差异。因此,"拔苗助长""小学化"倾向和某些超前教育和强化训练是错误的。

《指南》从健康、语言、社会、科学、艺术五个领域,描述了幼儿的学习与发展,对每个领域都按幼儿学习与发展最基本最重要的内容划分为若干方面。每个方面又分成两部分作阐述。一部分是学习与发展目标,分别对 3~4 岁、4~5 岁、5~6 岁三个年龄段的末期幼儿应该知道什么、能做什么、大致可以达到什么发展水平,提出了合理的期望。另一部分是教育建议,提出了一些能够有效帮助和促进幼儿学习与发展的教育途径与方法,同时也指出了某些错误的作法对幼儿的危害。

《指南》的发布,对提高广大幼儿教师的专业素质和家长科学育儿的能力,提高学前教育质量,有重要作用。

三、多种渠道、多种形式、多种规格发展学前教育事业

(一)发展中国学前教育事业必须采取的方针

利用多种渠道,动员和依靠社会各方面的力量兴办学前教育事业,是对老解放区学前教育经验的吸取,是新中国成立后六十多年的既定方针,改革开放三十多年的实践,更进一步证实了它是可行的、必行的。是因为:

我国国情决定 我国是一个发展中的国家,13 多亿人口,大量的 0~6 岁的儿童需要受教育。以 2007 年为例,接受到学前教育的儿童有 2 348 万人,当年全国 0~6 岁儿童有 5 338 万人,还有近 3 000 万儿童得不到受教育的机会。受经济力的制约,国家没有负担这么多学前儿童受教育的财力,必须动员各方面的力量。

经济体制改革和社会结构的转型,使贯彻这一方针,更有了政治基础 1979 年,我国开始进行经济体制改革,确立了以公有制为主体,多种经济成分共同发展,逐步形成多元所有制结构。教育,包括学前教育也是要跟着政治经济走的,多元所有制的经济结构,便是学前教育实施国家办和各种形式的民办教育机构并存发展的经济基础。

学前教育的特殊性 比如它的公共福利性质,办理这种教育就有地方性和群众性,不可能也不应该由国家包起来,要依靠国家、集体和公民个人一起来办。

城市社区建设和发展,促进学前教育社区化、社会化 改革开放后,我国经济的转型,社会结构的转型,促进我国由城乡二元化向城镇一元化转型。据《中国城市发展报告》公布,2011 年,我国城镇化率已达 51.27%,城市人口已超过农村人口,达 6.9 亿人。城市住宅小

区的建设发展很快，要求社区有完善的服务，社区办园便为急需。1996年正式颁行的《幼儿园工作规程》、2003年颁发的《关于幼儿教育改革与发展指导意见的通知》中，分别提出："争取社区参与幼儿园建设""逐步建立以社区为基础，以示范性幼儿园为中心，灵活多样的幼儿教育形式相结合的幼儿教育服务网络。"

（二）多种渠道办园，保证学前教育稳步、快速发展

多种渠道办，包括教育部门办、集体办、民办、其他部门办这几种主要渠道。从国家对学前教育事业的统计来看，在2004年以前曾将教育部门办与集体办合并统计，自2005年开始此两项开始分别统计。另外在2001年至2004年"民办"称"社会力量办"。

参照中华人民共和国国家教委计划建设司编、人民教育出版社出版的《中国教育事业统计年鉴》，从中选择十个年头说明改革开放以后各种渠道办理学前教育事业的情况：

表6-4　1991—2007年各渠道创办学前教育的统计情况

年份	教育部门办	教育部门办与集体办	集体办	社会力量办	民办	其他部门办
1991	12 761		100 063		18 284	27 069
1993	20 645		112 462		24 466	23 266
1995	25 217		115 736		37 020	21 905
1998	35 710		90 979			17 427
2001		55 682		44 526		11 496
2002		53 838		48 365		9 549
2003		51 774		55 536		9 080
2004		47 575		62 167		8 157
2005	25 688		24 054		68 835	3 825
2006	26 877		22 680		75 426	5 512
2007	26 697		19 710		77 616	5 063

从2001年至2007年各类幼儿园发展情况看：

第一，教育部门办和集体办的虽然数量上各年不同，有减少的趋势，但变化幅度不很大。

第二，民办的逐年增加，增幅很大，数量稳步上升，到2007年达77 616所，占全国幼儿园数129 086所的60%以上。

第三，其他部门办的幼儿园数逐年明显下降。这主要是因为经济体制改革以后，1993年财税制度改革，"企业留利"的幼儿教育资金受限；2003年以后企业逐渐剥离社会职能，一些事业单位也要减轻经济负担，造成一些部门办的幼儿园改制、转型甚至停办。

多种渠道发展学前教育事业，使我国学前教育稳步、快速发展。尤其是民办幼儿园，发展很快，至2010年达10.22万所，占全国总园数的68%。在园人数更是稳步增长，举几年为例（见表6-5），入园率也有明显提高。

表6-5　全国1980—2010年在园幼儿数增长情况　　单位：万所

1980年	1990年	1995年	2000年	2005年	2007年	2010年
1 150	1 972	2 711	2 244	2 179	2 349	2 976.66

从上表可见 2007 全国在园幼儿数量为 2 349 万人，是 1980 年入园幼儿 1 150 万人的两倍多，学前三年，入园率达到 44.6%，学前一年入园率则达 74.7%。2010 年，在园人数 2 976.66 万人，经过三十年的发展，将近为 1980 年的 2.9 倍，2007 年至 2010 年的增长速度明显地超过往年。学龄前三年毛入学率 2009 年为 50.9%，2010 年提高到 56.6%。2010 年以后，全国各地实施三年行动计划，发展速度更是空前提高。这均是我国采取了多渠道、多形式、多元化发展幼教事业的结果。

（三）学前教育的多种收托形式

改革开放三十多年来，特别是 21 世纪以来，由于办园主体不同，群众需求不同，学前教育的收托形式，呈现出从未有过的多样性、灵活性。主要有：

（1）全日制幼儿园：在园时间 6、7 小时至 11、12 小时不等，是我国幼儿园的主要收托形式。

（2）寄宿制幼儿园：幼儿昼夜在园，幼儿园全面负责孩子食宿、保教、医护等。家长每周接一次或二、三次。

（3）幼儿学前班：收入小学前一年的幼儿，全日、半日都有，是近年我国农村儿童接受学前教育的重要组织形式。1989 年统计，农村学前班幼儿数已占农村在园或班幼儿总数的 60%。

（4）混合班：将二三岁至五六岁或各年龄段孩子甚至与小学一年级混合编班。这种班有的属于农村孩子人数少或条件不够不得已而行之；也有实验性质的，为使不同年龄幼儿体验共同生活、学习和相互交往。

还有很多形式，如半日制、季节制、计时制、辅导班、大篷车、亲子园、兴趣班等等，反映了群众在新形势下对托幼形式的不同要求。

（四）学前教育机构的不同规格

（1）示范性幼儿园：一般是 20 世纪 80 年代以后由各地评选而出，在科学管理、探索规律、总结推广经验方面起示范作用，多数是教育部门办的，也有本部门评选出来的。一些实验幼儿园也起这样作用。

（2）中心幼儿园：一般也属公办，如乡（镇）政府办，是对本地区各村幼儿园起示范、辅导作用。

（3）一般性幼儿园：多数幼儿园均属这类，包括城市、乡镇、农村各地设置的公办、民办托幼机构，由于地域、经济、管理条件不同，这类托幼机构规模和质量差异很大。

四、多渠道多层次地培养学前教育师资和人才

提高学前教育质量，关键是要建立一支有一定数量保障的高素质的教师队伍和专业人才。

（一）实施《幼儿园教师专业标准》，健全幼儿教师资格允入制度

自 1978 年以后，政府有关部门不断下发文件。要求加强幼儿教师队伍建设。进入 21 世纪，群众迫切要求大力发展学前教育事业，近两三年政府频发关于幼儿园师资队伍建设的政策、指令，是前所未有的，可见其迫切性。2010 年 7 月《国家中长期教育改革和发展规划纲要（2010—2020 年）》中，明确指出要“切实加强幼儿教师培养培训，提高幼儿教师队伍整体素质”，要“严格执行幼儿教师资格标准”。同年 11 月国务院发布的《关于当前发展学前

教育的若干意见》中，指出要多种渠道加强幼儿教师队伍建设，“加快建设一支师德高尚、热爱儿童、业务精良、结构合理的幼儿教师队伍”“要健全幼儿教师资格允入制度”。2012 年 2 月，教育部发布《幼儿教师专业标准（试行）》下称《专业标准》，12 月，教育部等四部季又发《关于加强幼儿教师队伍建设意见》

《幼儿园教师专业标准》是新中国建国后第一部规范幼儿园教师专业标准的法规，其内容包括三部分：“基本理念”“基本内容”“实施建议”。“基本理念”中指出要以“幼儿为本”“师德为先”“能力为主”“终身学习”。

对幼儿园教师专业的要求，列出了 3 个方面，14 个领域，共 62 项基本内容；3 个方面是：“专业理念与师德”“专业知识”“专业能力”。

对幼儿园教师的专业要求，既包含了对一般教师的要求，又体现了对幼儿教师的特殊职业要求。比如在“专业理念与师德”中的“个人修养与行为”中，就特别要求幼儿教师要“富有爱心、责任心、耐心和细心”，“要热情开朗，有亲和力”。特别强调幼儿教师要对幼儿的生命、健康、安全必须高度重视，要特别重视对这个阶段孩子的优良行为习惯和意志品质的培养。体现了对幼儿园教师专业素质的特殊要求。

《专业标准》有重要的实践意义，它是幼儿园教师实施教育教学行为的基本规范，是引领幼儿园教师专业发展的基本准则，也是对幼儿园教师培养、准入、培训、考核等工作的重要依据。

2012 年 12 月，教育部等四部委发布《关于加强幼儿园教师队伍建设意见》，明确幼儿园教师要严格准入，幼儿园教师须取得相应教师资格证书。具有其他学段教师资格证书的教师到幼儿园工作，应在上岗前接受教育部组织的学前教育培训。还要建立幼儿园园长资格制度。而作好这些工作，《专业标准》是重要依据。

（二）多渠道、多层次地培养学前教育师资和专业人才

为适应学前教师数量和质量的要求，主要靠两个途径，一是职前教育，一是职后教育。

1. 多层次、多规格地发展学前师范教育

2010 年国务院发布的《关于当前发展学前教育的若干意见》中指出“要完善学前教育师资培训体系”。经过新时期三十余年的实践，我国已形成了以师范院校为主体，其他学校共同参与的多渠道、多层次、多规格，多种形式的学前师资培训体系。

多层次、多规格地发展学前师范教育包括：恢复和发展高等师范院校的学前教育专业，培养本科、硕士、博士等层次的人才，为各级各类幼教研究部门、行政部门等输送专业人员；恢复和发展幼儿师范学校，提高幼师办学水平，培养地区幼儿园骨干教师和地方幼教干部；中等师范学校及职业高中兼负培养幼儿师资；非师范学校参与培养学前师资。21 世纪以来担负培养学前教育师资的学校，包括了多种类型的高等学校和中等学校，如设置幼儿教育专业的高等学校，不但有高等师范院校，还有其他技术学院、高等专科学校等，中等学校设幼儿教育专业的除幼儿师范学校、中等师范学校外，还有普通中学、职业高中等。反映了学前教育快速发展的需要。

2. 学前教育师资的职后教育

成人教育是传统学校教育向终身教育发展的新型教育制度。20 世纪 90 年代以后，幼儿教师岗位培训和继续教育发展很快。2010 年发布的《关于当前发展学前教育的若干意见》中还具体明确要在“三年内对 1 万名幼儿园园长和骨干教师进行国家级培训。各地五年内对幼儿园园长和教师进行一轮全员专业培训”。这种职后的继续教育形式很多，如：

以大学为依托的专科班、续本科班等。在夜大学、函授大学、广播电视大学开设学前教育专科班和续本科班。国家还统一开辟了学前教育专科与本科的自学考试制度。还有的大学开设了学前专业硕士课程班、博士课程班。

省、市教育学院开设学前教育继续教育课程，累计课时、学分，纳入教师、干部考核。

园本培训，是幼儿园教师在任职幼儿园，通过自身的保教活动实践开展的教研和评估活动，它不仅有效地解决教育实施中的具体问题，而且有效地提高教师业务水平。2006 年，上海市被确定为全国园本教研项目实验点。经实验，证明这是一种新型的在职幼儿园教师的学习方式。

职前教育与职后教育的实施，促进了幼儿园教师水平的显著提升，从表 6-6 可见：

表 6-6　2001—2006 年幼儿园专任教师学历情况　　单位：人

年份	教师数	本科及研究生				专科		高中(中专)		高中以下	
		研究生	本科生	合计	占比(%)	小计	占比(%)	小计	占比(%)	小计	占比(%)
2001	546 203	136	9 740	9 876	1. 78	156 551	28. 66	336 668	61. 64	43 108	7. 89
2002	659 268	552	19 305	19 857	2. 93	224 776	34. 09	373 893	56. 71	40 742	6. 18
2003	709 075	857	25 446	26 303	3. 59	264 567	37. 31	379 839	53. 57	38 366	5. 41
2004	759 569	996	36 150	37 146	4. 76	308 435	40. 61	377 079	49. 64	36 909	4. 86
2005	836 120	1175	50 044	51 219	6. 13	359 773	43. 03	389 308	46. 56	35 820	4. 28
2006	898 239	1 333	64 839	66 172	7. 37	403 397	44. 91	393 411	43. 79	35 259	3. 93

这些数字表明 21 世纪以来我国幼儿园专任教师的数量逐年增加。2001 年为 54. 6 万余人，2003 年就突破 70 万人，2006 年已接近 90 万人。他们的学历不断提高，高学历的比例不断提升，高中(应包括幼师)及以下的学历比例逐渐下降。2001 年，大专学历占 28. 66%，到 2006 年大专学历的幼教专任教已接近总数的 45%，而高中程度的从 61. 64%，下降至 43. 79%，已不足一半。

随着学前教育事业的快速发展，教师队伍的建设在几年中有明显加强。据 2010 年统计，全国幼儿园园长和专业教师已达 130. 53 万人，其中 16. 10 万名园长中，学前专业本、专科毕业者占 71. 6%。全国有幼儿园专业教师 114. 42 万人，其中民办专业教师 68. 04 万人。全国幼儿专业教师具有大专以上学历者占 60. 30%。

五、儿童教育观念的更新，幼儿园教育方式方法的改革探索

(一) 树立以“尊重儿童”为核心的现代儿童观

新儿童观的树立，是新时期学前教育改革的思想基础。在亲权重，父权更重的旧制度下，儿童被视为“缩小的成人”、父母和家庭的私有财产。儿童失去了自身的权利，儿童的天性被摧残，儿童的发展被扭曲。为打破这种旧观念，近现代一百多年来，无数的进步思想家、教育家猛烈抨击它的弊端，发出“救救孩子”“学生是人，不是猪狗”的呼喊，积极引进西方进

步的儿童观。然而，这种积淀了几千年传统观念的惰性力，直至当代还时时盘踞在人们的头脑中。清除它的影响，树立以“尊重儿童”为核心的现代儿童观，仍然是新时期学前教育改革的一项重大任务，也是推进改革的前提。

进入新时期三十余年，教育理论界，包括心理学界、教育学界、教育史学界等，科学研究广泛深入，著作很多，为学前教育界研究和建立现代儿童观提供了理论基础。20 世纪 80 年代以后，又一波引进西方教育理论的思潮兴起，重提卢梭、蒙台梭利、杜威等西方教育理论家，并非历史的重复，它是 20 世纪二三十年代以后，中国儿童观上又一次革命的反映。

这种儿童观的改变反映在我国学前教育实践上，20 世纪 80 年代末 90 年代初，我国参与了联合国制定和实施的《儿童权利公约》，以后又签署和制定了一系列保护儿童宣言、计划、法律、法规，“尊重儿童”的观念引起了广泛的重视和传播。在学前教育理论界，一大批著作，论文问世，它们从不同学科、不同的角度，阐发有关现代儿童观的问题。文章作者有理论工作者。也有一线教师。如北京师范大学实验幼儿园，2010 年发表《以儿童为本的教育研究与实践》一书，汇集了全园老师在这方面的学习体会与实践成果。说明“以儿童为本”“尊重儿童”的观念，逐渐成为幼儿园教育的指导思想。

儿童观的变革，已体现在政府颁发的多种学前教育法规之中。1996 年的《幼儿园工作规程》规定：“尊重、爱护幼儿，严禁虐待、歧视、体罚和变相体罚、侮辱幼儿人格等损害幼儿身心健康的行为”。2001 年 8 月颁发的《幼儿园教师专业标准（试行）》中，明确要求幼儿园教师必须做到以“幼儿为本”，必须“尊重幼儿的主动性；遵循幼儿身心发展特点和保教活动规律”。要“保障幼儿快乐健康成长”，等等。国家的教育法规做了这些规定，说明这种观念不但要在思想上接受，而且在实践中必须实施，已经成为全国上下必须遵守的、全国每一个幼儿园、每一个幼儿教师都要照此去做。

（二）幼儿园教育方式方法的实验探索

现代教育观是与现代教育模式相适应的，新的儿童观已渐渐进入了幼儿园的教育中。教师观念的转化、素养的提升，迎来了学前教育改革的新高潮，集中反映在幼儿园的教育方式方法上，出现了多种形式并存，仅举几例如下：

（1）分科教学：进入新时期，面临“拨乱反正”，迅速恢复被“十年动乱”破坏了的幼儿园秩序，全国幼儿园一般都采用惯用的分科教育形式。这是一种集体的教育活动形式。按 1981 年颁布的《幼儿园教育纲要（试行草案）》，规定了八方面的教育内容，还配套编写了体育、语言、常识、计算、音乐、美术、游戏七种教材。采用后，幼儿园教育秩序得以迅速恢复、改进。这种教育形式使用最广。随着教育改革的深入，不少幼儿园在此基础吸收其他的教育方法，不断进行改进。

（2）活动区活动课程：这是 20 世纪 90 年代借鉴美国活动区课程模式产生的。它是教师根据幼儿年龄发展的需求，设置诸多活动区，提供学习材料，幼儿自主选择活动区，进行自主学习，教师对幼儿个人的学习或小组学习给予指导。这一教学模式，很快被推广，幼儿园普遍设立活动区，每天安排一定时间幼儿进入活动区自主学习。

（3）综合教育课程：20 世纪 80 年代初，南京师范大学，以赵寄石教授为首，开展了幼儿园综合教育课程的研究实验。这一教育方式，改变了应用已久的幼儿园分科教学一元化的格局，改用主题形式组织教育内容，打破了各个学科的界限，在一段时间内，围绕一个主题开展教育教学活动，其主题从儿童生活中选择。这种方法被很多幼儿园参考、采用。它吸取和发展了陈鹤琴幼儿园课程论的思想。

（4）蒙台梭利教育法：这种方法是意大利女教育家于1907年创立，1913年便传入中国，但流传并不广泛。20世纪90年代中期再次被我国引入，蒙台梭利实验班日益增多。这种教育法，在实践中，质量良莠不齐，论界对这种方法也褒贬不一。但它强调要把儿童看作独立的个体，儿童和成人是不一样的，主张教育儿童从日常生活训练着手，配合学习环境和教具，让儿童自发地主动地学习等观点，有其借鉴意义。

尚有多种教育方式（如瑞吉欧方案教学）在探索和实验之中。

（5）园本课程：幼儿园教育实践中，各种模式单独或混合采用兼而有之，各有特色。幼儿园课程改革与研究，已成为幼儿园教育改革的核心问题。在改革实践中，各地幼儿园开展的园本课程的研究与开发，是在学习吸纳、比较、借鉴、各种国内外经验的同时，总结和创立出自己的成功的教育模式，值得提倡。

此外，学前教育各级研究机构的重建和全国各地科学研究的广泛开展；群众性学术团体，特别是中国学前教育研究会的诞生；学前书籍、杂志丛生，成果丰硕；走向世界，与境外的各国开展广泛的交流，等等。这一切都反映了新时期学前教育的特点，促进我国学前教育事业，向建设有中国特色的、科学化、现代化的方向发展。

本章小结

本章阐述了自1949年中华人民共和国成立至2012年学前教育的发展史。以1976年10月为界，划分为两个阶段，分作两节叙述。前一个阶段又分三个时期，1949—1956年，是国民经济恢复时期至社会主义改造基本完成，党和政府制定了正确的学前教育恢复发展的方针、任务、制度、法规，学前教育有了稳步的发展；1956—1966年，全面进行社会主义建设时期，在“大跃进”的大背景下，幼儿园和幼稚师范的发展大起大落，后期虽有调整，但不久又有了1966—1976年的“文化大革命”，学前教育遭受空前的大破坏。1976年10月，结束了“文化大革命”的动乱，学前教育进入第二个发展阶段，即社会主义建设新时期，学前教育发展的总趋势是：拨乱反正，逐步恢复，到稳步发展，再到进入21世纪以后的高速发展。本章第二节说明了党和政府加强领导，确定发展方针，建立管理体系，颁行一系列教育法规，多种渠道、多种形式、多种规格地发展幼儿教育和培养师资。最后探讨了儿童教育观的更新和幼儿园教育方式方法的改革实验，这应该是学前教育质量提升的体现。

思考题

一、名词解释

1. 幼儿园的双重任务
2. 社会主义教育方针
3. 关于改革学制的决定
4. 《中国儿童发展纲要》
5. 《幼儿园教师专业标准》

二、简答题

1. 学习苏联经验。

2. 1952 年的《幼儿园暂行规程(草案)》。

3. 培养幼教师资的职前、职后教育。

4.《3~6 岁儿童学习与发展指南》。

三、论述题

1. 试论述多渠道、多形式、多规格地发展我国学前教育。

2. 新时期幼儿园教育在教育观念、内容、方式方法上的变革和评价。

下编　外国学前教育史

第七章　古代东方国家及古希腊、古罗马学前教育

本章学习目标

1. 了解:人类远古时期(原始社会)幼儿教育的4个主要特征;古埃及、古希伯来、古印度的学前教育历史。

2. 理解:古代希腊和古代罗马的学前教育发展。

3. 掌握:古希腊的斯巴达和雅典实施的学前教育的特点。

4. 熟练掌握:柏拉图、亚里士多德、昆体良3位教育家学前教育思想的基本内容,并能分析评价。

建议学时:4学时

第一节　远古时期的学前教育

人类教育的历史从人类学、考古学和原始群落的实际考证,可以追溯到距今约400万年前远古的原始社会时期。原始社会是一种共同劳动、共同生活、没有阶级、没有剥削和压迫的社会形态,人们在这种社会生产、社会生活中产生了人与人、人与集体、人与劳动之间的相互关系,促使人们需要了解和掌握生产劳动的技能和日常生活的知识,必须从学习中去获得,年长一辈的就自然承担传授这些生产、生活经验的责任,教育也就应运而生,其中当然也包含对幼儿的教育。

远古的原始社会十分漫长,我们通常把它分为四个发展时期:前氏族社会时期;母系氏族社会时期;父系氏族社会时期和军事民主制社会时期。在这远古社会时期教育中,就存在着相应的学前教育。

一、前氏族社会时期的学前教育

最早的人类社会当时的婚姻关系是一种群婚制,人类早期社会形态按辈分建立起来的婚姻家庭纯属血缘婚姻,并按辈分建立起一个个大家庭,通常多达几十个人或上百个人结成一个原始群体,朝夕相处在一起进行共同生活和共同劳动。为了抵御险恶的自然环境和谋

求生存，常常按年龄差异和体质强弱分成两个人群：一群是捕猎、攀摘果实的壮年男女；另一群是看管小动物、收藏猎获物和修建隐蔽场所的老人、儿童。老人们则肩负有照顾和教养儿童的责任，手把手地向他们传授有关制造和使用工具的方法、生产劳动的技能、日常生活的经验和行为规范等。这也可以说是远古时期最早呈现出来的一种幼儿教育形式。

二、母系氏族社会时期的学前教育

母系氏族社会又称母权氏族社会。距今约十至二三十万年的旧石器时代中晚期，远古社会由原始人群阶段进入母系氏族社会。这一时期的婚姻制度，称为普那路亚（夏威夷语即亲密的同伴）的族外婚的多妻多夫制，即若干数目的姊妹是族外若干男子的共同妻子。所生婴儿属于共同喂奶并一起照护他们的母亲们。母亲们是家庭中掌权者。这时生产劳动以男女体质、性别之不同而有分工；一般男子外出捕猎为主，女子留守住地从事原始农业、原始畜牧业生产和照料儿童。随着新石器时代的来临，生产劳动工具和技术的改进，氏族经济也得到较大的发展，妇女从事的原始种植业和畜牧业已成为人们经济生活的主要来源，而男子的狩猎业既不稳定，又不可靠，这是决定母权制的重要原因。儿童们在 8 岁之前不分性别生活在一起，均由共同的母亲们负责照管，同时教育孩子养成日常生活和家务劳动的习惯，培养各种道德行为和生产劳动的知识技能；儿童到了 8 岁以后就男女有别了，男孩由成年男子指导学习农牧之事；女孩则由妇女指导学习家务之事。

三、父系氏族社会时期的学前教育

父系氏族社会又称父权氏族社会，已到了新石器时代晚期，距今约六七千年，人类社会进入金石并用的时代。男子所从事的犁耕农业或畜牧业等经济活动的成效比女子经营的家务劳动经济价值高，这也是人类社会的第一次劳动大分工（农业与畜牧业）。这一分工也把原来已经存在的家庭关系完全颠倒了过来，由原来妇女在家庭中的统治地位变成了男子在家庭生活中居于高位而进入父权氏族社会。大家庭中的全体成员和全部财产都受家长支配，家长由男子担任，儿童的教育则由父亲为主的大家庭来承担。具体由大家庭中成年妇女一起共同照管幼小男女儿童，这一时期的每个儿童都被视为全家族未来的成员，同样在婚姻制度上实行一夫一妻制。财产按父系继承，受到养护和教育使他们逐渐了解家庭的习俗、民族的礼法和图腾信仰等。儿童一般自幼开始从旁观察成年人的生产劳动，并在游戏中逐步模仿，然后随着年龄的增长，逐渐学会生活经验和劳动技能，再成长为合格的劳动者。

四、军事民主制社会时期的学前教育

远古原始社会的最后一个社会时期是军事民主制社会，这是一种由原始社会向奴隶制社会转化的过渡时期，距今约四五千年前，当时随着生产工具和劳动技能进一步改进，物质产品不仅能满足氏族成员需要外，还有一定的剩余，用来进行产品交换，私有制也由此而产生。由于占有财富的多寡和贫富的分化，导致家族、部落间相互争斗的不断产生，战争也随之产生。这时为了适应实际生活的需要，在氏族部落里出现了两个主要首领：一是酋长，由部落男子大会推选产生，专门负责维持氏族公共秩序、组织生产劳动和日常生活；二是军事长官，由氏族全体成员民主产生，专门负责部落军事生活，战时部署人员，指挥作战。凡不称职者，可予以撤换。这样，就在氏族民主制的基础上产生了“军事民主制”。为了满足军事生活的需要，教育内容和方法上注重了对全体部落成员的军事体育训练和操练作战行为；学习武器使用；锻炼强健体魄。这一时期的幼儿教育除了培养劳动生产技能、社会生活习俗和道德规范外，也把学习军事方面的东西作为重要的内容。

从上述远古原始社会四个时期的幼儿教育中可以清楚看出它是与社会现实需要相适应的，是成人为了争取生存和延续氏族群体而对儿童施行的一种有目的、有意识的行为，并随着家庭、氏族的演变和社会的进步而不断变化和进展。这种教育虽然还十分简陋和粗浅，但毕竟是人类社会最初一个历史时期的处于萌芽状态的幼儿教育，它呈现出四个主要特征。

第一，远古时期的幼儿教育是在家庭中进行的，儿童是公有和公育的，教育的目的是为稳定一个家族的生存和繁衍。

第二，远古时期的幼儿教育形式和内容是同社会生活、生产劳动紧密结合的。带有明显的原始性、简单性、家族性。

第三，远古时期的幼儿教育还没有专门的幼教机构和专职的教师，老人和成年女性是当然的教育者，驻地、洞穴、家庭及其围场是自然的教育场所。

第四，受历史条件的制约，远古时期还存在一些不文明的迹象，如弃婴、杀婴、陪葬、祭神等迫害儿童的落后习俗，这是应加以否定的。

第二节　古代东方国家的学前教育

古埃及、古希伯来、古印度和中国同属古代东方国家，早在公元前 1500 年至公元前 3500 年左右，又都相继进入人类第一个阶级社会——奴隶制社会，随着这些文明古国政治、经济、社会的发展，其文化教育事业也同时得到相应的发展，成为整个人类文明的摇篮和发祥地。

一、古埃及的学前教育

公元前 3200 年左右古埃及已建成一个上下埃及统一、农业、手工业和商业发达、城市繁荣的古王国。

当时埃及的文化、艺术、雕塑、建筑等方面已取得很大的成就。现今巍峨雄伟地矗立于尼罗河畔的 70 多座金字塔和独特的狮身人面像就是埃及悠久历史和灿烂文化的最好见证。在天文学、历法学、数学、医学、水利、航海学、地理学等方面也都有伟大的建树。随着文化的繁荣、科学的发展也促进了古埃及教育的兴起。早在公元前 2500 年左右的埃及古王国时期就建立有宫廷学校，专门用来教育皇族子弟。到公元前 2200 年左右的埃及中王国时期增设职官学校，专门用来培训政府官员的子弟。此外还开设有寺庙学校、文士学校，专门用来培养僧侣和文秘人员。而普通百姓子弟是无权问津的。

古埃及的学前教育与上述的传统等级观念密不可分。皇族子弟为继承皇权官爵，幼年时就被安排有奶娘、保姆精心喂养，稍一懂事就要进入宫廷学校学习。儿童除了做游戏、听故事、书写练字等学习初步知识外，还要听从敬畏日神、忠诚法老、遵守礼仪、习俗等训导。官吏子弟的学前教育主要在家庭中进行，父亲负责教育男孩，母亲照管幼儿的饮食起居和教育女孩。他们教育的内容有做游戏、锻炼身体和听故事等，男孩还要学习社交礼节、宗教歌曲以及读写。属于祭司、医学、文秘、建筑、军事等职业家庭的男童，一般世代相传地继承父业，从小随父而学，逐渐了解和掌握父辈职业的秘传手艺，在实际生活中通过耳濡目染或手把手的教习逐渐学会历代相传下来的职业技能，长大后继承父业。据文献记载某建筑师之家曾 22 代传承，某祭司之家 9 代世传为僧侣，某文士之家曾 7 代为世传文士。女童则限于由母亲教其缝纫、烹饪等家务劳动，以便长大后相夫教子。

二、古希伯来的学前教育

公元前 1400 年的希伯来人原属两河流域（幼发拉底河与底格里斯河）的游牧民族，曾因寻找谷物和躲避洪水而向外迁徙到过波斯地区后又移居埃及并沦为法老的奴隶。公元前 1220 年在其酋长摩西的领导下逃离埃及重返西亚并定居于巴勒斯坦地区。公元前 1010 年由奴隶主大卫发动下建成统一的希伯来王国，但不久由于民族矛盾国家分裂为二，北部为以色列，首都是撒马利亚；南部为犹太国定都于耶路撒冷。公元前 722 年，以色列亡于亚述；公元前 586 年犹太国亡于巴比伦，直至公元前 538 年波斯王居鲁士灭掉巴比伦后，希伯来人才返回家园并重建了以犹太教为施政立国的政教合一的公社体制，到公元 70 年罗马帝国又灭了这个神权国家。希伯来人长期处于战乱之中直至成为亡国之奴，为求生存和发展不得不依赖于宗教，又寄希望于教育，把宗教看作维系种族的灵魂，把教育当作实现民族统一复兴的神圣事业。古代希伯来的学前教育按历史顺序分成两个时期：第一历史时期为公元前 1300 年至公元前 586 年，犹太亡于巴比伦时期；第二历史时期为公元前 586 年至公元 70 年，罗马帝国灭亡于希伯来时期。前者为家庭教育时期，后者为会堂教育时期。

公元前 1200 年希伯来人尚处于远古社会向奴隶社会过渡时期，在那种长期动荡不定的生活时期，家庭在人们心目中占有非常重要的位置，父亲为一家之主，当时学校尚未出现，家庭也就成为培养教育年轻一代的主要场所。父亲既是家长，又是祭司，也是教师，一切言行举止都要听命于他。父辈对子女的教育主要是进行宗教神学的灌输，养成对耶和华（即上帝）无比信仰和敬畏，由此来保持其宗教传统和维系其民族信念。

希伯来人的幼儿教育常以诵读经典和跟随大人参加各种宗教节日活动来进行。平常在家里父亲召集子女在身边，他先念一句经文，子女们跟着念，这样共同来背诵犹太教经典《律法》书。有时，父亲与子女间也经常开展对话，倾听孩子们的意见，注意关怀、培育子女成为有用之人。此外，母亲在家庭教育中也占一席之地，明确女儿的教育应操持于母亲之手，在敬仰上帝、遵守教规、勤劳持家方面做出榜样，从小就让女孩们养成遵奉教义、服从父母的习惯。

希伯来人学前教育除了以家庭为主要形式外，还常常让儿童们参加名目繁多的宗教节日活动，来进行宗教道德意识的教育。每年犹太教历"尼散月"（公历的 3—4 月间）举行的"逾越节"（纪念从埃及为奴之地得解放）、"息汪月"（公历的 5—6 月间）举行的"收获节"（纪念先人们制定"十诫"成功）、举行各种盛大宗教仪式，家长们带领孩子们亲身参加这些宗教典礼，让他们直接观察、感受宗教的威严与教诲，同时让儿童获得一些有关社会、民族、风俗习惯和生活常规等方面的初步知识。

公元前 586 年至公元前 538 年近半个世纪，亡国的犹太人被虏往巴比伦期间开始接触到一种先进的古代巴比伦文化，这在一定程度上促进了希伯来文明的发展。然而在犹太人流放过程中，原有的希伯来文化面临外族文化吞没与兼并的危险。因此，希伯来人的首领们意识到犹太民族生死存亡的问题急待解决，要么在沉默中消逝，要么团结起来灌输希伯来人传统宗教意识和文化修养，这就需要有一种专门场所来进行，于是在巴比伦国土上出现了犹太会堂，要求全体希伯来人经常到会堂聚会或做礼拜，倾听教士宣讲圣经和上帝的教诲，让每个儿童或成年人都牢牢记住自己是希伯来人，故乡在巴勒斯坦，要与巴比伦人保持一定的距离，由此改变了以往以家庭为唯一教育场所的传统，而逐渐由犹太会堂来取代。

古希伯来人的学前教育完全是为民族的救亡和传统的继承服务的。儿童从小就在家庭里或犹太会堂中接受严格的教育，其教育内容是背诵祈祷词、圣诗、格言、谚语、圣经和圣歌；此外也了解掌握一些犹太民族宗教节庆和习俗惯例等，从而让祭神、尊长、敬老等思想深入心灵，正是由于这些做法，才把一个亡国民族紧紧地联结在一起，并创造出新的未来。

三、古印度的学前教育

印度河和恒河流经亚洲南部的印度半岛，是印度的母亲河。早在公元前3000年到公元前1750年，古代印度已有相当闻名的哈拉巴文明。根据考古资料证明公元前1500年左右，一个外来的雅利安人游牧部落征服了当地土著居民而建立最初原始形态的国家。又经过1000年之久的历次战争，在恒河下流产生了一个强大的奴隶制王国——摩揭陀。在这一时期相继出现和形成的种姓制度、宗教信仰，对印度的政治、经济、文化、教育都产生过极大的影响力。其中包括古代印度的学前教育就是以维系种姓压迫和培养宗教意识而实施的。所谓种姓制度是古代印度特有的一种阶级压迫制度，出现于公元前700年左右，它是把从事当时不同社会分工的人群划分成四个等级，也就构成四种种姓。第一等级是“婆罗门”，即掌握宗教事务的僧侣贵族；第二等级是“刹帝利”，即执掌行政与军事大权的世袭贵族；第三等级是“吠舍”，即具有人身自由从事各种生产劳动的手工业者、农夫和平民等；第四等级是“首陀罗”，即被征服者或奴隶。前两个种姓人群为统治阶级，后两个人群为被统治阶级。他们之间不得通婚，不得共食，世袭相传、不得更改。古印度的婆罗门教之形成与传播，正是为维系种姓制度、麻痹民众思想而服务的。古印度的学前教育也是以维系种姓压迫和培养宗教意识来开展的。

婆罗门教形成于公元前七世纪，它源于公元前2000年古代印度的吠陀教（古印度雅利安游牧部落宗教之一，信仰多神，崇拜种种神化的自然力和祖先、英雄等）。它以《吠陀》（梵文“Vada”）为最古经典。主张吠陀天启、祭祀万能、婆罗门至上三大宗旨，把人又分为四个种姓永恒不变。这些宗教信奉也就为婆罗门教的教育提供了依据。古印度家庭生活实行的是以父亲至上的家长制，父亲握有子女生杀、买卖大权，但也要尽教诲、培养孩子的义务。作为最高种姓的婆罗门统治阶层为保持种姓的世袭和尊严，父亲在家里必须悉心指导子女记诵吠陀经典，从幼年开始，就传诵《吠陀》经（包括《梨俱吠陀》《婆摩吠陀》《社柔吠陀》、《阿闼婆吠陀》四部）；吟诵颂诗1000余首等。传授时且只能口耳相传，死记硬背；不准抄写记录，不准提问。儿童的这种神学色彩极浓的家庭教育一般要历经10年之久。这还只是学习了四部吠陀中的一部。婆罗门家族的儿童花费漫长的岁月去记诵深奥莫测、浩繁难记的宗教术语，对其实为一种苦役与摧残。此外，其他种姓的刹帝利、吠舍的子弟，虽然也有学习吠陀经典的任务，但时间上可以较为减少，而更多的时间用来跟随父亲学习有关军事、农作、手工等方面有用的实际知识。至于首陀罗种姓的子女，则完全被剥夺接受教育的权利，他们被奴隶主们视为牲畜，可以随意打骂、处罚和买卖，被当作会说话的工具来使唤。

佛教产生于公元前6世纪至前5世纪古印度迦毗罗卫国（今尼泊尔南部提罗拉科特附

近)。由王子乔达摩·悉达多(即释迦牟尼)所创立,是当时反婆罗门教的思潮之一。其基本教义是:把现时人生断定为“无常”“无我”和苦;苦的根源在于人自身的“惑”“业”所致。“惑”指贪、瞋、痴等烦恼;“业”指身、口、意等活动。宣扬弃绝人间一切享受;主张善恶报应、生死轮回;反对婆罗门种姓制度,强调信仰平等、普度众生、追求大彻大悟的涅槃境界。佛教教育的目的就在于传播教义、广招信徒,要求人们积德行善、吃苦修行、期盼来世幸福。

佛教的儿童教育一般均在家庭中进行,也有一些执意要让子女将来终身为僧、尼者,其家长可申请提前入寺、庵“出家”修行。普通家庭的孩子从懂事起就在信佛父母的言传身教下和日常生活中接受早期教育。通过耳濡目染初步养成信佛意识和对良好公德行为习惯的了解。虔敬崇拜佛祖释迦牟尼(前 565—前 485);坚持慈悲为怀、积德行善、普度众生的做人准则;从小就逐步践行勤奋、早起、打坐、洁净、生活简朴、乐意吃苦、慷慨施舍的品行习惯。稍大一点即要皈依佛法、领受“五戒”(戒杀生灵、戒盗财物、戒说狂言、戒淫妇女、戒饮酒类)成为一个在家佛徒。男的在家僧称为“优婆塞”,女的在家尼称为“优婆尼”,若想终生当僧、尼者,五六岁时就要申请入寺、庵修行,8 岁时参加一次专门的“出家”仪式,剪去头发、沐浴净身、穿黄色宽袍、向寺、庵主持僧、尼行大礼,口中念念有词:“我受佛祖之保佑,我受大嘛之保佑,我受善之保佑”。此后即成僧(尼)徒。他(她)在寺、庵里的佛教教育更注重道德品质培养和言行举止的训练,佛教经典、教义注释等则要天天背诵,熟读牢记。此外,还要跟随成年僧、尼外出化缘,求得信徒施舍,以维持平日生计。寺、庵里对僧(尼)徒们还专门订有衣、食、住、行、学习、修行等方面的种种条例、规则。不得违反越轨,定期进行检查;个人进行自身反省,这样经过 12 年的学习训练,经检验合格者则可永久留寺(庵)充当“比丘”(即和尚)、“比丘尼”(即尼姑)。

古印度的学前教育是与种姓制度和宗教神学密切联系的,其中婆罗门教的教育是维系种姓压迫和培养婆罗门宗教意识为核心任务的,与之相应的儿童教育是以种姓不同而不同。佛教教育的儿童教育有家庭教育和寺、庵教育之分,但均以信奉佛祖、吃苦修行、遵循教规、消极厌世为基本特征。

第三节　古代西方国家的学前教育

在靠近东方的希腊半岛和地中海沿岸地区是西方文明的发源地,早在公元前 8 世纪前后在希腊半岛上就逐步建立起奴隶制的“城邦”国家,它们是以一个“城市”为中心管辖周围农牧地域而形成数以百计的国家。到公元前 5 世纪至前 4 世纪是希腊城邦制繁荣时期,其中最主要和强大的是斯巴达和雅典,其政治、经济、文化、教育都有了长足的发展。古希腊的文化教育为西方文明的形成起到了一个奠基的作用。古罗马是继古希腊之后西方又一个强盛的奴隶制国家。古罗马的文化教育可以说是古希腊文化教育的延续与发展,其中包括学前在内的各级各类教育正是通过古代罗马的继承与传播,推进了欧洲乃至整个西方文明的繁荣和发展。

一、古希腊的学前教育

古希腊位于地中海东北部的希腊半岛及其周围区域,到公元 5 世纪前后农业、手工业、商业方面已有相当的发展,尤其因三面环海,航运、商贸得以进一步开发。由此,工商业奴隶主贵族逐步形成和发展并占据统治地位,许多这类城邦国家为适应经济社会生活的需要实施一种相对宽松的奴隶主民主政治，这种政治制度有利于经济的发展和文化的繁荣。雅典是奴隶主民主制城邦国家中的典型代表。然而希腊各个城邦所处地理位置有所不同，经济发展又很不平衡，造成政治体制不尽相同，斯巴达则实施的是专制奴隶主政治统治，不同的政治体制形成了各具特色的奴隶制教育模式，在学前教育上也呈现出各不相同的教育形式和教育内容。

（一）斯巴达的学前教育

斯巴达地处希腊半岛西南部、北靠崇山峻岭、南临礁石海岸、中部为平坦盆地，土地肥沃，适宜农业生产，是古希腊最大农业城邦。斯巴达人是外来征服者，有三万人，是该城邦的农业军事贵族；被征服的土著人为希洛人，有30万被沦为奴隶；其他还有居住于边疆地区的少数民族皮里阿西人，约有2万人属于无政治地位的自由民。斯巴达实行奴隶主专制统治和经济掠夺、民族压迫，由此经常发生民族冲突、奴隶反抗和频繁起义。为镇压和平息奴隶斗争，全体斯巴达人都被编入军队，实行全“民”皆兵，实行军事化管理，开展严格的军事体育教育，这种教育也从婚姻和婴幼儿开始。斯巴达人认为任何儿童都是国家的财富，对他们进行教育是国家的职责。为了确保奴隶主后代体质强健、性格坚强，首先只允许健康男女结婚生育，一个婴儿出生以后他（她）的生命和养育权并不取决于父母的意志，而要受到两次严格的检验：首先是用烈酒给新生儿洗澡，以此来对婴儿的体质作初步考验，接着就要送到国家官员——长老那里接受检查，凡发现有体弱或畸形残疾者即被淘汰，要么被冻饿而死，要么被推入深渊（泰格特山崖），只有健壮的初生儿被保留下来，暂由父母抚养至7岁。着重对儿童进行养成教育，培养孩子从小不哭不闹，听话顺从的习惯，稍大一些要他们不计较食物的品种和好坏，不挑剔衣服住所的简陋，并亲身体验艰难生活，吃苦耐劳和锻炼身体的种种经历。此外，还要在品德和性格方面培养孩子始终保持知足和愉悦，不怕孤独和黑暗，专心听讲英雄事迹和故事，仿效英雄的光辉言行，从小逐渐形成勇敢、坚韧、顺从和爱国的思想品德并为7岁后进入正规的国家教育场接受训练奠定基础。

（二）雅典的学前教育

雅典地处希腊半岛的最南端，三面环地中海，境内多山，不宜农耕，但可以栽培葡萄、橄榄等经济作物，顺应地理环境，早在公元前7—前6世纪不少奴隶主就着手经营航运、商业和手工业，成为工商业奴隶主，随着社会的演进，他们在与旧有的农业奴隶主政治斗争中日益占据优势，且又进行一系列的改革。到公元前5世纪伯利克利时代，雅典的奴隶主民主政治逐渐形成，它为雅典的经济、文化、艺术、教育的繁荣和发展奠定了坚实的基础。

雅典城邦十分重视文化教育事业，把它视为培养城邦合格公民的有效工具，曾有法令明确规定：“父亲有责任让其子女接受适当的教育，否则，子女成年后有权不赡养父亲”。[①] 与斯巴达不同的是雅典的培养目标，不仅限于会打仗的战士，还要培养有文化知识的政治家、思想家和精明能干的工商管理人员。由此雅典教育对年轻一代不仅强调体育和道德教育，也十分重视智育和美育；在教育模式上与斯巴达的国家化教育体制不同的是，雅典行政部门不直接干预各类教育的运行方式，私人办学日趋盛行。

图7-1　古代雅典音乐教育情景

① 吴式颖主编：《外国教育史教程》，人民教育出版社，1999年版，第34页。

雅典的学前教育,国家也不严格控制,一般都是在家庭里由父母对 7 岁前的子女进行养护和教育。每个刚出生的孩子同样要受到严格的检验,只允许强壮者或父母认可的婴孩留在家中抚养,凡不健壮者、残疾者则要弃置野外、山岗或交由奴隶们去养育,被视为奴隶的后代。被奴隶主认可的婴幼儿主要由母亲对他们进行喂养并挑选有经验的女性奴隶帮助照看。最初由乳母喂奶,随后交给保姆和教仆关照。7 岁前男女儿童都是在家庭中共同度过,他们可以玩皮球、小马、木偶、小狼等玩具,也常由父母和教仆给他们讲故事、童话和伊索寓言,从中让幼儿们学到一些粗浅的行为道德意识和良好的生活习惯,有时孩子们还能听到母亲和女仆吟唱的亲切悦耳的歌声和摇篮曲,以便从小培养他(她)们对音乐的兴趣。7 岁以后男孩则要由男教仆陪同入学,同时进入"文法学校"和"音乐学校"(也称"弦琴学校")学习初步的文化知识和音乐课程;而女孩则仍被留在家里接受家庭教育。学习内容有纺织、缝纫、刺绣、烹饪、读写诗词书籍、演奏各种乐器等。

图 7-2　古代雅典体育教育情景

综上所述,古希腊学前教育的显著特点是家庭化、自主化、多样化来进行。家庭成为孩子们最早进行学习的学校;母亲是最早施教的教师;德、智、体、美是儿童学习的多方面内容。整个古希腊的幼儿教育呈现一种自发、宽松的状态。

二、古罗马的学前教育

继古希腊之后兴起的又一个强大的国家就是古罗马。它起初只是意大利半岛中部台伯河畔的一个城邦小国,但在经历数百年征战后逐渐扩张成地跨欧、亚、非三洲的奴隶制大帝国,其发展历史一般可分为三个时期:公元前 753 年至前 509 年称为"王政时期";公元前 509 年至前 30 年称为"共和时期";公元前 30 年至公元 476 年称为"帝国时期"。

古罗马的"王政时期"尚处于原始社会向奴隶制社会的过渡时期,是个地域不大的城邦小国,至今缺少文史记载,当时的政治、经济、文化教育状况都难以查考。"共和时期"是古罗马奴隶制日益强盛并走向繁荣的时代,随着政治经济的兴起,教育事业也得到较大的发展。"帝国时期"则是古罗马奴隶制由鼎盛走向衰落的时期,教育也进入到一个变革的新阶段。

古罗马的文化、艺术与教育的发展有一个与众不同的特点是深受古希腊的影响。因为当时罗马还只是一个军事征战的国家,在文化科学、教育等领域都远远落后于古希腊。当公元前 148 年,罗马在军事上战胜希腊的同时,在文化上却被希腊所征服。在起初的数百年中,古罗马统治者除了保留部分古罗马的传统习俗外,基本上接受了古希腊的灿烂文化和生活方式,在教育领域,把古希腊的文字、语言、学校、教学内容等都吸纳了过来,只是到了"帝国时期"才有所改变。古罗马的学前教育也同样带有古希腊学前教育的色彩。

(一)共和时期的学前教育

古罗马的共和时期,一般又分为两大阶段,其一是共和前期(公元前 6 世纪—公元前 3 世纪);其二是共和后期(公元前 3 世纪—公元前 1 世纪)。共和前期的政治社会实行的是一种家长制农奴体制。当时正处于不断征战向外扩张阶段,每个罗马民众的男性既是战时的军人，平时又是带领全家和奴隶进行农耕的农夫。父亲是一家之长，握有生杀大权，母亲则在女儿协助下管理家务，每个家庭实施的是"农夫加军人"的教育。男孩从幼小时就跟随父兄耳濡目染或实际参与农事活动和军事操练，从小就培养敬畏神明、孝敬双亲、谦逊节俭、忠勇爱国的思想品德，有时也学习阅读、书写、计算以及骑马、游泳、使用兵器等初步本领，这样直至他们成为一名真正的罗马公民——农夫、军人。共和后期的古罗马儿经征战后领土扩张、人口增多、城市兴起、国力强盛、经济繁荣；希腊文化影响日益加深，希腊语成了罗马贵族、商人及受教育者的语言，数以万计的希腊教师投奔罗马，为适应共和政体和文化生活的需要，承袭希腊方式的教育体系，培养雄辩家，成为这一时期教育的主要目的。尤其是到公元前 148 年整个希腊被征服后，大量的财富和奴隶流入罗马，使罗马变成了一个畜奴的强国。奴隶主贵族逐渐向往东方国家的奢华，养成崇尚文明和鄙视体力劳动的生活方式。幼儿教育的内容和方法也随之发生变化，以前由父母自己教育子女的单调和严酷模式，现在改由乳母和希腊保姆及希腊教仆（属被俘获的有文化知识的奴隶）共同照管孩子，让儿童学习希腊文、拉丁文，听讲英雄故事，接受思想熏陶，许多奴隶主贵族为了避免自己的孩子与平民子女接触，即使孩子已到了上学年龄，也不把他们送到初等学校去上学而留在家庭里施以初等教育，学习阅读、书写、计算、"十二铜表法"等课程，同时也注重思想道德教育，倡导爱国、守法、勇敢、谨慎、节俭、孝道等，此外，宗教、体育以及农业知识等也是这时期罗马儿童学习的内容。

（二）帝国时期的学前教育

公元前 1 世纪到公元 5 世纪的古罗马，随着疆域的不断扩大和奴隶制的发展，已由原来的共和制演变为中央集权制的罗马帝国。帝国时代的最初两百年，罗马经济繁荣、政治稳定，可以称得上是罗马的"黄金时期"，但是到了公元 3 世纪经济衰落、官僚政治腐败，阶级矛盾激化，奴隶起义频发、外族不断入侵，罗马进入了全面危机而走向衰亡。395 年，罗马帝国正式分裂为以罗马城为首的西罗马帝国与以君士坦丁堡为首的东罗马帝国。476 年，在奴隶起义和日耳曼人的入侵下西罗马帝国灭亡；1453 年，君士坦丁堡陷落，东罗马帝国从此结束。

在帝国鼎盛时期，教育也已成为征服、掠夺外邦，维护巩固内部政权的工具。为此改变以往全盘承袭古希腊的那种比较自主式、松散的教育模式而逐步建立起一整套国家教育管理体制，把各级各类教育都置于国家的监督之下；提高教师的社会地位；免除教师的兵疫和劳疫；要求城市当局开设一定数量的初等学校，并对教师工作及教学内容进行监督，对其他私立学校严加管制。

帝国时期的学前教育也秉承帝国皇帝的专制集权统治的意志，对幼小儿童灌输等级门第思想，在贵族家庭里则着力造就自命不凡、好逸恶劳、贪图享受、追逐功利的未来权贵接班人；劳动者家庭的后代则被训练成胸无大志、目不识丁、麻木不仁、惟命是从的帝国顺民。

第四节　古代西方的学前教育思想

古代西方的学前教育思想主要凸现于古希腊和古罗马的几位思想家、教育家的相关论述中。他们在长期的教育实践中，按照当时社会的政治、经济需要而提出学前教育的目的、意义、内容和方法,对当时学前教育的具体实施起了积极的指导作用,其中还有不少精辟见解和经典论著,已成为后人借鉴的宝贵财富。

一、柏拉图的学前教育思想

柏拉图(Plato,前427—前347年),古希腊著名的思想家、政治家、教育家。他是苏格拉底(Sokrates,前469—前399年)的得意门生,曾创办过一所当时的高等学府“阿加德米学园”,在学园里执教达40年之久。学园中先后培养出许多著名的学者、思想家和政治活动家,如亚里士多德(Aristotele)、德路斯(Delius)、阿里斯托尼谟(Aristonymus)等。

图7-3 柏拉图像

柏拉图写有《理想国》一书,反映了他的社会政治思想,也是柏拉图教育思想的传世佳作。柏拉图在《理想国》中主张建立一个所谓完美理想的国家,在这个国家中由三个阶级的人员组成,即执政者、军人和农、工、商。这三部分人由于神灵在造就他们的时候,分别注入了黄金、白银和铜铁,从而使他们各自呈现出“爱智慧”“爱胜利”和“爱功利”三种心灵特点。智慧者理所当然应成为国家统治者,勇敢者最适宜于成为国家保卫者,农工者理应成为服从智者、军人统治的劳动者、供养者。这三种人各就其位、各司其职,“做他们自己的事而不干涉非分内的事”①。教育是实现理想国的重要手段,因此要由国家来全面掌管,并实施一种选拔人才的筛选制度,构筑一个从优生到成人教育的完整体系,学前教育是其中重要组成部分。柏拉图是西方教育史上最早论述学前教育的思想家。他强调教育应从幼年开始,“一切事情都是开头最为重要,特别是人类,在幼小柔嫩的阶段,最容易接受陶冶,你要把他塑造成什么形式,就能塑成什么形式。”②因为幼年时儿童的性格正在形成,任何早先印入儿童心灵的印记,就会在以后一生中留下深刻的影响。柏拉图从维护其理想国目标考虑,首先提出优生优育问题,主张任何人都得过集体公共生活,明确婚姻的目的是为国家生育优秀的后代,个人无婚配权,婚权在于执政者,男女结婚年龄规定为男子25~55岁;女子20~40岁,国家只准健康的男女成婚,凡不符合规定婚龄和健康标准的婚姻,则被视为不洁、不义之举,为众人所不齿,其所生子女则不能享受国家的一切权利。所以从一开始执政者就要为成年男女选择婚配,婴儿出生后要接受官员审查,只允许健壮的新生儿存活;残疾孱弱的婴儿则要抛弃,以保国民的身体素质,一代胜过一代。

在优生基础上,柏拉图还十分重视优育,他强调在理想国所生子女都属于国家所有,国家就要负责他们的健康成长。为此国家要统一设置育儿院,要求儿童一出生就送入育儿院抚养,在出生到3岁第一阶段主要对婴幼儿除了确保身体健康外,还要用摇篮曲、儿歌对他们进行影响性教育,因为音乐可以使他们身心受到陶冶、性情得到调和。3~6岁第二阶段把孩子们集中到附设在神庙里的国家儿童场里去,由性格温和、富有知识的保姆养护监管他们,并开展对儿童进行智、德、体、美和谐发展的教育,具体表现为讲故事、

① 柏拉图:《理想国》,商务印书馆,1986年版,第154页。
② 柏拉图:《理想国》,商务印书馆,1986年版,第71页。

寓言、诗歌、音乐、艺术和体育锻炼，并强调寓教于乐和思想熏陶。此外，儿童的饮食要适当，生活要有规律、睡眠要充足而又不过多，训练不宜过度劳累，培养儿童视听敏捷，适应环境变化，做到心灵与体质和谐发展，以便为进入文法学校、音乐学校、体操学校的正规初等学校准备好条件。

二、亚里士多德的学前教育思想

亚里士多德（Aristotle，公元前 384—前 322 年）是古希腊著名的哲学家、科学家、教育家。他出生于古希腊属地色雷斯一个御医家庭，受过良好的贵族教育，17 岁时来到雅典阿加德米学院，师从柏拉图 20 年之久，后来他自己也创办了一所名为吕克昂（Lycoum）的学校，校内设有图书馆、动物园、植物园和实验室等，招收众多学生，讲授哲学、科学等各门学科达 13 年之久，在教育和学术上都取得了巨大的成就，被马克思、恩格斯称为西方“古代最伟大的思想家”[①]，他在哲学、逻辑学、物理学、生物学、历史学、美育等领域都富有研究成果，作出过较大贡献。他在《政治学》和《尼各马可伦理学》两大著作中集中论述了他的教育观和学前教育思想。

图 7-4　亚里士多德像

亚里士多德继承柏拉图的国家教育论，把教育视为国家的头等大事，要专门制定有关法律，明确规定一定年龄的儿童必须接受国家给予的教育。他告诫国家执政者，一定要掌管好教育，“使公民们的生活适合于政府的形式”“忽视教育就会危害政制”，[②]强调“教育应由法律规定”[③]。这也是西方教育史上“教育立法”思想的开端。

亚里士多德十分重视青少年身心自然发展特点的研究，提出了按儿童年龄划分受教育的阶段，从而实施不同的教育任务。他还认为合理的教育理应遵循人的自然行程，首先要有健壮的体魄；接着是情感的训练，培养其善良的思想意识；然后给予理智教育，促进逻辑思维能力的提高，这也就是亚里士多德所倡导的“效法自然”的教育。他把每个人受教育的年龄按 7 年为一个自然阶段而划分为 3 个时期：初生～7 岁为学前教育时期；7～14岁为初等教育时期；14～21 岁为中高等教育时期。人们必须严格按照这一年龄分别接受相应的各类教育。

亚里士多德对学前教育阶段的具体安排从生物学、解剖学、医学的角度提出要分 3 个时段来进行：儿童出生前的胎教；出生至 5 岁的婴幼儿教育；5～7 岁的儿童教育。

亚里士多德是西方教育史上提出“胎教”的第一人。他认为“父母具有何种体格对其子女最为有利，是我们讨论儿童教育时将要充分考虑的问题”。[④] 他在《政治学》一书中关于优选父母，提出介于运动家和虚弱者之间的父母体格为好，随之要考虑孕妇的保健问题，他说：“孕妇应自己保重，她们应当从事运动、要有富于营养的食物……每日步行”。[⑤] 心

---

① 《马克思恩格斯全集》第 23 卷，人民出版社，1975 年版，第 447 页。

② 转引自张焕庭主编：《西方资产阶级教育论著选》，人民教育出版社，1964 年版，第 561 页。

③ 转引自张焕庭主编：《西方资产阶级教育论著选》，人民教育出版社，1964 年版，第 562 页。

④ 转引自张焕庭主编：《西方资产阶级教育论著选》，人民教育出版社，1964 年版，第 558 页。

⑤ 转引自张焕庭主编：《西方资产阶级教育论著选》，人民教育出版社，1964 年版，第 558 页。

理上要始终保持安定和平静。关于父母生育的最佳年龄期,他主张“太年老的人有如太年轻的人所生的儿童都有缺陷……那么这个限度应当是智力旺盛之年”。① 亚里士多德强调,当新生儿降生时,要对其进行严格检验,国家要制定一种法律,规定只允许健壮的婴儿存活,而“不许养活畸形残疾儿童”。② 关于婴儿时期的养育问题,亚里士多德要求人们给他们良好的营养和适当的锻炼,婴儿的食物应以母乳为最好,决不吃含酒精的东西;婴儿的体格锻炼十分必要,成人要协助他们做一些适合四肢活动的运动,但要注意“保护他们脆弱的肢体免于骨骼弯曲……使其身体正直”。③ 从出生到5岁阶段,亚里士多德反对儿童进行课业学习,而应有充足的活动。他认为,“这可以用许多方法获得,游戏是这些方法中的一种,但游戏不该是鄙俗的、易使人疲倦的或无丈夫气概的”④。至于孩儿的啼哭则不必禁止,因为啼哭时能扩张肺部,有助于身体的发育。此外,听故事也是5岁前儿童喜闻乐见的事,但故事的内容应是健康的、积极的,必须由政府部门精心选编,不管是做游戏或讲故事,都要“为将来的事业作准备”。⑤

从5岁到7岁阶段,亚里士多德认为应以良好的行为习惯养成为教育孩子的主要任务。他强调这一时期家庭环境对儿童性格的形成十分重要,“因为在7岁以前,他们必须住在家里,所以即在幼年也可能从他们所听见的所看到的而沾染到不良习气。……没有一种事比取缔不洁语言更应注意,因为可耻的语言轻易出之于口,每即导致可耻的行为”。⑥ 同样不要让孩子们看不好的图画或戏剧。“凡能引致邪念和恶毒性情的各种表演都应加以慎防,勿令耳濡目染。”⑦进而,亚里士多德对儿童良好品德的培养提出三个要素:一是天性;二是习惯;三是理智。其中习惯是最为重要的,良好习惯的形成就是在日常生活和言行活动中,应让他们最先遇到美好的东西,经常接触好人好事,并让他们边学边做,身体力行,反复练习。这样久而久之,良好的道德品质也就逐渐养成,“习惯成自然”这句谚语,在西方即渊源于亚里士多德。

亚里士多德的学前教育思想可以概括为胎教思想、心灵白板说、教育顺其自然说、幼教年龄分期说、品德习惯培养说等。这是他吸收前人的宝贵经验和总结自己长期教育实践、研究后提出来的,对西方乃至各国学前教育的发展作出了重要的贡献。

三、昆体良的学前教育思想

昆体良(Quintilianus,35—95年)是古罗马著名的雄辩家和教育家。他从维护罗马帝国统治需要出发,把培养道德高尚,精于演说的雄辩家作为他的教育目的。他认为要成为一名合格的雄辩家必须具备三个条件:其一,高尚的道德品质;其二,渊博知识,丰富的阅历;其三,朴实自然、言简意赅,精彩动人的演讲风格,而培养雄辩家必须从幼儿时期开始。他在《雄辩术原理》一书中专门论述了学前教育的目的、内容和方法等问题。在这本书的第一卷

① 转引自张焕庭主编:《西方资产阶级教育论著选》,人民教育出版社,1964年版,第559页。
② 转引自张焕庭主编:《西方资产阶级教育论著选》,人民教育出版社,1964年版,第558页。
③ 转引自张焕庭主编:《西方资产阶级教育论著选》,人民教育出版社,1964年版,第559页。
④ 转引自张焕庭主编:《西方资产阶级教育论著选》,人民教育出版社,1964年版,第560页。
⑤ 转引自张焕庭主编:《西方资产阶级教育论著选》,人民教育出版社,1964年版,第560页。
⑥ 转引自张焕庭主编:《西方资产阶级教育论著选》,人民教育出版社,1964年版,第560页。
⑦ 转引自张焕庭主编:《西方资产阶级教育论著选》,人民教育出版社,1964年版,第560页。

第一章中就提出："当儿子刚一生出的时候，但愿做父亲的首先对他寄予最大的希望，这样才会一开始就精心地关怀他的成长。"①接着他认为，凡是每个儿童都要学的东西，就应该早点开始学习，因为婴儿时期的所得是青年时期的收获。"7岁以前学习的东西无论怎么少，但有了这个基础，到了7岁就可以学些程度更深的东西，否则到了7岁还只能从最简单的东西学起"②岂不白白浪费了宝贵的时间。

图 7-5　昆体良像

昆体良认为，未来雄辩家的培养是伴随着婴儿的出生就开始的，他说："我的计划是引导我的读者从咿呀学语开始，经过初露头角的雄辩家所必需的各个阶段的教育，一直到雄辩术的顶峰。"③他还强调："愈是年纪小，头脑就愈易于接受小事情……因为初步知识仅仅靠记忆，而记忆不仅存在于儿童时期，而且儿童时期的记忆甚至更加牢固，正因为如此，就更没有借口浪费早期年龄的光阴。"④

昆体良十分重视幼儿的游戏活动，他说：儿童"爱好游戏……那是天性活泼的标志；那种迟钝麻木，没精打采的，甚至对那个年龄阶段所应有的激动也漠然无动于衷的学生，我是不指望他能热心学习的。"⑤昆体良要求教师充分利用游戏这一儿童喜爱的活动方式，把它变成既是一种娱乐，也是一种学习，又是一种教育的有效方式。在他看来，游戏和娱乐"有助于发展敏锐的智力"。⑥ "儿童能力的主要标志是记忆力，记忆力包括两个方面，敏于接受知识和记得牢固。"⑦昆体良为了造就一个个未来的雄辩家，要求儿童从小就要逐步培养渴求知识的意愿和创造性，在青年时期就表现出旺盛的活力和创造力，其中虽然可能缺乏正确性和精准性，我们也要加以鼓励。因为"过头的精力旺盛是不难纠正的，麻木不仁则是不治之症"。⑧

昆体良对父母及年长之辈身教重于言教问题上存在的不良现象提出警告，尤其警告那些富有之家和无知家长切莫把"谩骂被当作言论自由，草率鲁莽被当作勇敢，挥霍被看作富裕"。⑨ 不然的话，那些年幼的孩子还不知道这些事是邪恶时就学会了，于是他们变得娇气、放纵以至说脏话，"他们这样满嘴污秽是不足为奇，这是我们自己教的，他们是在听我们说话时学会的"。⑩ 因此，昆体良恳切要求孩子的父母应该将心思用于培养有利于孩子健康生长的言行上，只做一切应当做的事情，成为孩子的良好榜样。

昆体良还竭力反对儿童教育中的体罚现象，"对于如此纤弱，如此无力抗拒虐待的幼年，任何人都不允许滥用权威"。⑪ 他认为体罚只能造成儿童身体和心灵的创伤，有百害无

① 任钟印选译：《昆体良教育论著选》，人民教育出版社，1989年版，第10页。
② 任钟印选译：《昆体良教育论著选》，人民教育出版社，1989年版，第15页。
③ 转引自赵祥麟主编：《外国教育家评传》（第1卷），上海教育出版社，1992年版，第154页。
④ 任钟印选译：《昆体良教育论著选》，人民教育出版社，1989年版，第15—16页。
⑤ 任钟印选译：《昆体良教育论著选》，人民教育出版社，1989年版，第15页。
⑥ 任钟印选译：《昆体良教育论著选》，人民教育出版社，1989年版，第27页。
⑦ 任钟印选译：《昆体良教育论著选》，人民教育出版社，1989年版，第25页。
⑧ 任钟印选译：《昆体良教育论著选》，人民教育出版社，1989年版，第18页。
⑨ 任钟印选译：《昆体良教育论著选》，人民教育出版社，1989年版，第98页。
⑩ 任钟印选译：《昆体良教育论著选》，人民教育出版社，1989年版，第21页。
⑪ 任钟印选译：《昆体良教育论著选》，人民教育出版社，1989年版，第28页。

一利，并往往会造成以下五种后果：

第一，体罚事实上无疑是一种凌辱，让孩子丧失自尊；

第二，盛行体罚习以为常的话，势必造成其他的教育就难以起到作用；

第三，如果幼儿时期经常受到体罚，长大后往往更难以驾驭；

第四，体罚只能造就奴隶的性格，而不能培养雄辩之才；

第五，体罚的结果必然使儿童精神、肉体备受摧残，容易产生心理疾病。

为了更好地教育幼小儿童，昆体良对幼儿教师提出一系列严格要求，具体有以下几点：

第一，身体必须健康，说话清楚正确；

第二，教师要以父母般的感情对待儿童，只有热爱儿童才能教育儿童，严峻而不冷酷，和蔼而不放纵，以理智的爱赢得儿童的尊敬；

第三，要善于观察儿童和了解儿童，弄清楚每个儿童的能力、兴趣和个性，精细掌握儿童间的差异，因材施教；

第四，要正确运用批评和表扬，尤其对幼儿更要和蔼可亲地表扬优点，温和的方式批评缺点，及早发现，及早纠正；表扬既不滥用又不吝惜。

昆体良是继柏拉图、亚里士多德之后，罗马帝国时代的雄辩术教育家，他对幼儿教育问题既有继承更有创新，其中有关幼儿性格的培养，反对娇惯儿童，反对体罚，注重游戏教育的方法，父母的身教和教师的严格要求等方面都给后人以极大的启发。

本章小结

人类教育的历史可以最早追溯到远古社会时期——原始社会。又分别经历前氏族社会、母系氏族社会、父系氏族社会和军事民主制社会，时长达 170 万年之久。

原始社会的教育方式是与当时的生产方式、生活方式紧密联系的，它完全融合在生产和生活过程之中，主要是年长一代向年轻一代传承生产劳动的经验和生活技能知识。

原始社会的幼儿教育是随着氏族家庭的产生而产生，随着家庭的变化而变化并不断向前发展的。

古埃及、古希伯来、古印度和中国等东方文明古国中，由于各自的政治、经济、文化、社会体制的不同，各国实施与其国情需要的各级各类教育，其中也包括学前教育。本章主要介绍古埃及、古希伯来、古印度的学前教育，其共同的特点是家庭就是学校，父母就是教师，民情、民俗、宗教信仰、娱乐、游戏是学习的主要内容。

古希腊、古罗马是西方国家文明的摇篮，也是西方国家各级各类教育的发源地。斯巴达和雅典是古希腊众多奴隶制城邦国家中的典型代表，由于斯巴达属于奴隶主军事专制统治；雅典实行的是奴隶主商贸民主政治，所以实施的学校教育和学前教育各有自己的特色。

古罗马是继古希腊之后建立起来的横跨欧、亚、非三洲的奴隶制国家，从公元前 8 世纪到公元 5 世纪长达 1300 多年时间中历经了“王政”“共和”和“帝国”三个发展阶段，后两个阶段才是奴隶制兴起、繁荣、发展直至衰落的时期，其实施的文化、艺术、科学和教育除受本国政治、历史演变的影响外还深受古希腊的影响，古代罗马的学前教育也明显带有古代希腊教育的印记。

古代西方国家随着政治、经济、文化、科学、教育的繁荣和发展，涌现出众多的思想家、哲学家、政治家和教育家，他们发表的许多关于学校教育和学前教育的精辟见解对西方各国教育的发展起到了极大的促进作用。本章集中介绍了古希腊的柏拉图和亚里士多德、古罗马的昆体良的学前教育思想,他们在世界学前教育发展史上作出过重要的贡献。

思考题

一、名词解释

1. 斯巴达幼儿教育
2. 雅典幼儿教育

二、简答题

1. 古罗马学前教育的特点。
2. 简述柏拉图学前教育思想的主要内容。
3. 简评亚里士多德的学前教育思想。
4. 简述昆体良对体罚儿童问题的评析。

三、论述题

1. 评述斯巴达和雅典学前教育的同异之处。
2. 简述古希腊、古罗马对世界学前教育思想发展的主要贡献。

第八章 中世纪和文艺复兴时期学前教育

本章学习目标

1. 了解：中世纪儿童观的基本内容。
2. 掌握：中世纪学前教育的主要类型与内容。
3. 熟练掌握：夸美纽斯学前教育理论及其历史意义。

建议学时：4 学时

西方中世纪至文艺复兴时期是儿童观念和学前教育从封建时期的小大人及其成人化的特征发展成为初步呈现尊重儿童，遵循其发展规律，以其为中心的特性。这一变化为现代学前教育的变革奠定了坚实基础。

第一节 中世纪学前教育

公元 476 年，西罗马帝国在北方日耳曼部族入侵的打击下崩溃了。由此，标志着西欧进入封建时代。5—11 世纪是欧洲封建制度产生和形成的时期。11—15 世纪是其巩固和发展时期。15 世纪末—17 世纪中则是封建制度解体、资本主义制度形成时期。

历史上把欧洲 5 世纪至 14 世纪上半叶近千年称为中世纪时代。由于中世纪封建和基督教社会的宗教、政治、经济和社会生活的特点，决定了西欧这一时期的教育带有浓厚的宗教性和明显的等级性，其教育目的在于培养教会的僧侣、封建官吏和骑士。学前教育也为之服务。

一、西欧中世纪的儿童观

在中世纪，基督教会的宗教观成为维护封建社会形态的精神支柱。基督教会在思想意识上大力提倡“原罪说”和“禁欲主义”。教会宣称“肉体是灵魂的监狱”，要求禁绝或控制一切成为万恶之源的欲（包括犯上作乱的念头以及饮食男女等人生本能的要求）。在中世纪，禁欲主义成为基督教会所提倡的世界观的主要特征。

教育为了使禁欲主义的荒唐说教为人们相信接受，为了把上帝的神话变成人们的信仰，还公开宣扬蒙昧主义。其实质是愚民政策，即禁止文化教育的传播，并禁绝一切独立思考。教会鼓吹一切认识都来自“神启”“无知是信仰之母”“一切真理都已经在《圣经》上提出来了”。迫使科学和哲学成为教会恭顺的奴仆。

(一) 性恶论

在中世纪基督教会地位独尊,并获得了教育的垄断权,基督教会将奥古斯丁提倡及系统化的性恶论的儿童观大加渲染,并据此在幼儿及儿童教育中大力推行畏神禁欲的教育。鼓吹由于儿童是带着“原罪”来到人世的,故生来性恶,人人必须历尽苦难生活的磨难,不断赎罪,才能净化灵魂。为了得到未来天堂的幸福,人人应当听从教会的训诫,常年敬畏上帝,实行禁欲;应当从幼年起就抑制儿童嬉笑欢闹、游戏娱乐的愿望,并采取严厉措施来制止这类表现。在教会学校中,宗教居于所有学科的“王冠”地位;儿童从小要盲信、盲从圣书及讲解人——教师的权威,不允许有任何自主性及独立意识的流露。以性恶论及禁欲主义作依据,教会要求克制肉体以使灵魂得救,声称“不可不管教孩童,你用杖打他,他必不至于死。你要用杖打他,就可以救他的灵魂免下阴间”。① 故而在教育中体罚盛行,且完全取消了体育。教会对多神教徒所创造的古代文化,特别对崇尚和谐发展的雅典文化教育,持敌视态度。

图 8-1 中世纪学生体罚图

(二) 预成论

在欧洲中世纪前期,在基督教宗教蒙昧主义的统治下,自然科学的发展长期停滞,教育理论亦徘徊不前,学前教育的研究更是被人遗忘。在此状况下,一种沿袭自古代的、人们称之为“预成论”的儿童观,与上述教会所宣传的性恶论的儿童观并存,在社会中占据着统治地位。有的学者提出“胚胎学的预成论至少可以追溯到公元前 5 世纪,而且在以后的若干年代中一直支配着科学思想”。② 预成论认为:当主妇受孕时,一个极小的、完全成形的人就被植于精子或卵子中,人在创造的一瞬间就形成了。儿童(或曰新生婴儿)是作为一个已经制造好了的小型成年人降生到世界上来的,儿童与成人的区别仅是身体大小及知识多少的不同而已。故在社会上,儿童被看成小大人,一旦他们能行走和说话,就可以加入成人社会,玩同样的游戏,穿同样的服饰,要求有与成人同样的行为举止。总之,按照预成论的观点,儿童与成人不应有重要区别,从幼儿开始,儿童的身体和个性已经成人化了。由于受预成论的影响,欧洲 14 世纪以前的绘画,总是不变地以成年人的身体比例和面部特点来画儿童肖像。显然,预成论的要点是否认儿童与成人在身心(尤其是后者)特点上的差异,也否认了儿童身心发展的节律性、阶段性。

图 8-2 中世纪儿童形象

由于受预成论的影响,人们无论是在社会教育(包括学校教育)还是家庭教育中,都忽视儿童的身心特点,忽视儿童的爱好及需要,对儿童的要求整齐划一,方法简单粗暴。预成论的影响一直延续到近代。例如,从中世纪一直到 18 世纪,由于受传统风气的影响,在法国

---

① 中国基督教协会:《圣经·旧约·箴言》(第 23 章),1989 年版。

② 格莱因:《儿童心理发展的理论》,湖南教育出版社,1983 年版,第 6 页。

的贵族家庭中保留着这样一种习惯:小男孩即要求穿骑士服,佩带宝剑,犹如成年男子的装束;小女孩则要求浓妆艳抹,穿拖地长裙,打扮得像贵妇人。有人称这样的小孩为“小大人”(miniature adults)或“6 岁小妇人”(little ladies of six years)。[①] 近代法国著名启蒙思想家及教育家卢梭曾与这种理论和社会现象进行了坚决的斗争。

二、西欧中世纪学前教育的实施

(一) 基督教会的学前教育

1. 学前教育的目的

中世纪时期,基督教会居于垄断地位,不允许一般的世俗学校存在。教堂是唯一珍藏知识经典之地,教士就是掌握知识之人。因为一切知识都来自“神启”,一切真理都来自《圣经》,所以教育的主要目的就是使受教育者虔信上帝、熟读《圣经》,以求做一个合格的基督徒。这种教育从幼儿开始,基督教会的学前教育就是从小要把他们训练成为一个个笃信上帝、服从教会的“圣童”,从而为培养一个真正的基督徒奠定坚实的基础。

2. 学前教育的内容和方法

基督教会的学前教育主要是通过基督徒对子女进行与宗教信仰、行为、观念和意识相关的家庭教育,以及跟随家长参加众多的圣事礼仪和节日活动来实施的。例如,当孩子稍能懂事时,就向他们灌输诸如人生就要准备经受无穷的苦难,学会如何忍耐服从,逆来顺受等教义,并要求人人必须履行参加教会规定的宗教仪式和圣事活动的职责,从出生到死亡,要伴随终生。

(二) 世俗封建主的学前教育

西欧中世纪既是基督教神学垄断的年代,又是帝王贵族进行封建统治的年代。基督教会对民众的思想欺骗成为维护封建统治的精神支柱;而封建贵族对民众的政治控制、经济掠夺又成为基督教会的社会保障。他们是一对互为依存、结伴而行的畸形儿。

西欧中世纪封建统治的一个鲜明特征是实行等级森严的爵位制。国王为最高的世俗封建主,其下的封建贵族则分公爵、侯爵、伯爵、子爵、男爵和骑士等许多等级。这些封建贵族独占世俗教育的特权。封建贵族的学前教育一般按等级分为两类:

1. 宫廷儿童早期教育

这是一类专为王室儿童实施的宫廷教育。参加宫廷早期学习的只是皇室中的子弟和极少数机要大臣的子弟。公元 467 年西罗马帝国灭亡之后,约经过 3 个世纪的征战兼并,西欧出现了一个强大的法兰克王国加洛林王朝。法兰克人原属游牧民族,虽英勇善战,但文化素质甚低。即使在上层王室贵族中习文识字者也不甚多,面对疆域扩展、政务繁多,单凭勇猛和武力已不足取,培养相关人才成为当务之急。这迫使最高统治者重视起教育来并从王室儿童的学前教育抓起。早在查理·马德(Charles Martel,715—741 年)时期,为了培育王室后代,专门在王宫内开设了一所教育王室儿童包括幼儿在内的学校。这是西欧进入封建制社会后的第一所世俗的宫廷学校。其教育方法多采用问答法。通过与教师的问答,儿童学到不少作为未来统治者所必需的有关自然和社会的知识以及某些粗浅哲理。

---

① Cubberley, Ellwood Patterson. The History of Education: Educational Practice And Progress Considered As a Phase of the Development And Spread of Western Civilization. Boston: Houghton Mifflin company, 1900. 457—458.

2. 骑士早期教育

西欧封建统治者除了利用宗教对广大人民进行精神奴役外，还要依仗武力镇压来维护其政权。在武器装备落后的年代，战争的胜负主要靠武士的格斗来决定。这种武士即西欧封建等级中最低等的贵族——骑士。骑士及其文化的出现既出于保卫和扩张封建领地的需要，也是当时一种社会习俗和风尚。因为骑士的地位和作用的重要性，培训骑士的教育也应运而生并成为贵族子弟成长的必由之路。

骑士教育是集封建思想意识的熏陶与军事体育训练于一体的一种特殊形式的家庭教育。一名骑士的训练和养成要经历三个阶段：(1)家庭教育阶段，即出生至 7 岁；(2)侍童教育阶段，即 7 岁至 14 岁；(3)侍从教育阶段，即 14 岁至 21 岁。这是除了王室儿童之外，每个封建贵族子弟都必须经受磨炼和考验的。家庭教育阶段即骑士养成的学前教育时期，都是在自己家里度过的，父母即教师。教育的主要任务是熏陶宗教意识，培养道德品质和身体养护。

宗教意识的熏陶在骑士早期教育中占有十分重要的地位，因为训练骑士的首要标准是虔敬上帝，也就是要听命于教会，甘为宗教而献身，而此种理念的树立必须从幼年时做起。其教育的方法就是主要由母亲从孩子懂事起就不断地给其灌输宗教神学的初步概念，并随着儿童年龄的增长参加一些名目繁多的宗教仪式和节日活动。这就足以使一个个稚嫩的心灵浸染上宗教信仰的色彩，为日后成为一名虔诚的基督教徒奠定思想基础。道德品质的培养，则是由父母共同教育儿童从小树立“忠君爱国”，仿效要人、贵妇讲求礼节，谈吐文雅，以便成年后能坚定地效命于国王和上一级封建主。

养护身体，也是根据训练骑士的另一条标准——剽悍勇猛而提出来的。为了能够横枪立马、纵横厮杀、英勇顽强、克敌制胜，骑士必须具有健壮的体魄，而从小的养护则是关键的所在。幼儿身体的养护主要包括合理的饮食，适宜的锻炼，作息制度和生活习惯的遵守。这些通常都是母亲来指导和实施。

图 8-3　中世纪骑士教育侍童阶段场景

西欧中世纪的学前教育还不是一个明确划分的学习阶段。它是按照儿童所处的社会地位不同而实施不同的教育内容，神学性和等级性是它们的共同特点。就整个学前教育历史来说，还是比较粗浅简单的。

第二节　文艺复兴时期学前教育

发生于 14—16 世纪的文艺复兴运动，借着对古代文化、科学和艺术的复兴与继承的旗号，发起了一场新兴资产阶级反抗作为封建制度思想支柱的基督教统治的文化革命和思想革命。就其历史影响而言，它标志着统治着欧洲一千多年的中世纪封建社会制度和教会势力黑暗统治的结束与古希腊、罗马文化的复苏，并成为近代资产阶级政治革命的先导。文艺复兴时期进步的思想家们打起“人文主义”这面大旗，竭力主张崇尚人生、崇尚现实、肯定人权，宣扬个性解放、个人幸福，以此来对抗基督教会的神权和禁欲主义。在这种新人生观、价值观的指引下，文艺复兴时代的文化、科学、艺术、哲学获得了惊人的发展，并取得了很大的成功。同时，也引起了教育实践与理论的重大变革。

以人文主义作指导的文艺复兴教育家们反对“原罪说”，提出儿童是正在成长和发展的新人，父母要热爱他，培养他，创造良好的家庭教育环境，让儿童自然地、愉快地、积极地健康成长壮大。他们重新提出了儿童身心全面发展的教育理想，重视教育培养人的作用，强调通过智育、体育、美育和德育教育培养儿童的完美精神和高尚情操。他们在教学方法上反对中世纪盲目信仰宗教、死记硬背教条、压制儿童独立思考的做法，强调幼儿教学必须考虑儿童的兴趣，发挥他们的主动性和积极性，让他们亲眼看，亲耳听，亲手做，以取得教学的预期效果，促进幼儿个性的发展。

这些人文主义教育家的杰出代表包括维吉乌斯、伊拉斯谟斯和夸美纽斯，尤其是夸美纽斯，他集人文主义教育思想之大成，提出了包括学前教育在内的一套系统教育理论，为人类作出了重大贡献。

一、维吉乌斯的《儿童教育论》

维吉乌斯（W. Vegius，1406—1458 年）是意大利的人文主义教育家。他十分关注学前教育问题，于 1450 年写成了《儿童教育论》一书，详尽论述了人道化和个性化的学前教育思想。

第一，维吉乌斯就胎教以及初生婴儿的健康和安全问题提出了一些具体建议。例如，要用舒适、安静、愉快的生活环境确保孕妇顺利分娩；出生婴儿必须由母乳哺育；保证婴儿充足的睡眠；要根据幼儿的体质和自然需要提供衣服和食品，不给奢侈的食物；尽早地锻炼幼儿的耐寒能力和适应气候的能力；不给幼儿任何尖利或危险的器具；保护幼儿的人身安全，免遭一切对身体的损伤。应该说，在当时对科学育儿方面认识还很低下的时代，这些建议对于保护婴幼儿的健康、培养其健全的体魄是极其重要的。

第二，维吉乌斯主张，成人要以经常赞扬好的行为、宽容细小过失的办法来教育儿童，既要严肃认真，又要充满赤诚和爱。在维吉乌斯看来，这是将儿童引上正道的最好的手段。

第三，维吉乌斯强调指出，父母的楷模是良好教育的首要条件。他说“教育方法必须根据儿童个性的不同而有所区别，这是不言自明的。”①

第四，维吉乌斯认为，儿童从懂事起就应接受高尚的礼仪教育。“我们应该教育孩子要热情地问候、亲切地答礼，客人来去要殷勤有礼貌，并不拘于客人的多少。”②

维吉乌斯的学前教育思想重在通过对幼儿进行人道化、个性化的教育，把上层阶级的儿童培养成有才干、身体健壮而又品德高尚的新贵族和商人。

二、伊拉斯谟斯的《幼儿教育论》

在文艺复兴运动中重视学前教育的还有尼德兰的人文主义教育家伊拉斯谟斯（Desiderius Erasmus，1465—1536 年）。他在克利夫斯（Clerfes）公爵幼子的教育实践基础上，于 1529 年写成《幼儿教育论》一书。伊拉斯谟斯认为，应该通过游戏和故事来让儿童学

---

① 梅根悟主编：《世界幼儿教育史》，吉林人民出版社，1986 年版，第 5 页。

② 梅根悟主编：《世界幼儿教育史》，吉林人民出版社，1986 年版，第 6 页。

习。在幼年时期的教育中，要注意培养儿童的记忆能力。儿童经过家庭的早期教育，为日后入学奠定初步的基础。在伊拉斯谟斯的思想中，古典文化与基督教两者同样重要，所以，他力主推行人文主义基督教化或基督教人文主义化的学前教育，把基督教和人文主义结合起来。

图 8-4　伊拉斯谟斯像

伊拉斯谟斯要求对幼儿进行教育时注意让他们的身心得到均衡的发展。首先要注意体育，但也要重视道德和知识教育。他还强调学前教育必须照顾到儿童由于天性爱好所引起的个性差异。

伊拉斯谟斯还竭力陈述儿童早期教育的重要性。他要求家长深刻认识教育的社会意义。他说："你生儿生女，不是只为你自己，而是为国家；不是只为国家，而是为上帝。"①由此强调父母养育儿童是应尽的一种社会义务。父母有这种正确的养育观，儿童才能从父母那里获得良好的训练。随后，即应该接受国家开办组织的学前教育机构精心安排的教育。他建议：当儿童还在母亲膝下的时候，就应该通过游戏和故事来教幼儿的读、写、算。经过这段教育之后，儿童应从父亲或有才干、有经验的教师那儿接受古典文学和《圣经》的教育，他认为当时社会的一切罪恶全由愚昧无知和缺乏信仰所造成，补救应从儿童开始。伊拉斯谟斯曾以辛辣的笔锋嘲讽和攻击天主教会的腐败与丑恶，提出了革新宗教的理想。他针对陈腐落后的所谓"原罪论"观念，提出儿童的性善说，认为这种善良的禀赋只有通过持续不断的教育才能得以巩固和发展。他还认为影响儿童教育和身心发展有三个因素：自然，即"部分是先天接受教育的能力，部分是对美德的天生爱好"；训练，即"教育和指导的熟练应用"；练习，即"放手运用我们自己方面的能动性，亦即自然赋予的能动性，并借训练促进这种能动性"。② 对他来说，这三者中最主要的是"训练"。伊拉斯谟斯要求对儿童进行教育时应注意让儿童的身心得到均衡的发展。首先要注意身体，也要重视道德和知识教育。他还强调学前教育必须照顾儿童由于天性爱好所引起的个性差异。所以在教学方法上应灵活多样，并提出"事物先于文字"的口号，主张采用直观教具来改进教学。

三、夸美纽斯的学前教育思想

夸美纽斯（John Amos Comenius，1592—1670 年）是 17 世纪捷克教育实践家和理论家。在欧洲从封建社会向资本主义社会过渡的历史时期，他吸收和继承了欧洲文艺复兴时期以来人文主义教育思想遗产，总结了自己长期的教育实践与理论研究的经验，全面而系统地论述了新兴资产阶级的教育要求，不仅为近代西方教育理论的发展奠定了基础，而且对学前教育的发展做出了巨大贡献。

（一）生平、主要教育活动与著作

夸美纽斯 1592 年 3 月 28 日出生于"捷克兄弟会"教派的一个磨坊主家庭。12 岁时成

---

① William Harrison Woodward, *Desiderius Erasmus Concerning the Aim and Method of Education*. New York: Bureau of Publications, Teachers College, Columbia University, 1964—191.

② William Harrison Woodward, *Desiderius Erasmus Concerning the Aim and Method of Education*. New York: Bureau of Publications, Teachers College, Columbia University, 1964.163—164.

了孤儿,由兄弟会给予资助读完了中学和大学。1614 年大学毕业后,夸美纽斯回到故乡担任兄弟会的牧师,并主持兄弟会学校的工作。从此,他一生始终以满腔的热情为祖国的解放、民族的独立和改革教育而积极活动。在欧洲爆发的“三十年战争”(1618—1648 年)中,由于德国占领捷克并实施迫害新教徒的宗教令,夸美纽斯同 3 万名捷克兄弟会员于 1628 年被迫逃亡到波兰的黎撒。在黎撒期间,他一面担任兄弟会学校校长,一面进行教育理论著述和编写教科书,从而在世界上获得了声誉。1641 年应邀赴英国伦敦,帮助建立一所泛智学校,1648 年重返黎撒,两年后被推选为捷克兄弟会主教。后来又接受匈牙利的邀请,担任其教育顾问。在此期间,他又完成了一系列的教育著作。1654 年夸美纽斯再次回到黎撒,继续进行“泛智论”的研究,深受英国哲学家培根(Francis Bacon)的方法论思想的影响。1656 年,由于黎撒城毁于波兰与瑞典之间的战争,荷兰阿姆斯特丹市议会欢迎夸美纽斯去那里居住和工作,于是夸美纽斯在阿姆斯特丹度过了他的晚年,并将他 1627 年以后的教育著作汇编成《夸美纽斯教育论著全集》(4 卷)出版。其中包括《大教学论》(1632 年)、《母育学校》(1632 年)、《世界图解》(1654 年)等。1670 年,夸美纽斯在阿姆斯特丹去世。

图 8-5　夸美纽斯像

夸美纽斯站在新兴资产阶级的立场上,全面而深刻地论述了教育的作用、目的、原则、内容与方法,构成了一个比较完整的教育理论体系。在尖锐批判中世纪的经院主义教育和封建教育的基础上,他提出了“教育要适应自然”和“泛智论”思想,并制定了一个包括母育学校、国语学校、拉丁学校和大学的学制系统。对于 0~6 岁儿童的教育,夸美纽斯进行了专门的研究,把它看作整个学制系统的最初阶段。他不仅在《大教学论》中用了相当多的篇幅探讨学前教育问题,而且在 1628 年又写成《母育学校》一书,作了更为深入而全面的阐述。可以说夸美纽斯的《母育学校》是世界教育史上第一本学前教育专著。它曾被译成德文、波兰文、英文、克罗地亚文、俄文、瑞典文和意大利文等多种文字出版,受到各国的普遍欢迎。

(二) 论儿童的本质

在《母育学校》第一章中,夸美纽斯就提出:儿童是上帝最珍贵的恩赐,是任何事物不能与之比拟的宝物。因此,必须给以极大的关怀。这虽然带有一定的宗教色彩,但实质上是对封建宗教意识的一种反驳。针对原罪说,夸美纽斯不厌其烦地举出许多例子反复说明“儿童是无价之宝”这一思想,不论对父母还是对国家来说都是如此。他认为,一方面,儿童产生于父母的实体本身,是父母实体的一部分,生来是颗没有被玷污的纯洁的“种子”,具有谦虚、善良、和睦、可亲等美德。另一方面,儿童又必然会长大成为未来的博学的学者、哲学家和科学家以及国家的领导者,所以儿童也就是国家的未来。由此,夸美纽斯要求父母应加倍热爱儿童,要求国家更多地关心儿童成长。

(三) 论教育适应自然的原则

夸美纽斯从批判中世纪经院主义教育出发,强调教育要适应自然,并以此作为他的整个教育理论的一条指导性原则。

首先,这一原则要求按照自然发展的“规律”或“法则”来进行教育和教学工作。夸美纽斯认为,宇宙万物存在着坚定不移的自然规律、法则或称秩序。他认为,人作为自然的一部分，他的发展及其教育，理应按照宇宙万物中存在着的规律、法则或秩序来进行。其次，这一原则要求依据人的自然本性和自然倾向来进行教育和教学工作。夸美纽斯认为，人是自然的一部分，因此，教育也应适应人的自然本性，自然倾向即人自身发展的"秩序"。再次，这一原则还要求教育符合儿童的年龄特征和个性差异。夸美纽斯提出："我们的格言是凡事都要追随自然的领导，要去观察能力发展的次第，要使我们的方法依据这种顺序的原则。"① 所以，他不仅在详细观察和研究儿童身心自然发展和成长过程的基础上提出了关于教育年龄阶段划分的理论，而且根据儿童的年龄特点对学校制度、教学组织形式、教学原则、教学方式以及教科书编写提出了不少正确的见解和主张。夸美纽斯还要求教育要符合学生的个性差异。他指出："有的人对于抽象的科学显得很有能力，但对于实用的功课就缺乏才干……有些人除了音乐之外，什么都能学会；有些人却不能精通数学、诗词和逻辑"，所以"要让每个人都顺着他的天性的倾向去发展"，而且"同样的方法是不能够用在所有人的身上的"。②

尽管由于受当时科学发展水平的局限，夸美纽斯还不理解教育作为人类社会现象有其特殊规律，也不可能全面揭示自然界和人类发展的普遍规律。但是，他提出的教育适应自然的原则与经院主义教育是针锋相对的，在当时具有巨大的进步意义。

当夸美纽斯采用与自然和社会现象类比的方法论述教育问题时，尽管不乏真知灼见，但也不可避免地出现了许多片面、机械和牵强附会之处。

实际上，夸美纽斯教育思想中许多有益的主张与合理的因素，并不是模仿自然秩序得出的结论，而是他面对本人和前人长期教育实际工作经验的总结。夸美纽斯在对这些教育经验进行理论论证时，不是依据《圣经》和神学教条，而是引证自然，试图以合乎自然秩序来论证自己教育改革主张的合理性，这一尝试反映了他力求摆脱陈规旧套，使教育工作科学化的良好愿望。

（四）论学前教育

夸美纽斯吸收了古希腊、罗马教育思想家和文艺复兴时期人文主义教育家关于儿童早期教育的理论，并总结了他本人长期教育实践的经验，对学前教育的重要性作了深刻的论述。夸美纽斯多次引证自然界生物成长的许多例子，反复阐述了及早对儿童进行教育的问题，认为这种早期的教育对儿童的健康发展有着重大的作用。在《母育学校》中，他又提出了"一切都有赖于开端"这样一个基本思想。其内涵包括两方面的意义：其一，细心地和正确地组织好儿童的早期教育，是防止幼儿沾染不良恶习和预防人类堕落的一个重要手段，同时，幼儿及早获得一些必要的粗浅知识，可以为他们入学以后的教育奠定成功的坚实基础。其二，夸美纽斯引用古罗马政治家、哲学家西塞罗的话说："整个国家的基础在于童年的正确教育"。

1. 论学前儿童的健康教育

夸美纽斯十分重视幼儿的体育。他在《母育学校》第五章中用了近 30 节的篇幅专门论述了"怎样去发展儿童的健康和力量"问题。他认为，只有在儿童是活生生的身体健康的条件下，才有可能对他们进行教育。因此，他恳切地要求每一位母亲应该首先关心的是幼儿的身体健康。按夸美纽斯的意见，保证幼儿身体健康要从儿童出生之前做起。首先，妇女自怀

---

① 夸美纽斯：《大教学论》，任钟印译，人民教育出版社，2006 年版，第 222 页。

② 夸美纽斯：《大教学论》，任钟印译，人民教育出版社，2006 年版，第 153 页。

孕之日起，为了使她所怀的胎儿健康地诞生到人间来，就要关心自己，注意保持身心健康，不要使胎儿受到任何损害，在孕妇和胎儿的保健方面，夸美纽斯提出了许多具体的有益的建议，例如，孕妇凡事要有节制，不多食、不饮酒，要避免碰撞和摔倒，也不要去做斋戒，因为这些都会伤害自己的身体和力量而不利于胎儿的成长。此外，孕妇还要严格克制自己的情绪，避免惊惶、苦恼、着急、发愁等。因为如果不预防这些现象，不仅会影响新生儿的情绪，而且突然的恐惧和过度的刺激还会造成流产或降生一个孱弱的婴儿。为此夸美纽斯要求孕妇保持平静而愉快的心情，并去操持一些家务和进行适量的活动，劝告她们不要过于贪眠、过于懒散，只有这样才会对身心有益。

合理喂养是婴儿出生后的主要问题。夸美纽斯要求做母亲的应自己给儿童哺乳。他严厉谴责当时的贵族妇女宁愿去亲昵一只小狗而不愿怀抱婴儿，以及为了保持自己的外貌、体型的娇美和生活悠闲舒适而不愿照料亲生儿女的风气，指出这对幼儿的健康发展是十分有害的。

夸美纽斯还指出婴儿断乳以后的饮食要有营养，分量要适度，不要喝太烫和口味辛辣的东西。此外，夸美纽斯还特别告诫父母们，不能给幼儿随便用药，不然，这无异于使他们服毒。他还强调儿童宜于吃天然的食物和软的、容易消化的食物。这些都是很有见地的、合乎营养学的看法。由于幼儿的躯体、骨骼、血管都十分稚嫩脆弱，父母和成人必须特别细心地照料他们。夸美纽斯曾比喻说：儿童比黄金更贵重，但比玻璃更脆弱。在他看来，很容易因大人的一时疏忽而伤害幼儿的感官或四肢以至失去听力或视力，造成终身的残废。

为了保证幼儿的身体健康，夸美纽斯坚决要求儿童自幼就要建立合理的生活制度，使饮食、衣着、睡眠和活动都有一定的规律，为儿童良好生活习惯的养成打好基础。夸美纽斯十分赞赏当时流行的一条谚语："愉快的情绪就是健康的一半。"他要求所有的父母必须竭力设法为幼儿安排各种娱乐活动，例如，散步、做游戏、唱歌、讲故事和看图画等，使他们的生活充满欢乐愉快的气氛，这样有益于幼儿身体的健康成长。

2. 论学前儿童的智育和德育

夸美纽斯在重视幼儿体育的同时，还强调发展幼儿智力的重要性。这无疑是与他的"泛智论"思想紧密联系的。夸美纽斯在自己的著作中多次赞美人类的智慧，认为智慧胜过价值连城的珠宝。他风趣地说，在智慧的右手握着永恒与幸福，左手握着财富和荣誉，但必须通过勤奋、努力和学习来取得。因此，夸美纽斯认为，父母的明智不仅在于使儿童健康地生活，而且也要尽力做到使他们的头脑充满智慧，这样才能成为一个真正幸福的人。他还指出，成人不应以为儿童无需多大努力就能自行获得知识，就能使智力发展起来，父母应尽最大的努力去启发幼儿养成学习的习惯，并对他们进行初步的智力教育。这是父母身上肩负的一种责任。关于幼儿初步智力教育的内容，夸美纽斯把它规定为三个方面：帮助幼儿通过感官积累对外部世界（自然界、人类社会和家庭生活方面）的初步观念；发展语言能力；训练手的初步技能。

在《母育学校》一书中，夸美纽斯详细列举了幼儿"百科全书式"启蒙教育的学习科目，要求幼儿在物理学、天文学、地理学、光学、年代学、修辞学、数学以及经济等方面，逐步去了解和掌握一些初步概念。他在这里虽然涉及许多学科，但就其具体内容来说，他要求幼儿学习的只是这些学科中最普遍、最通俗和最粗浅的内容。例如，学习物理学，只是教幼儿一些有关水、火、雨雪、花草树木和常见动物等方面的粗浅知识；学习光学，只是教幼儿知道什么是光明和黑暗并能区别几种常见的颜色等；学习地理学，只是认识摇篮、住房、庭院，自己居住的城市或乡村，知道什么是山河、树林、田野、道路等；学习年代学，只是教幼儿初步弄懂春夏秋冬、年月日、星期、明天、昨天等季节或时间概念；学习经济，只是教幼儿知道有关家庭成员的称呼、家具和餐具的名称，以及幼儿每日生活中可见的家务管理等。此外，夸美纽斯也要求幼儿学习“教义问答”和唱赞美诗。

夸美纽斯强调在对幼儿进行智育的同时还要进行德育。从改良社会道德的要求出发，他十分重视儿童从小打下良好的德行的基础，为了使幼儿道德教育收到良好的效果，夸美纽斯坚决反对父母和成人溺爱和放纵孩子，容忍他们在毫无纪律约束下为所欲为。他强调指出，如果父母在儿童的心灵中播下任性的种子，却想收获纪律的果实，那不是非常奇怪的吗？他认为，幼儿任性实际上不是他们缺乏理智，而是成人愚蠢造成的不良后果。因此他要求自幼培养儿童的纪律观念，但又不要过于严厉，应以温和的态度对幼儿提出合理的要求。

3. 论学前儿童的教育方法

夸美纽斯认为，父母是儿童的教育者，负有把孩子教育成人的责任，但在如何教育孩子上，却有很大的学问。他要求做父母的不仅要有耐心，而且要肯下功夫去研究儿童。因为，不用勉强的劳动而能把儿童教养成人，那是不可想象的。他希望父母和成人一定要深思熟虑，采用符合幼儿发展水平的恰当方法去教育孩子。

按夸美纽斯的意见，在初步智力教育上，最有效的方法是让幼儿通过自己的感官去认识外部世界。他还具体建议运用故事和寓言来发展幼儿智力。因为妙趣横生的故事，深入浅出的寓言，幼儿听起来不但觉得生动有趣，而且易于理解和记忆。

关于游戏，夸美纽斯认为，游戏不仅有益于儿童的身体健康，而且有助于发展肢体活动能力和智力的灵活性。因此，他主张，不管儿童想玩什么游戏，只要不会伤害其身体或损坏东西，父母和成人都应支持并给予帮助，而不应限制或阻止；反之，让孩子无所事事倒是有害于幼儿身心发展的。

在发展幼儿语言方面，夸美纽斯要求从一开始就应注意使幼儿发音清楚，帮助幼儿清晰地读出字母、音节和词，而且一旦开始说话就要注意纠正模糊的喉音。为了使儿童更好地掌握语言，夸美纽斯亲自编写了《语言初阶》《世界图解》等教科书。在这些教科书中，他进一步要求把语言与具体事物联系起来。他说：“文字的学习不应该离开它们所代表的事物。”①显然，这是他的“直观性教学原则”在学前教育中的直接运用。

此外，夸美纽斯认为，父母或成人要以身作则，身教胜于言教在学前教育中更显重要。因为幼年时期儿童的思维是以具体性为特征的。父母和成人的良好举止都是幼儿直接模仿的榜样。

4. 论幼儿入学前的准备工作

夸美纽斯在《母育学校》中还专门探讨了幼儿入学前准备工作的问题，并提出了许多有益的建议。他认为，幼儿需要有比教师所能给予他的更多的关怀，所以最好在“母育学校”里，在母亲的保护下自然而然地和采用游戏的方式进行学习。但是，儿童到6岁时，他的骨骼和头脑的发育日趋完善，他已能容易地学完需要在家庭里学会的东西，这时如果再不把他马上送到真正的学校中去，那无疑会使他习惯于无益的休闲，甚至会养成类似粗野的缺点。

① 夸美纽斯：《大教学论》，任钟印译，人民教育出版社，2006年版，第119页。

而这类缺点一经养成，以后是很难消除的。

夸美纽斯指出，6 岁入学也不是绝对的。根据幼儿各自能力发展的不同情况，入学时间可以推迟或提前半年到一年。但是，父母应该在自己孩子入学前注意以下三个方面：其一，是否已经了解母育学校知道的东西；其二，是否已具有注意力、思考力和一定的判断能力；其三，是否具有继续学习的愿望。

夸美纽斯要求父母必须认真做好幼儿入学前的准备工作，鼓励他入学，告诉他上学是一件十分愉快的事情，就像赶集或收获葡萄一样给人快乐，告诉他在学校里会有其他儿童同他一起学习和玩耍。父母可以给幼儿看看为他准备好的学习用品，赞扬未来的学校教师的善良与博学，引起他对教师的信任与热爱的感情。他还告诫父母，千万不应用学校和教师来恐吓儿童，使儿童心怀畏惧而不愿入学。

夸美纽斯在论述学前教育时，不仅广泛吸取了以往和当时教育思想发展的成果，而且还力图在当时科学发展的水平以及他个人对儿童生理及心理发展的认识水平上，把学前教育建立在一定的科学基础上，这是十分可贵的。夸美纽斯的学前教育理论，为近代西方学前教育理论的发展奠定了一定的基础，标志着西方学前教育研究从神学化向人本化的方向转变。

毫无疑问，文艺复兴时期的上述教育家的教育改革具有深远的积极意义，是近代资产阶级教育的基本形式和要求所进行的卓有成效的初步实践，使西欧的学前教育面貌为之一新。但它们又受到时代和阶级的局限，例如，在其教育思想中体现的宗教特性残余，以及他们所谈的学前教育改革还并没有注意到普通劳动者子女教育的问题，无疑仍然是一种为少数人服务的资产阶级教育观。

本章小结

本章介绍了中世纪和文艺复兴时期的学前教育。中世纪基于基督教的观点，形成了性恶论和预成论的儿童观，认为儿童是有原罪的，因此对儿童采取了一种压制方法，并且儿童被认为是与大人无异的人群，没有认识到其有独特的身心发展规律。中世纪学前教育的主要类型除了宗教教育之外，就是骑士教育为核心的世俗教育。

文艺复兴时期基于人文主义观念的兴起，对儿童的认识发生了变化，学前教育的内容和方法也有了很大的改变，重视儿童，尊重儿童的个性，利用宗教以外的新的内容和自然知识来教育儿童的情况日益普遍，这为学前教育后续的发展奠定了基础。

在这一时期，出现了像夸美纽斯这样的著名教育思想家，他提出了泛智论，并根据遵循自然的原则，要求依据儿童的本性进行教育，为儿童教育的普及和科学化奠定了历史基础。

思考题

一、名词解释

骑士早期教育

二、简答题

请评述中世纪预成论和性恶论及其对学前教育的影响。

三、论述题

评述夸美纽斯学前教育思想的主要内容。

第九章 近现代西方各国学前教育实践

本章学习目标

1. 了解:英、法、德、美、俄、日各国学前教育制度的基本情况与发展历程。
2. 理解:保育学校、托儿所、幼儿园等学前教育机构及其差别。
3. 熟练掌握:欧文、维尔德斯平、福禄培尔的学前教育办学实践和观念。

建议学时:10学时

17世纪60年代英国资产阶级革命的胜利,标志世界近代史的开端。在此以后,法国、德国、俄国、美国和日本等国都通过不同的途径,先后建立了资本主义制度。随着资本主义制度的建立,这些国家又分别形成了适合资产阶级需要的教育制度,学前教育的发展也进入了一个新的历史阶段。

在这一历史阶段中,伴随着大工业生产的发展,开始产生了近代学前教育机构。最早诞生的近代学前教育机构是英国的欧文在1816年创办的幼儿学校,它曾在一段时间内成为欧洲一些国家学前教育的楷模。到19世纪中期,德国的福禄培尔所创办的幼儿园,又成为世界许多国家效法的榜样。福禄培尔的学前教育思想和实践经验很快地被传播到世界各地。这样,到19世纪末20世纪初,一些主要资本主义国家学前教育的发展均已初具规模,有的国家的学前教育还具有了公共教育的性质。

进入20世纪,英国、法国、德国、美国、俄国与苏联、日本等国家的学前教育遵循着民主化和科学化两条相互交织的主线积极发展,民间和政府对学前教育的重视程度皆与日俱增。在20世纪上半叶,学前教育主要是民间行为,更多是为争取学前教育机会平等而奋斗,下半叶则主要是政府行为,也更为重视学前教育的质量,国家为促进幼儿的全面发展而努力奋斗。进入21世纪,学前教育的发展则表现出民间行为和政府行为并举,独立探索和相互借鉴交织,寻求平等和追求效率共存的特点,从而为引导学前教育实现更好的目标而努力。

第一节 英国的学前教育

英国通过1640—1688年的资产阶级革命,建立了君主立宪制政体,确立了资本主义制度,从此走上了发展资本主义的道路。资本主义制度的确立,以及科技、经济的发展,又为英国的产业革命提供了条件。18世纪60年代开始的产业革命,开展机器化大工业生产,极大地推动了生产力的发展，对教育也产生了极大影响，英国成为最早产生近代学前教育机构的国家。

英国近代学前教育机构的建立和发展曾经历过一个从无到有逐步形成和推广提高的过程。在英国19世纪前期的幼儿学校运动中，以欧文的幼儿学校和维尔德斯平的幼儿学校最为重要。欧文幼儿学校的产生为英国近代学前教育的发展开了先河。维尔德斯平也为英国学前教育的发展作出了重要贡献，他推动了幼儿学校在英国的普及，而且维尔德斯平幼儿学校的主知主义倾向非常具有代表性，曾在世界范围内产生影响，被一些国家的学前教育机构所借鉴。英国19世纪后期学前教育的发展主要是受福禄培尔幼儿园的影响，引进和推广福禄培尔的教育思想和教育经验，对本国的学前教育进行改革。

但是进入20世纪，英国学前教育发展的步伐迟缓，其原因有二：一是英国重视家庭教育的习俗根深蒂固，上层社会人士并不重视为参加工作的贫困家庭的母亲设置的，专以劳动民众的子女为对象的学前教育；二是政府认识不足、行动迟缓，在20世纪上半期英国学前教育主要是由民间组织来承担和推动，政府只是给予有限的人力和物力协助。20世纪下半期尤其60年代后国际竞争加剧，政府才真正开始重视学前教育事业的发展，学前教育事业得到长足的发展。

一、工业革命时期英国政府学前教育政策与计划

17、18世纪，随着英国资本主义生产的发展，越来越多的妇女投身于工业生产劳动，其子女缺乏照料，从而带来种种社会和教育问题。因此，贫民和工人阶级幼儿救济和保育便成了当时人们普遍关注的主题，并相继出现了一些由教会和慈善团体创办的孤儿院、救济院等机构。与此同时，英国当局也感到，为了保持社会秩序的稳定，对贫民幼儿的救济管理不能不予以重视。因此，英国政府于1697年颁布了“国内贫民救济法”，其中除规定一般的救济措施外，还提出设置“纺织学校”和“贫穷儿童劳动学校”的计划，对年收入不足40先令的家庭中6~14岁的男女儿童全部实施免费义务教育，而4~6岁的儿童可以自由入学。入学儿童每天最多只能进行10小时的纺纱作业，其余时间用于学习。“贫穷儿童劳动学校计划”是由资产阶级教育家约翰·洛克(John Locke，1632—1704年)制定的，其中规定，在每一个教区内设立一所“劳动学校”，教区中所有受救济贫民的3~14岁儿童必须进入这种学校，在学校中边劳动边学习，既能养活自己又能接受基本的教育。

上述计划虽然是从资产阶级利益出发的，而且在执行过程中并没有完全实施，但是它的积极意义，尤其是对学前教育的积极意义还是显而易见的。因为它明确提出了要对3~7岁的幼儿实施有组织的教育要求，在一定程度上对以后独立设置幼儿学前教育机构起了先导作用。

二、欧文的幼儿学校

罗伯特·欧文(Robert Owen，1771—1858年)是19世纪英国空想社会主义思想家和教育家，他于1816年创办的新兰纳克幼儿学校，是英国也是世界上最早的学前教育机构。

图9-1 欧文像

(一) 欧文幼儿学校背景

欧文在1800年接管了苏格兰新兰纳克纺织厂，当时工厂贫

困的环境给工人造成了种种社会问题，工人子弟道德和教育状况极为恶劣。欧文基于他的性格形成学说，认为需要通过改变环境来改变人的性格，以此来完成社会的革新。因此，欧文从接管新兰纳克纺织厂那一天开始，便着手改变工厂环境，进行了一系列的改革试验。比如他将工人的劳动时间缩短为10个半小时，提高工人的工资，兴建比较舒适的双人住宅。在此过程中，欧文特别重视新兰纳克工人及其子女的教育问题，他希望通过给工人及其子女一定的教育来培养和发展他们的"理性"，形成合理的性格，再由他们来促进周围环境的改变，最终形成合理的社会制度。经过欧文改造后的新兰纳克纺织厂，工人们的性格发生了巨大的变化："从懒惰、肮脏、嗜酒、愚蠢和不道德变成了非常勤勉、不饮酒、积极、清洁和有道德"，①受过教育的儿童都具有良好的举止和仪态。新兰纳克成了模范工厂区，各地的工厂主、社会活动家纷纷前来参观，欧文成了英国最有名望的慈善家。

欧文在改造新兰纳克纺织厂的过程中，主要的教育措施有：为2~5岁儿童设立幼儿游戏场，接收刚会走路的儿童，请热爱孩子的青年女子担任幼儿保姆，帮助幼儿发展体格和好品德；为5~10岁的儿童提供免费入小学学习的条件；为10岁以上的童工、青工设立业余学习班；为成人举办实用知识讲座等等。

1816年，欧文将以上各种教育形式加以合并，使之成为一个统一的教育机构，正式命名为"新兰纳克性格陶冶馆"（也称"性格形成学院"），而幼儿学校就是其中的一个部门。幼儿学校招收1~6岁的幼儿，分两部分：1~3岁儿童为一部分，3~6岁儿童为一部分。但实际上幼儿学校是以3~6岁的孩子的保育和教育为中心的，1816年共招收3~6岁的儿童200多名。

欧文认为，孩子的性格在入小学前基本成型，所以学龄前教育重要的一点就是促进儿童健康性格的形成。他明确地主张幼儿学校的教育目的就是为形成儿童合理的性格奠定基础。

（二）欧文幼儿学校的教育内容和教育方法

欧文幼儿学校非常重视幼儿的智育和道德教育。在智育方面，他提倡发展儿童的"推理能力"，即认识事物和理解事物的能力。还提倡顺从儿童的兴趣爱好，让他们多去认识周围的事物，学习实际有用的知识，反对把儿童束缚于书本中。与此同时，欧文还提倡开放的教学形式，在他的幼儿学校里没有固定的室内活动时间，他说："只要是天气和孩子们体力允许，就应该让他们在户外的新鲜空气中玩耍，在游戏场里玩够了，再把他们带到教室里，由教师向他们展示和说明一些他们能够理解的、有用的事物。"②在幼儿学校里，教师经常带孩子们到户外去活动，使孩子们对果园、田地、森林里的一切都产生浓厚的兴趣和亲切感。欧文要求幼儿教师要善于发现孩子们感兴趣的事物，并及时地将这些事物教给他们，他希望孩子们能把教学当作一种娱乐或游戏，能喜欢教学，喜欢学习知识。欧文提倡实物教学，在幼儿学校里，教室的墙上贴了各种动物图画，还有地图，教室里还经常放一些从花园里、田野里和树林里采集来的实物标本，供直观教学使用，从而增强了孩子们的学习兴趣。游戏场是欧文幼儿学校的重要设施，它是幼儿在户外活动的主要场所。幼儿学校还有提供儿童娱乐的房间和教室，其中有一间是专供舞蹈和唱歌用的教室。

---

① 王天一等编著：《外国教育史》（上册），北京师范大学出版社，1993年版，第361页。

② 梅根悟主编：《世界幼儿教育史》（上册），吉林人民出版社，1986年版，第87页。

图 9-2 欧文幼儿学校舞蹈课场景

在道德教育方面，欧文提出，幼儿学校道德教育的主要任务就是养成幼儿遵守纪律的习惯，培养他们与小伙伴友好相处，要求任何孩子都不能损伤游戏伙伴。为了让孩子做到这一点，还要求教师向幼儿说明理由，让儿童明白个人的幸福是和团体的幸福、他人的幸福不可分割的，也就是说，建立在别人痛苦之上的幸福不会是真正的幸福。

幼儿学校除了进行智育和道德教育之外，还开展舞蹈、音乐和军事训练活动。欧文认为，舞蹈、音乐和军事训练，往往能创造一种对形成合理性格有利的“优越环境”，使孩子们精神愉悦，身体健康，培养他们对美的感受，并形成服从和守秩序的习惯。

在教育方法方面，欧文要求幼儿教师要以人道主义的态度对待孩子。他对那些非人道地对待孩子的做法进行了严厉的谴责，他特别反对责骂或惩罚儿童，认为惩罚儿童就像是在孩子的食物里下毒药一样，是不可饶恕的。他要求，在幼儿学校里，教师无论有什么样的理由，都决不允许打孩子；无论面对多么调皮捣蛋的孩子，都不允许使用诸如威胁和咒骂这样的惩罚手段，他要求教师始终如一地以和蔼的语调、表情、言语和行为，对待所有的儿童。

欧文从性格形成的观点出发，把学前教育看做是国民教育中最重要的一个部分，是为社会改良服务的，他的幼儿学校的兴办就是这种思想的具体化。他尝试把工人阶级的幼儿放到最好的教育环境里，通过集体合作的游戏、实物教学、教师的人道主义态度等教育形式和手段，来促使幼儿合理性格的形成。欧文的幼儿学校在世界学前教育史占有重要的地位，它被公认为是世界上第一所学前教育机构，为近代学前教育的发展开了先河。但是，由于欧文将发展教育的希望寄托在统治者身上，并试图仅仅通过教育来改造社会，因此他的思想和实践具有一定的局限性。

三、维尔德斯平的幼儿学校

维尔德斯平（Samuel Wilderspin，1792—1866 年）是英国 19 世纪幼儿学校的积极创办者，一生致力于宣传普及幼儿学校，发展学前教育事业。1820 年，维尔德斯平在伦敦斯平脱地区开设了一所幼儿学校，以贫民、工人阶级的幼儿为教育对象，其目的主要是为了保障他们的安全和健康。在办学过程中，维尔德斯平形成了一套具有特色的教育内容和教育方法。从 1825 年开始，维尔德斯平受“伦敦幼儿学校协会”的委托，到英国各地进行普及幼儿学校的活动，他一生中协助建立、组织和管理了多种学前教育机构（包括幼儿学校），由此创立了一套在当时来说是比较完备的幼儿学校教育体系，对促进幼儿学校的发展作出了重要贡献。

维尔德斯平非常重视幼儿学校的智育。他认为,智育应当是幼儿学校教育的一个重要内容。他为幼儿规定的智育内容主要有:国语、算术、自然、社会、音乐等。这些智育内容实际上同初等学校的教育内容没有什么不同。维尔德斯平之所以这样重视幼儿的智育,主要原因有两个:一是为了满足幼儿家长的要求,幼儿家长们要求维尔德斯平的学校教授“三艺”(即读、写、算的知识和技能);二是由于当时贫民、工人阶级儿童的受教育年龄被规定在 8 岁以内,过了这个年龄就被迫去从事劳动,而无法再继续学习。维尔德斯平在这样的历史背景下制定的幼儿学校教育内容,存在着超越儿童实际接受能力和发展水平的问题。因此,当时就有人批评他的学校具有主知主义性质,没有充分考虑幼儿的兴趣和能力水平,教给儿童的知识大多是脱离实际生活的。

图 9-3 维尔德斯平像

在智育方法上,维尔德斯平反对传统的灌输知识的做法,反对“鹦鹉学舌”的教育方法,他主张幼儿学校的教学应注意培养儿童形成独立思考的能力和独立活动知识的能力。由此,他提出一种新的教学方法,即“开发教育方法”,这种方法具体包括以下五个方面:一是激发好奇心;二是通过感觉教学;三是从已知到未知;四是让孩子们独立思考;五是把教学和娱乐结合起来。为了使他的“开发教育方法”得到实施,维尔德斯平还设计了“游戏场”“阶梯教室”“旋转秋千”“教学柱”“置换架”等教具,还研究编写了“发展课本”作为教材。这些教具对幼儿智力开发的意义和作用是不可否认的。维尔德斯平所设计的智育内容、智育方法和教具影响非常广泛,被很多国家的学前教育机构所仿效。

维尔德斯平幼儿学校在道德教育方面的主要任务就是防止不良行为的产生,排除虚伪、下流、贪欲、残酷、粗暴等不道德行为,培养爱和同情他人、服从父母、守秩序、正直、勤勉、节制、尊重人等品质。在道德教育的原则上,维尔德斯平主张要爱儿童。在道德教育的方法上,也提出,要以奖励代替惩罚,即使是不得不惩罚的时候,也不要带着怒气,而要带着悲伤和遗憾的感情。维尔德斯平对幼儿学校的教师也提出了要求,认为教师应有“受人欢迎的风采”“生气勃勃的气质”“很大的忍耐性、温顺、坚韧、冷静、精力旺盛,具有关于人性的知识,尤其是虔诚——朴素的、诚实的而且实际的虔诚”。[①] 另外,他还强调幼儿学校的教师必须研究幼儿的心理状态以及掌握知识的情况,以便更好地指导教学。

维尔德斯平幼儿学校继承了欧文幼儿学校在德育、体育和游戏等方面的特色,并有所发展。同时它又十分注重书本知识的学习,注重教具的使用,提出开发教育的方法,并极力主张教师要研究儿童,这些都是应当肯定的。但是,维尔德斯平幼儿学校过于注重智育内容,在教学中重视记忆而忽略了儿童的理解能力,因而加重了儿童的学习负担,这是违背幼儿身心发展规律的。维尔德斯平一生积极致力于贫民学前教育,为幼儿学校在英国的普及做出了很大贡献,在英国学前教育史上,维尔德斯平虽然不是幼儿学校的创始者,但是英国的幼儿学校运动却是通过他的实践和宣传而开展起来的。

① 梅根悟主编:《世界幼儿教育史》(上册),吉林人民出版社,1986 年版,第 105 页。

图 9-4　维尔德斯平幼儿学校的游戏场

四、福禄培尔幼儿园对英国学前教育的影响

19 世纪后半期,福禄培尔幼儿园运动推行到世界各国,当时英国是最早推广福禄培尔幼儿园的国家。1848 年德国革命失败后,德国的流亡政治家约哈勒斯·伦克(Joharnes Ronge)及其夫人柏尔达在英国伦敦开始进行推广福禄培尔幼儿园的活动。他们于 1855 年出版了一本《英语幼儿园入园手册》,这本书是英国宣传福禄培尔思想的最初文献。此书出版后,备受欢迎,使英国人开始认识福禄培尔幼儿园。

自 1870 年《初等教育法》(也称《福斯特法案》)颁布后,福禄培尔幼儿园运动迅猛地开展起来。1873 年"曼彻斯特福禄培尔协会"成立;1874 年伦敦也成立了"福禄培尔协会",福禄培尔著作英译本以及他的"恩物"都在英国广为流行。而通过上面的两个协会的活动,各地的幼儿园也相继建立起来了。

福禄培尔幼儿园运动对英国学前教育发展的影响主要表现在以下两个方面:(1)在英国引进福禄培尔幼儿园后,学前教育机构开始存在着两种制度的并立:一种是原来以收容工人阶级和贫困阶层子女为对象的幼儿学校;另一种是以中上层阶级子女为对象的幼儿园。(2)幼儿学校自身的发展也受到福禄培尔运动的影响。福禄培尔精神渗透到幼儿学校中,如开始减少读、写、算训练的时间,而增加游戏的时间,突出学前教育的特点。

19 世纪末 20 世纪初,以招收贫民和工人的幼儿为对象的教育设施"免费幼儿园"开始诞生,虽然它的数量不多,但是它的诞生意味着福禄培尔幼儿园运动在英国的普及和发展,幼儿园开始面向贫民和工人阶级,也可以说,这是幼儿学校和幼儿园这两种制度统一的一种尝试。免费幼儿园是由私人出资所办的,进入 20 世纪以后,福禄培尔主义者发起的开设免费幼儿园的运动比较活跃。免费幼儿园的服务对象是贫民区劳苦大众的 3~6 岁的幼儿。幼儿园为这些孩子提供食品、衣服以及洗澡、休息、游戏的场所。它采取免费或只收若干伙食费的办法,提供良好的环境,以保证幼儿的身体健康和发展。为此,这些幼儿园最关心幼儿的健康,十分注意每个孩子的身体发育情况。另外,多数免费幼儿园都设有厨房、浴室、供午睡用的吊床或摇篮,并且十分注意室内的空气和采光,同时还由医生进行定期身体检查,一旦发现疾病,特别是当时英国贫苦儿童的常见病——佝偻病和发育不良等症能够得到及时的治疗。此外,这些免费幼儿园按照福禄培尔幼儿园的教育方针,积极鼓励户外活动和自由游戏,同时还通过福禄培尔的"恩物"和作业材料,让幼儿进行作业、唱歌、跳舞、讲故事、说童谣、演木偶戏以及家务劳动等。1919 年以后,免费幼儿园被改称为"保育学校"。因此免费幼儿园是英国现代保育学校的前身,它对福禄培尔幼儿园在英国的普及和发展起了一定的推动作用。

五、20世纪上半叶的学前教育

20世纪上半叶,英国学前教育的发展以保育学校的创立、发展为主要内容。1918年的《费舍教育法》和1933年的《哈多报告》是这一时期政府颁布的与学前教育尤其是与保育学校有关的两个重要文件。

(一)保育学校的创立和发展

英国1870年颁布的《初等教育法》及随后颁布的若干法令,确立了对儿童从5岁开始进行免费义务教育的制度。但5岁以下幼儿的保教问题依然存在,为解决这一社会问题,一种新颖的幼儿保教机构——保育学校(nursery schoo1)应运而生。

麦克米伦姐妹是英国保育学校的创办人。姐姐拉歇尔·麦克米伦(Rechel McMillan)曾从事卫生检查工作,妹妹玛格丽特·麦克米伦(Margarete McMillan,1860—1931年)是福禄培尔协会的成员及地方教育委员会委员。玛格丽特从蒙台梭利的环境论得到启发,并予以仿效,在自己开办的机构中精心设计环境、制作教具,为幼儿无拘束的学习提供良好的条件。此外她也倡导感觉训练,运动、神经的控制训练,以及通过家政活动让孩子得到“实际生活训练”。

1908年,麦克米伦姐妹在博乌开设实验诊疗所;1910年改称德普特福特学校治疗中心;1911年发展为野营学校(Camps School);1913年正式命名为“野外保育学校”(Open Air Nursery School),该学校主要招收5岁以下贫民和工人的幼儿,教育目标主要是为幼儿提供适宜的环境以增进其健康;办学特点是:注重幼儿的手工教育、言语教育、感觉训练、家政活动和自由游戏;注意采光、通风及环境的布置。总之,反对一切束缚儿童的形式主义,让儿童在自然的环境中自由地成长。

麦克米伦姐妹创办的保育学校得到社会的拥护,自此保育学校在英国不断涌现。至1919年,得到确认的保育学校有13所。入校儿童有288名;同年,英国的幼儿园改称为保育学校,同时,保育学校得到国库的资助。1923年,以玛格丽特·麦克米伦为首的英国保育学校联盟成立,致力于推广保育学校和培训保育学校教师的工作。

在英国保育学校不断发展的同时,有关理论也不断充实。其中格雷斯·欧文及苏珊·艾萨克斯对此作出了突出贡献。格雷斯·欧文(Grace Owen)曾任保育学校联盟首任名誉干事。他在1920年出版的《保育学校教育》一书中提出:保育学校应视为“家庭的补充或延伸”;不应对幼儿进行读、写、算的正规教学或各种形式的测验,应尊重儿童自然本能,努力增进其各类经验;多组织集体活动,以培养幼儿的协作精神。

苏珊·艾萨克斯(Susan Issacs)为幼儿心理学家。在《幼儿的智力发展》(1930年)及《幼儿社会性的发展》(1933年)等著作中,主张幼儿期的教育和纪律应是宽容的,反对压抑和绝对服从;强调应尊重个体差异;此外还倡导蒙台梭利教具及教学法。

英国保育学校的理论经过麦氏姐妹、格雷斯·欧文及艾萨克斯等人的努力,到20世纪30年代,已初步形成了体系。

(二)《费舍教育法》关于学前教育的规定

1918年,英国国会通过《费舍教育法》(The Fisher Act)。这是以当时的文教大臣费舍的名字命名的初等教育法。该项法案的目的是在英国建立完整的国家教育行政系统和初步确立一个包括学前教育、初等教育、中等教育和各种职业教育在内的学制。法案要求将小学分为5~7岁(幼儿部)和7~11岁两个阶段,此外正式承认保育学校是国民学校制度的一部分,并把保育学校的设立和援助委托给地方教育行政部门。规定除伙食费和医疗费外,保育学校实行免费入学,并决定对13所保育学校实行国库补助。但由于第一次世界大战后经济危机的影响,在长时期内,有关扶持保育学校的规定执行得很差。从1919年至1929年的10年间,英国保育学校仅增加了15所。

(三)《哈多报告》关于学前教育的内容

1924年上台执政的英国首届工党内阁任命以哈多爵士(Sir W. Hadow)为主席的调查委员会对英国初等教育进行调查,并提出发展中等教育的建议。该委员会1933年发表的《关于幼儿学校以及保育学校的报告》(简称《哈多报告》)是推动学前教育理论和实践发展的重要文献。

《哈多报告》指出:(1)良好的家庭是5岁以下儿童的最佳环境,但同时认为保育学校对城市儿童的发展有重要作用。建议将保育学校定义为"国民教育制度中理想的附属机构";提倡大力增设麦克米伦式的保育学校、幼儿学校和幼儿部附设的保育班。(2)指出5岁并不是区分儿童重要发展阶段的界限,建议成立以7岁以下幼儿为对象的独立的幼儿学校。(3)幼儿学校的教师也应遵循保育学校的原理,即注重对6岁以下儿童开展户外体育、游戏等自然性活动和进行会话、唱歌、舞蹈、手工、图画等表现能力的训练。对于6岁以上的幼儿进行读、写、算的正规教育。《哈多报告》肯定了保育学校和保育班的成绩,并大力提倡开设新的保育学校或保育班,暗示了对7岁以下幼儿实行一贯教育。

六、20世纪下半叶的学前教育

第二次世界大战后英国政府才真正意识到学前教育的重要性,颁布一系列教育法律以政府行为来发展学前教育。① 如果说在此之前英国的学前教育主要是民间慈善事业,在此之后英国政府愈来愈意识到发展学前教育是政府义不容辞的职责,无论投资力度还是监督指导力度都大大增强,学前教育机构与学校教育系统联系起来,走上健康、稳步发展的道路。

(一)《巴特勒法案》关于学前教育的规定

1944年,丘吉尔联合政府通过了一个重要的教育改革法令,即《巴特勒法案》(Butler Act)。该法案以当时教育委员会主席巴特勒的名字命名。法令规定初等教育由三种学校实行:(1)为2~5岁的儿童设保育学校(这一年龄不属于义务教育之内)。(2)为5~7岁儿童设幼儿学校。(3)有的地方如果设立5~11岁的初等学校,则可在校内附设保育班(nursery class),招收3~5岁的儿童。

《巴特勒法案》把保育学校或保育班的设置规定为地方教育行政当局不可推卸的义务,但未能将保育学校和幼儿学校连贯起来的思想形成制度。幼儿学校仍作为义务教育的最初阶段而包括在初等教育之中。学前教育以5岁为界被割裂开来。

---

① 英国早在第二次世界大战后期,就开始酝酿战后教育改革的方案。进入60年代后,随着科学技术的迅速发展和生产力的不断提高,人们愈来愈重视早期教育和智力开发,英国政府日益认识到幼儿教育的重要性,开始提供必要的经费援助以扩大5岁以下儿童的教育。

（二）《普洛登报告书》关于学前教育的内容

1966 年，教育咨询委员会委员长普洛登女士发表了一篇报告书。该报告在第九章《为义务教育前的幼儿提供教育设施》中呼吁大力发展英国的学前教育，尤其是在教育不发达的地区。该报告提议：(1)学前教育应以 20 人为 1 组划成 1 个“保育集体”；1～3 个保育集体组成 1 个“保育中心”；它们可以与保育所或者儿童中心的诊疗所结合起来。所有保育集体每 60 人应配备 1 名有资格的教师，每 10 人至少配有 1 名修完 2 年培训课程的保育助理来担任每天的保育工作。每周保育 5 天，分上午和下午。(2)在公立保育机构得到扩充之前，地方教育当局有权对非盈利私立保育团体进行援助，以资鼓励。(3)最理想的是将包括保育集体在内的一切幼儿保护服务机构都统一在各个收容儿童的设施及小学校的领导之下，同时，在制定新的地区计划和对老区重新规划时，也应充分考虑到学前教育。

（三）《教育白皮书》关于学前教育的内容

1972 年 12 月，教育科学大臣萨切尔发表《教育白皮书》，提出将“扩大学前教育”定为内阁将要实行的四项教育政策之一。白皮书肯定了普洛登报告中具有实践意义的建议，并制订了实施计划，打算 10 年内实现学前教育全部免费，并扩大 5 岁以下儿童的教育。为此，提出以下要求：第一，要调动各方面的积极性。除政府外，还要依靠地主教育行政当局的周密规划，以及自由团体、教师和家长的大力协助。第二，确保有相当数量的教师队伍。必须在进一步改革大学幼儿教师培训课程的同时，对非正式教师进行特别训练。第三，政府为实现上述计划提供必要的经费援助。1972 年教育白皮书发表后，英国的学前教育有了一定发展。1978 年 3 岁儿童入托已占 15%，4 岁儿童入托占 53%，但尚未达到白皮书规划的 50%与 90%的指标。

第二节　法国的学前教育

1789 年法国爆发资产阶级革命，推翻了封建制度，于 1792 年建立共和国，标志着资本主义制度在法国的确立。奥柏林的“编织学校”是法国近代学前教育的开端。此后出现的数目众多的托儿所主要是受到英国幼儿学校的影响。在办学宗旨、教育内容和方法等方面都借鉴和吸收了英国幼儿学校的经验。从 19 世纪 30 年代开始，法国政府逐步将学前教育纳入中央集权的教育行政管理体制，把托儿所作为公共教育体系中的一个组成部分，加强了对托儿所的财政资助，有力地推动了法国学前教育的发展。这也是世界教育史上国家办学前教育的开端。19 世纪中后期，法国学前教育的发展主要是受到福禄培尔幼儿园理论的影响。进入 20 世纪，法国政府依据传统，依然重视学前教育，并且第二次世界大战之后更是将学前教育视为自己分内之事。同时法国是中央集权的国家，政令畅通，所以法国的学前教育无论过去还是现在都走在世界前列。

一、奥柏林的“编织学校”

“编织学校“的创设者是法国新教派的一名牧师奥柏林(J. F. Oberlin，1740—1826 年)，他于 1776 年创设了“编织学校”。在学前教育史上，人们一般都把奥柏林的编织学校看做是近代学前教育设施规范建设的萌芽。

奥柏林从 1767 年开始在法国的一个名叫布鲁德堡的教区任牧师，一直到他逝世为止。

在任牧师期间，他通过各种经济的、社会的以及教育方面的改革活动，为提高该地区居民的生活、教养水平贡献了自己的毕生精力，特别是在学校教育改革与整顿方面功勋卓著。

1776 年奥柏林创设了“编织学校”，这是一个在农忙季节收留 3 岁以上的幼儿和年幼学童为对象的保育场所，一周开放两次。学校有两名指导教师，一名任手工技术指导，另一名任文化、游戏方面的指导，另挑选一些年龄较大的女孩作为“助教”。“编织学校”的教学内容包括：标准法语、宗教赞美歌、格言和童话故事、植物采集与观察、绘画、地理以及儿童游戏等。另外学校还对学童进行缝纫、纺织编织方法的传授，教授历史、农村经济常识等方面的知识。奥柏林认为，这些学习应该是完全游戏式的，或者是娱乐性。

奥柏林编织学校设置的目的，主要有以下几个方面：一是为儿童创造一种有秩序的生活，把儿童置于学校教师的监督之下，使他们生活有规律，从而形成一定的纪律性；二是通过教授标准法语和宗教赞美歌等，使儿童理解宗教教义和提高语言能力；三是通过手工技巧的传授，培养儿童勤劳的品质，并使他们掌握劳动技术。可见，奥柏林的编织学校实际上是把教育置于更重要的地位。

实际上奥柏林的编织学校和当时普遍存在的“教会学校”有相同的性质，都是一种慈善机构。但是由于奥柏林把这个学校作为开发他的教区的社会经济以及增进地区居民福利的重要手段，从而使编织学校具有了不同于教会学校的重要地位和创新价值。

二、柯夏的“托儿所”

作为法国现代学前教育设施之一的托儿所，其前身是 1826 年由法国上流社会的妇女帕斯特莱（MImede Pastoret，1766—1843 年）依托慈善组织“妇女会”在巴黎创办的“托儿所”。该所作为法国第一所收容幼儿的托儿机构，翻开了法国学前教育史上新的一页。

图 9-5　托儿所的教育场景

帕斯特莱夫人创办的妇女会托儿所得到了当时巴黎第 12 区区长柯夏（J. Cochin，1789—1841 年）的支持和协助。柯夏曾亲自到英国去，对英国的幼儿学校进行了一年考察和研究，之后，他便协助妇女会于 1828 年模仿英国的幼儿学校新建了一个托儿所。同年，柯夏自己也开办了一个“模范托儿所”。不久，在这个托儿所里还附带开设了培养托儿所教员的课程。这样，1828 年巴黎便有了三所托儿所。此后，巴黎的托儿所便逐渐发展起来。

柯夏对法国托儿所的创立还起了理论指导作用。他在所著的《托儿所纲要》（1853 年）里曾说明了设立托儿所的理由，分析了托儿所存在的意义。他认为托儿所首先是最有效的公共贫民救济设施，其次是教育设施。柯夏的这种想法，实际上和英国幼儿学校的创办者的思想是一致的，而且柯夏的“模范托儿所”基本上是模仿了维尔德斯平的幼儿学校，如设立了阶梯教室，使用教学柱和置换架等教具，特别是模仿维尔德斯平幼儿学校注重对幼儿进行智育训练的做法。柯夏托儿所的教育内容包括：宗教、读、写、算、几何、地理、历史、博物、图画、体育等，这同当时的初等学校的教育内容是完全一样的，只是在教育程度上有所差别，在方法上使用的是直观教学法,以实物教学为主。很明显,柯夏托儿所也具有偏重智育的倾向。

当然法国托儿所并不完全是英国幼儿学校的移植,也有对英国幼儿学校的改进。比如柯夏领导的法国托儿所在道德教育方面和对待孩子的方法上,远比英国的维尔德斯平幼儿学校更具有合理性和人道主义特色。柯夏主张,托儿所的教师要避免一切暴力、压制和暴躁行为,教师要努力克制自己的情绪,当他焦躁不安的时候,最好能离开孩子们到室外去待一会儿。当孩子做了坏事的时候,教师也不要使用简单的惩罚手段,而应该向孩子指出其行为的恶果。柯夏认为,如果孩子经常受到惩罚,他就会变得固执、残忍,所以柯夏对鞭打孩子的做法是非常反对的,他所领导的托儿所里很少有恶罚的行为。另外,同英国的幼儿学校相比,柯夏的道德教育观点也更具有合理性。他认为托儿所应该培养幼儿具备以下的品德:第一,“对同伴的宽大为怀的感情”;第二,“公正的感情”;第三,“说真话”;第四,“服从和纯朴”;第五,“正直”;第六,“礼节、礼法和良好的仪表”;第七,“守秩序、守规矩、服从有权威的人们”;第八,“互相间有礼貌、互相尊敬”;第九,“具有道德的尊严——自尊心”;第十,“勤奋”。[①] 而其中又以第一条和第二条为重点。柯夏又强调,为了培养幼儿这些品德,幼儿教师首先要以身作则,为孩子们树立榜样。

三、法国政府的学前教育政策和措施

托儿所的发展,引起了法国教育行政当局的注意,他们承认了托儿所“不仅照看和监督孩子,而且也进行教育”的事实。1833 年,在《初等教育法》(通称《基佐法案》)颁布的同时,法国公共教育大臣基佐在有关的文件里提到:应把托儿所看做是初等教育的基础。此后他又指示公共教育部对托儿所给予财政上的补助,这是法国政府正式管理托儿所的开端。由国家参与对托儿所补助的政策,进一步推动了法国托儿所的发展,到 1835 年年底,法国的托儿所已有 93 所。

为了使托儿所更快地发展,政府当局还试图将托儿所的管理权、监督权从妇女会手中接收过来,把托儿所作为公共教育部所管辖的学校。为此,1836 年妇女会解散之后,政府发布了一个文件成为托儿所最早的管理和监督规定,这一规定虽然还保留了法国托儿所慈善团体的性质,但在其管理上则已经完全成为公共教育部管辖下的学校,是公共教育的一部分了。这一规定的颁布,在以后很长时间内对托儿所的行政管理工作起了指导和约束作用,并进一步推进了托儿所的发展,掀起了在全国各地设立托儿所的热潮。

1855 年 3 月,在教育部长福特尔的努力下,以皇帝拿破仑三世的名义颁布了有关托儿所组织的敕令,同时还提出了一个“托儿所内部规章制度”。

敕令规定了“托儿所不论是公立或私立,都应当成为 2~7 岁的两性儿童在道德与身体的成长中得到必要照顾的教育设施”。[②] 确立了托儿所的保育内容,包括四个方面:(1)宗教教育、阅读、书写、运算和绘画的初级知识。(2)日常生活知识。(3)符合儿童年龄的手工作业。(4)宗教歌曲、道德和身体素质方面的训练。这个保育内容的规定明显地带有宗教色彩,而且具有明显的注重智育倾向。

---

① 梅根悟主编:《世界幼儿教育史》(上册),吉林人民出版社,1986 年版,第 124—125 页。

② 梅根悟主编:《世界幼儿教育史》(上册),吉林人民出版社,1986 年版,第 355 页。

在“托儿所内部规章制度”中，不仅详细规定了托儿所的保育时间与托儿所的设施，还规定了对儿童的教育方法，如“禁止打骂儿童，要经常地谆谆教诲。只能给儿童以如下的惩罚：罚站，最长不超过10分钟；赶出梯形教室；禁止和大家一起做手工作业；罚他（她）向后转，面对大家”。[①] 这些规定表现了一定的人道主义精神。

四、福禄培尔幼儿园对法国学前教育的影响

最早将福禄培尔幼儿园引进法国的是玛伦霍尔兹·别劳男爵夫人。她作为福禄培尔的学生，为推广福禄培尔的教育理论和实践经验而积极地开展活动。她于1855年来到法国，在这里生活了三年，宣传讲演了100次左右。正是经过她的宣传介绍，法国人才开始了解福禄培尔的幼儿园思想与实践。

福禄培尔幼儿园对法国学前教育的影响，主要表现在以下两个方面：一是开始出现为上层社会幼儿创设的幼儿园。在这之前，上层社会的儿童都是在自己家里由专门的保姆或家庭教师进行保育和教育。福禄培尔幼儿园的经验被引进以后，法国才开始设立此种幼儿园，因此正是由于福禄培尔幼儿园的引进，法国的学前教育机构才明显地形成了双轨制：普通民众的儿童被送往专门接收劳动人民儿童的、数量较多的、简陋的托儿所；上层社会的儿童则被送往为数极少的、条件优越的幼儿园。从此，法国的学前教育便沿着这种等级性明显的双轨制发展。二是将福禄培尔幼儿园的教育内容、方法引入托儿所中，开始注重儿童的游戏和户外运动。例如，在托儿所里设立娱乐用的庭院，在庭院里种上花卉、树木，并将福禄培尔“恩物”作为教具等等，这对改革法国托儿所的保育内容和方法起了一定的积极作用。

五、巴黎公社的学前教育政策

1871年3月18日，巴黎的工人阶级和劳动人民用革命暴力推翻了资产阶级的反动统治，建立了无产阶级专政的革命政权——巴黎公社。这是世界上无产阶级夺取和建立政权的第一次勇敢尝试。虽然巴黎公社仅仅存在了两个半月，但是巴黎公社的原则是长存的。巴黎公社的教育政策也具有特殊的意义，其中最突出最重要的一项政策就是提出以世俗教育代替宗教教育，要求将一切宗教象征，如神像、教义、神学书籍和祷告等从各级各类学校中清除出去。

这种世俗教育的精神也贯穿到学前儿童的教育中。巴黎公社的教育委员会曾向托儿所的教师们发出声明，禁止将任何神像和宗教画册带进公社的托儿所。并且还提到对幼儿道德方面的教学必须从所有的宗教教义的内容中解放出来，以合乎科学的内容和方法进行。

在巴黎公社成立以前，法国的学前教育机关大部分是掌握在教会手里，教会有意识地对儿童进行宗教教育。因此，从公社成立之日起，公社就千方百计地把这些学前教育机关从教会势力的控制下解放出来，并使其经过改造成为新的、为劳动人民服务的幼教机构。按照公社的规定，新的学前教育机关以向所有适龄儿童实施全面的学前教育为基本任务并特别重视适应劳动人民的需要。

巴黎公社还从一开始就把保护母亲和儿童看做是一项十分重要的任务。公社教育委员会拟订了设立托儿所的详细方案，要求在工厂附近的街区开办托儿所，以便母亲在自己工作

---

① 梅根悟主编：《世界幼儿教育史》（上册），吉林人民出版社，1986年版，第357页。

时间内把子女送去。按照方案规定,这种托儿所必须完全摆脱教会的影响,不许教士参加工作。方案还指出,年轻的妇女是最好的保育员,她们能以慈祥的仪表和活泼愉快的精神直接影响儿童。同时,公社在巴黎许多地区还创办了收容7岁以下幼儿的"儿童中心"和"幼儿园"。有些地区还为孤儿和半孤儿设立了全托的幼教机构,其中规模最大的就是"国民近卫军孤儿之家"。在公社所办的这些学前教育机构中,儿童们得到很好的照顾,受着良好的思想道德教育,注意培养孩子热爱祖国、忠于革命事业的精神和无产阶级团结友爱的情感,并使其养成劳动的习惯等。可见,巴黎公社重视学前教育的发展,主要是从其事业发展的角度来关心、爱护、培养下一代,培养革命事业的接班人。

六、19世纪末的"母育学校"

"母育学校"这个名称最早是在1840年由当时的教育部长卡尔诺提出来的,他要求把"托儿所"改称为"母育学校"。但直到30年后,即1881年法国才正式开始采用"母育学校"的名称。1881年和1882年,法国政府颁布了法国历史上实施最长久的一个教育法令——《费里教育法》,在这个法令中确立了国民教育的义务、免费和世俗性三条原则,并规定初等教育中免费的原则同样适用于母育学校。这是官方的教育文献中第一次正式使用"母育学校"的名称,从那以后,这一名称一直沿用到现在。《费里教育法》的颁布标志着法国近代资本主义教育制度的初步确定,它对法国近代学前教育的发展也有重要影响。1881年8月颁布的政府文件中还对"母育学校"作出了如下的定义:"母育学校"是初等教育的设施,那里的男女儿童将共同接受体、德、智全面发展的教育。① 同时规定,进入母育学校的儿童为2~6岁,并且根据孩子们的年龄和理解力的发展程度编成两个小组:2~4岁为一个组,5~6岁为一个组。这样,在母育学校就形成了男女儿童混合编制的班级,这同托儿所开创之初的情况是不同的。当初,托儿所是按性别分班,而且在托儿所里还用墙壁、木桩或栅栏将男女儿童隔开。而母育学校则根据儿童年龄发展阶段来编班,这样母育学校就如同是个大家庭,教师就像慈母一样关怀照顾着每一个孩子,而这些男女儿童也像是一家人一样聚集在母育学校中,一起游玩,一起生活,一起成长,过着和谐、整洁的生活。

母育学校的保育内容包括以下几个方面:(1)初步的道德教育,如向儿童灌输对家庭、祖国和上帝应尽的义务。(2)日常生活中的实用知识。如区分时间与季节,辨别颜色和形状等。(3)唱歌、绘画、书法、初步阅读、语言练习、儿童故事、博物和地理的基础概念等。(4)手工作业的训练。(5)按年龄阶段进行的身体锻炼。通过这个保育的内容,我们可以了解到近代法国母育学校几个主要的特点:一是母育学校的教育特别偏重于智育,学习范围较广泛;二是清除了宗教教育内容,而代之以资产阶级道德教育;三是注意让儿童学习日常生活中的实用知识;四是根据儿童的身心发展水平进行教育,如规定上课时间不超过15分钟或20分钟,教师对儿童只能善意地引导,而不能打骂等等;五是采取直观教学法,注意儿童的游戏活动。

关于母育学校的设施,其中包括保育室、游艺室和带小庭院的游戏场。而母育学校使用的教材也有很多,主要归为两类:一类是玩具,有用木头或橡皮制作的动物,用铅和木头制作的军事模型、积木箱、小桶、手推车、跳绳、旋转环、球等;另一类是教学用具,有碎木块、小棍、

① 梅根悟主编:《世界幼儿教育史》(上册),吉林人民出版社,1986年版,第366页。

板条等,有手工作业必需的用具,有地球仪、挂图,还有连环画和日用品之类。

母育学校实际上已将过去托儿所保育工作的特点全部摒弃了,而完全采用福禄培尔的玩具、教具和幼儿园教育方法,实现了法国学前教育的现代化。但是,母育学校在保育内容方面还存在着许多问题,如知识分量过重,对儿童的作业时间没有限定,致使母育学校充满了小学教育的气息,母育学校的教师大都把精力放在了多教孩子学知识方面,而忽略了母育学校应以照料和监护好儿童为主要任务。顾名思义,"母育学校"应是很好地承担如同母亲一样的责任,在母亲不能照料的时间里,可以给予儿童很好的照顾,保护好儿童的安全,这才是母育学校最本质的职责。由此可见,19 世纪初开始的把初等学校的教学内容作为托儿所的保育内容,借以谋求儿童智力发展的倾向,一直延续到 19 世纪末。当时在法国已有不少有识之士对此现象提出尖锐的批评。

七、20 世纪法国学前教育的发展

在欧美新教育运动影响下,1905 年,教育部长对母育学校过于强调传授知识的倾向提出批评。1908 年,教育部长再次发布指令指出:母育学校的目的是对学前儿童加以照料,满足他们体、德、智三方面发展的要求,母育学校不是一般意义上的普通学校;强调要鼓励无人照料的儿童到母育学校来,并给予平等热情的接待、照顾。1927 年,法国政府又进一步发出指示,详细规定了母育学校必须具备的校舍和设备标准。

因为政府的重视和有法可依,到 20 世纪初,法国进入母育学校等学前教育机构的儿童有 60 多万,为法国学前教育的发展打下良好的根基。

第二次世界大战结束后,法国教育开始向"民主化"和"现代化"迈进,法国政府在医治战争创伤、恢复和发展经济的过程中对学前教育的基础作用有清醒的认识,因而更加重视发展幼儿学校,政府不仅新建了许多母育学校,而且将初等教育的入学年龄从 6 岁提前到 5 岁 9 个月。同时在当时"统一学校运动"的影响下,政府积极给予学前教育以必要的经费资助。

自 20 世纪 60 年代开始,法国在开发儿童智力、加速人才培养上做了很多努力。1970 年,法国教育部指令:经母育学校推荐,早慧儿童可提前半年入学,以早出人才。1975 年的《哈比教育法》重申了这一规定。1986 年,法国有 83 万名 5 岁早慧儿童进入小学就读。

另外,法国持续进行了课程和教学的改革。1969 年,法国的母育学校根据教育部的指令,在课程和教育方法方面进行了与小学类似的改革,将课程分为智育、启蒙科目和体育科目三大类,以实现体、智、德方面的稳定发展。1975 年,法国颁布《哈比教育法》,规定学前教育的目标是:启发儿童个性;消除儿童由于出身和家庭条件差异而造成的成功机会的不均等;早期发现和诊治儿童智力上的缺陷及身体器官上的残疾;帮助儿童顺利完成学前教育向小学教育的过渡。根据此法令,自 20 世纪 70 年代以来,法国的学前教育实际上发挥着四重作用,即教育、补偿、诊断治疗以及与小学衔接的作用。

20 世纪 70 年代,法国的学前教育有了较大的发展,幼儿入园率跃居世界首位。据统计,1972 年的入园率是 40%,1980 年,4~5 岁儿童的入园率为 96.8%,5~6 岁儿童的入园率是 98.9%。

进入 20 世纪 80 年代后,法国政府继续把发展学前教育看成是实现教育机会均等、开发人力资源、加强科技竞争、增强国力的重要因素之一,予以高度重视。为了保证学前教育的发展需要,法国采取了中央、省和市镇三级政府分摊经费的办法,保证了学前教育经费的稳

定可靠的来源。其中仅 1986 年,中央支付的学前教育经费(用于支付教师工资及教师培训)占全国教育经费预算的 5.1%,与此同时,为了使更多的幼儿受到教育和适应现实生活,一些民间性的托幼组织如雨后春笋般地涌现。如一种称为“温和过渡形式”的实验性幼教机构,收托 16 个月到 5 岁的儿童,每天活动 2 小时,主要内容有游戏、图画、音乐、阅读等;又如,儿童“休假中心”,每期 20—22 天,招收 4~6 岁儿童:再如,“微型托儿所”,是为解决就近入托问题,在新建公寓中利用几个房间作托儿所,招收十几个 3 岁以下的孩子。这些民间组织能够根据不同家长的实际需要,因地制宜,期限短,收费少,方便灵活,是政府学前教育机构的有效补充。目前,法国学前教育机构正朝着小型、多样、灵活、家庭化的方向进行改革尝试。

由于政府重视、社会支持、措施得力,使得法国学前教育在发达国家中始终位居前列。据 1985 年统计,法国 2~5 岁儿童入学率如下:2 岁:81%;3 岁:92.6%;4 岁:100%;5 岁:100%。平均 81.6%,居世界第二位(仅次于比利时)。此外,公立学前教育机构学生比例达 87%,居发达国家首位。

第三节　德国的学前教育

1871 年普鲁士统一德国,并实行军国主义统治。因为德国统一较晚,其近代学前教育的发展比英国和法国迟缓。在 19 世纪初的时候,在德意志的一些邦国出现了一些慈善性质的保育机构。19 世纪 20 年代以后,德意志的一些邦国受到英国学前教育的影响,开始学习英国幼儿学校的办学经验,发展学前教育。1840 年福禄培尔幼儿园的产生,极大地推动了德意志地区学前教育的发展,从而使德国的学前教育走在了世界前列,成为其他国家学习的榜样。

一、巴乌利美保育所

在英国幼儿学校对德国产生影响之前,德国已有了自己的学前教育设施,其中比较著名的就是被称为“巴乌利美设施”的保育所。该保育所由巴乌利美侯爵夫人(Pauline,1769—1820 年)于 1802 年设立,是一个救济贫民,帮助参与劳动的母亲抚育孩子的场所。正像巴乌利美夫人自己讲的那样,这一设施是“把被留在家里的幼儿集合在一起进行保护的地方”。[①] 当然它的设立也是有为了让穷苦孩子快乐生活的目的。

巴乌利美保育所是季节性的托儿所,招收的对象是 1~4 岁半的农村孩子。其办学时间从初夏开始,到晚秋结束。每天的保育时间从上午 6 点到晚上 8 点。主要由 12 名贵妇人来轮班监督保育所的工作,在她们手下还有一些从孤儿院和职业介绍学校招来的 12~16 岁的女孩子做保姆,参与照顾幼儿的活动。巴乌利美保育所的保育方式是:让孩子们每天都在游戏中度过,对孩子们进行监督,但不给他们任何束缚。另外,巴乌利美保育所还对幼儿进行如下的教育:教授正确的德语,教孩子正确地称呼身边的事物,进行守规矩、守秩序、协调、亲切、勤劳等有关社会道德方面的训练和生活规律的教养。但是巴乌利美保育所的重点是放在保护孩子们的健康上,教育只是处于附带和从属地位。

---

① 梅根悟主编:《世界幼儿教育史》(上册),吉林人民出版社,1986 年版,第 140 页。

巴乌利美夫人从人道主义立场出发，出于对贫穷的母亲们的深刻理解和对穷苦孩子们健康的关心而建立起来的巴乌利美保育所是德国历史上最早的幼儿保育和教育设施，并因此被人们关注，成为德国学前教育史上光辉的一页。

二、德国各邦的学前教育政策

英国幼儿学校对德国的影响是从 1824 年开始的。当时，在德国出现了不少介绍英国幼儿学校的文章和著作，从而使英国的幼儿学校在被德国人所认识，并引起德国各邦政府的注意。1827 年，普鲁士政府教育部发出“迅速建立幼儿学校”的号召，在这之后，普鲁士政府对以贫民子弟为对象的学前教育设施采取了一系列的保护政策。如 1838 年，在国王弗里德里希·威廉三世的敕令中，批准了为援助柏林托儿所而设立的“中央基金”。敕令明确提出，这笔基金要用于维持现有的托儿所和设立新的托儿所。但是，敕令中却没有要求由国家来提供这笔资金，而是规定这笔基金由市民捐助来筹集。这样实际上仍然把学前教育认定为“私人的慈善事业”，并表明普鲁士政府既想发展学前教育并控制它，但同时又不想提供实际的帮助和支持。

1839 年，拜恩政府内务部制定了关于托儿所各方面事务的规定。这个规定在当时德国各邦中，是有关学前教育的最为详细的规定，可以说它是当时德国各邦的学前教育政策的典型代表。此规定有以下几方面特点：第一，贯彻控制但不予以支持的政策。虽然政府鼓励设立托儿所，但又不予以资金的支持，仍然把托儿所规定为“私人的慈善设施”，因此丝毫看不到国家在设立托儿所方面的积极态度。第二，坚决反对在托儿所里进行读、写、算等方面的知识教学，认为贫民幼儿设施应该主要是为幼儿提供安全的住所和良好的照顾场所，因此采用“托儿所”的名称，以区别于英国的幼儿学校，而且还把托儿所的工作人员称作“保育员和监护人”，而不称为“教师”。第三，鼓励儿童在室外进行轻松愉快的游戏活动，其目的是为了使这些将来注定要从事“艰苦劳动”的孩子们具有健康的身体，为将来成为劳动者做准备。第四，强调宗教教育和道德教育。目的是对这些下层贫民阶级的儿童，从幼儿阶段起就培养他们具有顺从、守纪律、勤劳、节制等品质。

由此可见，德国各邦对贫民幼儿所采取的教育政策，一直贯穿着维护社会统治秩序的基本思想。但这些政策客观上吸收了一些英国幼儿学校的做法，如注重儿童的室外游戏等，从而给德国学前教育的沉闷气氛注入了一股新鲜空气，在一定程度上促进了德国各邦的学前教育机构的建立。

三、弗利托娜幼儿学校运动

在上述学前教育政策促进下，德国产生了大量的学前教育机构。至 1852 年，仅普鲁士的学前教育设施就有近 500 所，在这些设施中大部分都是由私人所设，属于私人的慈善设施。在这些设施的建立和发展过程中，涌现出许多杰出的人物。正是由于这些人的努力，才促成了贫民学前教育设施大量涌现。弗利托娜就是其中一位。

弗利托娜（Theodor Fliedner，1800—1864 年）从 1822 年开始担任阿尔萨斯州威尔特城的新教牧师，她曾两次访问英国，参观了英国很多的幼儿学校。1835 年，她在自己的教区内建立了一所奥柏林式的“编织学校”，一年之后，她又把这所学校改名为“幼儿学校”，招收贫穷的工人阶级的幼儿，年龄在 2 岁至义务教育年龄，一共有 40 名孩子。

弗利托娜认为幼儿学校的作用就在于，一是要保护工人们的孩子不生病，不受伤，增强他们的体质；二是要注意他们的道德行为习惯的培养，防止他们“养成粗野、放纵、懒惰、不讲卫生等恶习”①；三是通过让幼儿从事编织劳动，来养成他们勤劳的习惯。

弗利托娜幼儿学校的教育内容和方法，主要集中于以下两个方面：(1)重视幼儿的游戏活动。在弗利托娜的幼儿学校里，有室内和室外游戏场，并置备了在英国幼儿学校里流行的维尔德斯平设计的秋千、球等数目众多的玩具。室外游戏分为“伴随着唱歌的模仿游戏”“伴随着唱歌的运动游戏”和“其他的运动游戏”三种。她还要求，教师一般情况下不要去干涉孩子们的游戏活动，任凭他们自由地跑、跳、做游戏。(2)重视幼儿的知识教育、宗教教育和道德教育。幼儿学校把宗教、道德、读、写、算、唱歌、图画、军事训练、手工劳动等作为正规课程。弗利托娜主张，这些课程应以“愉快的、有益于孩子身心发展的方式”来教给孩子，即采取“游戏式的教学”。② 她还规定，上课时间不得超过 15 分钟，而且一旦发现孩子疲倦了，注意力开始分散了，就应该随时停下来，而不要刻板地遵守规定的时间。

总的来说，弗利托娜的幼儿学校的最终目的主要在于对工人阶级的孩子进行宗教教化和道德教化。可见，这所学校正是积极响应了当时德国的学前教育政策，完全适应这些政策的要求。弗利托娜的幼儿学校影响很广泛，在它之后，又建立起 20 多所类似的机构，一时间形成了弗利托娜幼儿学校运动，对德国各邦学前教育的发展起了积极的推动作用。

四、福禄培尔幼儿园运动

福禄培尔之前的学前教育设施，虽有各种设想，也有各种组织介入，有些学前教育实践影响也较为广泛。但 1840 年福禄培尔幼儿园的成立及其发展，使其成为现代社会流传最广、影响最大的学前教育机构。这是弗里德里奇·福禄培尔(Fredrich Froebel，1782—1852 年)对世界学前教育的发展所做出的巨大贡献。

图 9-6　福禄培尔像

1834—1835 年，福禄培尔在瑞士布格多夫担任一所孤儿院院长的工作实践经验使他认识到学前儿童教育的重要性，并尝试着为 4~6 岁儿童安排了如下的教育内容：观察、说话练习、数数、唱歌、造型、体操、童话、游戏、野游、回忆。这部分内容成为后来福禄培尔幼儿园教育内容的基础。

1836 年，福禄培尔回到自己的家乡德国，开始专门从事学前幼儿的教育工作。他计划建立一个“以自我教育为主的直观教学的设施”，以区别于那些幼儿学校。他认为，不应当把学前教育设施办成学校，孩子们在里面不应接受学校式的教育，而应采取保证幼儿自由发展的教育方法，以儿童的自由活动、自我教育和直观教学为主。福禄培尔的这一主张，后来成为他的幼儿园教育理论的基本思想。

1837 年，福禄培尔在勃兰根堡开办了一所学龄前儿童教育机构——“儿童活动学校”，并于 1840 年将它正式命名为“幼儿园”。福禄培尔创办的幼儿园是世界上第一所以“幼儿

① 梅根悟主编：《世界幼儿教育史》(上册)，吉林人民出版社，1986 年版，第 173 页。
② 梅根悟主编：《世界幼儿教育史》(上册)，吉林人民出版社，1986 年版，第 169 页。

园”来命名的学前教育机构。从此,福禄培尔便积极地从事领导幼儿园的工作,并在工作中形成了一整套的学前教育理论体系。

福禄培尔幼儿园的教育内容主要包括以下几个方面:(1)福禄培尔为幼儿园儿童编制了多种游戏活动,其中最主要的一种就是运用他所设计的玩具——“恩物”进行的游戏,以此发展儿童的认识能力和创造性,并训练手的活动技能。(2)为幼儿园儿童安排多种作业活动,通过作业对幼儿进行初步的教学。作业内容包括:叠纸、折纸、图画、拼图、串珠、积木等,另外还有一些如初步的自我服务、照料植物的劳动作业。(3)重视幼儿的语言发展,通过唱歌、讲故事、朗诵游戏等方式,来培养儿童的语言能力。

福禄培尔创立的幼儿园教育体系,使学前教育成为教育领域中的一个重要分支和独立部门,标志着学前教育机构的作用开始由“看管”转向“教育”。他的学前教育思想体系,在世界上许多国家都有广泛影响。

在1848年的德国革命中,福禄培尔积极参加进步教师集会,呼吁政府拨款促进幼儿园的发展,要求尽量多地开办幼儿园,使幼儿园像教堂一样普及,还要求将幼儿园教育作为德国统一国民教育制度中的首个阶段。

除了福禄培尔本人的努力以外,他的一些学生在推广普及幼儿园方面也做出了很大贡献。福禄培尔生前很注意在幼儿园里培养保育人员,实际上,福禄培尔幼儿园本身就是培养幼儿保育人员的实习场所。培训的对象主要是一些热爱儿童的青年妇女,培训的重点放在以下几个方面:(1)了解幼儿身体和心理的发展过程;(2)培养热爱儿童的思想;(3)熟练掌握正确的保育和教育方法。到1851年为止,福禄培尔幼儿园培养了近70名妇女作为幼儿园保育人员。这些人活跃在德国21个城市的学前教育机构中,致力于推广福禄培尔幼儿园的教育方法。不仅如此,这些女士们还将福禄培尔幼儿园的理论和实践介绍到德国以外的其他国家,将福禄培尔幼儿园的教育内容和方法传播到世界各地,这样也就使德国成为19世纪幼儿园教育的发源地。从此,各国纷纷效仿德国兴办幼儿园,一时形成了福禄培尔幼儿园运动。

1848年的革命失败后,普鲁士政府镇压自由民主运动,把福禄培尔为发展学前教育而从事的宣传活动,以及他呼吁社会、政府支持幼儿园的言论,看成是反政府的言行,并于1851年下令禁止开办福禄培尔幼儿园。这项禁令一直到福禄培尔死后的1860年才废除。禁令废除以后,福禄培尔幼儿园运动团体在德国各地相继成立,这些团体的任务就是把福禄培尔幼儿园向全国各地推广。其中影响较大的有两个团体,一个是1860年成立的以玛伦霍尔兹·别劳夫人(Marenholltz Buelow,1810—1893年)为名誉会长的“柏林福禄培尔主义幼儿园促进妇女协会”,这个协会成立以后,便积极地设立幼儿园。到第二年,即1861年,经它设立并经营的幼儿园就有4所,还有1所幼儿园女教员养成所。到1864年为止,这个协会已有会员272人。另外一个也是由别劳夫人于1863年春天在柏林设立的“家庭教育和民众教育协会”,这个协会是依据福禄培尔的思想,以进行学前教育的全面改革为最终的目标,当时从事的工作主要有几个方面:(1)设立幼儿园;(2)设立幼儿园女教师养成所;(3)改造托儿所,使之向民众幼儿园方向发展;(4)设置以福禄培尔方法为指导的男女儿童游戏场所;(5)把福禄培尔的方法引进女子学校,等等。第二年这个协会的会员人数很快就达到了410人。到1869年为止,这个协会所设立的幼儿园数目增加到7所。到1870年为止,从这个协会领导下的幼儿园女教师养成所里培养出来的幼儿园女教员有200多人,她们分布在德国各地以及德国以外的地方，为幼儿园事业开展工作。在这些幼儿园中，有的是“私立幼儿园”，也有的是地区设立的幼儿园。“私立幼儿园”以收容资产阶级的幼儿为对象，费用由私人承担，每天保育时间为 3 小时，即上午 9—12 点。对于这种“私立幼儿园”，协会只是在必要的时候提供一定的资助，并为其推荐女教员。而地区设立的幼儿园则以收容地区内所有的幼儿为对象，资产阶级的幼儿入学主要由自己负担费用，对贫民阶级的幼儿园设有免费名额。因此，这种幼儿园的费用大部分是协会负担，而协会的经费则来自地区内的慈善家们的捐助。地区设立的幼儿园保育时间是每天 6 小时，即上午 9—12 点，下午 2—5 点。以后，地区幼儿园逐渐向以主要收容工人阶级幼儿为对象的民众幼儿园过渡。

1874 年，这两个协会合并成为“柏林福禄培尔协会”，进一步推动福禄培尔幼儿园运动。别劳夫人作为德国福禄培尔幼儿园运动的领袖，积极地创办“福禄培尔协会”，尽量多地设立幼儿园，为福禄培尔幼儿园在德国的普及做出了重要贡献。与此同时，她还把福禄培尔幼儿园介绍到国外。她在英国的伦敦、法国的巴黎进行演讲宣传，并在英国的幼儿学校和法国的托儿所里试行福禄培尔的教育方法。同时，还在一些朋友的协助之下，在这些国家设立了幼儿园。正是由于像别劳夫人这样的一些人的努力，才使福禄培尔幼儿园教育思想和实践传播到世界各地，在世界范围内流行起来。

五、20 世纪德国学前教育的发展

（一）第二次世界大战前的德国学前教育

1920 年，德国全国“学校会议”和 1922 年颁布的《儿童福利法》确定了德国学前教育发展的基本方针，其基本精神是：学前教育不是教育制度的一环，而是社会福利制度的一环。这种基本方针至今影响着德国学前教育发展的模式。

在第一次世界大战前，德国的学前教育机构呈多元化的形式，除幼儿园外，还有一些从历史上沿袭下来的收容幼儿的慈善机构和幼儿学校等。第一次世界大战后，魏玛共和国成立，开始对学前教育进行整顿，魏玛共和国按照民主的原则对教育进行改革，强调德国所有儿童都享有受教育的权利，使他们在身体、精神和社会方面都得到发展，成为有才干的人。同时决定设立公共儿童保护机构——儿童保护局，负责监督和指导民间儿童福利事业，承担 1922 年《儿童福利法》第 4 条所规定的给婴幼儿、学童等提供福利设施的任务，既要设立公立幼儿园，又要鼓励民间慈善团体和宗教机构开办学前教育机构。1922 年，德国政府制定《青少年法》，其中强调要设立“白天幼儿之家”（Kleinkinder Tagesheime），包括幼儿园、托儿所及幼儿保护机构等；同时提出训练修女担任看护工作；此外还要求加强幼儿教师的培训。政府在颁布的幼儿园条例中宣布：各种各样的学前教育机构，凡招收 2~5 岁儿童者，均称为幼儿园；政府还规定所有幼儿园由政府监督，隶属于教育、卫生两部门，并强制不能教育儿童的家庭送儿童入园。在此时期，幼儿园尤其是私立幼儿园得到较快发展，成为德国学前教育中的主要形式。据 1930 年的统计，私立幼儿园（含保育所）有 8 000 多所，入园儿童有 50 多万人，但是公立幼儿园只有 50 所，这说明国家和社会在观念上和行动上还是把学前教育事业主要看成是民间行为。

（二）第二次世界大战后的德国学前教育

1949 年 9 月，在美国、英国、法国占领的德国西部成立德意志联邦共和国（简称“联邦德国”）。联邦德国实行地方分权制，各州在学前教育指导思想上不完全一致，但是在共同的文化背景下大同小异，其基本共识如下：(1)幼儿园是协助家庭对幼儿进行教育的机构；(2)为培养优良的个性和为幼儿的全面成长打下良好的基础。幼儿园的教学内容主要有两类：(1)语言教学，包括说、听、绘画、看图说话、唱歌、游戏活动等；(2)观察能力和思维能力的培养，包括日常生活中经常遇到的色彩、形态、数量、时间等概念的辨别能力的训练，并开展游戏、音乐等活动。在教育方法上，除采纳福禄培尔的基本方法外，还吸取杜威的主张和蒙台梭利的教学方法从“做”中学，注重实际操作。福禄培尔的恩物及蒙台梭利的教具亦得到应用。在教学组织形式上，主张个别教学、小组活动，不要求组织全班儿童进行集体教学。

在学前教育的管理方面，联邦德国根据地方分权制，由各州自己制定发展学前教育计划并加以实施。联邦德国的学前教育不属于国家规定的义务教育范围，因此幼儿园不归教育行政部门管辖，而主要由私人、教会、社会团体举办，州儿童局负责所有公、私立幼儿园的督察工作，各州对幼儿园的日程安排无统一规定。

在联邦德国各类幼儿园中，公立的仅占三分之一，远低于教会所办幼儿园，由于在德国历史上幼儿园民办形成了传统，故在一定程度上阻遏了公立幼儿园的发展。20 世纪 60 年代后，在美国开端计划、学前教育机会均等、开发幼儿智力等计划及思想影响下，联邦德国开始日益重视学前教育。1970 年，联邦教育审议会公布了包括学前教育在内的全国教育制度改革方案。此方案将整个教育体系划为初等、中等、继续教育三个领域。3~6 岁的学前教育被纳入教育体系的基础部分，属于初等教育范围。其中 5~6 岁的学前教育被列入义务教育。此后，不仅 5 岁以上幼儿普遍入学，3~5 岁幼儿入园率也不断提高。据统计，1960 年 3~6岁幼儿入园率均为三分之一，1977 年，3~5 岁幼儿入园率已达四分之三。值得注意的是，联邦各州之间差异较大。如 1980 年，在柏林只有 55%的幼儿被接纳到幼儿园；但在巴登—符腾堡州则高达 98%；在萨尔州幼儿园能接收的儿童甚至多于当地儿童实际人数。由于战后德国人口出生率持续下降，人们普遍认为，幼儿园的入园率今后将继续提高。

第四节　俄国与苏联的学前教育

在俄国农奴制废除以前，俄国的经济发展比西欧各国落后很多。1861 年沙皇政府废除了农奴制度，为俄国资本主义经济的发展创造了有利条件，此后开始发展大工业生产，到 19 世纪 80 年代完成了工业革命。此时随着经济的增长，俄国的文化教育也有所发展，沙皇政府迫于各方面的压力，对各级教育实施改革，从而使俄国的学前教育有了明显的发展。另外，俄国 19 世纪后期学前教育的发展也受到福禄培尔幼儿园运动的影响。但总的来说，在十月革命以前，俄国的学前教育事业是比较落后的。据资料统计，到 1914 年为止，俄国的学前教育机构总数只有 177 所，儿童总数为 4 550 人，而且这些学前教育机构大部分是私立的，这同西欧一些国家的学前教育机构相比较，是相当贫乏的。

十月革命后，苏联共产党和政府极为重视学前教育。苏联①也因此成为现代学前教育发展较快的国家。苏维埃政府从解放妇女劳动力、保护儿童和培养社会主义一代新人的目的出发，制定政策，颁布法令，采取多种措施，在沙俄时代极为薄弱的基础上，迅速建立起学前教育网并使之不断完善，开展具有创造性的学前教育科学研究，注意提高学前教育质量，

① 苏联是“苏维埃社会主义共和国联盟”的简称，1922 年以苏维埃俄国(苏俄)为主体建立，1991 年瓦解。

积极促进了学前教育事业不断向前发展,学前教育制度的社会主义性质和优越性得到充分显现,在世界学前教育领域独树一帜。

一、别茨考伊与儿童慈善教育机构

从18世纪后半期,即俄国女皇叶卡捷林娜二世（1762—1796年在位）统治开始,在俄国陆续出现了一些儿童慈善教育机构,主要是解决弃婴和孤儿的收容问题。在这些慈善教育机构的创办过程中,有不少人对此作出过贡献,其中最具代表性的人物就是别茨考伊。伊万诺维奇·别茨考伊(1704—1795年)于1763年向女皇叶卡捷林娜二世上呈奏折,要求在莫斯科开办“教养院”,收容弃婴孤儿,同时他还要求为贫民开办一所产科医院,附设于教养院内。别茨考伊的请求获得了女皇的批准,他被委托负责此事。1763年俄国的第一所教养院和产科医院在莫斯科成立,别茨考伊任教养院院长。此教养院收容2~14岁的弃婴和孤儿,分成三个年龄阶段实施教育:2~7岁的儿童主要是参加适龄的游戏和劳动;7~11岁的儿童主要是学习识字和计算,另外,男孩子还要学习园艺和其他手艺,女孩子要学习编织、纺织和刺绣;11~14岁青少年主要是学习算术、地理、教义问答和图画等,男孩子还要学习菜园、花园里的工作,女孩子要学习烹饪、缝纫、家政管理等工作。

别茨考伊的教养院不只是单纯的慈善机构,它还非常重视对儿童的教育工作,这同别茨考伊本人重视教育的作用是分不开的。别茨考伊特别强调教育在社会生活中的作用,他认为通过教育可以培养具有良好的道德和行为的“新型的人”,这种“新型的人”能够人道地对待民众,并能公正地管理国家的事务。他希望通过这些人的努力进而达到改良社会的目的。基于这种认识,别茨考伊很重视教养院的道德教育,他把道德教育看做是“人心的教育”,特别注重给儿童灌输“敬畏上帝”的思想,还注意培养他们热爱劳动、勤俭、整洁的良好习惯,力图把他们培养成为有礼貌的、富有同情心的新人。别茨考伊还提到,榜样是道德教育的主要手段。在知识教育方面,别茨考伊正确地指出,学习过程对儿童来说应当是愉快的,不能强迫儿童学习知识,而应根据儿童的爱好去进行。他还主张在学习活动中绝对禁止体罚。别茨考伊也很重视儿童的体育锻炼,他主张让儿童多呼吸新鲜空气,多参加“无害的”娱乐和游戏,以保持心情的愉悦。别茨考伊的教育观点有很多合理的见解,而且这些见解也落实到他创办教养院的实践中去,从而推动了俄国儿童教育事业的发展。

在别茨考伊的教养院之后,俄国的其他地区出现了不少类似的机构。19世纪上半期,由进步人士组成的各种慈善团体,又开办了一些“收容所”和“孤儿院”。后来,沙皇政府把这些儿童慈善教育机构都收归政府管辖。

二、福禄培尔幼儿园对俄国学前教育的影响

19世纪中期福禄培尔幼儿园运动也波及俄国。1860年,在俄国建立了第一所幼儿园。1866年,在彼得堡发行了俄国最早的学前教育杂志——《幼儿园》,此后,在彼得堡还出版了以宣传福禄培尔的学前教育思想体系为主的教育杂志——《家庭和学校》。

1870年,在彼得堡、基辅等地成立了“福禄培尔协会”,这些组织的主要工作就是大力宣传福禄培尔的学前教育理论,推行幼儿园运动,促使幼儿园在俄国各地的开办。另外,福禄培尔协会还有一项重要的工作就是培训幼儿师资。1872年在彼得堡福禄培尔协会的领导下,建立了“福禄培尔学院”,这所学校在十月革命后改为“学前教育大学”。这是一所专门

培训学前教育人员的私立学校,这所学校一开始学制为一年,后逐渐改为三年,主要招收初中毕业生或具有家庭教育经验的女青年入学。此后,俄国其他一些地方也成立了类似的机构。这类学校是当时俄国唯一的培养学前教育人员的机构,为俄国的幼儿园输送了一批合格的幼儿教师,推动了俄国学前教育的发展。

1908 年在基辅福禄培尔协会的领导下,又开办了三年制的学前教育专科学校,这所学校在十月革命后改为“人民师范大学”,它以培养高级幼儿教师为目的,设置了教育学、心理学等课程,并配有实验室,还有作为教育实习的幼儿园,这是当时俄国规模最大的一所学前教育师范学校。

三、苏联时期学前教育的发展

(一) 学前教育建立和发展历程

十月革命成功后,1917 年 11 月 12 日,苏俄教育人民委员部学前教育局成立,强调儿童的公共免费教育,必须从儿童的初生时期开始。1918 年 10 月 16 日苏维埃政权颁布的《统一劳动学校规程》规定:在统一学校中还包括幼儿园,对所有 6~8 岁儿童实行统一的、免费的幼儿园义务教育。1919 年 3 月举行的第八次俄共代表大会通过的党纲,规定了苏俄学前教育的两大任务:(1)儿童的公共学前教育是学校教育事业的基础之一,必须按照儿童的年龄特征来实现儿童的全面发展和共产主义教育的任务;(2)为了改善公共教育和使妇女们获得解放,应立即设立学前教育机关,如托儿所、幼儿园和托儿站等。党纲指明了苏俄学前教育的目的、方向和性质。

总结这一时期苏维埃政权关于学前教育的基本方针和政策,可以归纳为如下几点:(1)学前教育的目的是解放妇女,实现儿童的全面发展;(2)学前教育是整个学校教育制度的基础;(3)学前教育事业是公共的、统一的、免费的和国有的。

根据苏维埃政权关于学前教育的基本方针和政策,在教育人民委员部学前教育局的统一领导下,国立的学前教育机构网在全国范围内紧锣密鼓地建立和发展着。至 1920 年,苏俄已有4 723所学前教育机构,共收有 254 527 个儿童,而仅仅在三年前的 1917 年,全俄接受学前教育的儿童人数才 5 000 人①,这充分说明了发展学前教育工作的成效。

在 20 世纪 30 年代,在前期工作的基础上,苏联学前教育的发展突出表现在学前教育机构网的急剧增长以及学前教育工作质量的提高上,而第一个五年计划提前完成,也为公共学前教育的发展创造了有利的条件。1930 年 6 月苏共召开第 16 次代表大会,规定全国工矿企业、城镇地区都有义务设置托儿所和幼儿园,接收 3 岁以下婴幼儿;所需经费采取国家拨款与吸收社会资金两条腿走路的方针筹措。此后,托儿所、幼儿园迅速发展,夏令班、农忙班、长日班、晚夜班等学前教育机构不断涌现,满足不同类型家长的需求。

1932 年,教育人民委员部颁布了第一部国家统一的《幼儿园教育大纲草案》,规定幼儿园教学内容包括社会政治教育、劳动教育、认识自然的作业、体育、音乐活动、美术活动、数学和识字等。此大纲的意义在于第一次明文规定了幼儿园的工作任务与教育内容,对于整顿幼儿园,促进幼儿园管理正规化,提高学前教育质量具有重要意义。但大纲存在未充分考虑幼儿的年龄特征及其需要等问题。1934 年,教育人民委员部颁布了经过

---

① Woodill, Gary. International Handbook of Early Childhood Education. New York: Garland Pub, 1992. 417.

修订的幼儿园教育大纲和关于幼儿园内部规则的指示,要求更全面地考虑学前儿童的生活安排及教育内容。

在第二次世界大战后,苏联学前教育的制度建设成就的主要特色是将托儿所和幼儿园合并成统一的学前教育制度——“托儿所—幼儿园”。20 世纪 50 年代以前,苏联学前教育按年龄段分成两个部分:从出生到 3 岁的婴儿入托儿所,由所在加盟共和国的卫生部领导;3~7岁的儿童进幼儿园,由所在加盟共和国教育部管辖。政出多门,常令幼教机构负责人无所适从。要消除这种不合理的现象,并满足社会需要,就得将托儿所和幼儿园合并成统一的学前教育设施,并实行一元化的行政领导。

在上述背景下,1959 年 5 月 21 日,苏共中央和苏联部长会议公布了《关于改革学前教育制度的决定》。该决定指出,改革的重点是宣布在全苏建立将托儿所和幼儿园合并的统一学前教育机构,并将其正式命名为“托儿所—幼儿园”;该决定还将“托儿所—幼儿园”的管理和监督权统一于各共和国的教育部;同时规定各共和国卫生部负责“托儿所—幼儿园”中儿童的保健工作;苏联凡是有条件的地方,均须在 1960 年 1 月 1 日以前,完成幼儿园和托儿所的合并工作。自 1959 年的“决定”公布以后,苏联新设的学前教育设施,基本上都是“托儿所—幼儿园”。

1966 年,苏联常设学前教育机构(主要是托儿所—幼儿园)有 9.2 万个,接收儿童 820 万人;1976 年,接收人数达 1 150 万;1982 年则超过 1 500 万。除常设学前教育机构外,苏联在全国各地还因地制宜,设有学前儿童之家、露天幼儿园、季节性幼儿园,以及招收接近入小学年龄儿童的普通学校附属预备班等。20 世纪 70 年代末,在苏联的大城市,接收学前教育的儿童比例已达 80%。20 世纪 80 年代后期,早期教育的重要性日益深入人心,苏联政府要求加速学前教育发展的步伐,尽快全面普及学前教育。到 1988 年末,苏联常设学前教育机构有 14.7 万个,在园儿童1 735万,占同龄儿童的 58% ,考虑到苏联地广人稀的特点,取得这一成绩实属不易。

(二)学前教育内容和方法的改革

苏联的国家特性决定了其学前教育改革的政府指导性质,因为我们将从苏联颁布的几部重要有关学前教育的文件来分析苏联的学前教育内容和方法改革的情况。

1.《幼儿园规程》和《幼儿园教养员工作指南》的制定及其修订

1938 年,教育人民委员部在列宁夫人、教育家克鲁普斯卡娅直接参与下制定了苏联第一部《幼儿园规程》(以下简称《规程》)和第一部《幼儿园教养员工作指南》。《规程》规定幼儿园的教育目的在于以共产主义精神教育儿童,使其获得全面发展。此外规定了幼儿园的任务、组织、幼儿园的基本类型、对儿童的营养和幼儿园房舍的要求等,还有包括以本民族语言进行工作和实行一长负责制等条文。《幼儿园教养员工作指南》是根据《规程》编写的。《指南》根据儿童的年龄特征,将幼儿园工作任务、内容和方式具体化。《指南》由引言和七章组成,讨论诸如体育、游戏、绘画、手工、音乐教育、认识自然、初步数学观念的发展等问题。

1944 年 12 月 15 日,教育人民委员部制定了新的《幼儿园规程》及《幼儿园教养员工作指南》。《规程》规定:(1)不论幼儿园由何团体或机构管理,必须根据《幼儿园规程》和《幼儿园教养员工作指南》开展其工作;(2)幼儿园是国家机构,目的在于使 3~7 岁儿童受到苏维埃教育,保证儿童的全面发展,同时有助于妇女参加生产劳动、参与社会政治文化生活;

(3)幼儿园应为儿童入学做准备,为此要求幼儿园做到关心儿童的健康,发展儿童的智力,安排各类游戏、文化与艺术教学(包括绘画、讲故事、阅读、音乐、唱歌等),组织儿童通过参观和散步去认识周围世界,培养儿童独立自我服务的习惯、卫生习惯、劳动习惯、正确使用和爱护物件的习惯、培养儿童守秩序、自制、尊敬长者和父母的品行,培养儿童爱祖国、爱人民、爱领袖、爱军队的情感。

2.《托儿所—幼儿园统一教学大纲》的制定及其修订

为了适应新设的学前教育设施"托儿所—幼儿园",需要制定一个从出生到入学为止的连贯的统一的教育大纲。1962 年,在《幼儿园教养员工作指南》基础上,以俄罗斯联邦教育科学院学前教育研究所第一任所长乌索娃为首,在医学科学院的教授洛万诺夫教授协助下制定了《托儿所—幼儿园统一教学大纲》。原来制定的《幼儿园教养员工作指南》在 1963 年 9 月 1 日废止,此后,新制定的《托儿所—幼儿园统一教学大纲》就作为全苏联所有幼教机构教育大纲施行。

1962 年制定的《统一教学大纲》有以下五个特点:(1)将原来婴幼儿(0~3 岁)和学前儿童(3~7 岁)互相分离的教育内容系统化、一元化,将出生后 2 月至 7 周岁的儿童,按年龄阶段安排教学内容。(2)比原来的大纲更为注意游戏,对游戏组织形式及其指导给予了具体指示。(3)恢复了以前大纲里被取消的劳动部分,在大班和入学预备班增添了劳动教育。(4)在"入学预备班"里进行初步的读写教学,为进入小学做准备。(5)重视教学方法的指导。苏联 1962 年的《托儿所—幼儿园统一教学大纲》,无论从形式还是从内容,都堪称世界上第一部综合性质的儿童学前教育大纲。

20 世纪 60 年代末,苏联开始对 1962 年的《托儿所—幼儿园统一教学大纲》进行修订。修订后的大纲加强了婴儿期的护理和教育,加强了入学预备班的教育内容向初等教育过渡的衔接性,逐级下放了有关教育内容。该大纲在此后又进行了多次修订,并在 1984 年更名为《幼儿园教育和教学标准大纲》,在此期间,它一直作为主要的指导方针文件规范学前教育的教学和管理。

(三)1989 年《学前教育构想》

为迎接新世纪的到来,针对苏联学前教育的一些主要特点或缺点,苏联在 1984 年《幼儿园教育和教学标准大纲》的基础上,于 1989 年制定《学前教育构想》,1990 年以国家教育委员会公报名义予以颁布。该构想提出以下改革基本思路。第一,批判了 20 世纪 30 年代教育整顿后,人为地制造出许多忽视儿童的做法;反对将童年仅仅看成是未来生活的预备,而忽视童年期自身价值的观点。声称该构想中的"教育策略在其目标、手段和结果上都不同于传统的教学—纪律式儿童教育观",要求使教育工作人道主义化。第二,要求根据当代世界尤其是苏联心理学及教育科学研究的新成就,来改革学前教育体系;教师应努力掌握现代有关科研成果。第三,改善儿童的生活条件和幼儿园教师的工作条件,保证儿童教育的各个领域的协调性。第四,彻底改变培训教育工作干部的性质及学前教育单位和管理机构的财政条件。第五,确立多种形式和类型的学前机构并存的原则,以发展学前教育。第六,实现教育过程中家庭教育与公共教育的协调一致。

公报声称,为了将《学前教育构想》所包含的思想具体化,还将制定《学前教育机构章程》《学前机构教育过程的科学方法原理》《教师培训和再提高示范大纲》及相关具体文件。可惜由于苏联于 1991 年底解体,有关构想及文件未能完全拟定出来或付诸实施。

第五节　美国的学前教育

从 16 世纪开始,欧洲殖民主义者相继来到美洲开拓殖民地。1607—1733 年,英国在现在的美国沿大西洋沿岸的东北部和中南部陆续建立了 13 块殖民地。1775 年,北美殖民地因为贸易和税收等问题,联合起来反对宗主国,从而爆发了北美殖民地的独立战争。1776 年,美国正式宣告脱离英国而独立,并于 1777 年建立联邦国家,原来的 13 个殖民地就成为美国最早的 13 个州。19 世纪初,美国开始了产业革命,并因奴隶制度存废问题引发南北战争。战争之后,美国废除了南部的奴隶制度,这极大地促进了美国资本主义的发展。到 19 世纪末,美国的经济和科技的发展都在资本主义世界处于领先地位。

美国的学前教育起步比较晚,一开始主要是受到欧洲(特别是英国)学前教育发展的影响,例如曾经通过引入福禄培尔的幼儿园模式,而兴起福禄培尔运动;通过学习欧文的学前教育制度和方法,一度掀起过"欧文幼儿学校运动";另外还曾受到裴斯泰洛齐的家庭教育思想影响,兴起过"家庭学校运动"等等。美国直到 19 世纪中期,才有了自己真正意义上的学前教育机构。虽然美国的学前教育事业起步迟缓,但是一经产生便迅速地发展成长起来。到 20 世纪初,美国学前教育已形成了以公立幼儿园为主体,私立幼儿园和慈善幼儿园多种形式并存的体制。

一、私立幼儿园的建立

(一)德语幼儿园的产生

美国最早的幼儿园是由德国移民玛格丽特·舒尔茨(Margarate Schurz,1832—1876 年)于 1855 年在威斯康星州的瓦特镇创办的,这是一所专门为德国移民的子女开办的德语幼儿园。舒尔茨夫人在德国曾受到福禄培尔思想的影响,她创办幼儿园后采用了福禄培尔的教育方法,指导孩子们进行游戏、唱歌和作业。从舒尔茨夫人在美国创设第一所幼儿园至 1870 年为止的 15 年间,在美国由德国人开设的德语幼儿园已有 10 所左右,而且都实施福禄培尔式的教育。但是,由于当时福禄培尔进步的学前教育思想在美国还未引起人们足够的重视,因此早期出现的这些幼儿园,还只限于局部地区,仅是民间私立的小规模的学前教育设施。也就是说,当时幼儿园还没有被美国社会所完全接受,人们还未把它视作教育子女必不可少的途径。

(二)伊丽莎白·皮博迪与美国第一所英语幼儿园

美国妇女伊丽莎白·皮博迪(Elizabeth Peabody,1840—1894 年)对美国初期学前教育的发展作出了杰出贡献。她于 1860 年在波士顿开办了美国第一所英语幼儿园,使学前教育在美国得到了普及和发展,她也因此作为美国学前教育运动的先驱者而被载入史册。

1859 年,舒尔茨夫人访问波士顿时,会见了伊丽莎白·皮博迪,并向她介绍了福禄培尔有关幼儿园的思想,皮博迪在研读了福禄培尔的著作后,根据她所理解的观点,于 1860 年在自己的私人住宅里开办了一所私立幼儿园,这是美国的第一所讲英语的幼儿园。可见,在伊丽莎白·皮博迪创建幼儿园的过程中,受到舒尔茨夫人的很大影响。以后,皮博迪又和妹妹玛利·曼一起为进一步宣传福禄培尔思想而努力工作,她们发行刊物,演讲并撰写文章,还于 1863 年出版了《幼儿园指南》一书。皮博迪在书中着重阐述了幼儿园和小学的区别,她强调应把幼儿园办成儿童的乐园，让儿童在其中自主地活动和游戏。到 1867 年，虽然皮博迪的学前教育思想和她办的幼儿园已在美国享有盛誉，但她却怀疑自己还没有充分理解福禄培尔思想的精华，于是她便关闭了幼儿园，去德国系统学习福禄培尔的教育方法，进一步对幼儿园的许多问题进行研究。这期间，她还到欧洲其他国家参观幼儿园和师范学校，学习各国的办学经验。

从国外回来后，皮博迪一方面从事写作，发表文章，继续影响美国的幼儿园运动。另一方面她又积极地进行幼儿园保育人员的培训工作，并在自己的幼儿园中创办了美国第一所幼儿园保育人员培训所。培训所后来为社会输送了一大批优秀的幼儿园教师，这些人成为美国普及幼儿园运动的强有力的骨干力量，为美国初期的学前教育运动的开展作出了很大的贡献。

从上述史实我们可以看到，美国初期的学前教育是在从德国引进福禄培尔理论基础上，开始兴起的，其最初的幼儿园和幼儿师资培训事业都是在福禄培尔理论中指导下形成的。

图 9-7　1876 年费城世界博览会上幼儿展示恩物教育场景

二、慈善幼儿园的出现

19 世纪后期（1870 年以后），美国出现了一种慈善幼儿园，大部分是教会和社会慈善团体开办的，招收的主要对象是贫穷家庭的儿童，免收学费。这种慈善幼儿园发展得很快，到 19 世纪末，几乎所有的大中城市都办起了慈善幼儿园。发展如此之快的原因主要是，慈善幼儿园不仅成为教会进行宗教教育和传教活动的一个场所，而且政府还把幼儿园教育作为一种贫民救济事业来看待，因此给予鼓励、支持。这时期各教会和慈善团体纷纷热衷于创办幼儿园。最早建立幼儿园的教会是 1877 年俄亥俄州托利多的托雷尼特教会。1878 年，纽约市的安东纪念教会也成立了幼儿园。这一时期，美国教会幼儿园发展得很迅速。到 1912 年，全国已有 108 所教会幼儿园。教会创办幼儿园的目的，一是通过在自己教会所办的幼儿园进行宗教宣传，使基督教思想深入到幼儿心里去，二是把设立幼儿园当做教区的一项事业，通过发展学前教育、开办幼儿园来扩大教会的影响，发展教会的势力。

在教会幼儿园兴起的同时，社会慈善团体也纷纷开办幼儿园。其中有 1877 年在纽约市开设的“慈善幼儿园”，1893 年在芝加哥市开办的“邻人之家”等。这些幼儿园都具有慈善机构的性质，其目的是为了促进社会改良和改善贫民子女的生活状况，它同欧洲其他国家早期学前教育机构的性质相仿，是面向社会贫民阶级开放的一种贫民救济事业。

正是由于幼儿园同教会的传教事业和社会的福利政策有密切关系，所以使得幼儿园教育很快地为美国社会各界所接受，并逐渐普及推广到全国各地。

三、公立幼儿园的产生和发展

从19世纪20年代开始，在美国掀起了一场大规模的公立学校运动，建立起一大批由政府开办、公款维持的公立学校。这场公立学校运动也波及学前教育领域。1873年在密苏里州的圣路易市建立了美国第一所公立幼儿园，这实际上是在一所公立小学里附设的幼儿园，它的创建者就是当时的圣路易市教育局长威廉·哈里斯(William Harris，1835—1909年)。哈里斯是公立学校运动积极的支持者，他也受到伊丽莎白·皮博迪的影响，从很早起就崇拜福禄培尔的教育思想，对学前教育的发展十分关心。他在1873年之前，就向圣路易市教育委员会提交了一份报告，在报告中要求把学前教育作为学校教育制度的一个组成部分，他为此还进行了积极的活动，终于在1873年实现了创办公立幼儿园的设想。在公立幼儿园的建立过程中，哈里斯还聘请了一位曾在德国视察过许多幼儿园的学前教育工作者苏珊·伯罗女士(Susan Blow，1843—1916年)担任这所幼儿园的第一任教师。她运用福禄培尔的教育思想与方法对幼儿进行实际指导。

由于哈里斯与伯罗女士的密切合作，这所幼儿园在学前教育方法上取得了很大的成功，因此在美国的影响也很大，波及全国各地，从而促进了公立幼儿园迅速的普及和推广。而把幼儿园教育作为学校教育制度的组成部分这一点，也逐渐得到了教育界的普遍承认。到1878年，圣路易斯市已有53所公立幼儿园。到1914年，全国公立幼儿园已有7 554所，几乎所有的大中城市都建立了公立幼儿园制度，从此学前教育成为公共教育制度的一部分。这种公共教育性质的幼儿园首先是把增进幼儿自身的幸福作为教育的目的。同时也保证学前教育的机会均等。正是由于这一特点，才使公立幼儿园在美国迅速发展起来，而公立幼儿园的建立也推动了幼儿园教育在美国的普及。

四、幼儿教育协会的活动

从19世纪后期开始，各种有关幼儿园教育的团体在美国纷纷成立。到1897年，美国已有400多个这样的组织。这些组织对幼儿园的普及和发展起了相当大的作用。各地幼儿教育协会的具体工作基本上都包括以下三个方面：第一，为年轻的父母提供解决有关幼儿教育实际问题的指导和建议。第二，促进幼儿园的成立和幼儿园教育运动的发展。第三，在社会各阶层中，宣传学前教育的重要作用，呼吁人们给予学前教育事业以足够的关心。

这一时期，各地的幼儿教育协会都把幼儿母亲的教育提到日程上来，这种情况一方面是受到福禄培尔关于重视母亲在学前教育中的作用的观点影响，另一方面也是随着对儿童进行科学研究的深入，开始认识到家庭教育的重要性。于是各个幼儿教育协会便积极地开展有关母亲教育的研究和讨论，还在各地的幼儿园里开设“母亲教室”，为母亲们提供学习的场所，主要是学习有关幼儿保育和教育的各方面知识，以期提高家庭教育的质量，使家庭教育能够积极地配合幼儿园教育，使家庭的父母与幼儿园教师之间能够相互沟通，并共同来解决儿童教育上的问题，使教育达到最佳效果。而家庭教育和幼儿园教育最终的、也是共同的目的是为了使儿童生活得更幸福。可以说，这时期的幼儿教育协会在促进幼儿园教育发展的同时，也促进了学前儿童家庭教育的发展。

五、20世纪上半叶学前教育的发展

随着开发西部的成功和工业化的完成,19世纪末美国的经济发展开始领先于其他主要资本主义国家,经济的发展、国力的壮大既为教育的发展提出了条件也为教育的变革提出了要求。与此同时大批移民不断涌入美国,如何使移民及其子女"美国化"的问题更使改革和发展教育成为美国的当务之急。在此背景下,美国兴起了长达半个世纪之久的教育革新运动——进步教育运动。作为进步教育运动的一部分,进步主义幼儿园运动成为20世纪上半期美国学前教育领域最重要的运动。此外,1913年前后,美国曾出现"蒙台梭利热",但不久就因种种原因而昙花一现。1915年,英国的保育学校传入美国,并逐渐成为美国学前教育的主要类型之一。

(一)进步主义幼儿园运动

杜威是美国进步主义教育运动的"精神领袖",他的哲学思想、心理学思想和教育思想也给进步主义幼儿园运动以指导性的影响。杜威肯定了福禄培尔教育理论中关于儿童的自我活动和游戏以及社会参与等原则,但反对用神学解释其中道理的神秘主义色彩,反对恩物和作业脱离儿童的生活经验的形式主义做法。他从"教育即生长""教育即经验改造""教育即生活""做中学"等基本观点出发,认为教育目的是培养儿童适应社会生活能力,教育方法应以儿童为中心,让儿童通过活动积累直接经验。杜威的理论,为进步主义幼儿园运动提供了理论依据。

进步主义幼儿园运动主要领导人是安娜·布莱恩(Anna Bryan,?—1901年)、帕蒂·希尔(Parity Smith Hill,1868—1946年)。

布莱恩是进步主义幼儿园运动的先驱。1890年,布莱恩公开批评福禄培尔主义和福禄培尔式幼儿园的种种缺陷,并在自己的幼儿园依据实用主义的原理对学前教育进行大胆改革的尝试。布莱恩的批评和改革在美国学前教育领域产生很大影响,使美国学前教育界日益形成两大对立的派别——进步派(或称自由派)和传统派(或称保守派)。两派展开了长期针锋相对的论战,实际上最终促进了美国学前教育理论和实践的发展。

希尔曾就学于杜威的门下,也深受布莱恩的影响。1893年,她接管了路易斯维尔免费幼儿园协会和路易斯维尔师范学校。经过12年的努力,使这里成为进步主义幼儿园运动的中心。1905年,希尔应邀前往哥伦比亚大学师范学院执教。在此后的30年内,她不停地教书、实验、写作、讲演,培养了大批学生,把进步主义幼儿园运动引向深入。希尔还设计发明了一组大型积木玩具,被称为"希尔积木"(Hill Bocks) 。幼儿可利用这些积木建房屋、开商店、办邮局,做各种游戏。希尔积木被各地幼儿园广泛采用。

进步主义幼儿园运动强调研究儿童,注重学前教育与实际生活的联系,开展多方面的实验活动,在实践中突破幼儿园闭关自守的局面,使幼儿园教育逐渐发展成为一种同小学教育紧密结合的新型机构。进步主义幼儿园运动是具有美国特色的学前教育改革的开始。

(二)蒙台梭利对美国学前教育的影响

意大利学前教育家蒙台梭利在罗马创办"幼儿之家"获得成功。1910年,蒙台梭利的教育方法连同她所设计的教具传入美国。1912年,美国出版了《蒙台梭利方法》,初版为5 000册,4天内抢购一空,以后5个月内又再版6次。1912年和1915年,蒙台梭利两次访美,宣传自己的学说。1913年,美国蒙台梭利教育协会成立,"蒙台梭利学校"纷纷成立,"蒙台梭利热”达到顶峰。然而蒙台梭利遭到当时在美国已兴起的机能主义学派、行为主义学派和精神分析学派、进步主义学派等批判。如1914年,美国进步主义教育运动主要人物之一的克伯屈就发表《蒙台梭利体系考察》,声称蒙台梭利法“实属19世纪中期的货色”,是落后于时代要求的;指责感官教育是孤立的和脱离幼儿生活实际的。1916年后,美国的蒙台梭利热迅速冷却。“蒙台梭利热”虽昙花一现,但蒙台梭利重视感官训练和智力训练的思想是有价值的,这为20世纪后半期蒙台梭利重新兴起埋下了伏笔。

(三)保育学校运动

1915年,美国一批上层知识妇女——“芝加哥大学教授夫人团体”,受到英国麦克米伦姐妹创办保育学校的启示,自发地以集体经营的形式开设了美国第一所保育学校。到1933年,全国设立的保育学校已达300多所。自此,一个以芝加哥为中心向全国扩张的“保育学校”热潮兴起。在第二次世界大战期间,为了确保妇女劳动力投入到军工生产,联邦政府对保育学校实行经济援助,使保育学校猛增。到1945年2月底,全美共有1 481所保育学校,收容幼儿59 000名。

(四)日托所运动

日托所又名日托中心(英文中叫“day nursery”“day care”或“day center”),其历史可追溯到1838年,在一些地方属于贫民救济机构。20世纪30年代,美国爆发经济危机,劳资纠纷和社会矛盾增多。美国政府为稳定政局和缓和矛盾,于1933年10月批准建立日托所,专为失业人员和劳工子女免费服务,提供免费照顾和学前教育的机会。日托所供应丰富的食物以保证孩子的营养,实施与各年龄组相适应的课程,配备了受过短期培训的幼儿教师,保证孩子受到一定的教育,受到社会普遍欢迎,于是,建立和开展这种日托所形成一项新兴运动。到1938年,由联邦紧急救济总署建立的日托所就承担了为20万个劳工子女免费服务的工作。但是,1943年联邦救济总署停止对日托所的经费发放,造成日托所经费困难,入托人数由72.5万人下降到60万人。

六、20世纪下半叶学前教育的发展

20世纪50年代之前,美国的学前教育并没有引起国家足够的重视,也没有相应的法规加以保障。1957年,苏联发射了第一颗人造地球卫星,美国朝野大为震惊,痛定思痛,于1958年颁布《国防教育法》开始大抓以智力开发为重要目的的教育改革。1957—1965年,美国进行了10年的教育改革,力图改变教育与科技的落后状态。作为教育体系的基础,美国学前教育受到政府和国家的高度重视,其社会地位自此发生了根本性的变化。这一时期美国学前教育改革与发展主要体现在两个方面:一是以“开端计划”为核心的贫困家庭学前教育机会均等运动;二是为适应“知识爆炸”对教育提出的新挑战而进行的早期智力开发的研究和实验运动。总之,到20世纪80—90年代,学前教育已经成为美国教育系统中最有生气和发展最快的部分之一。

(一)开端计划

开端计划属政府行为,是美国政府为实现学前教育机会均等的目标而实行的一项重要计划。1965年,约翰逊总统提出“向贫穷开战”的口号,提出解决贫困线以下儿童的教育问题。1965年秋,美国联邦教育总署根据1964年国会制定的《经济机会法》,提出“开端计划”

(Head Start ProGram)①。要求对处于困境者家庭的子女进行补偿教育。计划目标有五个方面:为学前儿童看病治牙,开展为儿童心理发展的服务,为幼儿进入小学做必要的准备,加强对志愿服务人员的培训与使用,开展社会服务与家庭教育。其具体做法是:由联邦财政拨款(当年国会为计划拨款9 640万美元),将贫困而缺乏文化条件家庭(包括黑人、印第安人、爱斯基摩人以及外来移民的贫困家庭)的4~5岁的幼儿免费收容到公立小学特设的学前班,进行为期数月到1年的保育,保育内容包括:体检、治病、自由游戏、集体活动、户外锻炼、校外活动、文化活动(含手工、绘画、搭积木、听故事、音乐欣赏、传授科学常识)等。为消除他们与其他儿童入学前形成的差异,为入小学做准备,一般对4岁儿童进行1年的长期课程教育,对5岁儿童进行为期8周的短期课程教育。

1968年,美国有关部门制定"追随到底计划"(Project Follow Through),可视为开端计划之延伸。对象是在开端计划中受益的小学低年级学生,其目的是帮助贫苦家庭的儿童在入小学后能继续得到良好的发展。1972年后,"开端计划"要求收纳10%的残疾儿童,并着手进行包括幼儿、家庭和社区在内的综合改革实验及与学前教育机构或小学衔接的实验。

开端计划是二战后美国规模大、历时长、效果显著的学前教育机会均等的运动。据统计,接受此项计划的3~5岁儿童,1965年有53.618万人,1972年已经超过100万人。根据1973年统计,全美开端计划中心的总数为9 400个。实施以来,开端计划的受惠者达830万人以上。1982年,10多名儿童研究专家的纵向跟踪研究成果表明,开端计划促进幼儿的智力、语言、社会情感等方面的发展效果明显。还有研究表明一般幼儿的智商因开端计划而提高10~15。一些学者也提出一些批评意见,就是在开端计划中,少数学校视幼儿为小学低年级学生,过多地进行文化教学,揠苗助长,流为主智主义。

(二)幼儿智力开发运动

20世纪60年代,美国掀起了中小学课程与教学方法的改革运动,目的在于提高中小学的教育质量,这自然波及学前教育。著名的结构主义心理学家布鲁纳认为,儿童存在着极大的智力发展潜力,任何学科都可用某种方式有效地教给处在任何发展阶段的任何儿童。按照他的主张,只要做到使学科教材适合儿童发展的阶段,并按照儿童理解的方式加以组织和表达,儿童就能够接受。这种思想对学前教育也产生影响。1960年,美国"早期教育实验室"主任伊利诺斯大学教授亨特在《智力与经验》一书指出,婴儿期是决定理性活动差异的重要时期,儿童到4岁才教育已晚,教育必须提前。在他们的影响下,学前教育界、家长乃至联邦政府当局日益重视幼儿智力开发,强调对幼儿进行科学教育,幼儿智力开发的热潮在全国兴起并且得以持续。

幼儿智力开发运动模式丰富多彩,蒙台梭利运动的再度兴起和皮亚杰理论的学前教育实验可以说是其中的典型案例。

20世纪50年代后期,20世纪初期昙花一现的"蒙台梭利热"再度兴起。蒙台梭利对早期教育的重视、对于智力发展的看法、感官训练的方法,以及强调个别指导和科学研究的态度与方法,在需要智力的时代重新引起人们的兴趣。重新建立的第一所蒙台梭利学校是由冉布什女士(Nancy Rambush)1958年在康涅狄克州克林威治城建立的"菲特比学校"

① "Head Start"在英文中为体育用语,有两种解释:一是提前出发,或优先;二是并驾齐驱(赛马中专用)。这两种解释巧妙地反映了本计划思想达到的目的:让穷苦家庭儿童先出发受教育,然后在入学后与其他孩子并驾齐驱。

(Whitby School)。到20世纪70年代初,美国共有几百所蒙台梭利学校。到20世纪80年代,蒙台梭利运动更向纵深发展。蒙台梭利教学法超出了以往主要应用的私立学校,而进入公立学校。许多教育专家认为,公立幼儿园的教育标准大都能与蒙台梭利教学法成功地融合起来,尤其在计算机教育、审美教育、品德教育可以取得好的效果。1989年,它已被60个地区的110所公立学校采用。美国各式各样的学校中,有四千余所冠之以“蒙台梭利”的字眼。蒙台梭利教学法也从学前和小学教育扩展到中学教育。蒙台梭利运动的发展也引发了一些师资方面的问题:一是蒙台梭利方法强调个别教学,因而要求师生比例低,出现师资不足问题;二是许多教师未来得及接受正规训练就匆匆上阵,致使教学质量不稳。

20世纪60年代后,随着皮亚杰的影响日益扩大,在美国有不少其理论的信奉者、解释者将其认知发展理论应用于学前教育实践,并为此设计了种种学前教育实验方案。其中较有影响的实验方案是拉瓦特里的儿童早年课程方案和威斯康星大学皮亚杰学前教育实验方案。

拉瓦特里的儿童早年课程方案是美国伊利诺斯大学的教授拉瓦特里(Celia Lavatelli)设计。拉瓦特里曾赴日内瓦与皮亚杰进行合作研究。回国后,设计出一套“儿童早年课程方案”(Early Childhood Curriculum-A Piaget Program),并在公立幼儿园中进行实验。该方案以4~5岁儿童为对象,通过系统地提供数种具体运算的内容,以帮助儿童获得逻辑思考的方式,从而达到“为具体运算的出现奠定基础”的基本实验目标。在实验中,教师努力使儿童对物件、材料采取行动,即通过主客体的交互作用,同化新的观念。拉瓦特里的这一方案就其强调通过动作(行动)去发展智力是与皮亚杰理论一致的,但又不是对皮亚杰的亦步亦趋。其构想与当代重视开发幼儿智力的潮流吻合。

威斯康星大学皮亚杰学前教育实验方案(Piagetian Preschool Education Program)是由威斯康星大学幼儿研究中心设计。以3~5岁的儿童为对象,实施蕴含皮亚杰理论有关重要原理的学前教育课程。此实验于20世纪70年代初开始。实验的主要目标是:检查、探讨依据皮亚杰理论设计的学前教育实验方案对儿童的智能与社会发展的影响。在实验中,要求遵照(而不是试图超越)皮亚杰所拟定的儿童认知发展阶段。教师并不试图直接教导某些特定的概念,而是通过适时提供适当的环境,通过向儿童提出探索性的问题,鼓励儿童和同伴、成人社会及物质环境的交互作用;通过同化、调节等过程,来发展儿童的智力(包括认知、情感、技能等),并培养儿童的独立性、自主性及发明创新能力。

第六节 日本的学前教育

日本是亚洲的一个从封建主义弱国发展为资本主义强国的典型。公元12世纪末,日本开始了军事独裁的封建统治,政权实际掌握在军事贵族手中,被称为“幕府统治时期”。至1868年,因为面临西方冲击,日本发动了明治维新运动,废除了幕府统治,把政权归还天皇。明治维新运动标志着日本从封建社会进入了资本主义社会。日本学前教育机构的产生,是在明治维新运动以后。

明治维新后,日本经过40年的工业化进程,到第一次世界大战时,已经成为亚洲最发达的国家和资本主义列强之一。日本的近代化道路是错综复杂、变化多端的,其学前教育随之也跌宕起伏、不断变化。第二次世界大战后,日本政府采取特殊措施大力恢复、改革和发展教育，一定程度促进了学前教育事业的发展。

一、学前教育机构的建立和发展

（一）《学制令》中有关学前教育机构的规定

明治维新运动，推翻了德川幕府的封建统治，大大促进了日本资本主义的发展。明治政府为了实现其"富国强兵""殖产兴业""文明开化"的理想，对政治、经济、军事和文化教育各个方面都进行了重大的改革，并且在改革过程中特别重视文化教育改革，希望通过教育去开发人才，启迪民智。从明治维新起，日本就把发展教育作为促进资本主义经济、政治发展的重要途径。正是在这一背景下，学前教育开始发展起来。

1871 年，日本设立文部省，负责全国的教育改革，领导全国的教育事业。1872 年，由文部省颁布《学制令》，这是日本教育史上的一个非常重要的教育法令。它的颁布标志着明治维新后教育改革的开始。在《学制令》里规定了近代日本教育的领导体制和学校制度，其中对日本学前教育机构的设立也作了明确的规定，要求开设幼稚学校，招收 6 岁以下的男女儿童，实施入小学之前的教育。这是日本有关学前教育机构方面的最早规定。但是由于当时明治政府把工作的重点放在创建小学校方面（当时计划在全国创建 5 万所小学校），《学制令》中有关幼稚学校的规定并没有被人们所重视，所以到 1873 年，其他各类学校都已按照《学制令》的规定开始兴办，并初见成效，唯独幼稚学校一所也没有成立。

（二）国立幼儿园的建立

1876 年，依据文部省文部大辅田中不二麿（1845—1909 年）提出的建议，日本政府创办了日本第一所公共学前教育机构，东京女子师范学校附属幼儿园，它是日本学前教育史上的第一所国立幼儿园。

东京女子师范学校附属幼儿园首批招收幼儿 75 人，并于 1878 年开始招收保姆实习生，后又设立了保姆训练班，通过保育实践为学前教育培养师资。因此，东京女子师范学校附属幼儿园不仅是日本学前教育机构的先驱，而且它也是明治维新后培养学前教育师资的一个重要基地。1877 年，文部省还制定了东京女子师范学校附属幼儿园规则，对幼儿园的目的、入园年龄、保育时间、保育科目和保育费用等方面进行了规定，这一规则被后来日本各地成立的幼儿园所仿效，其影响深远。

东京女子师范学校附属幼儿园虽然是文部省开办的国立幼儿园，但却不是按照《学制令》中关于幼稚学校的规定开设的，也就是说它并不是为广大民众的子女所设的幼儿园。这所幼儿园占有大片的园地，拥有精美的园舍，设备完善，要交纳昂贵的入园费，这就使普通人家的子女望而却步，入园的幼儿大多是富豪显贵人家的子女，有不少幼儿每天都是乘坐马车或者由佣人陪同前来上学。这种只为少数特权阶级的子女服务的教育机构，在当时日本经济尚不发达、生产力水平还较低的情况下，自然是难以普及的，所以到 1882 年，全日本仅有类似东京师范学校附属幼儿园的学前教育机构 7 所，相当于平均每年增加 1 所，可见发展速度是相当缓慢的。

为了扭转上述这种幼儿园发展缓慢的局面，增加幼儿园数量，也为了使一般贫民子女能接受学前教育，文部省于 1882 年采取增设幼儿园的积极措施，提出了新的办园意见，明确规定：文部省所属的幼儿园，办园的一切费用完全由政府承担，各地方幼儿园也是如此。同时指出，幼儿园的规模不宜过大，办园的方式可以任意选择，并提倡设置简易幼儿园，认为这样就可以大量收容那些贫民劳动者的子女，或者是父母没有时间、精力照顾和养育的那些子女。由于这一政策的实施，加速了幼儿园的普及，促进了日本学前教育的发展，仅1882年一年之内就增加了6所这类幼儿园，到1885年全国已有简易幼儿园30所，入园儿童总数达1 893人。这种简易幼儿园的特点是：设备、园舍等设施简陋，能节省开支；收费低廉；对儿童的保育实行不分年龄阶段的集体保育；适宜于乡村和边远地区幼儿园的普及。

（三）私立托儿所的建立

随着资本主义工业生产的发展，妇女就业人数增加，简易幼儿园仍不能解决所有孩子的入园要求。这样，一种新的学前教育机构——托儿所，便应运而生。1890年，由民间人士赤泽钟美（1864—1937年）夫妇于新泻市创立了日本学前教育史上的第一所托儿所，这所托儿所与幼儿园不同，不是国立的，而是由私人出于慈善动机开办的私立机构，它是专门为贫民的子女而开设的，主要是起着看管孩子的作用。

这所托儿所的特点是，实行常设寄托制，并且收费较低，深受年轻父母的欢迎。受其影响，1894年日本纺织公司也分别在东京和深川的工厂内附设了托儿所，以解决参加工作的母亲的托儿问题。接着于1896年在福冈县还成立了利用民宅建起的邻里托儿所。日本内务省也对发展这类托儿所表示关注，曾拨出少量经费来资助它的发展。正是从赤泽钟美夫妇创办第一所托儿所开始，日本学前教育事业的发展走上了一个新的轨道，从此日本就存在幼儿园和托儿所两类学前教育机构，到20世纪，日本逐渐形成了独具特色的幼儿园与托儿所的二元学前社会教育机构，这一体制一直延续至今。

二、日本政府的学前教育政策和措施

随着第一所幼儿园和托儿所的成立，其影响逐渐波及全国，各地相继建立了一批幼儿园和托儿所。为了巩固刚刚兴起的学前教育机构，并进一步推进其发展，建立相应的制度及制定有关的法令已势在必行。

1896年，在东京女子师范学校附属幼儿园成立了福禄培尔学会（会长系东京女子师范学校校长），其主要工作就是宣传福禄培尔的学前教育思想，开展各种活动，推动日本学前教育的发展。1898年该会向文部省大臣提出制定有关幼儿园制度的教育法令的要求。其理由是：幼儿园与小学校以上的其他各级学校相比较，在制度上并没有明文的法律规定，而其他各级学校都已有相应的教育法令。如1886年颁布的《小学校令》《中学校令》和《师范学校令》，鉴于这种形势，所以应为幼儿园制定教育法令。对此，文部省经过审议，终于在1899年颁布了《幼儿园保育及设备规程》。这是日本政府指定的第一个幼儿园教育法令，它对日本幼儿园的设施、设备、保育内容及保育时间等方面都作出了明确的规定，从而奠定了日本学前教育体制的基础。

《幼儿园保育及设备规程》不仅成为19世纪末20世纪初日本幼儿园设置和编制课程的标准，而且还成为以后日本幼儿园制定新章程的基本依据。在此后多次修改和制定新幼儿园法规的过程中，基本上都保存了这一规程的基本内容和本来面貌，就连第二次世界大战后制定的《学校教育法》中有关幼儿园保育及设备方面的规定，也是沿用了这一规程中的有关条文。但是，这个规程没有把幼儿园列入正规的学校体系之中，直至1947年在新颁布的《教育基本法》和《学校教育法》中，把幼儿园明确规定为学校教育制度的最初级阶段，是入小学校前的教育机构。从此，幼儿园在学校教育体系中的地位就正式确立了。

近代日本在明治维新时期形成了学前教育制度，它较多地引进和吸收了欧美进步的教育思想和经验，特别是受福禄培尔学前教育理论的影响很大。但在当时，日本幼儿园的发展情况仍较为缓慢，它与国民的实际需要存在很大差距。究其原因固然有经济尚不发达、社会和个人的承受能力尚受限制等因素，但主要则是由于日本政府在教育政策上低估了学前教育的作用，对幼儿园的发展在很长一段时间内采取了不予干涉、任其自由发展的政策。

三、20世纪上半叶学前教育的发展

第二次世界大战前日本幼教界受到西方新教育运动影响，出现自由主义保育思想，这种思想一定程度影响了政府的学前教育决策，对日本学前教育的发展起到促进作用，可惜这良好势头被军国主义所断送。

（一）自由主义保育思想的发展及其影响

20世纪初，儿童中心主义教育思潮在欧美兴起。日本一些受西方影响的人士，不顾明治后期天皇《教育敕语》的专制主义教育观的限制，提出了与西方新教育呼应的自由主义保育思想。

1907年，日本教育家谷本富（1867—1946年）在第十四届京阪神联合保育会上，做了题为“怎样办好幼儿园”的讲演，说儿童是一个有独立意志、独立人格的独立体，不应由成人随意摆布，要求幼儿园的保教工作必须以“遵循自然”为原则；幼儿园是自由游戏的场所，应禁止一切课业。1908年，谷本富还与中村五六合著了《幼儿教育法》，立足于自然主义教育原则，阐明了以游戏为中心的学前教育体系。谷本富等人的观点在当时日本幼教界产生了一定反响，甚至对20世纪初的官方幼教政策也一度发生某些影响，如《小学校令施行规则》《幼稚园令》。

20世纪30年代后，随着日本对外侵略战争的加剧，武士道精神及军国主义思想甚嚣尘上，渗透到文化、教育的各个领域，民主的自由保育思想受到遏制，进步学前教育家受到迫害，幼教思想趋于反动。

（二）《小学校令施行规则》《幼稚园令》与幼儿园的发展

1911年，文部省修改了《小学校令施行规则》，规定幼儿园可以附设在小学里，这一规定使得开办幼儿园较为容易；保育内容仅仅规定为游戏、唱歌、谈话和手工四项，取消了过去对这四项内容的具体指示，任凭各地自由安排。过去将保育时间规定为5小时，此时则修改为由管理者或设置者自定，府县知事批准。

1926年4月22日，文部省制定了日本第一部《幼稚园令》①。该法令规定幼儿园教育为学校教育中的一环，首次明确了幼儿园在日本教育体制中的位置；规定幼儿园是为父母都从事生产劳动、无暇进行家庭教育的阶层的幼儿而设的保育机构；规定幼儿园以保育幼儿身心健康、培养善良性格、辅助家庭教育为目的；放宽了入园年龄的限制。规定原则上3岁入园，但在特殊情况下，得到知事批准，不满3岁儿童也可入园；可在幼儿园中附设托儿所；在保育时间上规定幼儿园不必拘泥于每日实行5小时的半日制，即使采取全日制也无妨。还规定了幼儿园园长和保姆的资格，要求提高他们的待遇和地位。

《幼稚园令》的颁布及时促进日本幼儿园的迅速发展，平均每年新增幼儿园约100所。

---

① 《幼稚园令》又译《幼儿园令》。

到1936年,日本全国幼儿园有1 890所。此间,日本私立幼儿园蓬勃发展,逐占优势;一些社会慈善团体、个人和城市贫民也开始兴办各式各样的免费保育所。

(三)托儿所的发展

日本的第一所托儿所于1893年由私人建立。在1912年,内务省就号召民间社团及慈善人士支持或承担贫民幼儿的保育事业。但由于政府不投入资金,贫民幼儿保育事业进展迟缓。其引发的矛盾日益突出。这一状况引起各方普遍关注,要求大力开办托儿所的呼声四起;在此情况下,投入经费扶持托儿所成为当局缓和社会矛盾的一条策略。于是托儿所在日本各地迅速发展,东京、大阪、京都、横滨等地贫民区开设了公立托儿所,1922年日本有托儿所99所(其中公立15所)。至1944年则有2 184所(公立636所)。托儿所的职能开始只是保护母亲和儿童,后来还强调注重精神的教化。托儿所收费低廉。有的托儿所规定入所儿童食品自备,每天每人只收保育费二分钱。在幼儿园更多为富裕阶层子女服务的同时,托儿所(有的称保育所)承担起收容贫民幼儿的任务。

四、20世纪下半叶学前教育的发展

1945年8月,日本无条件投降,美国以反法西斯盟军的名义占领日本,以"非军事化"和"民主化"的方针,敦促日本进行各项改革。日本新宪法规定日本必须建成一个和平的国家,改革和发展教育就被视为立国之本。学前教育是教育之本,所以改革和发展学前教育在战后的日本是相当受重视的。

(一)《幼儿园教育大纲》的制定与修订

1947年3月,日本国会通过战后最重要的教育立法《教育基本法》和《学校教育法》。《教育基本法》中写入了鼓励发展学前教育、家庭教育、社会教育等条款。《学校教育法》则规定了幼儿园是受文部省管辖的正规"学校"的一种,以满3岁至小学就学前的幼儿为教育对象,并提出:"幼儿园以保育幼儿,创造适宜的环境促进幼儿的身心发展为目的。"为了实现这个目的,必须达到五项目标:为了幸福的生活,培养幼儿日常必要的生活习惯,谋求身体诸机能协调发展;通过园内的集体生活,培养幼儿积极参加的态度以及合作、自主、自律精神的萌芽;培养幼儿正确认识和对待周围的社会生活和事物,使之养成正确的处世态度;指导幼儿正确使用语言,培养对童话、画册等的兴趣;通过音乐、游戏、绘画以及其他活动,培养幼儿创作的兴趣。这些规定表明,日本在战后学前教育力图摒弃战前注重效忠统治者的思想灌输,以民主主义教育观为指导来进行改革。

根据《学校教育法》等文件的精神,文部省于1948年3月颁布《保育大纲》。1956年,对《保育大纲》进行修订,在此基础上推出《幼儿园教育大纲》。1964年,为配合"人才开发"政策,文部省再次修订并颁布了《幼儿园教育大纲》。修订后的大纲规定日本幼儿园教育的基本方针是:力求幼儿身心得到协调发展;培养基本的生活习惯和正确的人生态度;激发关心自然和社会现象的兴趣,培养初步思考能力;提高幼儿的语言能力;通过各种表达活动丰富幼儿的创造力;培养幼儿的自立性;因材施教;结合幼儿的生活经验、兴趣、要求,全面教育;完善幼儿园生活环境;突出幼儿园的特点,有别于小学教育;与幼儿家庭教育密切配合。大纲将学前教育的内容系统化,概括为六个方面:健康、社会、自然、语言、音乐韵律、绘画手工,并对每个方面都提出具体目标,要求无遗漏地全部予以执行。

1989年3月15日,根据20世纪60年代以来社会生活的变化、科技的进展及学前教育的发展，日本又颁布了一个新的《幼儿园教育大纲》。该大纲依据“幼儿园教育是通过环境进行的”原则，规定幼儿园教育的基本原则是：努力促进幼儿的主体性活动；以指导游戏为中心；指导方法须结合每个幼儿的特点。同时大纲将幼儿园教学内容由原来的六个方面改为：健康、人际、关系、环境、语言、表现。总的来看，新大纲对幼儿园方针、任务的规定比以前较为简明，力图更符合当代社会对幼儿培养规格的需要。

（二）20世纪60年代以来学前教育振兴计划

20世纪60年代以来，为追赶重视早期智力开发及教育机会均等的世界学前教育改革潮流，日本政府除了颁布或修订幼教大纲外，还推出了几项振兴幼教的重要行动计划。

1962年，日本文部省根据政府提出的“培养人才”的政策，制定从1964年开始的《学前教育七年计划》，目标是使1万人以上的市、镇、村幼儿入园（所）率达到60%以上。在达到目标后，文部省又在1972年制定《振兴学前教育十年计划》，目标是实现4~5岁儿童全部入幼儿园或保育所。为此实行了幼儿园入园奖励制度，即对于将子女送往公立或私立幼儿园的收入微薄的家庭，减免保育费。尽管所定目标未能完全实现，此计划的实施大大推动了日本学前教育的发展。据1985年统计，日本3~4岁幼儿入园（所）率为70%；5岁幼儿为90%。自此，日本学前教育的水平已经位于少数最发达国家之列。

1991年，日本文部省又策划、制定了战后第三次学前教育振兴计划。其目标是确保今后十年3~5岁幼儿有充分入园机会。由于4~5岁学前教育已基本普及，故新计划根据社会实际需要及呼声，将重点放在进一步推动3岁幼儿的保育上。为此划拨了专项资金，供新建或改建幼儿园设施之用，其中1993年已经拨款32亿日元。另外还将入园奖励费扩大到3岁幼儿，对低收入家庭规定了幼儿园学杂费减免标准。上述这些措施有力地推动了振兴计划的实施。

本章小结

本章主要介绍了西方主要发达国家学前教育实践的发展情况。总体而言，这些国家的学前教育机构和制度的发展是从无到有，从私人或教会的慈善机构逐渐转变为由国家和政府积极参与主办的公立机构。但在有些国家，因为历史和社会原因，形成了双轨制的学前教育制度。因此，在发展过程中，就出现了对双轨制进行持续改革的民主化道路。而在另一方面，则是基于学前教育科学研究的发展，对儿童及其教育的认识日益深化，从而出现了科学化的道路，各种新的学前教育观念和理论层出不穷，并充分体现在政府改革和学前教育的机构和制度发展中。

在此过程中，许多国家教育家和教育思想家们，为了学前教育深入研究，积极实践，提出了很多新教育观念，创办了很多具有深远影响的学前教育机构。主要代表人物有英国的欧文、维尔德斯平和德国的福禄培尔。对他们的了解是理解各国学前教育发展的重要基础。

思考题

一、名词解释

1. 新兰纳克性格陶冶馆
2. 母育学校
3. 巴乌利美保育所

4. 幼儿园运动

二、简答题

1. 简述英国欧文创办幼儿学校的主要教育内容和方法。
2. 简述维尔德斯平幼儿学校的主要教育内容和方法。
3. 简述福禄培尔幼儿园的主要教育内容和方法。

三、论述题

从英、法、德、美、俄、日等六国中挑选一个国家，详细阐述其学前教育制度的发展过程。

第十章 近现代欧美学前教育思想

本章学习目标

1. 掌握：卢梭幼儿教育思想的基本观点；福禄培尔幼儿教育思想的基本观点，尤其是关于1840年创办世界上第一所"幼儿园"的影响作用。

2. 熟练掌握：杜威学前教育理论体系；蒙台梭利学前教育理论体系；克鲁普斯卡娅学前教育理论体系；皮亚杰儿童心理和教育理论；加德纳的儿童心理和教育理论；分析教育思想家的幼儿教育理论对学前教育实践的影响。

建议学时：10学时

真正意义上的公共学前教育机构产生于17世纪第一次工业革命兴起的近代资本主义，在近两个世纪中许多教育家对学前教育问题进行了探讨，并提出了各自的学前教育理论，对近代学前教育理论与实践的发展作出过重要的贡献，他们中主要有卢梭、裴斯泰洛齐、赫尔巴特和福禄培尔等人，其中最为突出的是德国学前教育之父——福禄培尔。卢梭和福禄培尔等人提出的自然主义的学前教育思想和恩物等具体教学方法与工具对于学前教育的科学化和儿童在教育中的地位提升有着重要的意义。

第一节 卢梭的学前教育理论

卢梭(Jean Jacques Roussean，1712—1778年)是法国18世纪启蒙思想家，是近代资产阶级革命理论的先驱，是现代儿童心理学理论的创始人，是社会、文学及教育自然主义思想的奠基人，对世界教育(包括幼儿教育)发展作出过重要贡献。

一、生平和教育活动

卢梭的一生处于法国大革命的前夜，充满了曲折、坎坷和磨难。他的祖父是法国巴黎的书商，但因受天主教会的迫害而移居到瑞士的日内瓦，他父亲是个钟表匠，具有进步思想又酷爱读书，卢梭出生即丧母，受其父影响从小善思好学，可是到10岁时，他父亲又因遭受一位贵族军官的诬告而被迫远走他乡，从此他便失去家庭的温暖，寄居于舅舅家，常受舅母的白眼，此后曾被送到一位牧师家那里学习古典语文、绘画和数学，到12岁时又被送到一个雕刻匠手下去当学徒，受尽了虐待和凌辱。被迫弃业出走，开始他长期的流浪生涯，他曾当过仆役和街头艺人等，他对下层社会的贫苦民众有深切了解和感受；直到16岁时被一行善贵妇——华伦夫人收养,在此后的十多年中在她的庄园中阅读到许多思想家的著作,又亲眼看到了上流社会的奢靡生活引起他深切反思和求索。30 岁时他来到巴黎结识了许多文人名家如狄德罗、伏尔泰、霍尔巴赫等并成为百科全书派的成员,促使他逐渐形成启蒙主义的社会政治观。

图 10-1　卢梭像

37 岁时卢梭参加了第戎学院征文竞赛,题目是"论科学和艺术的复兴是否有助于敦化风俗"。他写了"科学和艺术的复兴使社会道德进一步堕落"的论文,力排众议,一举夺得首奖,由此扬名全国。四年之后第戎学院第二次征文,题目为"论人类不平等的起源"。卢梭应征论文为"私有制是人类不平等的根源",这一卓越见解,在文学水平和思想境界上都远远超过前篇,但由于其触及了封建统治的要害而没能得奖。此外,卢梭还陆续发表了《新爱伊洛丝》和《社会契约论》等著作。1762 年 50 岁的卢梭发表了教育哲理小说《爱弥儿》,表现出他的新颖社会政治观和自然主义教育论。为此当即受到封建专制统治者的迫害,他被通缉,被迫逃离巴黎,先后颠沛于英国、荷兰等国。晚年才返回巴黎隐居田园,落鸿悲鸣,写下了《忏悔录》和《一个孤独的散步者的自由》,1778 年 7 月 2 日卢梭在贫病交迫中与世长辞。

二、论自然教育

卢梭认为人的禀赋生来就具有三种特征:一是生而具有自由;二是生而具有理性;三是生而具有良心。自由是人所具有的可贵的天性,但自由不是盲目的,必须接受理性的指导。理性是人所具有的一种智慧,一种感受,也就是人对外界事物进行比较、归纳、分析、判断、辨别的能力。但这种理性往往被人的感情所左右,这也就是良心在起作用。良心是一种得之天赋的道德本能。他认为良心与理性不同:理性是外在的,而良心是纯粹自然的感情。进而他提出了"性善论"的人性学说,他认为人在国家出现之前的"自然状态"是最完美的,人人享有自由、平等的天赋人权,但后来由于私有制的出现,才有了不平等的现象,他得出结论:"出自于造物主之手的东西都是好的,而一到了人的手里就都变坏了。"①

卢梭作为启蒙思想家十分重视教育的作用。他竭力反对腐朽的封建主义教育而提出了自然教育理论。强调对儿童进行教育必须要遵循自然规律,顺应人的自然本性;反对不顾儿童的天性特点,干涉或限制儿童的自由发展。卢梭强调人生所缺乏又所需要的一切都是来自教育。这种教育又有三个来源:来自自然、来自周围的人群和来自事物环境。这三种对人的教育互相协调、配合就可以使人成为有用的人才。

卢梭提倡的自然教育,就是强调教育要服从自然的永恒法则,适应儿童天性的发展。他说:"大自然希望儿童在成人以前就要像儿童的样子。如果我们打乱了这个次序,我们就会造成一些早熟的果实,它们长得既不丰满也不甜美,而且很快就会腐烂……儿童是他特有的看法、想法和感情的;如果用我们的看法、想法和感情去代替他们,那简直是最愚蠢的事

---

① 卢梭:《爱弥儿》,商务印书馆,1981 年版,第 5 页。

情。”①因此，教育必须遵循自然，否则就是毁了孩子。

教育在适应儿童天性的同时，还要尊重儿童的个性差异。卢梭指出：“每一个人的心灵有它自己的形式，必须按它的形式去指导它。”②作为家长和教师，只有很好了解每个儿童个性之后，才能对他的发展给予正确的指导，使他身上的天性自由自在的得到充分发展。

从自然教育这个基本原理出发，卢梭明确提出，教育要以培养“自然人”为目的。在他看来这种“自然人”是体态匀称、身心发达、理智聪敏、品德善良、活泼可爱、天性发展的新人。这种“自然人”是生活在社会中的自然人。培养“自然人”不是把他赶到原始森林中去变成野蛮人，而是在现实社会中学习做人，把自己看作是国家和社会的一分子，这样的人既是合格的公民又是自然人。

三、论教育年龄分期

在自然教育理论的基础上，卢梭批判传统的教育体制抹杀了儿童与成年的区别，强调：“在万物中，人类有人类的地位；在人生中，儿童有儿童的地位；必须把人当人看待，把儿童当儿童看待。”③为此卢梭根据他对儿童发展的自然进程，把教育年龄划分为四个阶段：

（一）婴儿期（出生~2岁）

卢梭认为在这一时期教育的主要任务是进行体育，让初生儿的身体得到养护和锻炼。促进儿童身体的健壮，增强儿童的体质。他强调体育是一切教育的基础，对一个人来说，强健的体魄是一生事业的基础，是个人幸福的源泉，也是个人智慧的工具。主张婴儿出生后通过合理的饮食、衣着、睡眠和游戏让他们得到健康发育和成长。

（二）儿童期（2~12岁）

卢梭把这一年龄阶段的儿童称为“理性睡眠时期”。这一时期教育的主要任务是进行感觉教育，锻炼他们的各种感官，积累丰富的语言和感觉经验，为此后的智力教育奠定基础创造条件。之所以这样做是因为这一时期的儿童理性尚未发展，不能接受知识教育，不应急于让儿童去接受理性教育和文化学习。

（三）少年期（12~15岁）

卢梭把这一年龄阶段视为理智开发时期，是人一生学习能力最强和生命中最珍贵的时期，这一时期教育的主要任务是进行智力教育和劳动教育。经过儿童时期的感觉教育和体育，他们的身体和感觉器官得到了良好发展，根据自然的顺序现在是到了真正学习的时候了。在智力教育上，卢梭要求儿童学习各方面的知识，包括自然科学、人文科学、了解人类世界等各种知识并在此基础上发展智力。卢梭非常强调培养他们学习的兴趣、寻求知识的方法、获得知识的能力。

劳动教育的任务是教会儿童做自食其力的人，培养一种劳动习惯和学会劳动，能从事一种职业而决非做不劳而获的剥削者。与此同时注重儿童理性培养、热爱真理、促进优良品德和人格的发展。

---

① 卢梭：《爱弥儿》，商务印书馆，1981年版，第91页。

② 卢梭：《爱弥儿》，商务印书馆，1981年版，第97页。

③ 卢梭：《爱弥儿》，商务印书馆，1981年版，第44页。

（四）青年期（15~20岁）

卢梭把这一时期视为人生的青春时期，主要是随着情感的发展必须对他们进行道德教育，加强品行教育、宗教（自然神）教育和性教育。道德教育主要有三大任务：一是培养善良的习惯；二是激发善良的感情；三是养成正确的判断力和坚强的意志。

四、论自然教育法则

卢梭自然教育理论最核心的思想就是教育要适合儿童天性的发展，把儿童当作儿童看待，幼儿阶段的教育必须遵循自然的法则。具体为：

（一）多给孩子真正的自由

孩子刚从母胎出生就要给予他们行动的自由，不能用襁褓捆扎幼小生命的四肢，造成头脑不能灵活转动，手脚不能伸展。用襁褓捆扎实际上就是剥夺了他们的自由，妨碍了他们身体的自由生长，影响了他们的性格和气质，正如卢梭指出的："他们的第一个感觉，就是一种痛苦的感觉……收到的第一件礼物就是锁链，他们受到的第一种待遇是苦刑。"[①]教育者应该多给孩子真正的自由，同时必须小心谨慎地加以照顾、观察、跟随他们防止意外，确保安全。

（二）合理的养护和锻炼

卢梭强调儿童的养护和锻炼应当顺应自然，婴儿出生后必须由母亲亲自哺乳，由父母亲自养育。日常生活中要让婴儿呼吸新鲜空气，饮食要简单清淡，多吃蔬菜、水果和乳制品，逐渐养成不挑食、不偏食，适应吃任何食物的良好习惯。

衣着上要让孩子穿得舒适宽松，有利于四肢伸展活动。儿童服装要简洁朴素，随着气温的变化及时增减，不宜穿戴过多过厚，卢梭甚至反对给儿童裹头、戴帽、穿袜、穿鞋，认为这样才有利于他们的正常发育和养成抵抗疾病的能力。

睡眠上要让儿童有充足的时间并随着环境、气候的变化而有所改变，同时要对睡眠给予适当的训练，不管在什么简陋条件下要让他们养成按时都能入睡的习惯。

对儿童进行悉心养护的同时，还应开展对儿童的锻炼。这包括体格上和品质上的锻炼，使他们能够适应一切环境，经受自然的考验，养成忍受痛苦的本领，具有克服一切困难的勇气。卢梭非常反对儿童的娇生惯养和溺爱，不能顺从他们爱哭爱闹或执拗的坏脾气，唯一能纠正或防止这种不良习惯的办法，就是任他们怎样的哭闹，你也不要去理他们。

（三）注意语言教育

婴儿从出生的那一天起就开始受到自然的教育，就听人说话，从听不懂到理解有一个漫长的过程，为了更好地促进他们语言的发展卢梭给人们提出以下几点要求：一是对婴幼儿说话要少而慢、简单清楚和多次重复；二是言物对照，所说言词应当同时拿给他们看到具体的东西；三是成人们在儿童面前说话应当标准正确，婉转愉悦，这样"他们在不知不觉中是会按照你们的语言去纯化他们的语言，用不着你们再去纠正"。[②] 四是不要急于求成，操之过急，语言学习是一个日积月累逐渐练就的过程，有一个自我消化从量变到质变的过程，如果

---

① 卢梭：《爱弥儿》，商务印书馆，1981年版，第59页。

② 卢梭：《爱弥儿》，商务印书馆，1981年版，第63页。

操之过急,反而会得出相反的效果。

(四)注重感官教育

关于人的学习能力,卢梭坚持认为生而就有,但在婴儿阶段因其记忆力和想象力尚处于静止状态,他们所能接受的就凭借感官而获取的感觉经验,而这种感觉经验是日后形成理性经验的基础。卢梭强调:由于所有一切都是通过人的感官而进入人的头脑的,所以人的最初的是一种感性的理解,正是有了这种感性的理解做基础,理性的理解才得以形成,所以说,“我们最初的哲学老师是我们的脚、我们的手和我们的眼睛。”①为此,注意儿童的感官教育是完全必要的。必须同时发展儿童的视觉、触觉、听觉、嗅觉、味觉等感官教育,卢梭还特别重视触觉训练,因为在整个感官中运用触觉的时间最多,而且通过触觉就能获得事物的形态、大小、软硬、轻重等准确概念为其他感官了解事物打下了基础。卢梭还认为,儿童有一种模仿的本领“人是善于模仿的,动物也是一样;爱好模仿,是一种良好的天性。”②儿童的模仿,不仅表现在思想行为上,也表现在感官发展上。所以成人应给儿童树立良好的榜样。

(五)反对体罚

卢梭在思想品德教育上反对体罚,提出了“自然后果法”,他说:“我们不能为了惩罚孩子而惩罚孩子,应该使他们觉得这些惩罚是他们不良行为的自然后果。”③意思是说,对于儿童做错了事犯了过失,成人不应该立即加以责备或惩罚,而是要用儿童由于过错而造成的不良后果让其品尝,自食其果得到教训,以便使他们从中得到教育和认知并自觉地加以纠正。

卢梭从自然教育论出发强调儿童教育必须坚持顺从自然发展规律,遵循儿童天性发展秩序,适应儿童教育年龄分期及方法等精辟论述对传统的旧教育是一种巨大的冲击,体现了尊重儿童、珍爱儿童新教育的精髓,在西方教育史上被誉为新旧教育的分水岭。尽管卢梭幼儿教育论中存在某些偏颇之处,但在幼儿教育理论发展史上仍具有积极的进步意义。

第二节　福禄培尔的学前教育理论

福禄培尔(Fridrick Froebel,1782—1852 年)是德国 19 世纪著名的幼儿教育家,他把自己毕生精力献给了幼儿教育事业,他创办了世界上第一所“幼儿园”,提出了一整套学前教育理论,对德国乃至世界学前教育的发展作出了伟大贡献,故被人们称其为“幼儿教育之父”。

一、生平和教育活动

福禄培尔出生于德国图林根林区一个基督教牧师家庭,出生后不到一岁即丧母,父亲再婚后忙于教会事务缺少对其关怀;继母又过于冷淡,从小缺失父母之爱。10 岁时被其舅父

---

① 卢梭:《爱弥儿》,商务印书馆,1981 年版,第 149 页。
② 卢梭:《爱弥儿》,商务印书馆,1981 年版,第 114 页。
③ 卢梭:《爱弥儿》,商务印书馆,1981 年版,第 109 页。

送去国民学校上学,5年后便辍学去当学徒,坚持自学进取,19岁时进入耶拿大学学习自然科学,只因交不起学费第二年就中断学业,但仍坚持自学。23岁时被法兰克福模范学校校长格吕纳看中被邀担任该校教师并结识过裴斯泰洛齐。24岁时离开模范中学去到名为霍尔茨豪森的贵族家庭当家庭教师,五年后,又先后进哥丁根大学和柏林大学学习,还投笔从戎参加1813—1814年的反抗拿破仑入侵的解放战争。此后福禄培尔曾创办过"教养院""孤儿院"重新从事幼儿教育事业,1836—1837年在他家乡勃兰根堡开办了一个"发展幼儿活动本能活动的机构",1840年6月28日正式命名为"幼儿园",标志世界上第一所幼儿园的正式诞生。1852年福禄培尔长逝于马林塔尔。其代表作是《人的教育》(1826年版)。

图10-2 福禄培尔像

二、论自由教育

福禄培尔认为人性是美的,人的发展是这种内在的、完善本质的发展,他认为在儿童的内部有一个熟睡的个体,应当像植物一样展开而成为完全的人。他所依据的一个主要原则是在人身上具有发展的四种天赋本能:一是活动的本能;二是认识的本能;三是艺术的本能;四是宗教的本能。人的发展过程就是在上述四种本能的基础上实现内部和外部统一的过程。一切真正的发展、所有真正的教育,就是一种自导的过程,这是人类文明和前进的要旨。

因此,福禄培尔相信儿童的自由发展,主张以儿童为中心的自由教育。他认为教育的教学和训练在根本原则上必须是被动的、顺应的,重在维护方面,而不是命令的、专断的、干涉的。他强调儿童的不良表现是由于他们真实的、原始的本质和不适当的环境之间的一种被扰乱了的关系。

对于自由教育的解释,福禄培尔说,儿童是需要引导和训练的,如果没有合理的引导,他们的幼稚的活动将沦为无目的的游戏,而不是为生活做准备的工作。但是,教育的真正目的则是帮助儿童内部的发展过程,而不是将成人的安排附加于他们的个性。

福禄培尔曾描绘一个学校的情景:两天内在上课时间和课外的愉快的喧嚣中,都听不到出自教师口中的斥责;上课结束后,在全体儿童一起蹦蹦跳跳的最愉快的活动中,丝毫未看到真的不规矩、粗野的、无礼的和一点不道德的举动;孩子无论大小,完全是相互平等而自由地生活着和游戏着,看不到受拘束;他们处于教师的监督下,教师们注意着他们的游戏和能力的表现,但教师们始终积极地参加在孩子们的活动之中,他们在游戏的规则面前与孩子完全相等。

福禄培尔的自由主义教育思想是始终一贯的,他的幼儿园便是这种思想的产物。

三、人的发展和阶段性的教育

福禄培尔认为,世界万物都是不断发展的,人作为世界万物中的一部分,在其生命过程中也是不断发展的。人的发展和培养乃是一个继续不断的整体,稳定地、持续地前进着,从一个发展阶段趋向另一个发展阶段并且逐步地上升。福禄培尔把儿童的发展划分为三个阶段:婴儿阶段、幼儿阶段和少年阶段。

（一）婴儿期

根据福禄培尔的论述，婴儿期主要是“生的阶段，仅仅是为了活着的生活本身的阶段”，是进行感官、身体和四肢活动的时期。因此，这个时期主要是“保育的时期”，是对身体的照料和保护的时期。他说：“人的第一个发展阶段对于人、对于儿童的将来都具有无法描写的重要意义。”①

另一方面，婴儿期也是从外界“吸收”多样事物的时期，同时也是“共同感情”的领悟时期。这种感情最初在母子之间，然后在父亲或兄弟之间，最后在其他人与孩子之间。由于领悟、发展，最终成为人类与上帝的一体的感情。在这种感情上有同胞爱、祖国爱及人类爱等所有人道主义的道德基础及真正宗教信仰的基础。因此，他特别重视由母亲在婴儿期培育的“共同感情”。这和裴斯泰洛齐的看法是一致的，即在以父母对婴幼儿的自然地、无微不至的关怀，以及由此产生的爱和信赖作为基调的人类关系和道德的基础上建立人的信仰和思想。在这一时期，给孩子们准备适宜的物质和人的环境是十分重要的。

为此，他要求婴儿周围人们的目光、面貌必须是安详的、宁静的、使人安心的，应当使孩子们感到安全和依赖。环境本身必须是宜人的，清爽的空气、明亮的光线、清洁的房屋等都是必要的。

（二）幼儿期

按照福禄培尔的观点，幼儿期是具有把内心的精神开始在外部表现并“开始使用语言”的心智的活动时期，是把内心的思想外表化的阶段，也是人类语言能力的发展阶段。随着语言的发展，幼儿的内在东西组织起来了，进行分化了，力图使自己被人知道，努力使内部存在表现于外部，使内部和外部统一起来。这时可以减少对儿童身体的照顾和保护，而对他们心智的发展需要多加关注。这就是真正教育的开始时期。这时期的教育必须通过生活，包括儿童自身的生活、父母及家庭的生活来实现。因此，家庭生活在儿童生长的每一个时期，甚至在人的整个一生中，都具有无可比拟的重要性。

福禄培尔先是主张幼儿教育完全要由母亲、父亲、家族成员及幼儿本身通过自然或利用自然成为一个整体来进行，并认为幼儿期的前半期应该由母亲来指导，而后半期则主要由父亲来指导。因此他对父母们号召“让我们的孩子们活起来吧！”。特别是对父亲们号召：无论你们在什么地方，无论你们做什么工作，孩子们总是缠在你们身边。不要不亲切地斥退他们，或赶走他们；不要在孩子们提出问题或纠缠不休反复提问的时候，给以不耐烦的颜色。你们每一次固执地轰走他们，或是说出拒绝的语言，都是破坏他们生命之树的嫩芽，破坏他们将要成长的冲动力。另一方面，他又看到大多数父母缺乏足够的教育知识的训练，不能承担幼儿教育的重任，因此他要求建立专门的机构——幼儿园，帮助家庭对幼儿进行合理的教育。

（三）少年期

少年期主要是学习时期，此时的儿童逐步明确为了创造事物而活动，为了获得成果而生活，使得外部的东西变为内部的东西，人进入少年期，也就成为一名小学生了。

在福禄培尔的晚年，开创了幼儿园之后，便将对父母的要求扩大到教师以及社会上的人们，使幼儿受到更全面的教育。

---

① 福禄培尔：《人的教育》，人民教育出版社，1991 年版，第 62 页。

1843 年福禄培尔在“关于德意志幼儿园”的报告中说:“幼儿园是收容在学龄以前,即三岁至六岁的幼儿,用家庭的方法助长其身体的发育和精神上诸性能的发展,养成良善习惯为目的”。此外,幼儿园的目的还在于补救家庭中养护的缺失,减轻母亲的负担,陶冶幼儿的社交性,使幼儿尽早进入教育的生活。在消极方面是使幼儿在学龄前避免受害与危险;在积极方面可以使他们从萌芽状态,向正当的、完全的途径进展,以期成为理想的人。

四、创造性的活动

福禄培尔认为儿童有活动的本能,在他的论述中曾提出人类和上帝一样,必须进行创造而且必须活动,并要求有与之相适应的教育。

因此,他鼓励婴儿进行感官和四肢的活动,在幼儿期则以游戏活动为主。他认为游戏是由内心的需要和冲动而来的内部表现,是儿童的天性。正是在游戏中最能表现儿童的创造性和能动性。他曾说:游戏是在这一阶段人类的最纯真的精神产物,同时是人类的生活全过程,在人类及一切事物内部蕴藏着的自然生命的规范和象征。因此,游戏使游戏着的孩子们或观看他们游戏的成年人,充满了喜悦、自由和满足。他认为:一个全神贯注地游戏着的孩子,一个沉醉于游戏中的孩子,是儿童生活的最美丽的表现;在一个真正懂得人类本性的人的宁静而敏锐的目光中,儿童自发的游戏显示着人的未来的内心生活。

福禄培尔还为幼儿编制了多种游戏教具和教材,有为摆弄和建构的,有伴随音乐的,也有模仿自然和社会生活的。他认为,游戏不仅是一种本能的创造性的活动,还可以增强幼儿的体质,促进智力和品德的发展。

福禄培尔也很重视儿童的各种作业和劳动活动,认为通过这些练习可以有系统地发展儿童的语言和创造性。作业的种类也很多,如各种纸工,用白色或颜色纸做编纸、折纸、剪纸、贴纸的手工、制成美丽的图画。

泥工也是福禄培尔所推崇的一种重要的作业。他鼓励儿童玩弄湿的泥块,不仅是进行模仿活动,还要发挥创造力。

福禄培尔还为儿童准备“图画箱”,儿童可以在各种图画上涂色,不但要区分颜色的明暗,还要使颜色协调、美观。这是孩子们很喜欢的作业。

此外,幼儿园的作业还有音乐(节奏活动及唱歌)、故事以及黄豆穿珠等。

关于劳动福禄培尔曾说:通过劳动的学习以及与劳动有关联的学习,即通过生活学习以及从生活中学习,是最彻底而且最容易的学习,是在其自身以及对实施这样的学习的人生气勃勃地继续发展的学习。他主张学习与劳动及生活相结合。

为了发展儿童的创造性,福禄培尔还要求幼儿亲自照料各种自然物,并作初步的自我服务。

福禄培尔虽然强调游戏、作业、劳动是幼儿创造性的活动,并要求由简单到复杂有顺序的进行。但在具体的做法上却是呆板的、形式主义的。这些活动大都要按照一定的规格程序,做法是比较枯燥乏味的,而且是重复成人的演示。例如,绘画的教学是从画点开始,以后就画竖线和横线以及横竖线的组合。只有在学习这些以后,才能学习画一些物体。在其他手工作业和游戏中也多是做机械的模仿,限制了儿童的独立性。

五、“福禄培尔恩物”

福禄培尔考虑到幼小儿童的生活范围狭窄,思维能力有限,不适于接受理论的概念和抽象的叙述,又意识到儿童的自我活动在教育中的重要性,于是设计了一些不用书本而能加速教育进程的游戏材料和设备,并称之为“恩物”。“恩物”即“恩赐之物”的意思,表示是借上帝之恩典由父母赠予心爱的孩子玩弄的、实现自我活动的工具。

福禄培尔立足于象征的学说,认为宇宙的自然万物为一整体。自然万象,若从外表上看是属于具体的感觉现象,但从实际上看则是宇宙本体(即神的意志)的外部表现。他说:“到处都隐藏着和统治着永恒的法则;这个法则过去和现在都表现在外部、在自然中,表现在内部、在精神中,也表现在结合自然和精神的生活中……”“这全能的法则的基础就是永久存在的统一,也就是神。”①

福禄培尔要利用他的“恩物”来体现他的“在变化中的统一”的思想,使儿童理解宇宙的统一性和多样性,具有象征的含义。他说,自然界实际是认识神性的大学校,而自然界又是包罗万象的,很难从中把握真理,更不适合于幼儿的思想水平。因此,必须为他们进行整理,制成各种“恩物”,将自然界所属的一切性质、形状、法则等象征化,使幼儿通过“恩物”认识世界,了解真理。

第一种恩物是用红、绿、青、黄、橙、紫色的线组制成网套,套着的六个软球。福禄培尔认为球是“统一中的统一”,是运动的象征,是无限的象征。球可以显示出“统一”的中心和一切事物的一般表情。它包含静与动,一般与特殊;既有各个方面,又是单一的表面,既是能看到的,又是看不到的(它有见不到的轴心)。

婴儿在学会谈话之前就能用手把握一个球,熟悉球的外形和颜色。球可以稳定地待着,也可以跳、可以滚动。儿童稍大一些时就能滚动它或跟着它跑,用眼睛观察它,并和其他颜色相比较,还可以将已学会的唱歌和玩球的游戏联系起来,或作为和其他儿童交往,建立相互关系的连结物,这又是练习自制能力的开始。如果用一根绳子把球悬吊起来,它还可以上下左右甩动、旋转让幼儿感知“上下”“左右”“前后”等空间概念也可挂在背后,让儿童猜是什么颜色的,做出各种各样的动作。将六个不同颜色的球堆在一起,又可以联合成多种的形体。球可以使儿童表现出许多内心的思想、看法和愿望,并用以模仿在周围见到的无数事物。球既是儿童将内心的精神世界表露于外部,也是模仿外部世界的工具。因此,是儿童非常喜爱的,是运动和变化无限的象征。

图 10-3 第二种恩物

第二种恩物是木制的小球体、立方体和圆柱(球的直径、立方体的一边和圆柱的高都是相同的)。福禄培尔认为球体是单一的表面,是圆的;立方体有角有边,和球体相反,它是静止的象征,也是“多样中的统一”的象征。立方体是统一的,但它的形式因观察的角度关系(如从顶上、侧边或棱边)又成为多样的。立方体的平面形状是稳定性对球体的否定,圆柱则是球体和立方体性质的混合,它在竖立时是稳定的,而在卧倒时又是可动的。

儿童利用这三种形体可以学到很多知识,做很多活

① 福禄培尔:《人的教育》,人民教育出版社,1991 年版,第 1—2 页。

动,如旋转、摇晃、滚动,并用不同的方式表现它们所有的特征。大一些的孩子通过观察、比较和进行描述,可以理解一些初步的力学定律。

第三种恩物是放在一个立方形木盒子里面的。在玩弄之前,首先将盒子倒放在桌上,慢慢将底部的盒盖抽出,然后将盒子轻轻向上提起,不要碰坏了大立方体的形象,使孩子能看到一个完整的大立方体。幼小的孩子们对此是会感兴趣的。

儿童可以在摆弄这种恩物时,发展自己的创造力,利用八个长方板(立方体平分后又各成为四块长方形板);长方形板的长等于立方体的高;长方形的厚等于高的四分之一。福禄培尔认为这种恩物可以帮助儿童识别长度、宽度、厚度或高度,清楚地了解物体形状的变化,对于数学的要义也更明确。将加、减、乘、除以及分数的原则用在实物上,对于日后学习数字的计算也有好处,并可为学习几何打下基础。

第四种恩物仍是一个立方体,分成二十七个相等的小立方体,其中三个再分成一半,另三个分成四等份。这种恩物可以使儿童学习几何形体和计数,并配合不同的形体搭建各种东西。

第五种恩物还是一个立方体,可以分成二十七个小立方体,其中许多小立方体再分成更小的部分,如平板、斜角等。为儿童提供了多种多样的几何形体,使他们有更多的配合和思考机会。

当儿童将五种恩物都已用尽时,还可以提供第六种恩物,即在一个盒子里装有以上所有的形体。这时幼儿已接近入小学的年龄,他们的创造力和艺术才能已经过训练,并能领悟很多事物,对于各种作业也产生了一定的兴趣。

除以上的几种恩物以外,福禄培尔还为儿童提供一些木块可以摆成字母,一些小棍可以摆成直线、模型和图形。用细小的小棍插上泡软了的黄豆,还可以联结成各种形体和建筑物。

福禄培尔不主张让儿童用同样的方式重复使用这些材料,他说:“幼儿园最好的游戏是由儿童自己来领导。”①

六、儿童的园地

福禄培尔相信有形的自然物是神的显示,认识自然意味着对神的了解,精细地观察和研究自然物的变化可以体会到隐藏在内的神的法则。自然物的生长和发展体现了人类和个人的生长和发展,特别适合正在成长着的儿童做对照比较。因此,应当提供机会,使儿童在比较观察的过程中受到足够的教育。他认为,幼儿园的基本含义,应是儿童的乐园。园地和幼儿园的联系也是培养儿童社会性的需要,作为人类一部分的孩子,不仅应当被人们看作是整体的一部分,他本人也必须这样看待自己,并使自己的生活适应这一法则。

福禄培尔建议幼儿园的园地应当划分为两个部分,一半为全体儿童,另一半为个别儿童。集体的园地包围并保护着个别儿童的小园地。集体的园地又分为田地与花园两个部分。花园可以栽种花卉和蔬菜,田地则可播种各种谷类、豆类、球根的、草木的、生根的植物。个人的小园地可由儿童自己做主,种植个人喜欢的植物,按照植物的生长规律进行照顾和连续的观察。假如不够分配,可以由两个儿童各种一小块地,以培养儿童分享与合作的能力。

---

① 福禄培尔:《人的教育》,人民教育出版社,1991 年版,第 72 页。

教师在集中的土地上种植和栽培的示范，使儿童看到植物由种子逐渐生长、开花、结果的全过程，认识和辨别不同的植物。在夏天、秋天，儿童收集种子并保存起来。

集体的园地由全体儿童轮流负责，个人的小块地由个人负责并保持整洁。在每种植物的前面插上小木牌，写上植物的名称和孩子的姓名，既有利于儿童识别不同的植物，也便于检查每个儿童的工作。

儿童在园地的活动不仅获得整体和部分的一般知识，同时，对于物体、名称、空间、时间及成长质量的好坏等也有了深刻的印象。在园地中，孩子们还可以体验到真正的社会生活，如整体保护着部分，部分服务于整体；从植物生命的延续性和阶段性看到自己正在成长着的生命；通过简单植物的培养和照顾产生对自然的热爱，增进高尚的道德情感和耐力。

18 世纪末 19 世纪初，在欧洲的一些国家，由于产生革命而带来的社会问题，如贫儿、孤儿、流浪儿的问题，促进了婴幼儿的保育和教育机构的设置。然而，除了欧文所建立的学前教育机构外，大都仅仅是为了救济、维护治安、宗教信仰或进行道德的训育，很难算做真正的教育机构。福禄培尔创建了第一个以“幼儿园”命名的学前教育机构，对幼儿教育进行了革新，研究了学前教育的理论、体系和教学方法，培训了大批的幼儿园教师，宣传了幼儿教育的重要意义，是他的重要功绩。他对世界各国的幼儿教育的发展影响很大。

福禄培尔的基本教育思想是唯心的、象征主义的，充满着宗教的色彩。他的某些教育原则是错误的，教育方法是呆板的、形而上学的。他设计的“恩物”是有教育意义的，但也是抽象的、脱离生活实际的，并有神秘主义的缺点。然而，他以发展的观点重视儿童身心在体、智、德、美各方面的发展，强调儿童本身的自主活动，注意幼儿语言的培养和对大自然的认识，用实物教学，发展儿童的感知觉，拟定了幼儿园的作业、劳动和游戏的教育内容及方法，尤其指出游戏是幼儿的主要活动，确实是难能可贵的。他为了儿童的教育事业，贡献了整个一生。他的许多教育原则和措施，特别是他的“恩物”，至今仍被世界各国的幼儿教育工作者作为玩具，广泛地利用并加以发展、充实和改进。至今人们仍称他为幼儿教育的一位先驱者。

第三节　杜威的学前教育理论

约翰·杜威（John Dewey，1859—1952 年），美国现代著名哲学家、心理学家和教育家，实用主义教育理论代表人物。他长期从事哲学、教育、心理学的教学实践与理论研究工作，对美国乃至世界现代教育的发展对各国幼儿教育和学校教育影响深远并起着重要的推动作用。被称誉为“创立美国教育学的首要人物”“无论在国内，还是在国外，杜威在所有美国教育家中无疑是最著名的”。①

一、生平和教育活动

杜威于 1859 年出生于美国佛蒙特州柏林顿市一个杂货商人家庭，在四个兄弟中排行第三。他从小好学上进，不到 16 岁就进入佛蒙特州大学学习。20 岁时大学毕业就任教于一所乡村中学，23 岁考入约翰霍普金斯大学读研究生。主攻古典哲学，他对德国著名哲学家

① Encyclopedia Americana. International ed. Danbury，Conn.：Scholastic Library. Pub.，1985. Vol. 9，46.

黑格尔的唯心主义哲学及辩证推理十分赏识,同时对心理学颇感兴趣。25 岁写就的博士论文是《康德的心理学》,由此获得哲学博士学位。此后任教于密执安大学和明尼苏达大学。35 岁时调任芝加哥大学哲学、心理和教育学系主任。45 岁起改任哥伦比亚大学哲学教授,直至 1930 年退休。其间 1919 年我国五四运动前夕受中国学者(也是杜威的学生)陶行知、胡适、蒋梦麟的邀请来到中国讲学,历时两年零一个月在 11 个省两个市作二百多次讲演,宣传介绍实用主义哲学、心理学。1952 年逝世于纽约,享年 93 岁。他著述的教育、心理学著作有:《我的教育信条》(1897 年)、《学校与社会》(1899 年)、《儿童与课程》(1902 年)、《民主主义与教育》(1916 年)、《经验与教育》等 40 余本及论文 200 多篇。

图 10-4 杜威像

二、论实用主义哲学

宣称自己的哲学为"经验主义的自然主义或自然主义的经验主义",即把整个客观世界融入于人的主观经验之中,也就是把客观自然变成为主观经验的东西。他曾给教育与哲学的关系作了以下的阐述:"教育就是经验的改造或改组。这种改造或改组既能增加经验的意义,又能提高指导原来经验进程的能力。"①杜威把哲学和教育联系在一起,明确主张"哲学就是教育"的最一般方面的理论、教育乃是使哲学受到检验的实验室。② 他继承和发展了美国哲学家皮尔斯(C. S. Peirce, 1893—1914 年)和詹姆士(W. James, 1842—1910 年)的实用主义哲学,努力把它应用到教育理论上。实用主义哲学的基本思想就是:任何一个观念的最基本要义就是引起人的有效行动即"存在就是有用"和"有用就是真理"。在杜威看来,存在即社交经验,而"经验"是人的有机体与环境相互作用的结果,是人的主动尝试行为与环境的反作用形成的一种特殊的结合,因此它给教育专门下了一个定义:"教育就是经验的不断改组或改造。这种改造或改组,既能增加经验的意义,又能提高指导原来经验进程的能力。"③因此可以看出杜威把哲学、教育、经验这三者融合在了一起。强调教育就是"从经验中学习"。"教育以经验为内容,通过经验,为了经验的目的。"④可以看出"经验"是杜威教育哲学中最重要的词,也是他教育理论体系的核心内容。

三、论教育的本质

杜威认为教育的本质就是一种个体社会生活的进程,并且明确提出了"教育即生活""教育即生长""教育即经验的改造"。⑤ 他认为生活就是发展,而不断发展,不断生长,就是生活,教育就是给儿童提供生长或生活的条件,教育就是儿童现在的生活过程,而不是将来生活的预备。杜威还强调生活就是生长,儿童的发展与成长就是他本能生长的过程,因为生长是生活的特征,所以教育就是生长;教育绝不是强迫儿童去吸收外面的东西,而是要使人

① 赵祥麟、王承绪编译:《杜威教育论著选》,华东师范大学出版社,1981 年版,第 159 页。

② 杜威:《民主主义与教育》,见《杜威教育论著选》,华东师范大学出版社,1981 年版,第 230—231 页。

③ 赵祥麟、王承绪编译:《杜威教育论著选》,华东师范大学出版社,1981 年版,第 159 页。

④ 杜威:《经验与教育》,1938 年英文版,第 29 页。

⑤ 《我的教育信条》,见《杜威教育论著选》,华东师范大学出版社,1981 年版,第 174 页。

类与生俱来的能力得以生长。

在杜威的教育理论中"教育即生活""教育即生长""教育即经验的改造"实际上都是同一个意思。主张教育要与人的实际生活紧密结合起来。此外,杜威还提出了"学校即生活"的主张,强调学校应该成为一个小型的社会或一个雏形的社会。让它们能以反映大社会的各种类型的作业去进行活动。他说:当学校能在这样一个小社会里引导和训练每个儿童成为社会的成员,用服务的精神熏陶他,并授予有效的自我指导的工具,我们将有一个有价值的、可爱的、和谐的大社会最深切最好的保证。

杜威的"学校即社会"思想也不是简单地把社会生活撇到学校中照样重现,而是强调学校本身必须是一种社会生活,具有社会生活的全部意义;更重要的是要把校内学习与校外学习连接起来相互影响。让学校创造一种把现存的社会风俗纯净化和理想化,让儿童接触到更广阔、更美好、更平衡的环境。

四、论儿童中心主义

杜威认为儿童的心理特征基本上是一种以本能活动为核心的习惯、冲动、智慧等先天生理机能。教育的本质和作用就是促进这种本领的生长,在此基础上杜威提出了与传统观念截然相反的"儿童中心主义"的"儿童观"。

杜威认为儿童是具有独特生理和心理结构的人,儿童的习惯、冲动、智慧、兴趣都建立在他原始本能之上,他们的这种本能是潜藏在身体内部的一种生来就有的能力。这种本能与冲动就是儿童教育最根本的基础,杜威还强调儿童身上潜藏有四种本领:

第一,语言社交的本领。这是儿童的语言在与人交流中所表现出来的,言语本能是儿童社交能力的一种体现。

第二,制作的本领。这是儿童动手做事做游戏中表现出来的,进而产生兴趣,再把相关材料制作成各种具体的物件。制作的本能是儿童建造能力的一种体现。

第三,探究的本领。这是儿童对任何事物喜欢观摩、探索追问所表现出来的。探究的本能就是儿童创造能力的一种表现。

第四,审美的本领。这是儿童在图画、音乐、舞蹈等方面活动中所表现出来的。这种艺术的本能是儿童能力的体现。

杜威认为儿童的这四种本领也就表现出相应的四个方面的兴趣,这四个方面的兴趣是天赋的资源,是人生发展成长的资本,儿童的生活活泼、灵活等的生长过程就是靠这些天赋资源的运用而获得的。

杜威提出教育不是外面的东西强迫儿童吸收,而是需要让他们与生俱来的能力得以生长,他还反对将教育变成一种外来的压力,忽视儿童内部机能和倾向,主张儿童是中心。教育的一切举措都要围绕他们而展开或组织起来。

五、论"做中学"

杜威反对传统的教师讲学生听的满堂灌的教学模式,而是要求儿童通过主动活动去体验一切和获得各种直接经验的过程,即把求知的过程和知识看成一个东西,让儿童在主观与客观交互作用中获得经验。因此杜威认为整个教学过程就是"做中学"的过程,这就是杜威教学理论的核心内容。

杜威指出传统教学只是从外面对儿童进行灌输，所用教材教法与儿童本身的需要没有联系，儿童的学习过程只是吞食书本上和成人经验中的东西，是以往社会文化的成果，这些都脱离了儿童个人的生活经验。在《民主主义与教育》一书中，他强调人们最初的知识，最能永久令人在意的是关于怎样做的知识。为此要循着这种获取知识的“自然途径”，为儿童准备相应的环境条件，让儿童“由做事而学习”。倡导以儿童主导活动为中心的教学过程，以现实化、生活化的教学取代传统的课堂教学，以儿童亲身经历代替书本知识。

杜威还强调教学活动应该注重激起儿童的思维，培养他们的思维能力和习惯，思维就是一种明智的学习方法。

关于思维的过程，杜威强调按照顺序分成五个步骤来进行：

第一，观察各方面情境设定疑难的情境；

第二，确是疑难的所在，并从疑难中提出问题；

第三，提出解决问题的种种假设，引起观察，心智活动以及搜集事实材料；

第四，推断哪一种假设能够解决问题并进行推理；

第五，通过实验、验证或修改假设。

这种思维过程被后人简称为“思维五步骤”。

六、论学前教育的内容和方法

杜威在芝加哥实验学校把学生学习阶段分成三个时期，其中4~8岁为实验学校第一时期，看做是人生奠定基础的关键阶段，对于儿童来说是自我保存和生长过程的一部分，主要开展儿童的社会交往关系和自我活动。具体内容是借鉴福禄培尔的游戏和作业，杜威把游戏看做是幼儿教育的核心内容来看待，他说：“任何时代的任何人，对于儿童的教育，尤其对年幼儿童的教育无不在很大程度上依赖于游戏和娱乐。”①“把游戏作为儿童的主要作业。”②因此，“实验学校幼儿园的工作完全以重现家庭和邻里的生活为中心”③。在杜威看来，让儿童动手去布置房间、家具，制作布娃娃，试制玩具，照料屋外小花园以及折纸等家庭生活中经常进行的活动就是儿童的作业。他们通过自己的活动和思考问题来养成思维的条理性和实际生活能力。

杜威的实用主义教育理论对当时及后世都有多方面的影响。他对传统教育的以教师为中心、以书本为中心、以课堂为中心所产生的弊端进行了严肃地批判，顺应时代需要提出教育教学都要以儿童为中心。学校的一切举措都要以有利于儿童成长为依据，强调儿童心理的发展和研究思维能力的培养。他主张“教育即生活、教育即生长、教育即经验的改造”的教育观和“从做中学”的教学观等等。这些理论许多是顺应社会和教育科学发展规律的，被世界各国广泛认同与借鉴，对推动现代教育的发展起了积极的作用，尤其对幼儿教育理论与实践的发展更是功不可没。但其对教师在教育过程中应起的作用不够重视。

---

① 杜威：《学校与社会、明日之学校》，人民教育出版社，1994年版，第279页。

② 杜威：《学校与社会、明日之学校》，人民教育出版社，1994年版，第279页。

③ 杜威：《学校与社会、明日之学校》，人民教育出版社，1994年版，第279页。

第四节　蒙台梭利的学前教育理论

蒙台梭利(Maria Montessori,1870—1952 年),是意大利著名的教育家,她生活在一个天主教家庭里,终生未婚,她把青春和生命献给了幼儿教育事业。她的自由教育思想,与她创办的教育机构——“幼儿之家”及其所用教具和训练的方法,对幼儿教育的发展具有广泛的世界影响。

一、生平和教育活动

蒙台梭利少年时期意志坚强,很有个性,当时意大利从未有过女医生,但她不顾父亲和社会舆论的反对,决心致力于学医,坚持进了罗马大学医学院。她读书刻苦,连续获得奖学金,1896 年以优异的成绩毕业,是罗马大学获得医学博士学位的第一位妇女。大学毕业后被该校聘为附属精神病医院助理医师,专门从事研究儿童的疾病。出于同情心,接触治疗身心有缺陷的儿童,开始意识到他们身心的缺陷不仅是医学上的问题,更主要是教育上的问题。她认为“教育训练比医疗更能起作用”,她相信用特殊的教育措施可以使儿童的心理状态大大改善,从 1901 年她开始决定投身于正常儿童教育工作,从而便立志做一名教育家。她广泛地学习,开展教育实验,1906 年罗马一慈善团体聘请她任贫儿学校的监督,她得到了在正常儿童中运用特殊教育方法的机会。1907 年又在罗马贫民区办起一所招收 6 岁以下儿童的“幼儿之家”,这是她为正常儿童设立的第一所“蒙台梭利学校”。经过她艰苦的努力,贫穷的儿童有了可喜的变化,受到国内外人士的极大关注,蒙台梭利由此更感到自己责任重大,决心扩大其影响,要为全世界儿童的权利和自由呼吁。1909 年她总结了这段实践经验,写出了第一本书《蒙台梭利教育法》又名《幼儿之家的科学幼儿教育法》,书中全面阐述了她的教育观点和方法,此书出版后受到幼教界的好评和关注,被译成 20 多种文字发行。蒙台梭利中年时期进一步观察、了解儿童,宣传“教育必须适应儿童天性”的观点,十分重视研究儿童心理和进行实验,还写了大量教育著作,1912 年《高级蒙台梭利教育法》阐述了 7~11 岁儿童年龄标准和改革传统教育弊病的努力。第二次世界大战后,她积极从事教育活动,先后在美、英、法、德、荷兰、西班牙、奥地利、斯里兰卡、印度等国开办国际培训班。1929—1951 年连任“国际蒙台梭利协会”主席。她坚信并孜孜不倦地宣传和实践自己的和平主张。1952 年客逝于阿姆斯特丹。

二、教育观

蒙台梭利教育观点主要表现在幼儿的教育上。她的教育思想、观点的形成受到她自己的宗教信仰,伯格森的生命哲学思想,达尔文的进化论,卢梭、裴斯塔洛奇、福禄培尔等人的自由教育主张等多方面观点影响。蒙台梭利虽然强调教育的重要性,但认为教育的作用职能在于帮助儿童发展其内在的自然力量,反对传统学校教育和旧式家庭教育,批评它们不了解儿童的个性,而主张应当实行儿童的自我教育、自导学习,通过组织各种活动,让儿童天性得到自由的发展,成为有自主性、能够适应生活的人。蒙台梭利强调“儿童发展时期是一生中最重要的时期”。为使每个生命健康地发展,在儿童时期,成人必须采用小心谨慎的态度,精心爱护儿童纯真、敏感的心灵。蒙台梭利认为,儿童出生之后就不断从周围环境中吸收刺激和印象,而且在不同年龄阶段中,表现出对于某种外部刺激的特殊敏感,这种敏感性在每个儿童身上各有差异,因此进行教育需要与这种敏感性及其差异一致起来,个别施行,教育必须是自由的符合儿童内在的自发要求。

蒙台梭利认为现代人们的生活环境极其复杂。一个孩子出生后要适应成人世界获得经验,需要得到成人们的帮助,要使成人的世界适合儿童的发展,使他能按自己的意愿生活,避免遭受挫折,在成人和儿童之间建立适合儿童身心特点的环境——幼儿之家,这是蒙台梭利经过仔细地研究之后,认定的一种最为适合儿童身心发展需要的环境。

图 10-5　蒙台梭利与儿童在一起

蒙台梭利要求"幼儿之家"的环境不仅要满足儿童体力和智力发展的需要,还必须有利于进行道德教育以及满足天赋的要求。她认为在适宜的环境下,教师的任务在于为儿童提供适合其发展水平的物质环境和教学材料,让儿童自动学习,在学习过程中观察、了解,这种自由使儿童的天性得到自然表现。

总之,蒙台梭利的教育观是强调儿童个性自由,认为儿童的发展要顺其自然,成人要为其提供一个适合身心特点的环境,不应对儿童过多地干涉和指责,教师的任务只在于为儿童提供环境和给予适当的引导。

蒙台梭利的幼儿教育观是值得我们学习和借鉴的。她尊重、热爱儿童,认为教育应该涉及儿童的全部生活,而不仅仅是传授知识,要求教育者仔细观察儿童的表现,在了解儿童的基础上采取教育措施;她重视科学研究,主张用实验的方法研究并促进儿童发展;她注意儿童的感觉与动作训练相结合,在练习的过程中锻炼儿童的独立性等等。她为幼小儿童所涉及的设备、教具及学习材料,有些至今仍被人们广泛使用。特别是她强调儿童的个性和自由的主张不同于传统教育,引起了轰动,引起世界各国的极大兴趣,在世界各地掀起"蒙台梭利运动"。她的幼儿教育思想和具体有效的训练方法得到积极地推行,她的"蒙台梭利教育"具有深远影响。

三、儿童观

(一)认为儿童的各种潜能和需要都是先天的、固有的

蒙台梭利认为,儿童身上有一种天生的积极力量和敏感性促使他们感觉到自己内部的成长,意识到自己的发育,并产生进一步发展的需要。强调先天的遗传素质是儿童心理发展的物质前提。

(二)强调环境在儿童个性发展中的作用

蒙台梭利认为儿童的各种本能只要在适当的、有准备的环境中,通过适当的活动就可以被引申出来,不需要外部的强化。蒙台梭利强调环境对发展的重要作用,并重视儿童本身的独立活动。蒙台梭利在她创办的"儿童之家"里精心设计了这样一种环境:为了有利于儿童自由活动,专门设计的活动室和花园相连,儿童可以自由地在花园中玩耍,随时都可以自由地进入活动室,活动室内放置各个矮柜,里面放有许多教具,供儿童自由选用,墙上挂有黑

板，儿童可以在上面绘画、写字；墙上还贴有儿童喜爱的各种图片；活动室一角还铺有地毯，儿童可以在上面活动。活动室内活动内容包括运动、唱歌、照片、小动物、感官训练和知识学习等等。“儿童之家”不限定课程和时间，而以个人和活动需要而定，让儿童在自由活动中体验到自己的力量，从而促进他自觉地发展。

（三）关于教育对儿童发展的作用

蒙台梭利主张自由教育，认为教育任务是给儿童提供一个适应的环境，使儿童在其中发展自然能力。教育的任务就是使每个儿童的潜能在一个有准备的环境中得到自我发展的自由。儿童的内在潜能是在实在环境刺激下发展起来的。蒙台梭利反对旧式教育只包括教师和儿童两个因素，而忽视了环境的作用，新式教育应当包括教师、儿童和环境三个因素。

（四）反对对儿童进行纪律约束

蒙台梭利否定外来强加的教育在儿童发展中的重要作用，自然也就不赞成对儿童的纪律约束。蒙台梭利认为，幼儿时期规范儿童的行为靠成人们的说教是不会奏效的，用强制命令或惩罚会压抑儿童的个性，也是违反自由教育原则的。她主张通过自由活动方式让儿童自觉地养成纪律。她认为“自由”不是放纵，纪律应该是一种主动的纪律，正如儿童的天性酷爱自由一样，他们的心智本来是趋向秩序与纪律的，儿童在活动中往往会表现出良好的纪律，因为儿童活动的过程本身就是形成纪律的过程。

四、幼儿教育的内容

（一）感官训练

在蒙台梭利“儿童之家”里最显著的特色就是非常重视幼儿的感官训练和智力培养。她认为，幼儿时期正处在各种感觉器官发展的关键时期，称为“敏感期”，在这一时期加强感官训练，就可以不失时机地使各种感官得到最充分发展，也就增长了儿童的智力。经过长期实验研究，她提出儿童2~4岁是视觉、听觉和触觉的敏感期，2~6岁是良好行为规范的敏感期，整个0~6岁是儿童个性形成的重要时期。

蒙台梭利强调，在敏感期内儿童心灵所吸收的东西在他的整个一生中都能保存着，从而能取得最好的教育效果，达到事半功倍的目的；如果疏忽了、错失了敏感期，将来再弥补起来就较困难，常会出现事倍功半的结果。

蒙台梭利认为感官训练是培养儿童认知能力的关键一步，只有通过良好的感官训练，其中包括训练听说、视觉、嗅觉、味觉、触觉、运动觉来扩大对外界事物的认知，使抽象的东西具体化、精确化，有利于儿童观察力、辨别力的培养，使他们的智力得到相应的发展。

（二）初步文化知识培养

蒙台梭利不仅重视儿童的感觉训练，还十分强调儿童的初步文化知识培养。她认为3~6岁的儿童已经具有学习初步文化知识的能力，教师就应该为儿童准备好相应的教材、教具开展儿童读、写、算方面的训练。在“儿童之家”里写字的练习先于阅读。她认为文字的书写关键在于握笔即肌肉的控制能力，也就是通过触觉训练就能过渡到书写练习，进而转入阅读学习和计算学习等。

（三）日常生活练习

蒙台梭利在注重感官训练、初步文化知识培养的同时也十分重视儿童日常生活能力的练习。前者属于蒙氏教育的“发展的训练”，后者属于“动作练习”。在“儿童之家”里开展此类多项的练习，例如要求儿童学会自我料理日常生活的能力，如穿脱衣服、系解鞋带、洗手、刷牙等；对大一点的孩子进行家庭、学校事务的劳动练习，如盛饭端菜、洗刷餐具、整理房间、擦地板、分食物等。此外还按儿童个人兴趣进行小动物喂养或做园艺活动和手工作业（如绘画、剪纸、泥工、涂色等）。

（四）肌肉训练

蒙台梭利认为 3~6 岁儿童正处于增长肌肉的重要时期，为了帮助他们的肌体得到健康发展，我们应为他们设计各种各样的肌肉训练项目，其中主要是体操练习和节奏训练。

幼儿体操练习开始应是起步，走步首先要学习保持身体平衡，根据儿童生理特点，她还专门设计了一种“走线”（包括走直线、走椭圆形线与 8 字形线等）的平衡练习；还设计了使用特殊器械和设备进行肌肉练习的项目。做好各种旋律操。

幼儿的节奏动作训练是要儿童伴随着音乐走路、跑步和跳跃，进而按乐调做出不同的节奏动作，随后是由儿童自由表演各种优雅的舞蹈动作，听到美妙乐曲就会翩翩起舞，逐步养成强烈的节奏感和动作感。

为了帮助儿童进行肌肉训练，蒙台梭利还专门设计了多种训练器械和设施，例如，平行木栅、螺旋梯、攀登架、摇椅、绳梯等。此外，幼儿还可以玩弄皮球、铁环、棍棒、豆袋、手握车等开展肌肉活动性游戏。

蒙台梭利认为肌肉训练不仅有助于儿童的身体发育和健康，而且有助于幼儿动作的灵活、协调和准确，还有助于意志的锻炼和培养儿童之间的友谊与合作。

蒙台梭利毕生从事儿童教育事业，在幼儿教育改革方面作出较大的贡献。她对以灌输知识为主的旧传统教育深感不满，试图用实验的方法建立新的、合乎科学的幼儿教育学。她勤奋好学，善于从多种学科和各种学派以及前人的经验中吸取有益的东西，进行实验研究。在总结多年实践经验的基础上，她提出了感官训练与多种活动练习和自由教育的见解，对很多国家的幼儿教育有较大的影响。她的教育主张因为方法简明，学习材料精确，目的明确，有很多值得我们参考和借鉴的地方，但也有不少地方存在不足。如她对教师在整个教育过程中应起的主导作用不予认可；她过分搞一些脱离现实孤僻的感官训练，存在偏差。我们必须实事求是地进行剖析，取其所长，去其所短，做到古为今用和洋为中用，以促进我国教育特别是幼儿教育事业科学地发展。

第五节　克鲁普斯卡娅的学前教育理论

克鲁普斯卡娅（H.K.Kpynckaa，1869—1939 年），苏联革命活动家、幼儿教育家、列宁的战友和夫人。长期从事社会主义教育早期实践活动，十分重视苏联幼儿教育实践与理论的建设与发展，为创建苏联社会主义幼儿教育体系做出了卓越贡献。

一、生平和教育活动

克鲁普斯卡娅出生于沙皇俄国首都彼得堡一个具有进步思想的俄罗斯驻外武官的家庭。她从小就养成良好的正义感，仇恨封建农奴制度。她年幼时由于受一位乡村女教师的深刻影响，从而对农村教育工作和教师职业产生了浓厚兴趣。中学毕业后曾就读于彼得堡一所一年制高等女子师范学校，18 岁起就开始做教师工作，并开始参加革命理论学习活动。此后多年在斯莫棱斯克星期日夜校担任教师并与工人们建立了广泛联系，积极宣传马克思主义；她还参加了当时列宁组织的彼得堡“工人阶级解放斗争协会”，并成为一名马克思主义者。1894 年与列宁相识，后结婚并成为其忠实助手，同时着手研究教育问题。克鲁普斯卡娅把社会幼儿教育事业与妇女解放和无产阶级的革命任务紧密联系起来，在《女工》（1899 年）、《市立学校大纲》（1917 年）和《国民教育和民主主义》（1917 年）等著作中集中阐述了自己的教育思想。

图 10-6　克鲁普斯卡娅像

1917 年十月革命胜利后，克鲁普斯卡娅遵照列宁的建议一直在教育人民委员部担任重要职务。她在领导创建苏维埃学校教育事业的同时，具体领导了建立学前儿童教育网的工作，着力于推动苏联幼儿教育的新发展。在她的主持下人民教育委员部专门设立“学前教育处”，她负责该处工作，在全国范围内积极开展兴办托儿所和幼儿园，组织幼教干部和教师培训班，召开并参加幼儿教育工作会议发表重要讲话。为了使苏联的幼儿教育事业科学有序地发展，1938 年克鲁普斯卡娅拟定了《幼儿园教养员工作指南》。这些苏联幼儿教育纲领性文件的制定，为苏联学前教育的体制结构、目的任务、内容方法以及幼儿教育干部、教师的培养奠定了坚实的基础。克鲁普斯卡娅还在《真理报》等报刊发表许多论述幼儿教育的论文并出版多种幼教著作，主要有：《发动群众参加学前教育工作》（1924 年）、《论儿童的学前教育》（1931 年）、《论幼儿的年龄特点》（1936 年）、《论学前儿童的玩具》（1936 年）、《论学前教育材料的几点意见》（1937 年）、《要更加重视学前教育工作》（1937 年）、《与兄弟共和国幼儿园工作人员的谈话》（1937 年）等等。她的全部教育论著由苏联教育科学院汇编成《克鲁普斯卡娅教育论文集》（11 卷）于 1963 年出版发行，对世界各国幼教界产生过积极影响。

二、论教育的阶级性

克鲁普斯卡娅认为教育是一种社会、历史现象，在阶级社会里教育具有阶级性。在资本主义国家里，他们为不同阶段和阶层的人设立了各种不同类型的学校，不同阶级相继出身的孩子受到各不相同的教育，从而培养出适合各阶级和不同等级社会地位所需要的人，使学校成为资产阶级进行阶级统治的工具。而在社会主义国家里，教育是要让广大人民群众及其子弟进入各级各类学校学习，培养他们成为社会主义建设者和保卫者。

社会主义国家的学校教育的共同目的是培养全面发展的人。这种人首先具有成熟的世界观，其次是能从理论认识上了解各种劳动，再次是要善于把握理论与实际结合起来。所以克鲁普斯卡娅强调不仅要把学校办成读书的学校，还要把学校办成劳动的学校，学校的任务是培养全面发展的，既能从事脑力劳动又能从事体力劳动的人。这是社会主义学校教育的根本任务，也是社会主义学校的重要标志。克鲁普斯卡娅还主张让儿童“从事力所能及的、多方面的、有发展的劳动”，①促使儿童全面发展，帮助儿童形成个性。

① 《克鲁普斯卡娅教育文选》（下卷），人民教育出版社，1988 年版，第 261 页。

三、论幼儿教育的重要性

克鲁普斯卡娅早在十月革命前就在《女工》一书中论述了幼儿教育的必要性。她认为幼儿教育是与解放妇女和吸引她们参加国家政治活动以及参加生产建设紧密相关的。在十月革命胜利后又从三个方面论述了幼儿教育的重要性：

第一，克鲁普斯卡娅强调社会主义国家的幼儿教育是共产主义教育的一个重要组成部分，“学前教育是我们工作中的一个极其重要的部分”。① 这是因为幼儿园、小学、中学是人的发展阶段中紧密相连的几个环节。通过幼儿教育，能够使儿童从小就以共产主义态度对待生活中的各种现象，打下共产主义世界观的基础。因此，苏维埃政府应该尽量使学前儿童受到教育，让儿童百分之百地到幼儿教育机构里去学习。大力开办多种形式的幼儿教育机构。

第二，克鲁普斯卡娅认为童年的早期对一个人以后的生活有着深远的影响。因为对人的能力发展来说，起决定作用的往往是童年的种种感受。“儿童最初获得的印象会使他终生不忘，所以，如果我们要真正地，而不只是口头上培养出能逐步把生活提到更高阶段上的一代人的话，那就应该在儿童生活刚开始的头几年就要非常慎重地对他们进行教育。”②

第三，克鲁普斯卡娅在充分强调社会要努力办好幼儿教育的同时，也提醒人们不要忽视家庭教育的作用，父母对儿童的健康成长负有重要责任和很大影响。但是大多数家庭的环境都不能达到理想的要求，父母们尚不能起到一个教育者的作用，他（她）们还没有掌握足够的幼儿教育相关的知识，不了解儿童生理心理发展特征，不知道应该教儿童什么和怎样去教。因此幼儿教育工作者要帮助指导家庭教育的开展，向幼儿家长宣传教育孩子们的知识和经验。她还主张幼儿教育机构要注意加强与家庭的联系，做好与幼儿家长的沟通工作，共同对儿童进行德、智、体几方面全面发展的教育，使儿童能够健康成长。

四、论幼儿教育的内容

克鲁普斯卡娅多次阐述苏联的社会主义幼儿教育要对儿童进行德、智、体几方面全面发展的教育，培养他们成为活泼快乐的、独立自主的、全面发展的共产主义新人。进而对幼儿教育中的体育、德育、智育以及游戏和玩具等内容，提出了相关的建议。

克鲁普斯卡娅把幼儿的身体健康放在头等重要的地位，她认为合理地组织幼儿的体育，使他们健康地发育成长是幼儿园全部工作的基础。为此她还专门提出了“保教结合”的方针。指出幼儿除了户外活动、游戏外，还应保障睡眠休息、饮食营养、起居条件和一切必要的保健措施以及培养形成有助于儿童健康成长的文明卫生习惯。

克鲁普斯卡娅对幼儿道德品质的培养也十分重视。她要求从小就要注意培养他们的集体主义、互助友爱的精神；克服困难的坚强意志，热爱学习和劳动的良好习惯。尽管幼儿还很弱小而需要成人的保护和帮助，但他们是未来一代的社会主义建设者，所以应该从小就教会他们劳动，儿童的劳动与游戏之间的界限是不明显的，对他们来说，劳动就是游戏及自我服务性的劳动。

---

① 《克鲁普斯卡娅教育文选》（下卷），人民教育出版社，1988 年版，第 376 页。

② 《克鲁普斯卡娅教育文选》（下卷），人民教育出版社，1988 年版，第 376 页。

克鲁普斯卡娅还强调幼儿智力的发展。她强调学前教育是儿童智力发展的重要阶段，主要对儿童进行感官训练激发他们的求知欲，培养他们的观察能力，鼓励儿童去认知周围世界，扩大眼界，充实他们的生活经验，用他们自己的视觉、听觉、触觉去认识现实世界。还可以让儿童用黏土、铅笔、纸片或其他材质从事创造性的手工活动，从而培养他们的创造能力。

克鲁普斯卡娅认为，在幼儿个性全面发展中还应该包括美育，即培养儿童的审美能力。让他们参加力所能及的认识美、创造美的各种活动，如唱歌、舞蹈、绘画、朗诵、讲故事等，从而使他们逐步培养高尚精神和优美情操。

克鲁普斯卡娅把幼儿教育中的游戏和玩具提到十分重要的地位。她认为“幼儿要有更多的自由，主要是做游戏”。① “游戏可以锻炼身体、发展劳动技巧，提高视觉的精确程度使人机智灵巧”②。通过游戏幼儿可以增强体质、发展肌肉和感觉器官，也可以发展灵敏、机智、创造性和集体精神，还可以发展学到很多知识。

对于儿童的玩具，克鲁普斯卡娅指出“最需要玩具的是学前期的儿童”③，“评价一个玩具的价值应该看这个玩具是否有助于研究周围的生活，是否有助于发挥儿童的积极性和主动性”④。所以儿童的玩具应该是朴素大方的、价廉物美的，而不必在装璜上煞费苦心，决不能以成人的喜好出发选择玩具，而应该从儿童喜欢什么玩具和需要什么玩具的观点出发来谈论玩具，应该为不同年龄的儿童制作和挑选不同的玩具。因此玩具设计者和创造者应该认真地研究儿童的年龄特征，设计和创造出为幼儿所喜欢和有助于他们成长和发展的玩具。

克鲁普斯卡娅的幼儿教育思想是为未来共产主义社会培养新一代人，论述了幼儿的年龄特征和个性全面发展的重要问题，为十月革命后的苏联社会主义幼儿教育理论奠定了基础，促进了苏维埃幼儿教育事业的发展，也为社会主义国家开展幼儿教育工作提供了有益的经验。

第六节　皮亚杰的学前教育理论

皮亚杰（Jean Paul Piaget，1896—1980 年）是瑞士教育家、儿童心理学家。他毕业从事哲学、生理学、心理学研究和儿童心理发展的科学实验，倡导发生认识论的儿童教育新原则、新方法、新思路，对当时世界各国的幼儿教育及基础教育改革与发展产生过重大影响，在幼儿教育史上享有崇高的威望。

一、生平和教育活动

皮亚杰出生于瑞士一个大学教授家庭，从小就善思好学，尤其对生物学方面表现出浓厚兴趣，导致他进入大学后主修生理学，到 24 岁时就获得了纳沙特尔大学自然科学博士学位，从此以后他就一直致力于把生物学与认识论结合起来的研究新领域。他在 25—27 岁时曾在法国巴黎大学研究病理心理学和精神病诊断，同时也阅读过精神分析学派弗洛伊德

① 《克鲁普斯卡娅教育书简》，明南教育出版社，1984 年版，第 470 页。

② 《克鲁普斯卡娅教育文选》（下卷），人民教育出版社，1988 年版，第 267 页。

③ 《克鲁普斯卡娅教育文选》（下卷），人民教育出版社，1988 年版，第 293 页。

④ 《克鲁普斯卡娅教育文选》（下卷），人民教育出版社，1988 年版，第 302 页。

(S.Freud)的著述。他还在心理学家西蒙(H.Simon)实验室进行过儿童心理发展的系统研究。由于以上经历和对早期儿童心理研究的成果,从28岁起皮亚杰就被任命为瑞士日内瓦大学心理学教授兼研究部主任,正式开展对4~12岁儿童语言概念和推理过程的系统研究。他由此而发表的《儿童的判断与推理》(1924年)、《儿童的世界概念》(1926年)、《儿童的物理因果观》(1927年)、《儿童的道德判断》(1932年)和《儿童的语言与思维》(1932年)这五本专著几乎集中体现了他在这方面的研究成果。同时也引起了心理学家和教育学家们的广泛兴趣。

图10-7　皮亚杰像

皮亚杰还把科学研究对象落在自己三个孩子身上,从出生开始就详细记录孩子们的一举一动、一言一行,经过多年的观察研究,他写出了三本儿童心理发展的重要著作:《儿童的智慧起源》(1936年)、《儿童对现实的构造》(1937年)和《儿童符号的形成》(1945年)。

皮亚杰从45岁至75岁一直担任瑞士卢梭学院院长兼实验心理学讲座和心理学实验室主任,还连续三年担任瑞士心理学会主席。1954年还被推选为国际心理学会主席和联合国教科文组织的国际教育局局长。1955年创建"国际发生认识论中心"亲自考察世界多项重大教育问题的研究并出版许多有关儿童思维发展的论文和著作,逐渐形成一个颇具国际影响的心理学派——日内瓦学派。皮亚杰还曾先后到过美国、英国、比利时、芬兰、瑞典、加拿大、巴西、苏联等国大学讲学,获得了众多名誉博士、名誉教授或名誉院士等称号。1969年获得美国心理学会颁发的"杰出科学贡献奖"。

二、心理发生认识论的儿童观

皮亚杰认为,儿童从诞生起他的心理发展与生理发展一样在不断地延伸,这种发展是一个持续前进的平衡过程,从较低的平衡状态向较高的平衡状态呈现,一般可以分为前后相连又各有特点的四个阶段。每一个阶段都会出现一些新创的认知结构区别于前一阶段,但前一阶段的认知结构都会继续存在于以后的发展阶段之中,这种结合就构成了后一阶段所具有的新特征,其四个阶段分别是:

(一)感觉运动阶段(出生~2岁)

在这一阶段儿童主要通过感觉运动形成来与外界相互作用(同化或顺应)并与之取得平衡。这意味着婴儿利用动作和感知去了解他周围的环境与社会。儿童在这一阶段"建成了所有的认识基础。作为他日后知觉发展和智慧发展的起点,同时还建成了一定数量的基本情绪反应,这些将部分地决定着他日后的情感。"[①]皮亚杰强调这一阶段的心理发展对以后的发展具有特别重要的意义,因为这是"人类生命最有创造力的时间"。[②] 皮亚杰把感觉运动阶段又细分为6个时期:

第一,反射练习时期(出生~30天)。婴儿这一时期的活动主要是遗传性的反射活动,即限于感知与动作之间那种遗传决定的协调活动的练习。如吸吮反射活动,婴儿哺乳接触

① 皮亚杰:《儿童的心理发展》,山东教育出版社,1987年版,第26页。

② 《皮亚杰教育论著选》,人民教育出版社,1990年版,第252页。

到物体，他就会自动地吸吮，婴儿的这种反射行为对后来的心理发展深有影响。

第二，习惯动作时期（1个月~4、5个月）。婴儿在这一时期的发展主要表现在各种感觉运动图式开始协调起来。对不同的刺激可以引起多种感觉活动的反应，如听到声音不仅可以引起听觉的反应，而且可以引起视觉或手脚伸展的反应。这种协调活动使婴儿形成了最初的习惯动作，例如吸吮手指的习惯。

第三，有目的的动作形成时期（4、5个月~10个月）。婴儿在这一时期开始积极地选择某些感兴趣的事来做，开始抓握和摆弄他身边能够着的一切东西，如重复拉动系在摇篮边的拨浪鼓或洋娃娃让它们发出响声，从中取乐，形成心理第二次循环反应，这表明婴儿已处在智力的萌芽状态。

第四，手段和目的协调时期（10~12个月）。婴儿在这一时期已经能够运用他过去学会的一些手段，在一个不同的新的环境中处置情景来达到它的目的，实现婴儿对主体和客体之间关系最初的协调。比如婴儿会在众多的玩具中设法移开不想要的而去拿到他想要的玩具和物品。

第五，感觉运动能力时期（12~18个月）。婴儿在这一时期表现出更为强烈的好奇心和意向的灵活性。他会通过“尝试—错误”的方法去发现新的手段以便达到他所要的目的或适应新的环境。皮亚杰认为这对儿童来说是一种认知上把物质世界客体化的开始，具有“哥白尼式”革命转变的意义。

第六，感觉运动智力的综合时期（18个月~2岁）。幼儿在这一时期已能够把头脑中许多运动图式相互联系起来，从而产生一种新的手段来解决新的问题，他能通过身体运作去了解和掌控事物并具有连续模仿的能力。例如孩子已能自己拿着整瓶的牛奶瓶逐渐抬高瓶底而把奶喝完。在这里儿童已运用了多种感觉运动因素而来解决面对的各种新问题。

（二）前运算阶段（2~7岁）

在这一阶段均为学前教育时期。一般从2岁儿童的各种感知运动图式开始内化成为表象并开始运用表象符号，语言的使用表明这一阶段的开始。儿童在感觉运动的基础上掌握了语言，并用语词来代表外界事物，这就极大地增加了他们的思维活动能力。皮亚杰认为随着语言和思维的结合与发展，无论在认知方面或情感方面都发生了深刻的变化。儿童发现了一个超越于他自身、具有十分丰富内容的现实世界。他们会越来越多地用表象符号来代替外界事物，开始了表象思维。由此儿童不仅可以进行各种象征性的游戏活动，而且可以理解童话故事中关于过去和远方的事情。比如儿童能对自己过去曾经看到和听到过的活动和故事情节来加以模仿，如把竹竿跨上当马骑、把小板凳排行当作火车开等等把想象当成现实、又把现实同化于自己的想象。

按照同化与顺应平衡的法则，儿童在这一阶段的表象思维会逐渐发展到直观思维，对他们来说数量的等值就是视觉的对应，就是占据空间的相应位置，一旦这种视觉的对应被破坏，数量也就不相等了。这种直观思维不是根据逻辑来进行推理而是根据图形来进行推理的。所以这一阶段儿童还不会进行数理运算。故称其为前运算阶段。

（三）具体运算阶段（7~12岁）

这一阶段的儿童开始进行具体运算思维，能够客观地构造种类、关系和数量之间的联系。具有思维的守恒性、可逆性和整体性的特征。与此同时，他们也就获得了社会合作的能力和道德情感的发展，逐渐形成了相互尊重和自我约束的意识。这不仅直接影响到儿童之间的关系,而且也影响并改变儿童与成人之间的相互关系。

(四)形式运算阶段(12~15岁)

儿童从这时期起开始进入青春期。他们的思维发展十分迅速,认知进程上也发生了一次根本性的变革,进入到形式运算阶段。其主要特征是儿童已从具体事物中逐步解脱出来,在头脑中能够把事物的形式和内容区分开,也就是说可以离开具体事物,根据假设和条件进行逻辑运算。这一阶段儿童的思维已与成人的思维十分相近了。儿童在实际社会中已开始取得地位,他们的人格也开始形成。因此从某种意义上说,这些新的变化标志着儿童期的结束。

皮亚杰的儿童观系统地论述了儿童心理发展阶段的一般模式,为幼儿教育工作者研究幼儿的发展与教育提供了心理理论依据。

三、心理发展阶段论的教育观

皮亚杰认为教育者应该懂得儿童心理学,了解儿童并重视儿童的特点。他强调儿童的教育如果离开了儿童的心理发展阶段,实际上是在浪费时间和精力。只有在每一个年龄阶段都给予良好的教育,才可促进而不是损害儿童的发展。超越儿童心理发展阶段的教育,实际上是一种拔苗助长的做法,欲速则不达。教育效果是从属于受教育者的发展水平的,也决定着教育者的步调与规则。为此皮亚杰提出了多方面儿童教育的基本原则:

(一)符合儿童心理发展阶段

皮亚杰通过大量的科学研究的实验材料并详细记录自己三个孩子的成长过程,论证了儿童心理发展阶段及其特点。他强调儿童的认知结构和发展进程与成人有着质的不同,而且不同阶段儿童的认知结构也不完全一样,表现出其各自独特的特点。因此教育应该符合儿童的心理发展阶段,按照儿童的年龄特点来加以组织,要考虑到每个年龄阶段儿童的特殊兴趣和需要。儿童心理发展阶段理论实际上是皮亚杰心理学体系的核心。

(二)分析儿童心理发展的因素

皮亚杰强调儿童教育中应该注重分析考虑制约儿童心理发展的四个基本因素:

第一,生物有机体成长成熟因素:生理学研究证明,儿童的智力与行为依赖于他生理结构和神经系统、内分泌系统的成熟因素,也是儿童心理发展的必要因素。

第二,练习和习得经验因素,这是指个体对物体施加动作过程中的练习和所获得的经验。儿童通过亲手制作各种手工材料就能从中认知各类物体的特征,如物体的软硬、大小、轻重等,这种主体认识总体的过程也就是获得经验的过程。

第三,社会传递因素:语言传递和教育传递。皮亚杰认为社会传递在儿童心理发展过程中是一个非常重要的因素,它对儿童的影响要大大超过自然环境对儿童的影响。

第四,平衡化因素:也叫做自我调节因素,因为只有通过自我调节才能把生物有机体成熟、练习和习作经验以及社会传递三个因素协调起来,通过“尝试—错误”的过程使儿童得以自我调节。儿童正是借助平衡化的作用。使其心理发展得以重新建构。

(三)发展儿童的主动性

皮亚杰十分注重儿童主体在教育过程中的作用,教育者必须重视依靠儿童的主动性。皮亚杰认为,儿童的心理发展是一种主动积极和不断建构的活动,儿童是通过他自己的活动不断建构他的智力的基本概念和思维形式。儿童获得的知识是儿童个体与外部世界的客体不断相互作用而逐步建构的结果。儿童的活动又受兴趣和需要所支配,只有儿童自我发现的东西才会积极地将其同化或顺应,从而形成深刻的理解。教育者为了让儿童学有所得,最好让儿童自己去找到和发现问题的答案,让儿童自己主动地“自发学习”,培养兴趣和发展才能。

(四)强调儿童的实际活动

皮亚杰的发生认识论十分重视“动作”在儿童心理发展中的作用。所谓动作就是儿童的实际活动、认识起源于动作,教育者应该让儿童通过实际活动和具体事物进行学习,对儿童来说动作是儿童主体与客体相互作用的唯一连接点,儿童所获得的知识和观念都离不开动作。皮亚杰又强调在幼儿阶段要多开展游戏活动,游戏又可分为四类:

第一,练习型游戏。这是一种最初形式的游戏,如反复地拍打拴在绳上的气球让幼儿重复着进行练习活动。

第二,象征性游戏。这是一种通过象征性“语言”,让儿童记忆或背诵诗词文章或数理公式,这是儿童游戏的高端。

第三,规则性游戏。这是一种按游戏规则判断优劣差别的多种竞技性游戏,如投球入篮、踢珠入洞、打弹子等,它是促进儿童理解社会生活的最有效的游戏活动。

第四,构造性游戏。这是一种象征意义的又有结构要求的游戏,如用积木搭建楼房,用沙石垒搭山峦城堡等。

游戏乃是儿童心理活动的一种机能练习,不管什么时候只要运用游戏活动方式,儿童就会充满热情地投入进去受到教育,获得知识。皮亚杰不强调幼儿时期进行读写算方面的系统学习。

(五)重视儿童的社会交往

在无数实验中证明,儿童几乎从出生那一天起就开始具有社会性,婴儿随着时日延伸入社会对人微笑,试图与人接洽,这都表明儿童在社交方面具有很强的感受性。皮亚杰认为儿童的这种与人交往有助于儿童语言和思维的发展以及情感和道德的发展。儿童的这种社会交往尤其是儿童之间的相互交往极有利于儿童个性的形成和发展,也是儿童认知发展的重要源泉。教育者应该重视儿童的社会交往,积极组织家庭成员之间的亲密互动,多多提供一些儿童之间的合作交往活动,以利于儿童逐渐了解社会中人与人之间的相互关系,有利于促进儿童心理感受力的发展。

皮亚杰根据他长期对儿童心理发展实验研究,深入地探索幼儿心理发展规律而提出发生认识论儿童观、教育观及相关的教育原则和教育方法,系统地论述了儿童心理发展阶段理论,向传统的教育观念提出了挑战,有许多方面值得吸收和借鉴,尽管存在有许多欠妥和不足之处,但其对现代幼儿教育心理发展理论的贡献是必须肯定的。

第七节　加德纳的学前教育理论

霍华德·加德纳(Howard　Gardner,1943—　)是现代美国心理学家、多元智能理论的首创者。这一理论是关于人的认知能力存在形式与发展方式的界定和阐述,至今仍在不断充实和完善进程中。此项理论对美国及世界各国的教育、教学改革产生了极大的影响,尤其在学前教育界得到广泛认可与关注。研究、学习多元智能理论对促进我国学前教育事业的发展具有积极的现实意义。

一、生平活动

霍华德·加德纳的祖籍是德国犹太人,1938年他的父母带着他3岁的哥哥埃里克从德国逃到美国的宾夕法尼亚斯克兰顿(Scranton)市,五年后加德纳在此降生。从童年起,他的父母就十分重视培养他的智力和创造力,此外还造就他对音乐,尤其是钢琴艺术的喜爱。青少年时他是在他家附近的一所预备中学完成了学业并考上了哈佛大学。开始时加德纳选读的是历史专业,尔后随着知识的丰富和视野的扩展,尤其得到许多教授、名师的指点,他对心理学和社会学的兴趣越来越浓。他的大学毕业论文就是关于加利福尼亚社区退休者的性格与思维的研究,1965年他以优异成绩获得哈佛大学的学士学位。

图10-8 加德纳像

大学毕业后,加德纳曾对杰罗姆、布鲁纳结构主义教育理论颇感兴趣,并与布鲁纳一起从事过短暂时间的MACOS(人的研究过程)项目的研究。1966年加德纳进入哈佛大学攻读博士学位;1971年获得哈佛大学社会学和发展心理学的博士学位。他的博士论文就是关于儿童认知的研究,随之他作为哈佛大学医学院和失忆症研究中心的博士后,长期从事大脑受损病人的认知研究。此后他一直在哈佛大学工作。1971—1986年任教育学讲师,1986年起评为教授。他同时还兼任波士顿大学学院精神病学客座教授。加德纳以他卓越的科研成果被20多所国内外大学和学院授予荣誉学位,还获得多项著名教育奖项。加德纳在发展心理学、神经心理学、教育学、美学和社会学等多个学科领域出版发行约20本著作,发表文章和书译约400余篇。他的著述已被22种文字翻译出版,在世界各国教育界越来越受到关注。2011年1月曾受邀来中国华东地区作学术讲演,颇受好评。加德纳的主要著作有:《智能的结构》(1983年)、《艺术的涂抹》《艺术、智能与大脑对创造力的认识途径》(1982—1985年)、《开发智能》(1989年)、《优质工作:当优秀与道德相遇时》(2001年)。

二、论智能基本内涵

在人的认知理论研究中有传统研究理论与新兴研究理论之分。传统方面即以皮亚杰为主的认知理论,他认为人的智能是以语言能力和逻辑—数学能力为核心,以课业学习为主要模式所形成的一种能力。而研究与实践证明,这些仅仅是人的智能范畴的一个组成部分而并非全部,因此以这种智能理论为基础的教育必然将儿童智力的发展仅仅局限于课堂学习的智力范畴,必然导致儿童在现实世界多个智力范畴学习的缺失,特别是对于解决实际问题智力的影响,严重地忽视了儿童情感、动机、人格、态度的培养,最终导致教育难以适应社会发展的需要。加德纳经过多年对认知科学、神经科学、发展心理学、生理学、教育学、艺术教育的深入研究,1983年他在《智能的结构》一书中,反驳了上述概念,提出了完全不同的"智能"定义。所谓"智能",就是人类在解决疑难问题或创造产品过程中所需要的能力。他认为智能不是一种能力而是多种能力;智能不是以整合方式存在而是以相对独立多元智能结构方式存在。以目前与特定认知领域或知识范畴来区分则可划定为八种智能的基本结构。

加德纳分别把它们确定为：

语言智能(linguistic-intelligence)，是指个体用语言进行思维、表达、欣赏和交流的能力，具体表现为听、说、写、画等顺利而高效地描述事件、表达思想展开社交的能力。一般在记者、作家、诗人、编辑、演说家、播音员等人身上，有比较突出的表现。

音乐智能(musical-intelligence)，是指个体感受、辨别、记忆、表达和改变音乐领域和能力。一般表现为个人对节奏、音调、音色和旋律敏锐感知并通过演奏、歌唱、作曲等表达自己思想和情感的能力。一般在歌唱家、演奏家、作曲家、指挥家、乐器制造者、调音师和善于领悟音乐的听众有以上突出的表现。

逻辑—数学智能(logical-mathematical intelligence)，是指个体数学运算、量化、命题假设和推理的能力。对人与事物间各种关系善于通过数学运算和逻辑推理进行思维找出结果。一般在数学家、科学家、侦探、会计师、工程师、电脑编程师有以上突出表现。

身体—运动智能(bodily-kinesthetic intelligence)，是指个体巧妙地运用四肢、躯体的能力。表现为灵活转动和控制身体，对事件能够做出恰当身体反应以及善于利用身体语言表达自己思想和情感。在舞蹈家、运动员、赛车手、艺术家和外科医生等有较突出的表现。

视觉、空间智能(visual-spatial intelligence)，是指个体运用三维空间的思维方式感受、辨别、记忆物体存在方式及关系，并借此表达自己思想和情感的能力。具体表现为对线条、形状、结构、色彩和空间关系的认知。在建筑师、雕塑家、航海家、飞行员、画家、影视工作者等有突出的表现。

自我认识智能(intrapersonal intelligence)，是指个体认识、洞察、反省自我的能力。具体表现为个人运用已有的知识和阅历正确地评价自身的情绪、动机、欲望、意志和个性，并在此基础上形成自尊、自律、自制意识进而引导自己的人生。一般在哲学家、律师、作家、神学家、心理学家中有突出表现。

人际关系智能(interpersonal intelligence)，是指个体有效地理解他人、与人相处和开展社交活动的能力。表现为善于观察、体验别人的情绪、意识、态度和情感并据此做出适宜反应及策划。一般在政治家、思想家、教师、演员和社会工作者身上有突出的表现。

自然观察智能(naturalist intelligence)，是指个体对自然界的万事万物进行辨认的能力。具体表现为对自然界形态、景物进行观察和分类并作出正确的评价。一般在植物学家、动物学家、环境工作者、摄影家、生态学家、地理学家、农业工作者等身上有突出的表现。

加德纳通过对发展心理学、人类学、心理测量学、医学等多领域的长期研究；通过考察大量的关于天才儿童、脑损伤病人、正常儿童、弱智儿童及其他超常人的经历及相关资料；通过多年来对人类潜能的大量实验研究，1983 年他出版的《心智的结构》一书中提出了关于智能的定义：智能是在某种社会环境下，个体用以解决自身遇到的难题或生产及创造出有效产品的所需要的能力。

三、论智能主要特点

每个人生来就有多种智能，但多种智能在不同人身上表现的方式和程度是不同的。有的人对各类智能可达到较高的水平，也有的人似乎对各项智能处于较低水平。我们大多数人都属于这两者之间。

每个人都有一定的智能倾向。从孩童开始在不同人身上对这多种智力潜能就表现出某种能力倾向，对不同智能显示出强势与弱势；一般到青年时候就已形成智能的个性特点。

每个正常人所具有的潜在的多种智能受遗传、教育、环境的影响，在一生的不同阶段各个智能的发展方向和发展程度有明显的差异。

每个人多元的智能是以相对独立的方式存在但又相互联系的。在不同情景下各项智能会以不同方式进行组合和运用，以解决不同问题和创新发明。

不同的个体在这多元智能方面的具体表现是不同的，每人都有其中一两项智能有出色表现或取得较好的业绩，但并不预示着别的领域会有同样的成就。

每一种智能都有其独特的发展历程。不同智能有着各自的发展轨迹并由于各自性能的不同而呈现出鲜明的差异。如音乐智能早在孩提时期就可表现出特殊天赋，但社交智能就必须在广泛的与人交往经验过程中逐渐养成。

每一种智能领域内还包含着相关的次级智能。比如在音乐智能领域中心的次级智能就有歌唱、作曲、演奏、指挥、欣赏和评价等。其他各类智能，同样包含有多种智能要素构成。

每一种智能都是暂定的概念，都有待开发和创新。现在提出的八种智能，也许随着深入研讨和探索，而推陈出新。例如可能被考察以及纳入智能要素的还有：灵性、良知、德性、幽默感、直觉、创造力、综合能力等等。

四、论智能理论的教育价值

人类智能开发和利用是世界各国教育界最关心的问题之一。人与人之间的聪明才智是有一定差别的，但这种差别缘何而生？对这一问题存在两种对立的答案：一种观点认为人们的聪明才智是天生就有的；另一种观点则认为人生下来都同样是一张白纸，聪明才智完全来之于后天实践，得之于教育和环境。这两种观点都有片面之处。正确的观点应该是人们智能（即聪明才智）是由遗传基础和教育环境因素造成的。智能实际上包含悟性、理解、认知、记忆、判断、联想、应用和创新等多种能力，它的呈现和养成既有受于基因遗传的数量、性状、分离、组合规律所支配，还受个体、发育成长过程中教育、环境因素的影响，这三者缺一不可。多元智能理论的提出对幼儿教育的发展具有如下几点理论价值和现实意义：

（一）树立新的儿童观

多元智能理论所倡导的是一种积极的人人都能成功、人人都是可育之才的儿童观。加德纳强调每个儿童都或多或少具有八种（或以上）的智能潜力，只是各自的组合和发挥的程度不同。每个儿童都有自己的优势智能，有自己独特的智能类型和发展方式及特点。适当的教育和训练将使每个儿童的优势智能发挥到最佳水平；并促使弱势智能得到提升。教育应该“以儿童为本”，面向每一个儿童，在全面开发每个儿童智能的基础上为他们创造多种多样的机会和环境，给每个儿童多样化的选择，使其扬长避短，从而让每个儿童获得成功的发展。

（二）实施“因材施教”个性最优化教育

加德纳的多元智能理论认为每个儿童都是有着不同智能特点、学习类型和发展方式的可造就人才，这就要求我们采用的教养内容、方法、手段应根据不同的需求而有所不同，实施“因材施教”的个别化教养策略。善于发现每个幼儿的不同个性，尊重孩子的个性、教育与个性同行，为个性服务，成为个性发展的推力。使幼儿的智能个性在教育中持续发展，让每个儿童在个性最优化教育中感受自由、欢乐和幸福。

（三）培养和促进幼儿的创造能力

多元智能理论强调每个儿童的个性潜能是多种多样的，个性又是复杂的不是单一的；个性是发展的不是停滞的；幼儿时期是接受和培养创造性个性的最佳时期。因为幼儿的心灵未被清规戒律所束缚，最有可能迸发出自由自在的创造火花，一旦受到支持、鼓励和有意识的培养，就使孩子的创造能力得到健康的发展。

（四）发展儿童的强项

通过以上个性最优化的教育也就掌握了每个儿童的潜能强项和弱项，教师也就可以设计出每个儿童个性化的活动和工作任务，以帮助儿童按照各自的发展方式来学习，当他们胜利完成这些任务时就会情不自禁地欢呼："看，我多有本事啊！"一旦儿童建立了积极的自信心和享受到学习的喜悦，那么下一步的学习就会变得容易了，这也就为每个儿童某一特定领域智能强项进一步发展奠定了基础。我们关注的不是哪一个孩子更聪明，而是每一个孩子在哪些方面更聪明。

（五）促进儿童全面发展

多元智能理论的教育过程和学习方法是肯定每个儿童都具有多元智能，通过个性化教育发现每个儿童各自的智能强项，培养和发展儿童的强项后不能就此停步不前了，而是要把他们带入一个更广泛的学习领地，也就是要把强项影响推动到其他智能领域中去，促进其他智能的发展，从而实现儿童的全面发展。

（六）学以致用，用以促学

加德纳把智能定义为个体用以解决自己遇到真正的难题或生产及创造出有效产品所需要的能力，也就强调了多元智能理论的落脚点，就是儿童解决实际问题能力和初步创造能力的发展。为了达到这个目的，就要为儿童提供一个个丰富真实的生活、学习环境及个性化的活动和工作任务，让每个儿童在学中用和用中学。

我国幼儿教育改革的重点、难点不仅在于体制和机制问题，更重要的是在于指导思想问题，多元智能理论对我国幼儿教育改革的积极意义就在于它为我国幼儿教育改革的指导思想提供了一种新的理念，这就是倡导新的儿童观、个性化的教育观、多元智能全面发展观。

多元智能理论又是一个与时俱进的教育理论，提出的八种智能不能包容未来，这种理论体系，有待人们在实践中进一步去充实它、完善它、发展它。

本章小结

真正意义上的公共学前教育机构产生于17世纪第一次工业革命兴起的近代资本主义时期，在近两个世纪中许多教育家对学前教育问题进行了探讨，并提出了各自的学前教育理论，对近代学前教育理论与实践的发展作出过重要的贡献，他们中主要有卢梭、裴斯泰洛齐、赫尔巴特和福禄培尔等人，其中最为突出的是德国幼儿教育之父——福禄培尔。卢梭和福禄培尔等人提出的自然主义的幼儿教育思想和恩物等具体教学方法和工具对于幼儿教育的科学化和儿童在教育中的地位提升有着重要的意义。

20世纪是人类社会大动荡、大飞跃、大发展的时刻，也是学前教育得到空前繁荣的重要时期，许多学前教育家对学前教育在新时代如何合理、科学的发展进行了广泛深入的研究，对在不同社会背景下学前教育的实践与理论提出了各自不同的见解，其中有代表性的人物是：杜威、蒙台梭利、克鲁普斯卡娅、皮亚杰和加德纳。他们的学前教育理论更注重儿童的个性和身心发展方面的研究,从而进一步推动了幼儿教育思想理论的发展。

思考题

一、名词解释

1. 恩物
2. 五步探究法
3. 多元智能

二、简答题

1. 请简述皮亚杰对儿童心理发展的阶段分类。
2. 请简述杜威教育即生活的涵义。

三、论述题

1. 试评福禄培尔对幼儿教育的主要贡献。
2. 试评杜威的幼儿教育思想。

参考文献

[1] 朱有瓛. 中国近代学制史料[M]. 上海:华东师范大学出版社,1989.

[2] 陈学恂. 中国近代教育文选[M]. 北京:人民教育出版社,1983.

[3] 丁守和. 中国近代启蒙思潮[M]. 北京:社会科学文献出版社,1999.

[4] 高平叔. 蔡元培教育文选[M]. 北京:人民教育出版社,1980.

[5] 华中师范学院教育科学研究所. 陶行知全集[M]. 长沙:湖南教育出版社,1984—1992.

[6] 戴自俺. 张雪门幼儿教育文集[M]. 北京:北京少年儿童出版社,1994.

[7] 北京市教育科学研究所. 陈鹤琴全集[M]. 南京:江苏教育出版社,1989—1992.

[8] 张沪. 张宗麟幼儿教育论集[M]. 长沙:湖南教育出版社,1985.

[9] 吴式颖,外国教育史教程[M]. 北京:人民教育出版社,1999.

[10] 张焕庭. 西方资产阶级教育论著选[M]. 北京:人民教育出版社,1964.

[11] 梅根悟. 世界幼儿教育史[M]. 长春:吉林人民出版社,1986.

[12] 王天一. 外国教育史[M]. 北京:北京师范大学出版社,1993.

[13] Woodill, Gary. *International Handbook of Early Childhood Education*. New York: Garland Pub., 1992.

[14] 杨汉麟,周采. 外国幼儿教育史[M]. 南宁:广西教育出版社,1998.

[15] 唐淑,何晓夏. 学前教育史[M]. 大连:辽宁师范大学出版社,2001.

[16] 单中惠,刘传德. 外国幼儿教育史[M]. 上海:上海教育出版社,1997.

[17] 朱智贤. 儿童心理学史[M]. 北京:北京师范大学出版社,2002.

[18] Hugh Cunningham. *Children and Childhood in Western Society since 1500*, Longman, 1995.

[19] V. Celia Lascarides and Blythe F. Hinitz:*History of Early Childhood Education*, Falmer Press, 2000.

[20] 中国学前教育史编写组.中国学前教育史资料选[M].北京:人民教育出版社,1989.

后　　记

经全国高等教育自学考试指导委员会同意，由教育类专业委员会负责高等教育自学考试教育类专业教材的审定工作。

《学前教育史》自学考试教材由北京师范大学何晓夏教授担任主编，王晨副教授担任副主编。

参加本教材审稿讨论会并提出修改意见的有俞启定教授、郭法奇教授，傅松涛教授参加了通讯评审并提出了修改意见。全书由何晓夏、王晨修改定稿。他们付出了辛勤劳动，在此一并深表谢意。

全国高等教育自学考试指导委员会

教育类专业委员会

2014 年 7 月